DIE TIEFE

HERBIG

DIE TIEFE

Versunkene Schätze auf dem Meeresgrund

Herausgegeben von
George F. Bass
Institut für Unterwasserarchäologie

Aus dem amerikanischen Englisch
von Thorsten Schmidt

Schmutztitel: Kanaanitisches Goldpektorale aus dem Uluburun-Wrack
Haupttitel: Anker vermutlich vom Wrack der *Glamis*, die 1876 in Dundee, Schottland, gebaut wurde
und 1913 bei den Cayman-Inseln verloren ging
Seite 5: Kanaanitisches Goldgeschmeide aus dem Uluburun-Wrack mit dem Bildnis einer Frucht-
barkeitsgöttin · Wurfspeerspitzen (Repliken) aus dem Kyrenia-Wrack
Seite 6: Byzantinische Goldmünzen aus dem 7. Jahrhundert · Bronzelöwe aus dem Shinan-Wrack ·
Goldene Ohrringe aus dem Pfefferwrack vor Lissabon
Seite 7: Chinesisches Porzellan, geborgen vor der Insel Sadana, Ägypten · Türgriff von *Cleopatras
Barge* · Zinngeschirr aus Port Royal

Die Originalausgabe erschien 2005 unter dem Titel »Beneath the Seven Seas – Adventures with the
Institute of Nautical Archaeology« bei Thames & Hudson, London.

Besuchen Sie uns im Internet unter:
www.herbig-verlag.de

Published by arrangement with Thames & Hudson, London,
© 2005 by Thames & Hudson Ltd, London

© 2006 für die deutschsprachige Ausgabe
by F.A. Herbig Verlagsbuchhandlung GmbH, München
Alle Rechte vorbehalten
Umschlaggestaltung: Wolfgang Heinzel
Umschlagbilder: Corbis, Düsseldorf; Donald A. Frey
Lektorat, Herstellung und Satz: VerlagsService Dr. Helmut Neuberger
& Karl Schaumann GmbH, Heimstetten
Gesetzt aus 10,25/14,5 Punkt Minion
Drucken und Binden: Tien Wah Press Pte Ltd, Singapur
Printed in Singapur
ISBN 3-7766-2483-3
Ab 1. Januar 2007: ISBN 978-3-7766-2483-0

INHALT

DIE ÄLTESTEN WRACKS

ANTIKE GRIECHISCHE WRACKS

RÖMISCHE UND BYZANTINISCHE WRACKS

WRACKS AUS MITTELALTER UND RENAISSANCE

WRACKS AUS DEM 17. JAHRHUNDERT

WRACKS AUS DEM 18. JAHRHUNDERT

WRACKS AUS DEM 19. UND 20. JAHRHUNDERT

Die Autoren

George F. Bass barg als Erster ein komplettes antikes Wrack auf dem Meeresgrund. Seit 1960 gräbt er Wracks aus der Bronzezeit und der griechischen Klassik sowie byzantinische Wracks aus. Er gründete das INA, das *Institute of Nautical Archaeology* (Institut für Unterwasserarchäologie) und ist inzwischen Professor Emeritus an der Texas-A&M-Universität. Er erhielt die Goldmedaille des Archäologischen Instituts der USA für seine herausragenden archäologischen Verdienste, den Lowell-Thomas-Preis des Explorers Clubs, die La-Gorce-Goldmedaille der National Geographic Society, die J.-C.-Harrington-Medaille der Gesellschaft für historische Archäologie sowie Ehrendoktorwürden der Bogaziçi-Universität in Istanbul und der Universität Liverpool. 2002 überreichte ihm Präsident George W. Bush die National Medal of Science. George F. Bass schrieb u. a. *Archaeology under Water*, *A History of Seafaring Based on Underwater Archaeology und Ships and Shipwrecks of the Americas.*

J. Barto Arnold III., ein Mitarbeiter des INA, leitet das Denbigh-Wrack-Projekt. In seinen 20 Jahren als Kurator für Schiffsarchäologie des Staates Texas untersuchte er das Padre-Island-Wrack von 1554 und das Schiff *La Belle* des französischen Entdeckers René-Robert La Salle, das im Februar 1686 im Sturm sank. Er war Sekretär und Schatzmeister der Gesellschaft der Berufsarchäologen, Vorsitzender des Beirats für Unterwasserarchäologie und Präsident der Gesellschaft für historische Archäologie.

Robert D. Ballard ist Professor für Ozeanographie und Leiter des Instituts für archäologische Ozeanographie an der Universität Rhode Island. Seine Hauptforschungsinteressen gelten der archäologischen Ozeanographie, der Meeresforschung, der Popularisierung seines Faches und der Entwicklung von Telepräsenz-Technologien. Seine archäologische Forschung konzentriert sich auf die Schifffahrtswege im Mittel- und Schwarzen Meer. Seine Publikationen zur archäologischen Ozeanographie erschienen in *Deep Sea Research* (2000), dem *American Journal of Archaeology* (2001 und 2002) und dem *International Journal of Nautical Archaeology* (2004).

John D. Broadwater ist Leiter des Schiffsarchäologieprogramms der *National Oceanic and Atmospheric Administration*. In den 1980er Jahren leitete er die Ausgrabung eines britischen Handelsschiffs aus dem 18. Jh. in Virginia, von 1998 bis 2002 war er wissenschaftlicher Leiter der Expeditionen, die das US-Panzerschiff *Monitor* aus dem amerikanischen Sezessionskrieg kartierten, und barg dessen Dampfmaschine und

Geschützturm. Er schrieb zahlreiche Buchbeiträge und Artikel und arbeitet an einem Buch über das Yorktown-Wrack-Projekt.

Deborah Carlson ist Lehrbeauftragte für Unterwasserarchäologie an der Texas-A&M-Universität. Als klassische Archäologin nahm sie an Ausgrabungen in Italien, Griechenland und der Türkei teil. Sie beschäftigt sich mit allen Aspekten der griechischen und römischen Seefahrt, u. a. Transportamphoren, antiken Häfen und Seefahrer-Riten. Im Moment bereitet sie die Abschlussveröffentlichung zum Tektaş-Burnu-Wrack vor und schreibt, zusammen mit Elizabeth Greene, an einem Buch über Wracks aus der und den Seehandel in der Antike.

Filipe Castro, diplomierter Bauingenieur und Betriebswirtschaftler, näherte sich der Unterwasserarchäologie zunächst als Amateur und gehörte später zu dem Team, das 1997 das portugiesische *Amt für Unterwasserarchäologie* gründete. 2001 promovierte er in Anthropologie an der Texas-A&M-Universität, wo er nun Unterwasserarchäologie lehrt. Er nahm, teilweise in leitender Funktion, an Ausgrabungen von Wracks aus der Zeit der europäischen Überseeexpansion teil und veröffentlichte die Bücher *A Nau de Portugal* und *The Pepper Wreck*. Im Moment schreibt er an einem Buch über iberische Schiffe aus dem 16. Jh.

William H. Charlton jr. ist Offizier i. R. des US-Marine-Corps und machte 1996 den Magister in Unterwasserarchäologie an der Texas-A&M-Universität. Er war Cheftaucher bei diversen INA-Wrack-Ausgrabungen in der Türkei und Israel und über zehn Jahre INA-Tauchsicherheits-Beauftragter. Im Zuge seiner Arbeit am See-Genezareth-Boot fertigte er von Hand ein Modell, das nun neben dem antiken Original im Yigal-Allon-Museum im Kibbuz Ginosar in Israel zu sehen ist.

Arthur Cohn ist Mitbegründer und Direktor des *Schifffahrtsmuseums Lake Champlain*. Nach kurzer Tätigkeit als Jurist wurde er Berufstaucher. Er ist seit 30 Jahren in den Bereichen Dokumentation, Management und Gesetzgebung zum Thema Unterwasser-Kulturdenkmäler tätig, war US-Delegierter bei den Beratungen über den UNESCO-Vertrag zum Schutz der Unterwasser-Kulturdenkmäler und erhielt für seine wissenschaftlichen Verdienste Ehrendoktorwürden der Universitäten Vermont (1996) und Middlebury (2004). Er veröffentlichte *Lake Champlain's Sailing Canal Boats* (2003).

Kevin Crisman ist Lehrbeauftragter für Unterwasserarchäologie an der Texas-A&M-Universität. Sein Spezialgebiet sind Schiffe, Seefahrt und

die maritime Welt von 1400 bis 1900, insbesondere die Binnengewässer Nordamerikas. Seit 1980 untersuchte er ein breites Spektrum an Dampf-, Segel-, Kanal- und Marineschiffen. Er schrieb u. a. Bücher über die Brigg *Eagle* im Krieg von 1812 und über von Pferden angetriebene Fähren im 19. Jahrhundert.

Donald A. Frey, ehemaliger Physikprofessor, ist von Anfang an beim INA. Er war zweiter Vorsitzender und ist nun Vizepräsident. Er leitete früher INA-Surveys mit Fernerkundungstechniken. Dr. Frey ist auch INA-Fotograf und -Videofilmer. Die Ergebnisse seiner Arbeit sind in weltweit erschienenen Büchern, Artikeln und Fernsehsendungen zu sehen. Er lebt seit 1974 in der Türkei.

Jeremy Green ist Leiter der Abteilung Schiffsarchäologie des *Western Australian Maritime Museum* seit dessen Gründung im Jahr 1971. 1996 wurde er zum Leiter des Australischen Exzellenzzentrums für Schiffsarchäologie ernannt. Er wirkte mit bei der Gründung des *Australisch-Asiatischen Instituts für Schiffsarchäologie* und ist seit 1977 Herausgeber des institutseigenen Bulletin. Er ist Mitglied der Australischen Akademie für Geisteswissenschaften, INA-Forschungsmitglied, beratender Herausgeber beim *International Journal of Nautical Archaeology* und außerordentlicher Professor an der Technischen Universität Perth und der James-Cook-Universität in Townsville.

Elizabeth Greene ist Habilitantin an der Fakultät für Klassische Studien am Wellesley College in Mellon. Sie interessiert sich hauptsächlich für Seefahrt, Verkehr und Handel in der griechischen Antike im Spiegel von Artefakten und Schriftzeugnissen. Zu diesem Zweck nahm sie, teils in leitender Funktion, an Wrackausgrabungen und Surveys im gesamten Mittelmeerraum teil: in Griechenland, Albanien, Ägypten und der Türkei. Neben der Veröffentlichung über das *Pabuç-Burnu-Wrack* schreibt sie zusammen mit Deborah Carlson an einem Buch über Wracks und Seehandel in der Antike.

Nergis Günsenin ist Inhaberin des Lehrstuhls für Unterwassertechnologie an der Universität Istanbul. Sie beschäftigt sich mit spätbyzantinischen Amphoren und deren Herstellungsorten sowie mit dem Weinhandel von Klöstern am Marmarameer, wo sie Surveys an Land und unter Wasser durchführte und einen Brennofen für Amphoren aus dem 11. Jh. ausgrub. Sie nahm auch an neun Unterwasser-Ausgrabungen an anderen europäischen Orten teil und veröffentlichte rund 40 Artikel. Im Moment schreibt sie an einem Buch über ihre Ausgrabung des Wracks Çamaltı Burnu I.

Jerome Lynn Hall ist Lehrbeauftragter für Anthropologie an der Universität San Diego. Er setzt die Grabung am »Pfeifenwrack« von Monte Cristi fort und arbeitet an zwei Büchern über die Ausgrabung und die Funde. Er war früher Direktor des Amts für Unterwasserarchäologie in Puerto Rico, danach INA-Präsident. Sein besonderes Interesse gilt der europäischen – speziell holländischen – Expansion in der Neuen Welt im 17. Jh.

Donny L. Hamilton ist Professor für Unterwasserarchäologie an der Texas-A&M-Universität und außerdem Inhaber eines Lehrstuhls für Geisteswissenschaften. Er ist außerdem INA-Präsident und Direktor des Konservierungslabors und befasst sich hauptsächlich mit der Konservierung von Artefakten und der Ausgrabung von Port Royal, Jamaika. Er publizierte u. a. *Conservation of Metal Artifacts from Underwater Sites* (1976) und *Basic Methods of Conserving Underwater Archaeological Material Culture* (1996).

Fred Hocker leitet die Wasa-Forschung im Schwedischen Schifffahrtsmuseum. Zuvor war er Forschungsleiter am Nationalmuseum von Dänemark und außerordentlicher Professor für Unterwasserarchäologie an der Texas-A&M-Universität. Er barg Wracks in Nordamerika, der Türkei, den Niederlanden und Skandinavien, dokumentierte und rekonstruierte sie. Seine Forschungsinteressen konzentrieren sich auf Seehandel und Schiffsbau in Mittelalter und Renaissance. Er publizierte u. a. *The Philosophy of Shipbuilding* (2004), gemeinsam mit Cheryl Ward.

Paul F. Johnston ist Kurator für Geschichte der Schifffahrt am Museum für Amerikanische Geschichte der Smithsonian Institution in Washington, DC. Er arbeitete an Wracks im Mittelmeer und in der Ostsee, im Atlantik, Pazifik und Indischen Ozean, den Großen Seen und einigen kleineren Seen, Flüssen und Häfen. Johnston verfasste rund 100 Publikationen, u. a. sieben Bücher, und stellt gerade ein Buch über die Jacht des hawaiianischen Königs Kamehameha II. fertig.

Susan Womer Katzev ist Absolventin des Swarthmore College und gelernte Bildhauerin. Seit 1961 arbeitete sie als Zeichnerin bei Ausgrabungen von Handelsschiffen aus dem 7. und 5. Jh. n. Chr. vor Yassıada, Türkei, wo sie die Überreste auf dem Meeresgrund kartierte und Zeichnungen der Artefakte für Publikationen erstellte. Ihr Gatte Michael L. Katzev leitete die Ausgrabung und Konservierung des Kyrenia-Schiffs. Seit seinem Tod 2001 leitet Susan das Projekt und koordiniert die Arbeit von zehn Wissenschaftlern, die den abschließenden Grabungsbericht schreiben.

Margaret Leshikar-Denton ist Archäologin am Nationalmuseum der Cayman-Inseln. Als INA-Forschungsassistentin arbeitete sie in der Karibik, in Mexiko, den USA, Spanien und der Türkei. Schwerpunkt ihrer Veröffentlichungen sind die Wracks in der Karibischen See. Sie ist Mitglied des ICOMOS (Internationalen Komitees für Unterwasser-Kulturdenkmäler) und des Beirats für Unterwasserarchäologie sowie Vorsitzende der Gesellschaft für historische Archäologie des UNESCO-Komitees. Sie promovierte an der Texas-A&M-Universität.

Robert S. Neyland leitet die Abteilung Unterwasserarchäologie im US-Marineministerium und das Projekt zur Hebung und Konservierung des Tauchboots *H. L. Hunley*, das im amerikanischen Sezessionskrieg von der Flotte der Konföderierten Staaten eingesetzt wurde. Er forschte an Wracks im Mittelmeer, den Niederlanden, der Karibik und Nordamerika. Zu seinen neuesten Projekten gehören Forschungen an Nordstaaten-Kriegsschiffen, die während der Antisklaverei-Patrouille verloren gingen, Wracks vom Tag der Landung der Alliierten in der Normandie und Wracks aus dem amerikanischen Revolutionskrieg.

Brett Phaneuf ist Doktorand am Fachbereich Ozeanographie der Texas-A&M-Universität und Gründungsmitglied des Programms für archäologische Ozeanographie, das im Herbst 2005 startete. Er leitete zahlreiche INA-Forschungsprojekte in der Türkei, Marokko, Italien, Frankreich und den USA und gründete auch *ProMare, Inc.*, eine Non-Profit-Gesellschaft für Tiefseeforschung.

Robin Piercy gehört zum INA-Team in Bodrum, Türkei. Er nahm an zahlreichen Unterwasser-Ausgrabungen im Mittelmeer und in Nordamerika teil. Piercy beschäftigt sich insbesondere mit den Möglichkeiten zur Konservierung von durchnässtem Holz sowie der Restaurierung und Ausstellung hölzerner Schiffsrümpfe. Gegenwärtig publiziert er die Ergebnisse seiner Ausgrabung der gesunkenen portugiesischen Fregatte *Santo Antonio de Tanna* im Hafen von Mombasa, Kenia.

Cemal Pulak ist außerordentlicher Professor für Unterwasserarchäologie an der Texas-A&M-Universität und INA-Vizepräsident für die Türkei, wo er Wracks ausgrub und Surveys leitete. Er schreibt gegenwärtig an einem Grabungsbericht über das Uluburun-Wrack aus dem 14. Jh. v. Chr. Er hat Maschinenbau und Archäologie studiert; seine Forschungsinteressen umfassen diverse Aspekte der Schiffsarchäologie, den Schiffsbau in der Antike und die Handelsschifffahrt in der Bronzezeit. Er veröffentlichte zahl-

reiche wissenschaftliche und populärwissenschaftliche Artikel.

David C. Switzer ist emeritierter Professor für Geschichte und Dozent an der Staatsuniversität Plymouth, New Hampshire. Ehe er die *Defence* ausgrub, hatte er in der Türkei und in Schottland bereits einige Erfahrungen mit der Schiffsarchäologie gesammelt. Switzer hat als Archäologe die Ausgrabung und Bergung des Bugs eines in Maine gebauten Klippers auf den Falkland-Inseln geleitet, der nun im Schifffahrtsmuseum von Maine ausgestellt ist. Dieses Schiff ist Gegenstand des preisgekrönten Buchs *Snow Squall: The Last American Clipper Ship* (2001), das Switzer gemeinsam mit Nicholas Dean verfasste.

Frederick van Doorninck ist emeritierter Professor für Unterwasserarchäologie an der Texas-A&M-Universität. In der Türkei war er stellvertretender Leiter der Ausgrabung des byzantinischen Wracks in Yassıada sowie stellvertretender Leiter der Ausgrabung des byzantinischen Wracks bei Serçe Limanı und hatte maßgeblichen Anteil am Grabungsbericht. Seine Forschungsschwerpunkte sind Herstellung, Gebrauch und Standardisierung byzantinischer Amphoren und Anker, byzantinischer Schiffsbau und die Geschichte der Rammsporne.

Shelley Wachsmann ist Professor für biblische Archäologie im Bereich Unterwasserarchäologie der Texas-A&M-Universität. Von 1976 bis 1989 war er Inspektor für Unterwasser-Antiken bei der Israelischen Altertümer- und Museenverwaltung, und 1986 grub er das antike Boot in Galiläa (See Genezareth) aus. Shelley Wachsmann arbeitete auch in Portugal, Griechenland und Ägypten und veröffentlichte zahlreiche wissenschaftliche und populärwissenschaftliche Artikel sowie vier Bücher, zuletzt *Seagoing Ships and Seamanship in the Bronze Age Levant* (1998). Seine Hauptforschungsinteressen sind die Geschichte der Seefahrt in biblischen Zeiten und die Tiefsee-Archäologie, außerdem beschäftigt er sich mit der Kunst des Bogenschießens im Nahen Osten.

Cheryl Ward lehrt an der Fakultät für Anthropologie der Staatsuniversität Florida. Sie beschäftigt sich hauptsächlich mit Schiffsarchäologie und Archäobotanik im Indischen Ozean und im östlichen Mittelmeer. Gegenwärtig leitet sie archäologische Unterwasser-Surveys von Häfen und Ankerplätzen, die in der Antike von Piraten im römischen Kilikien genutzt wurden. Sie publizierte u. a. *Sacred and Secular: Ancient Egyptian Hull Construction* (2000) und, gemeinsam mit Fred Hocker, *The Philosophy of Shipbuilding* (2004).

Versunkene Zeugen der Vergangenheit – die Unterwasserarchäologie

GEORGE F. BASS

Ehe die Menschen Bauern oder Hirten wurden, waren sie Seefahrer. Ehe sie Keramik fertigen oder Metalle bearbeiten konnten, ja noch ehe sie in Häusern wohnten, konnten sie bereits große, offene Wasserflächen überqueren. Bereits vor 40 000 Jahren erreichten sie mit Booten Australien und besiedelten es. Neues Land kann nicht von zwei oder drei Individuen, die es zufällig an diese Gestade verschlagen hat, bevölkert werden; dazu muss eine größere Gruppe gezielt umsiedeln. Vor 11 000 Jahren reisten Höhlenbewohner vom griechischen Festland zur Insel Melos und sammelten dort Obsidian, das sie zu Klingen und Schabern verarbeiteten. Seefahrer kolonisierten vor 8000 Jahren die großen Mittelmeerinseln Kreta und Zypern.

Ohne Seefahrer hätte es keine minoische Kultur, ohne Flussboote keine ägyptischen Pyramiden gegeben. Ohne die großen Handelsschiffe wären weder Griechenland noch Rom, die von Getreide vom Schwarzen Meer und aus Nordafrika abhängig waren, zu Wohlstand gelangt. Und ohne ihre Trieren hätten die Griechen in der berühmten Seeschlacht bei Salamis 480 v. Chr. den Einfall der Perser nicht abwehren können.

Unmöglich, sich die Weltgeschichte ohne Schiffe und Seefahrer vorzustellen: Die Langschiffe der Wikinger, chinesische Dschunken, die Karacken und Karavellen der Entdecker, die Galeonen und Galeassen der spanischen Armada, die Linienschiffsgeschwader bei Trafalgar und in der Skagerrakschlacht, die U-Boote und Flugzeugträger des Zweiten Weltkriegs, aber auch Kajaks, arabische Dhaus, Kanus aus Birkenrinde – sie alle haben die Menschheitsgeschichte nachhaltig beeinflusst. Ganze Kontinente wurden vom Meer aus entdeckt, wiederentdeckt, besiedelt, versorgt, angegriffen und verteidigt. Der D-Day und die Schlacht um Midway, Wendepunkte des Zweiten Weltkriegs, wären ohne mächtige Flotten nicht denkbar gewesen. Und heute ist unsere Energieversorgung abhängig von dem Öl, das in riesigen Tankern um die Welt befördert wird. Wenn man sich mit der Vergangenheit befasst, muss man also über die Geschichte der Wasserfahrzeuge Bescheid wissen, die unsere Welt formten.

Doch es gibt noch einen anderen Grund, sich mit Schiffen aus ferner Vergangenheit zu beschäftigen. Alles, was Menschen je produziert haben, wurde früher oder später über das Wasser transportiert, von winzigen Obsidianklingen bis zu den Marmorquadern großer Tempel und Kirchen. Wenn ein Schiff sinkt, reißt es, bis auf ein paar schwimmfähige Gegenstände, die abgetrieben werden, alles, was sich zu diesem Zeitpunkt darauf befindet, mit in die Tiefe. In Flüssen und Seen, ja selbst auf dem Meeresgrund bleibt all dieses Material erhalten, sofern es rasch von schützenden Sedimenten bedeckt wird – vergleichbar mit der Konservierung im Eis nordischer Länder oder im trockenen Wüstensand.

Oben: Das Bodrumer Museum für Unterwasserarchäologie, das in der Johanniterburg aus dem 15. Jh. untergebracht ist, beherbergt zahlreiche INA-Fundstücke. Es ist das meistbesuchte archäologische Museum der Türkei. Schwammtaucher aus Bodrum zeigten INA-Archäologen über 100 antike Wracks.

Rechts: Das INA-Forschungszentrum in Bodrum besteht aus fünf Gebäuden, darunter diesem neo-osmanischen Bürogebäude. Außerdem verfügt das Zentrum über einen Schlafsaal, eine Bibliothek, ein Konservierungslabor und ein Computerzentrum.

Wenn sich ein Wrack datieren lässt – mit Hilfe historischer Aufzeichnungen, Baumringchronologie, Radiokarbondatierung, Münzen oder Inschriften am Wrack –, lässt sich in der Regel auch sein Inhalt historisch einordnen. Die Untersuchung von Wracks aus den verschiedenen Epochen liefert somit letztlich einen Überblick über die materielle Ausstattung der jeweiligen Gesellschaft, von Waffen und Werkzeugen über Keramiken und Glas bis hin zu Spielen und Musikinstrumenten.

Dieses Buch beschreibt Wrack-Ausgrabungen, durchgeführt von einem Institut, das sich mit der archäologischen Untersuchung von Schiffen befasst, dem Institut für Unterwasserarchäologie, kurz INA (Institute of Nautical Archaeology). Nicht alle hier erwähnten Ausgrabungen wurden vom INA finanziert, doch alle wurden von Mitgliedern der weitläufigen INA-Familie geleitet, die in den folgenden Beiträgen vorgestellt werden. Einige Projekte begannen unter der Schirmherrschaft des Museums der Universität Pennsylvania, wurden jedoch vom INA zu Ende geführt.

Versunkene Zeugen der Vergangenheit   **11**

Pioniere der Wrack-Archäologie

Es ist seit langem bekannt, welche Fülle an archäologischem Material unter Wasser liegt. Noch Jahrhunderte, nachdem die griechische Stadt Helike bei einem Erdbeben im 4. Jh. v. Chr. im Golf von Korinth versunken war, beschrieben Besucher die große Bronzestatue und andere Relikte, die sie unter der Wasseroberfläche sehen konnten. In der ersten Hälfte des 16. Jh. blickte ein Taucher durch die Kristallglasplatte in seinem hölzernen Helm erstaunt auf ein riesiges römisches Vergnügungsschiff, das auf dem Grund des Nemi-Sees in Italien lag. Doch das war nur ein matter Abglanz dessen, was folgte. So stammen z. B. die meisten griechischen Bronzestatuen, die in den Museen der Welt zu sehen sind, aus dem Meer. Sie gingen Fischern ins Netz oder wurden im 19. und 20. Jh. von Schwammtauchern geborgen oder, in neuerer Zeit, von Freizeittauchern gefunden. An Land verbliebene Statuen wurden größtenteils verschrottet und für andere Verwendungszwecke eingeschmolzen.

Die Entwicklung zuverlässiger, leicht zu wartender Atemgeräte durch Jacques-Yves Cousteau und Émile Gagan in den 1940er Jahren in Frankreich verschaffte Tauchern die nötige Mobilität, um mehr zu tun, als nur Artefakte zu bergen. In den 1950er Jahren untersuchten italienische und französische Teams Wracks vor ihren Küsten, die Franzosen auch vor Tunesien. Bei diesen Projekten wurden erstmals einige jener Geräte verwendet, die nach wie vor bei Wrack-Ausgrabungen benützt werden: Metall- oder Nylongitter, um Wrack-Fundstellen in zusammenhängende Qua-

Oben: Konservatorin Jane Pannell Haldane restauriert die Bronzestatue eines afrikanischen Jünglings mit Tunika, der dem Schwammtaucher Mehmet Imbat in der Nähe von Yalıkavak (Türkei) ins Netz ging. Im Anschluss daran wurden erstmals Sonargeräte und Tauchboote für die Suche nach dem antiken Wrack eingesetzt, auf dem sich diese Statue sowie mindestens zwei weitere Bronzestatuen befanden.

Links: Auf seiner Suche nach antiken Wracks 1958/1959 tauchte Peter Throckmorton mit türkischen Schwammtauchern. Diese kannten Dutzende von Frachtladungen, die seit der Antike verloren gegangen waren.

Rechts: Mitte der 1960er Jahre kartierten Archäologen der Universität Pennsylvania, die später das INA gründeten, Fundstellen mit Stereofotos, die von dem Tauchboot *Asherah* aus gemacht wurden. Die Archäologen verbrachten die Dekompressionszeit in einer Taucherglocke (oben rechts) und bedienten sich einer Unterwasser-Telefonzelle und diverser Metalldetektoren, Hebeballons und Airlifts.

drate zu unterteilen, die eine systematische Ausgrabung ermöglichen und bei der Kartierung helfen; senkrechte Röhren, so genannte Airlifts, die wie Unterwasserstaubsauger Sedimente aufsaugen und ableiten; große Ballons, die schwere Objekte an die Oberfläche ziehen; Unterwasserkameras zur Aufnahme der Fundstellen und um die Arbeiten von der Oberfläche aus zu überwachen.

Diese Neuerungen gaben unterwasserarchäologischen Projekten in Europa, Asien und Nordamerika starken Auftrieb. Archäologen planten den Bau eines Spundwanddamms, um bei fünf Wikingerschiffen, die sie im dänischen Roskilde-Fjord gefunden hatten, vor der Ausgrabung das Wasser abpumpen zu können. Andernorts in Skandinavien bereiteten Taucher die Hebung des fast vollständig erhaltenen schwedischen Kriegsschiffs *Vasa* vor, das 1628 im Stockholmer Hafen gleich nach dem Stapellauf krängte und sank.

In Nordamerika wurde das Panzerschiff *Cairo* aus dem Sezessionskrieg aus dem Yazoo River in Mississippi geborgen, während weiter nördlich, im Staat New York, die ersten neuzeitlichen Flussboote aus dem George-See gehoben wurden. Noch weiter nördlich, an der kanadischen Grenze, begannen wagemutige Archäologen in gefährlichen Stromschnellen nach Artefakten zu suchen, die aus gekenterten Pelzhändler-Kanus gefallen waren. In allen Fällen – außer dem letzten – war es das Ziel der Archäologen, ein Schiff, wie bei einer Landgrabung, im Freien zu untersuchen, entweder durch Abpumpen des Wassers wie hinter der Spundwand in Roskilde oder indem man das Schiff vollständig hob.

Archäologen wagen den Sprung

Im asiatischen Teil der Türkei näherte man sich 1960 einem Wrack auf andere Art. Der amerikanische Fotojournalist Peter Throckmorton hatte die Jahre 1958 und 1959 auf türkischen Schwammtaucher-Booten verbracht und die Taucher gebeten, ihm alle antiken Überreste zu zeigen, die sie auf dem Meeresgrund gesehen hatten. Unter den Wracks, die er aufspürte, war auch das älteste damals bekannte bronzezeitliche Wrack von ca. 1200 v. Chr. Peter meinte, dass man Wracks auf dem Meeresgrund genauso sorgfältig ausgraben könne wie Fundstellen an Land. Er fragte bei Professor Rodney Young vom Museum der Universität Pennsylvania an, ob das Museum eine Wrack-Ausgrabung finanzieren würde. Er wusste, dass Young bereits in der Türkei Ausgrabungen durchführte. Zufällig hatte ich 1957 als studentische Hilfskraft mit ihm gearbeitet. Zufällig war ich 1959 einer von Professor Youngs Doktoranden. Zufällig galt mein Hauptinteresse der Bronzezeit im Mittelmeerraum. Und zufällig hatte ich mich seit meiner Kindheit für das Tauchen interessiert.

Rückblickend scheint es fast schicksalhaft, dass Professor Young mich bat, tauchen zu lernen, um als Archäologe bei der von Peter beabsichtigten Ausgrabung des bronzezeitlichen Wracks mitzuwirken. Nach einem kurzen Tauchkurs fuhr ich mit Peter Throckmorton in die Türkei und begann, wie noch zu schildern sein wird, in 28 m Tiefe vor Kap Gelidonya zu arbeiten.

Dies schuf die Voraussetzungen für viele spätere Forschungsunternehmen. Berufstaucher bezweifelten auch nach 1960, dass Archäologen gut genug tauchen würden, um in großen Tiefen zurechtzukommen. Diese Zweifel wurden zwischen 1984 und 1994 endgültig ausgeräumt, als bei der Ausgrabung eines anderen bronzezeitlichen Wracks in Uluburun (Türkei) Archäologen und Archäologiestudenten

Unten: Ein Taucher säubert frisch geerntete Schwämme, während ein anderer einen Kollegen sichert, der unter der 10 m langen *Mandalinçi*, auf der Peter Throckmorton den Sommer 1958 verbrachte und die bei der Ausgrabung des Kap-Gelidonya-Wracks 1960 als Tauchbasis diente, nach Schwämmen sucht.

den Großteil der 22 500 Tauchgänge in Tiefen zwischen 44 und 61 m absolvierten. Es war das tiefste große Tauchprojekt, das je mit normalen Atemgeräten durchgeführt wurde. Ermöglicht wurde es durch Sicherheitsmaßnahmen, die Freizeittauchern nicht zur Verfügung stehen.

1960 arbeitete ich das einzige Mal mit Peter Throckmorton zusammen. Er fand weitere bronzezeitliche Wracks in Griechenland, grub römische und byzantinische Wracks in Italien aus und begann mit der Erforschung des letzten erhaltenen Klippers bei den Falkland-Inseln. Außerdem rettete er das auf einer Werft in Griechenland verrottende Segelschiff *Elisa* aus dem 19. Jh., das nach seiner Restaurierung nunmehr eine Touristenattraktion in Galveston (Texas) ist.

Ich hatte nicht die Absicht, weiter zu tauchen, sondern wollte mich wieder der normalen Archäologie zuwenden. Doch am Ende der Ausgrabung von 1960 überredete mich Claude Duthuit, ein französischer Taucher, den Peter nach Kap Gelidonya geholt hatte, dazu, noch etwas länger in diesem viel versprechenden Forschungsfeld zu bleiben. So kehrte ich 1961 mit Claude und einer Gruppe von Tauchern, überwiegend Anfängern, in die Türkei zurück. Unter ihnen befanden sich auch der Doktorand Frederick van Doorninck von der Universität Pennsylvania, der Student David Owen von der Universität Boston und die Studentin Susan Womer vom Swarthmore College, die unsere Artefakte zeichnen sollte. Vier Sommer lang gruben wir in Yassıada in etwa 39 m Tiefe ein ebenfalls von Peter Throckmorton entdecktes byzantinisches Wrack aus dem 7. Jh. aus und verbesserten dabei ständig unsere Methoden beim Kartieren, Heben und Konservieren. In diesen Jahren gesellte sich Michael Katzev, ein weiterer Student der Universität Pennsylvania, zu uns. Später haben alle diese Leute Schlüsselrollen bei der Gründung des INA gespielt.

In den 1980er Jahren kehrten einige Ausgräber, die bereits am Wrack von Kap Gelidonya gearbeitet hatten, zur Fundstelle zurück, wo sie mit Metalldetektoren und Unterwasser-Scootern viele Artefakte orteten, die bei der Ausgrabung 1960 unentdeckt geblieben waren.

Fred van Doorninck begann nach seiner ersten Grabungskampagne in Yassıada, die Holzfragmente, die wir dokumentierten und bargen, zu untersuchen. In den folgenden drei Sommern und noch Jahre danach fügte er die Teilchen, die zunächst wie ein Haufen Späne anmuteten, zu einem Mosaik zusammen; schließlich schrieb er seine Dissertation über die Rekonstruktion des Schiffs und seiner Anker – die erste Rekonstruktion eines auf dem Meeresgrund ausgegrabenen Wracks.

1963 las J. Richard (Dick) Steffy, ein Elektroingenieur und begeisterter Schiffsmodellbauer, einen Artikel, den ich für *National Geographic* über das byzantinische Wrack geschrieben hatte, und fragte an, ob er eine Reihe von Modellen davon bauen solle. Ich brachte ihn mit van Doorninck in Kontakt, und damit begann eine bis heute fortbestehende Zusammenarbeit. Inzwischen verbrachte ich fast mehr Zeit mit Technik als mit Archäologie und entwickelte eine Methode der dreidimensionalen Kartierung mit Hilfe der erstmals von Claude bei Kap Gelidonya eingesetzten Stereofotografie; außerdem erteilte ich den Auftrag zum Bau des ersten US-Forschungstauchboots. Um den Zweisitzer *Asherah*, benannt nach einer phönizischen Meeresgöttin, im Mittelmeer einsetzen zu können, stellte mir die US-Marine ein 20 m langes Schiff, die *Virazon*, zur Verfügung.

Neue Werkzeuge für die Unterwasserarchäologie

Bei unserem nächsten Ausgrabungsprojekt in den Jahren 1967 und 1969, einem vor Yassıada liegenden Wrack aus dem späten 4. oder frühen 5. Jh. n. Chr., waren Fred und ich besessen von der Idee, die Arbeit unter Wasser effizienter zu gestalten. Unser größter Feind war die Zeit. Um dies zu verstehen, muss man die so genannte »Cais-

Oben: Donald Rosencrantz lässt eine Kamera, die senkrecht an Kardanringen hängt, an einer waagrechten Stange an dem byzantinischen Wrack bei Yassıada (Türkei) entlanggleiten. Er macht Fotos an ganz bestimmten Punkten, die an einer Stange markiert sind, und liefert so Stereoaufnahmen, aus denen sich präzise dreidimensionale Pläne erstellen lassen.

Rechts: INAs *Virazon*, 1954 als Hilfsboot für die US-Armee gebaut, wurde erstmals 1964 für archäologische Arbeiten in die Türkei gebracht. Nachdem das 20 m lange Schiff mit einem tieferen Kiel und sämtlicher für größere Unterwasserprojekte benötigten Ausrüstung, u. a. einer Druckkammer, ausgerüstet wurde, wird es jedes Jahr für Ausgrabungen und Surveys eingesetzt.

Oben: Ein tückisches Riff vor Yassıada (türkisch für »flache Insel«), an dem von der römischen Antike bis heute fast ein Dutzend Schiffe scheiterten. Der Autor verbrachte sieben Sommer in einem auf dem kahlen Felsen aufgeschlagenen Camp und grub Überreste der Schiffe aus, von denen einige direkt unter dem Tauchboot liegen. Mit dem 20 m langen Trawler *Kardeşler*, der gleichfalls vor der Küste ankert, führten wir 1973 den ersten INA-Survey durch.

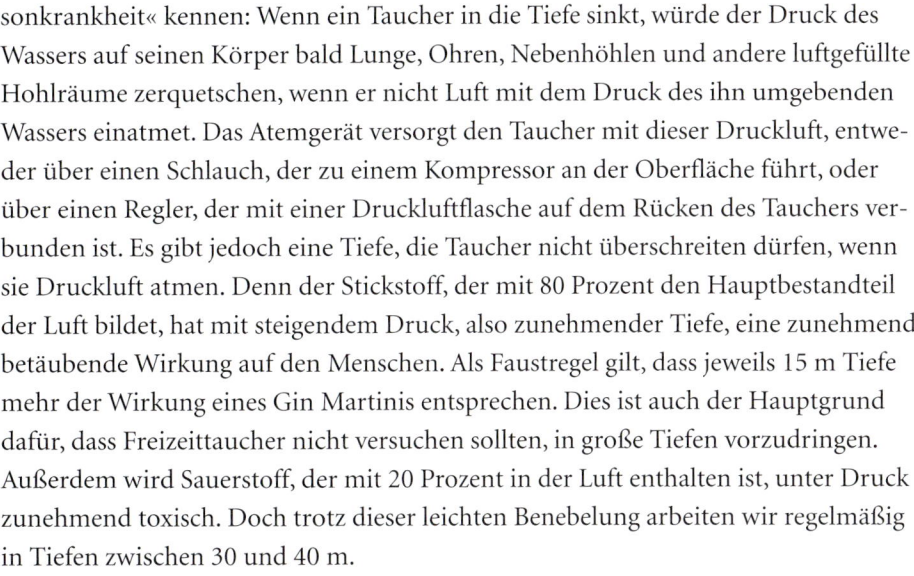

sonkrankheit« kennen: Wenn ein Taucher in die Tiefe sinkt, würde der Druck des Wassers auf seinen Körper bald Lunge, Ohren, Nebenhöhlen und andere luftgefüllte Hohlräume zerquetschen, wenn er nicht Luft mit dem Druck des ihn umgebenden Wassers einatmet. Das Atemgerät versorgt den Taucher mit dieser Druckluft, entweder über einen Schlauch, der zu einem Kompressor an der Oberfläche führt, oder über einen Regler, der mit einer Druckluftflasche auf dem Rücken des Tauchers verbunden ist. Es gibt jedoch eine Tiefe, die Taucher nicht überschreiten dürfen, wenn sie Druckluft atmen. Denn der Stickstoff, der mit 80 Prozent den Hauptbestandteil der Luft bildet, hat mit steigendem Druck, also zunehmender Tiefe, eine zunehmend betäubende Wirkung auf den Menschen. Als Faustregel gilt, dass jeweils 15 m Tiefe mehr der Wirkung eines Gin Martinis entsprechen. Dies ist auch der Hauptgrund dafür, dass Freizeittaucher nicht versuchen sollten, in große Tiefen vorzudringen. Außerdem wird Sauerstoff, der mit 20 Prozent in der Luft enthalten ist, unter Druck zunehmend toxisch. Doch trotz dieser leichten Benebelung arbeiten wir regelmäßig in Tiefen zwischen 30 und 40 m.

Bei der Arbeit in der Tiefe absorbiert der Körper die eingeatmete Druckluft. Das stellt kein Problem dar, solange der Körper unter Druck bleibt. Steigt man jedoch am Schluss des Tauchgangs zu schnell auf, kann das Gas im Körper des Tauchers in Form von Bläschen freiwerden – so wie beim Champagner, der zu sprudeln beginnt, wenn der in der Flasche herrschende Druck durch die Entfernung des Korkens plötzlich nachlässt. Was beim Champagner als angenehm empfunden wird, führt beim Menschen zu Lähmungen und zum Tod. Denn Stickstoffblasen im Blut können den Blutfluss blockieren.

Um die Caissonkrankheit zu verhindern, muss der Taucher in Etappen aufsteigen und Pausen einlegen, um die Druckluft abzuatmen. Diese Dekompression wird nach genau berechneten Tabellen durchgeführt und dauert umso länger, je tiefer und länger der vorangegangene Tauchgang ausgefallen ist. In den 1960er Jahren arbeiteten wir bisweilen 40 Minuten in einer Tiefe von 40 m, was zweimal täglich extrem lange Dekompressionspausen erforderlich machte. Gegen die Kälte und Langeweile (wir fanden allerdings schnell heraus, dass sich Taschenbücher unter Wasser wochenlang halten) konstruierte ich eine Unterwasser-Dekompressionskammer, in die die Taucher schwimmen und langsam dekomprimieren konnten, während sie bequem im Trockenen saßen. Heute arbeiten wir auf ärztliches Anraten nie länger als 20 Minuten in der Tiefe. Außerdem stellen wir während der Dekompression von normaler Luft auf reinen Sauerstoff um, um den Stickstoff schneller abzuatmen. Um im Fall eines technischen Versagens einen sicheren Zufluchtsort zu haben, von dem aus man per Telefon mit dem Tauchschiff kommunizieren konnte, konstruierten Michael Katzev und Susan Womer, inzwischen Frau Katzev, eine so genannte »Unterwasser-Telefonzelle«, eine luftgefüllte Plexiglaskuppel, in die Taucher hineinschwimmen können und in der sie bis zu den Schultern im Trockenen stehen.

Damals testeten wir auch diverse Methoden, um Wracks entdecken zu können, die tiefer lagen, als wir tauchen konnten. Auslöser für den Bau der *Asherah* war 1963 die Bronzestatue eines mit einer Tunika bekleideten afrikanischen Jünglings, die mit einem Schwammschleppnetz aus 85 m Tiefe geborgen worden war, also aus für Drucklufttaucher unerreichbarer Tiefe. Die infolge der kleinen Bullaugen begrenzte Aussicht machte unser U-Boot jedoch ungeeignet für Suchaktionen in offenen Gewässern. Wir wussten zwar ungefähr, in welchem Gebiet die Statue ins Netz gegangen war, wollten jedoch die genaue Lage des Wracks herausfinden, ehe wir mit der *Asherah* abtauchten. Der Ingenieur Donald Rosencrantz, der bei der Konstruktion der *Asherah* mitgewirkt und eine Methode perfektioniert hatte, um den Meeresgrund vom Tauchboot aus mittels Stereofotografie exakt zu kartieren, organisierte eine Suche mit einem so genannten Side-Scan-Sonar, obgleich bis dahin noch kein antikes Wrack mit Sonar entdeckt worden war. Es dauerte nur einen Vormittag, bis ein Team der *Scripps Institution for Oceanography* in der fraglichen Gegend mit dem Sonar ein Wrack aufspürte; eine Tauchfahrt mit der *Asherah* bestätigte den Fund.

Damals benutzten wir auch eine Ein-Mann-Schlepptauchkapsel, die einer frühen Merkur-Raumkapsel glich. Der Pilot konnte sie durch Betätigen der seitlich angebrachten Flügel ab- und aufwärts bewegen. Als dann jemand aus unserem Team einmal in rund 90 m Tiefe kopfüber auf dem Meeresgrund aufschlug, kamen wir zu dem Schluss, dass das nicht gerade die sicherste Methode war, Wracks aufzuspüren! Eine andere Vorrichtung, die wir 1960 bei unseren Forschungen in der Türkei testeten, war ein Magnetometer – ein Gerät zum Aufspüren von Eisen.

Oben rechts: Eine Tauchkapsel wird gerade von einem türkischen Trawler ausgesetzt. Der Pilot lässt sie nach unten gleiten, indem er die Flügel abwinkelt, während sie vom Schiff ins Schlepptau genommen wird.

Rechts: In INAs Unterwasser-Telefonzellen, mit Luft gefüllten Halbkugeln aus Acryl, können Taucher ihre Mundstücke abnehmen und miteinander, oder über ein Kabel, mit der Oberfläche sprechen beziehungsweise im Fall eines Defekts ihre Atemgeräte austauschen.

Links: Maurice McGehee vom Scripps-Institut für Ozeanographie untersucht den Papierausdruck eines Sonargeräts, das eines Morgens ein anschließend vom Tauchboot *Asherah* bestätigtes antikes Wrack ortete – jenes Wrack, von dem der afrikanische Jüngling und zwei weitere Statuen stammten.

Die Unterwasserarchäologie wird anerkannt

Als ich im Auftrag der zyprischen Regierung nach antiken Wracks suchen sollte, fragte ich die Katzevs, ob sie für mich einspringen würden. Sie gruben dann vor Kyrenia ein Wrack aus dem 4. Jh. v. Chr. aus, restaurierten es und setzten damit neue Maßstäbe für die Wrackarchäologie im Mittelmeer. Sie hatten in Yassıada viel gelernt und übertrafen sich dann noch, indem sie die Schiffshölzer nicht nur hoben, sondern auch konservierten. In Zusammenarbeit mit Dick Steffy begannen sie dann den Rumpf wieder zusammenzubauen, um ihn in der Burg von Kyrenia auszustellen.

Dies war eine weitere Premiere für die Unterwasserarchäologie im Mittelmeer. Wir ignorierten zwar keineswegs die Fracht, die Archäologen zunächst zum Meeresgrund lockte, aber unsere Variante der Unterwasser-, Meeres- oder Schiffsarchäologie konzentrierte sich auf das Schiff selbst – auf das *naus*, wie es im Altgriechischen heißt. Etwa zu dieser Zeit wurde in Großbritannien das *International Journal of Nautical Archaeology* aus der Taufe gehoben.

Nachdem ich neben meinen Lehrverpflichtungen die seinerzeit größte Tauchoperation weltweit geleitet und Gelder dafür gesammelt hatte – 25 Taucher arbeiteten monatelang zweimal täglich in 40 m Tiefe –, beschloss ich 1969, mich aus der Unterwasserarchäologie zurückzuziehen. 1971 begann ich, eine größtenteils jungsteinzeitliche Stätte in Süditalien auszugraben, um herauszufinden, wie und wann bestimmte Tiere in das Gebiet eingeführt worden waren. Dabei wurde mir klar, dass ein einziges jungsteinzeitliches Wrack in der Adria uns unvergleichlich viel mehr Erkenntnisse bringen würde.

Ein Institut für Wrackarchäologie: Erste Hoffnungsschimmer

Als Fred van Doorninck und ich einen Sommer lang am Abschlussbericht über das byzantinische Yassıada-Schiff aus dem 7. Jh. arbeiteten, sprachen wir erstmals über ein Institut, das sich ausschließlich der Wrackarchäologie widmen sollte. Wir träumten davon, ein festes Camp nahe Bodrum (Türkei) zu bauen, von wo aus wir jährlich zu unseren Exkursionen aufbrechen würden.

Auf der Rückfahrt von einem Strand in New Jersey, an dem kurz zuvor ein Schiffsrumpf freigelegt worden war, bremste Dick Steffy auf dem Seitenstreifen und bedeutete mir, hinter ihm anzuhalten. Dann erzählte er mir, er habe beschlossen, seine Elektrofirma zu verkaufen und sich ganz der Rekonstruktion antiker Schiffe zu widmen. Da er für Frau und zwei Kinder zu sorgen hatte, erklärte ich ihn für übergeschnappt. Doch einige Monate später im selben Jahr 1972 teilte ich der Universität von Pennsylvania mit, ich würde meine außerordentliche Professur niederlegen und ein unabhängiges Institut für Wrackarchäologie gründen. Professor Young erklärte mich daraufhin ebenfalls für verrückt, doch obwohl er mich nach seiner Emeritierung als Fakultätsvorstand vorgesehen hatte, verstand er, weshalb ich wegmüsse: »Du brennst darauf!«

Michael und Susan Katzev lebten auf Zypern; sie waren vom Oberlin-College, wo Michael lehrte, beurlaubt und wollten das Kyrenia-Wrack wieder zusammenbauen. Sie meinten, das neue Amerikanische Institut für Unterwasser-Archäologie (AINA) solle zentral im östlichen Mittelmeerraum liegen, der uns wissenschaftlich am meisten interessierte und mit günstigen Lebenshaltungskosten lockte. Ich sollte Präsident, Michael Vizepräsident werden und dazu seine Stelle am Oberlin-College aufgeben.

Doch wer sollte das neue Institut finanzieren? Ich dachte an all die Leute und Stiftungen, die meine Wrackausgrabungen für die Universität Pennsylvania unterstützt hatten. Doch ein Institut, das nicht einmal eine feste Anschrift hatte, war wohl nicht gerade attraktiv; alle Stiftungen, die ich kontaktierte, gaben mir einen Korb.

Dann schickte ich ein Exemplar meines kurz zuvor erschienenen Buchs *A History of Seafaring Based on Underwater Archaeology* an den Geschäftsmann Jack W. Kelley in Tulsa, Oklahoma, den ich nur flüchtig kannte, und fragte an, ob er gern im AINA-Vorstand sein würde. Zu meiner Überraschung rief er sofort an und erklärte sich nicht nur zu diesem Amt und einer dreijährigen Finanzierung bereit, sondern erzählte mir auch, dass er einen Freund habe, der sich wahrscheinlich ebenfalls beteiligen würde, den Geschäftsmann John H. Baird aus Cleveland, Ohio. Zu den beiden gesellte sich alsbald noch John Brown Cook, der Katzevs Kyrenia-Projekt großzügig unterstützt hatte.

Ein Institut für Unterwasserarchäologie

Unsere erste Vorstandssitzung fand im Frühjahr 1973 in Philadelphia statt. Melvin M. Payne, Vorstandsvorsitzender der National Geographic Society und ebenfalls AINA-Gründungsvorstand, brachte einen Scheck zur Finanzierung unseres ersten Projekts mit: Wir wollten vor der türkischen Küste nach einem weiteren Wrack suchen, das sich ausgraben ließ.

Zuvor aber nahm ich an einer einwöchigen Konferenz in Virginia teil und wirkte bei der Erstellung eines nationalen Programms zur Meeresforschung mit. Mein Zimmergenosse war ein etwa zehn Jahre jüngerer Ozeanographie-Doktorand. Bis spät in die Nacht plauderten wir über unsere Träume. Ich dachte an ein erfolgreiches Institut für Unterwasserarchäologie, er träumte von der Erforschung des Meeresgrunds mit dem Tieftauchboot *Alvin*. Später befragte uns ein Student unabhängig voneinander für seine Abschlussarbeit mit dem Titel *Und all ihre Träume wurden wahr*. Sein Name war Robert Ballard. Später hat er die *Titanic* gefunden.

Meine Frau Ann und ich verkauften kurz darauf unseren gesamten Besitz und zogen nach Zypern, wo die Katzevs, Dick Steffy und das übrige Kyrenia-Team, darunter Robin Piercy, uns empfingen. Unser Hauptproblem war, dass keiner von uns ein weiteres Wrack kannte, das wert war, ausgegraben zu werden. Ich ließ Ann auf Zypern zurück, wo sie ein Haus und eine Schule für unsere beiden Söhne finden sollte, und fuhr in die Türkei, wo ich all meine früheren Ausgrabungen unter Wasser durchgeführt hatte. In den ersten sechs Wochen lebte ich zusammen mit sieben Kollegen auf dem Deck eines 10 m langen Fischerboots, der *Günyel*. An Bord waren auch der Physikprofessor Donald Frey, der uns in Yassıada als Taucher geholfen hatte, und der Sonartechniker John Broadwater, der mich kurz zuvor bei meinem ersten Tauchgang im Atlantik zu einem Blockadebrecher aus dem Sezessionskrieg begleitet hatte. John gab später seinen Beruf als Elektroingenieur auf, promovierte in Schifffahrtskunde und grub das Schiff aus, das er hier beschreibt.

In der Kajüte der *Günyel* war nur Platz für das Sonargerät und die Unterwasser-Fernsehausrüstung. Da wir ohne Dekompressionskammer nicht tauchen wollten, sondierten wir den Meeresgrund in mehreren hundert Meter breiten Streifen mit dem Sonar. Wenn ein mögliches Wrack als dunkler Fleck auf dem Sonarausdruck erschien, ließen wir unsere Fernsehkamera vom Heck der *Günyel* hinunter. Nur

1973, beim ersten INA-Wracksurvey, lebten der Autor und fünf Kollegen drei Monate auf türkischen Fischerbooten, zuerst auf der 10 m langen *Günyel* (unten), deren Kabine so voll gestopft mit Sonarausrüstung war, dass das Team sechs Wochen lang auf dem überfüllten Deck essen und schlafen musste. Als aus den USA eine Überdruckkammer eintraf, die nun zusammen mit Kompressoren und einer Airbank auf Deck befestigt wurde, zog das Team für sechs Wochen auf das größere Schleppboot *Kardeşler* (rechts) und schlief dort im Frachtraum.

einer der Treffer erwies sich als potenzielles Wrack: verstreute byzantinische Kerami-ken, die eine Ausgrabung jedoch nicht lohnten. Ich war mehr als entmutigt. Die Wochen verstrichen, und die meisten meiner Kollegen mussten wieder an ihre Arbeitsplätze zurück.

Dann traf unsere Dekompressionskammer aus den USA ein, ein Geschenk des Geschäftsmanns Alex Nason aus Ohio. Mit drei türkischen und zwei amerikanischen Tauchern wechselte ich von der *Günyel* auf das größere, 20 m lange Schleppnetzboot *Kardeşler*, auf dessen Deck wir die Kammer, den zugehörigen Kompressor sowie die Airbank befestigten.

Beim Aufspüren von Wracks hielten wir uns an die bewährte Methode, örtliche Schwammtaucher zu befragen. Wir schätzten, dass wir, wenn wir mit den Tauchern von nur 20 Schwammbooten sprachen, von allen Altertümern erfahren würden, die sie in diesem Jahr bei 10 000 Tauchstunden auf dem Meeresgrund gesehen hatten. Der Schwammtaucher Mehmet Aşkın führte uns zu den Wracks in Bozburun und Serçe Limanı (die Ausgrabungen werden in diesem Buch geschildert). Weitere folg-ten. Cumhur Ilik, ein junger türkischer Taucher in meinem Team, hatte keinerlei archäologische Vorkenntnisse. Er war bei meiner ersten Ausgrabung 1960 bei Kap Gelidonya Kajütenjunge gewesen, hatte sich dann einige Jahre als Schwammtaucher betätigt und war 1973 Charterboot-Kapitän. Als er zu uns stieß, waren Wracks für ihn moderne Schiffe, deren Bronze- oder Messingarmaturen und Schiffsschrauben

Unten: Die Befragung von Schwammtauchern brachte mehr Treffer als das Sonargerät: Mehmet Aşkın (Mitte) brachte den Autor und Yüksel Eğdemir vom türkischen Kulturministe-rium zu dem nahe gelegenen Wrack in Bozbu-run und zu zwei Wracks in Serçe Limanı.

Der Taucher Joe Alexander untersucht bei unserem ersten Survey 1973 eine Ladung byzantinischer Dachziegel aus dem 7. Jh. in der Gökova-Bucht (Türkei).

man bergen und als Schrott verkaufen konnte. Doch nachdem er mit uns zu einer Ladung antiker Kacheln getaucht war, meinte er überrascht, er kenne noch mehr solche Stellen. Wir wollten Genaueres wissen, und er erinnerte sich an zwei große Gefäße, die er sieben Jahre zuvor an einer Stelle gesehen hatte, die »Şeytan Deresi« heißt, Teufelsbucht. Als der Survey im November beendet war, hatten wir ein Dutzend Wracks gefunden, von denen mindestens ein Drittel eine archäologische Ausgrabung lohnte.

Das Jahr auf Zypern verging rasch. Dick Steffy verkaufte seine Firma und trat für ein erbärmliches Gehalt in das neu gegründete Institut ein. Fred van Doorninck gesellte sich einen Teil des Jahres zu uns und forschte weiter an dem byzantinischen Wrack. Im Sommer 1974 wollten wir die Ausgrabung des Yassıada-Wracks aus dem 4. Jh. abschließen, und viele Wissenschaftler, darunter David Switzer, Geschichtsprofessor am Plymouth State College, und Faith Hentschel, Doktorandin an der Universität Yale, nahmen an unserem Lehrgang teil. Doch nach wenigen Tagen setzte der Ausbruch des Zypernkrieges den Ausgrabungen ein Ende – und unserem idyllischen Dasein auf der schönen Insel.

Die Katzevs zogen nach Griechenland, Dick Steffy kehrte in seine Heimatstadt Denver, Pennsylvania, zurück, und ich folgte ihm mit meiner Familie. Ein paar Leute drängten mich, in die Lehre zurückzukehren, doch ich überzeugte unseren Vorstand, Robin Piercy, Michael Katzevs rechte Hand auf Zypern, und Donald Frey, meine rechte Hand in der Türkei, einzustellen. AINA-Vorstandsmitglied Elizabeth Whitehead meinte, wir sollten das AINA an eine Universität angliedern, jedoch seine organisatorische Eigenständigkeit wahren. Doch wie findet man eine passende Universität? Ich hatte keine Ahnung, unser Ansinnen sprach sich jedoch herum, und wir wurden bald von mehreren Universitäten kontaktiert.

Unterwasserarchäologie als Studienfach

Die Texas-A&M-Universität machte das bei weitem großzügigste Angebot. Sie schlug vor, ein eigenes Graduiertenprogramm in Unterwasserarchäologie einzurichten. Dick Steffy, Fred van Doorninck und ich sollten als Dozenten im Frühling oder Herbst lehren, das jeweils andere Semester stünde uns dann für Forschungsprojekte und Exkursionen des AINA zur Verfügung – ein breiter Silberstreif am Horizont. Erstens lernten wir, uns nicht allein auf einen geografischen Raum zu konzentrieren, und nahmen bald Einladungen nach Nordamerika und Afrika an. Ich bat David Switzer, die erste Ausgrabung eines Schiffs aus dem amerikanischen Revolutionskrieg in der Penobscot-Bucht in Maine zu leiten; Dave berichtet in diesem Buch darüber. Dann bat ich Don Frey und Robin Piercy, ein portugiesisches Wrack in Mombasa (Kenia) auszugraben; auch Robin schildert hier seine Forschungen.

Zweitens gestattete das türkische Militär AINA zunächst, die Arbeiten in Şeytan Deresi weiterzuführen, doch nur, wenn wir türkische Studenten als Helfer einsetzen würden. Don Frey wählte zehn Studenten aus und brachte dann das Multitalent Donald Keith in die Türkei, auf dass er diesen das Tauchen beibringe. Nicht lange danach kamen Tufan Turanlı und Cemal Pulak zum AINA. Tufan fand später das Wrack, das Deborah Carlson in diesem Buch beschreibt, und Cemal Pulak berichtet über seine Ausgrabung eines bronzezeitlichen Wracks in Uluburun. Einige Jahre später trat ein weiterer ehemaliger Student, Ayhan Sicimoğlu, dem Vorstand bei.

Drittens entlastete die Angliederung an die Texas-A&M-Universität das Institut in finanzieller Hinsicht erheblich, auch wenn in den Jahren seit der Eingliederung die Einnahmen des Instituts von 50 000 Dollar jährlich – für alles, auch die Gehälter – auf ein bis zwei Millionen Dollar im Jahr gestiegen sind.

Viertens beschlossen wir bei den Verhandlungen mit der Texas-A&M-Universität, einen Archäologen für die Neue Welt in unser Team aufzunehmen. Unsere Wahl fiel auf Dr. Donny Hamilton, der damals an der Universität Texas für die Konservierung von Artefakten der spanischen Flotte, die 1554 vor Padre Island sank, zuständig war. Damit wurden die Texas-A&M-Universität und das Institut weltweit führend in der archäologischen Konservierung, die nicht nur gelehrt, sondern auch in innovativen Labors praktiziert wurde. Zudem wurde Donny mit der Durchführung einer Ausgrabung in Port Royal (Jamaika) beauftragt, die er in diesem Buch beschreibt.

Fünftens hatten Michael, Fred und ich den größten Teil unserer Arbeit geleistet, als wir noch Doktoranden waren, und wir hatten nun, quasi mit einem eigenen Fachbereich, einen ganzen Stab tüchtiger Unterwasserarchäologen, die ihre Projekte selbst leiten konnten. Zu den ehemaligen Studenten, die zu diesem Buch beitrugen, gehören Robert Neyland, Unterwasserarchäologe bei der US-Marine, der später die Bergung und Konservierung des Tauchboots *Hunley* aus dem Sezessionskrieg leitete; Fred Hocker, heute am Wasa-Museum in Stockholm; Bill Charlton, Offizier i. R. der US-Marineinfanterie und INA-Tauchlehrer; Elizabeth Greene, Dozentin am Wellesley College; Jerome Hall von der Universität San Diego; Margaret Leshikar-Denton, Archäologin am Nationalmuseum der Cayman-Inseln; Cheryl Ward von der Staatsuniversität Florida; Brett Phaneuf, Doktorand in Ozeanographie; und schließlich Deborah Carlson, Filipe Castro, Kevin Crisman und Cemal Pulak, die alle am Fachbereich Unterwasserarchäologie der Texas-A&M-Universität unterrichten – Dick Steffy, Fred Doorninck und ich machten ihnen Platz, indem wir in Pension gingen.

Weitere Studenten des Programms für Unterwasserarchäologie der Texas-A&M-Universität kamen aus Albanien, Belgien, Bulgarien, China, Dänemark, Griechen-

Die Absolventen des Graduiertenprogramms für Unterwasserarchäologie an der A&M-Universität, die bei INA-Projekten Freilanderfahrung sammelten, haben ihren Weg gemacht. Dr. Robert Neyland leitete mit Unterstützung weiterer ehemaliger A&M-Studenten die Bergung und Konservierung des Konföderierten-Tauchboots *H. L. Huntley*, das als erstes U-Boot ein feindliches Schiff versenkte. Kurz nach der Versenkung der *USS Housatonic* im Jahr 1864 verschwand die *Hunley* für über 100 Jahre im Hafen von Charleston, South Carolina.

land, Jamaika, Japan, Kanada, Malaysia, Mexiko, den Niederlanden, Neuseeland, Peru, Portugal, Südafrika, der Schweiz, der Türkei und Großbritannien. Nicht lange nach der Angliederung an die Texas-A&M-Universität verkürzte das Institut seinen Namen schlicht zu »Institut für Unterwasserarchäologie«, INA, was der Internationalität seines Personals, seiner Sponsoren und Projekte besser gerecht wurde. INA führte seitdem Projekte in Ägypten, Albanien, den Bahamas, Bahrain, Bulgarien, den Cayman-Inseln, der Dominikanischen Republik, Eritrea, Georgien, Israel, Italien, Jamaika, Kenia, dem Libanon, Malta, Mexiko, Marokko, den Niederlanden, Panama, Portugal, der Türkei, den Turk- und Caicos-Inseln, Zypern und in den USA von den Großen Seen im Norden bis zum Golf von Mexiko durch. Zusätzlich wurden in Griechenland und Mexiko Koprojekte mit nationalen Forschungseinrichtungen durchgeführt.

Das INA-Zentrum in Bodrum

In Bodrum erwarb der damalige INA-Vizepräsident Don Frey mit Spendengeldern ein wunderschönes Grundstück und begann ein Bauvorhaben, das ich weiterführte, als ich für kurze Zeit erneut Präsident war. Heute besteht der INA-Campus aus fünf Gebäuden mit Büros, einem Schlafsaal, einer vierstöckigen Bibliothek, einem Konservierungslabor und einem Computerzentrum. Cemal Pulak, Fred van Doorninck, Tufan Turanlı und ich kauften Grundstücke in einer kleinen Straße neben dem INA-Campus und bauten uns dort Häuser.

Wir legten uns auch eine kleine Flotte zu. Wir kauften die *Virazon* sowie ein brandneues Zwei-Mann-Tauchboot, die *Carolyn*, bei der man in einer transparenten Acrylkugel sitzt und fast Rundumsicht genießt. Für den Transport und den Stapellauf der *Carolyn* bauten wir einen 15 m langen Stahlkatamaran, den wir *Millawanda* nannten – so hieß Milet in der Bronzezeit. 2001 sichteten wir von der *Carolyn* aus in einem einzigen Monat 14 antike und 10 potenzielle Wracks. INA errichtete auch ein modernes Konservierungszentrum in Alexandria, das inzwischen von der ägyptischen Regierung betrieben wird.

Im Jahr 2001 konnten bei einem Survey vor der türkischen Küste, bei dem ein Dutzend bekannte Wracks erneut inspiziert wurden, in nur einem Monat mit dem Zwei-Mann-Tauchboot *Carolyn* der INA 14 antike und 10 potenzielle Wracks geortet werden. Hier nähert sich das Tauchboot gerade einer mittelalterlichen Fracht von mindestens 32 großen Mühlsteinen.

Das Fachgebiet hat Zulauf

Viele Archäologen, die ihre ersten Felderfahrungen bei uns sammelten, leiteten später selbst größere Projekte. Darunter sind auch einige der Autoren dieses Buchs. John Broadwater, Sonartechniker beim ersten Survey der INA im Jahr 1973 an der türkischen Küste und später Mitglied eines INA-Ausgrabungsteams am York River in Virginia, leitet nun das Monitor-Denkmalschutzgebiet für die *National Oceanic and Atmospheric Administration* und barg unlängst den Gefechtsturm des berühmten Panzerschiffs gleichen Namens aus dem amerikanischen Sezessionskrieg. In diesem Buch beschreibt er die Entdeckung und Ausgrabung des britischen Schiffs *Betsy*, das sich gegen Ende des amerikanischen Unabhängigkeitskriegs selbst versenkte.

Jeremy Green, dessen Einführung in die Unterwasserarchäologie mich 1969 in Yassıada begleitete, wurde kurz darauf Leiter der Abteilung Meeresarchäologie am Schifffahrtsmuseum in Freemantle (Westaustralien). Er grub den holländischen Ostindienfahrer *Batavia* aus, der nunmehr restauriert in seinem Museum steht, betrieb Forschung in Fernost und spielte als Forscher eine wichtige Rolle bei INA-Ausgrabungen in Mombasa (Kenia) sowie in Tektaş Burnu und Pabuç Burnu in der Türkei.

Nergis Günsenin, die bereits als Gymnasiastin bei einer INA-Ausgrabung in Serçe Limanı assistierte, promovierte später an der Sorbonne und wurde Professorin an der Universität Istanbul; als außerordentliche INA-Professorin leitet sie Exkursionen von Studenten der Texas-A&M-Universität. Im Gegenzug bietet INA wiederum ihren Istanbuler Studenten Kurse in Bodrum an. Ralph Pedersen arbeitete während seines Studiums nicht nur in Uluburun (Türkei), sondern leitete auch einen INA-Survey in Bahrain und grub vor Eritrea ein byzantinisches Wrack aus. Er beschäftigt sich mit dem Rumpf eines tausend Jahre alten Segelschiffs, das in Kadakkarapally (bei Chertala in Kerala, Indien) entdeckt wurde.

Unten: Die Besatzung des USS-Panzerschiffs *Monitor* ruht sich nach dem Gefecht mit dem Konföderierten-Panzerschiff *Virginia* (vormalige *USS Merrimack*) 1862 an Deck aus.

Ganz unten: Im Gefechtsturm der *Monitor* befanden sich bei seiner Bergung 2002 noch immer zwei 11-Zoll-Dahlgren-Geschütze, Lafetten und mehr als 100 Artefakte sowie die sterblichen Überreste zweier Mannschaftsangehöriger.

Robert S. Neyland, dessen Arbeit als Leiter der Unterwasserabteilung des Marine-
ministeriums über das U-Boot *Hunley* in Charleston, South Carolina, ich bereits
erwähnte, hatte schon während seines Studiums an der Texas-A&M-Universität in
den Niederlanden die Ausgrabung eines Schiffs aus dem 17. Jh. geleitet, über die er in
diesem Buch berichtet.

Paul Johnston volontierte als Student bei INA-Projekten in Serçe Limanı (Türkei), der Penobscot Bay (Maine) und dem York River (Virginia), promovierte später
an der Universität Pennsylvania und wurde Kurator für Schifffahrtsgeschichte am
Nationalmuseum für amerikanische Geschichte der Smithsonian Institution, für das
er vor Hawaii die Überreste der königlichen Jacht ausgrub.

Kenneth Cassavoy machte an der A&M-Universität seinen Magister und kehrte
dann in seine Heimat Kanada zurück, wo er am Ontariosee die bemerkenswert gut
erhaltenen Schiffe *Hamilton* und *Scourge* aus dem Krieg von 1812 untersuchte. Im
Moment gräbt er in Southampton am Huronsee das älteste Kriegsschiff aus, das man
je in den Großen Seen fand; vermutlich handelt es sich dabei um die 1806 gebaute
britische Brigg *General Hunter*.

Zhang Wei, der 1989 an der A&M-Universität studierte, leitet nun die Abteilung
für Unterwasserarchäologie am Nationalmuseum für chinesische Geschichte in Bei-
jing, für das er Schiffe aus dem 13. und 14. Jh. ausgrub, die mit hervorragend erhalte-
nem Porzellan beladen waren.

Donald H. Keith begann als Tauchlehrer in Şeytan Deresi und grub später am
Molasses Reef bei den Turks- und Caicos-Inseln das älteste bekannte Wrack der
westlichen Hemisphäre aus. Auf der Großen Turks-Insel ist dieses Wrack im Nationalmuseum der Turk- und Caicos-Inseln dauerhaft ausgestellt. Nach seiner Promo-
tion an der A&M-Universität gründete er selbst eine Gruppe, die sich mit Unterwas-

Unten links: Die Archäologen George Bass,
Zhang Wei und Ao Jie begutachten Keramik,
die Zhang Weis Team im Gelben und Südchinesischen Meer ausgegraben hat und die nun
in einem Museum im Ocean-Visitor-Hotel in
Yangjiang ausgestellt ist, einem Touristenzentrum am Südchinesischen Meer.

Oben: Kenneth Cassavoy, ehemaliger INA-Geschäftsführer, steht am Heck des ausgegrabenen Rumpfs eines Schiffs aus dem Krieg von 1812, vermutlich der britischen Brigg *General Hunter*.

Unten: Taucher bergen am Molasses Reef bei den Turks- und Caicos-Inseln unter Leitung des INA-Mitarbeiters Donald Keith eine Kanone aus einem Wrack aus dem frühen 16. Jh., das älteste bekannte Wrack der Neuen Welt.

serarchäologie beschäftigt, »Ships of Discovery«, beim Corpus-Christi-Museum in Texas.

Jeffrey Royal sammelte Erfahrungen bei der Ausgrabung in Bozburun, die er in diesem Buch beschreibt, promovierte an der A&M-Universität und wurde archäologischer Leiter bei der von INA-Vorstandsmitglied George Robb gegründeten RPM-Stiftung. Diese betreibt archäologische Forschungsschiffe in der Karibik und im Mittelmeer, und ihre enge Zusammenarbeit mit INA hat zu erstaunlichen Entdeckungen beidseits des Atlantiks geführt.

Oğuz Alpözen kam, als er noch an der Universität Istanbul studierte, 1962 zu uns nach Yassıada, um tauchen zu lernen, und arbeitete danach noch jahrelang für uns. Er leitet seit über 20 Jahren das Bodrumer Museum für Unterwasserarchäologie. Das Museum hat eigene Galerien für alle vom INA vor der türkischen Küste ausgegrabenen Wracks und wurde unter seiner Leitung zum meistbesuchten archäologischen Museum der Türkei.

Die Zukunft

Mein Traum von einem Institut für Unterwasserarchäologie ist in Erfüllung gegangen. Inzwischen träume ich von INA-Forschungsschiffen in der Alten und Neuen Welt, den ersten amerikanischen Forschungsschiffen, die speziell für solche Zwecke konzipiert und groß genug sind, Tauchboote wie unsere *Carolyn* zu transportieren und zu Wasser zu lassen – von Schiffen, die zu unvorstellbaren Entdeckungen führen werden. Und ich träume von Stiftungsgeldern, die den kontinuierlichen Einsatz solcher Schiffe ermöglichen.

An interessanten Fundstellen wird es uns nie mangeln. Wenn, seit die ersten Seefahrer vor 11 000 Jahren von ihren Höhlen in Griechenland absegelten, nur einmal im Jahr ein Schiff gesunken ist, könnten wir allein in der Ägäis mit 11 000 Wracks rechnen. Doch während eines ägäischen Sturms sanken Hunderte von Schiffen an einem einzigen Tag. Die Zahl der Wracks allein in diesem einen Meer lässt sich nicht einmal schätzen, ihre Zahl ist unvorstellbar groß.

Allerdings besteht stets die Gefahr, dass Schatzjäger historische Wracks ausplündern, um sich persönlich zu bereichern. So wurden z. B. alle bekannten Wracks aus der Zeit der Entdeckung der Neuen Welt von Leuten zerstört oder schwer beschädigt, die dort nach nicht vorhandenem Gold suchten. Mit falschen Versprechungen, sie würden mit den von ihnen gefundenen Schätzen die Schulden ganzer Staaten zurückzahlen, profitieren sie oft selbst am meisten von Investorengeldern. Bisher haben noch alle Länder mehr von echten Archäologen profitiert als von Schatzsuchern; die Funde der Ersteren finden sich in Museen, die Tausende, ja Millionen Besucher anlocken, von denen jeder Einzelne die Wirtschaft ankurbelt, indem er dort außer für die Eintrittskarte auch Geld für Hotels, Taxis, Restaurants und Mitbringsel ausgibt. Eines Tages wird INA ein Wrack aus jedem Jahrhundert ausgegraben haben; dann wird es die Entwicklung einzelner Schiffstypen, von Kriegsschiffen über Fähren bis hin zu Fischerbooten, rekonstruieren können. So werden immer mehr Artefakte in die Museen der Welt wandern. Die Frucht all dieser Bemühungen – Regale voller Bücher über diese Schiffe und ihre Ladung – wird der Welt nicht nur die umfassende Geschichte der Schifffahrt, sondern die umfassende Geschichte von nahezu allen Artefakten bescheren, die je von Menschenhand gefertigt wurden.

DIE ÄLTESTEN WRACKS

Die Ausgrabung der hier beschriebenen drei bronzezeitlichen Wracks führte zu einem Rätsel, einer belächelten Hypothese und der Bergung einer atemberaubenden königlichen Fracht. Archäologen gliedern die Bronzezeit in drei Epochen: die frühe (um 3000 bis 2000 v. Chr.), die mittlere (um 2000 bis 1600 v. Chr.) und die späte Bronzezeit (um 1600 bis 1000 v. Chr.) Die in der Bronzezeit auf der Insel Kreta lebenden Menschen heißen Minoer nach dem legendären König Minos, die Bewohner des griechischen Festlands, Süditaliens und der Westküste Kleinasiens (der heutigen Türkei) gehörten zur helladischen Kultur. Die Menschen der späthelladischen Kultur nennt man auch Mykener nach dem Burghügel von Mykene.

Die bronzezeitlichen Kulturen im östlichen Mittelmeer waren auf Schiffe angewiesen, und das gilt ganz besonders für die Inselbewohner. Seit der Erfindung des Segels um 3500 v. Chr. war es zudem weitaus einfacher und billiger, Menschen und Dinge auf dem Wasserweg statt über Land zu transportieren.

Griechische Archäologen gruben vor der Insel Dokos frühhelladische Tonwaren aus, entdeckten minoische Schiffsfracht und gruben vor Kap Iria auf der Peloponnes eine Ladung minoischer, mykenischer und zyprischer Vasen von ca. 1200 v. Chr. aus.

Zu den drei vom INA vor der türkischen Südwestküste untersuchten bronzezeitlichen Wracks gehört auch eine Fundstelle, deren Identität und Datierung Rätsel aufwirft. Keinerlei Reste eines hölzernen Rumpfs liegen unter den Scherben der großen Gefäße auf dem Meeresgrund in Şeytan Deresi, was darauf schließen lässt, dass diese entweder aus einem gekenterten Schiff in die See rutschten oder dass dessen Rumpf aus so schwachem Material, wie z. B. zusammengenähten Tierhäuten bestand, dass nichts davon überdauerte. Nur zwei der Gefäße ähneln bekannten Vasen, was vermuten lässt, dass die Keramiken von einer dort ansässigen Kultur stammen, die bisher noch nicht entdeckt und identifiziert wurde. Die beiden Gefäße sind nahezu Duplikate einer auf Kreta gefundenen Vase, die von dem Ausgräber jedoch als jungsteinzeitlich klassifiziert wurde. Andere Vasen aus Şeytan Deresi ähneln hingegen Keramiken aus der Zeit um 1600 v. Chr., die man auf Kreta, in Kleinasien und Troja fand. Doch eine Thermolumineszenz-Datierung der Tonscherben ergab eine spätrömische oder byzantinische Herkunft! Handelt es sich um Keramiken aus zwei verschiedenen Epochen? Verwirrend, in der Tat!

Die anderen beiden vom INA untersuchten Wracks haben unser Wissen über die Bronzezeit erheblich erweitert: die Wracks von Kap Gelidonya und Uluburun. Das Wrack bei Kap Gelidonya hat einen festen Platz in der Geschichte der Unterwasserarchäologie, da es das erste antike Mittelmeerwrack ist, das vollständig auf dem Meeresgrund ausgegraben wurde. Es wurde, wie die zuvor erwähnten Wracks von Dokos

Archäologen bei der Ausgrabung in Uluburun. Im Vordergrund vermisst ein Taucher einige der vielen dort gefundenen Kupferbarren. Der Taucher im Hintergrund schwebt über einem der schweren Steinanker, während er einen zweiten von Sand befreit. Hinter ihm ragen Airlifts in die Höhe.

Oben: Bei der Ausgrabung des Uluburun-Wracks bringt Archäologin Faith Hentschel ein sehr gut erhaltenes Schwert aus den Tiefen des Mittelmeers nach oben.

Rechts: Die in diesem Abschnitt erwähnten Orte; in Fettdruck die Fundstellen der Wracks.

und Iria, von Peter Throckmorton entdeckt und anschließend vom Museum der Universität Pennsylvania ausgegraben. Als ich damals mit Peter dort arbeitete, war ich noch Student, doch nach der Gründung des INA kehrte ich mehrmals mit INA-Kollegen dorthin zurück und machte weitere Entdeckungen. Die Ausgrabung bei Kap Gelidonya, die auf eine bedeutende, doch damals unerwartete semitische Präsenz in der bronzezeitlichen Ägäis hindeutete, war der Beweis dafür, dass Unterwasserarchäologie die Geschichte umschreiben kann, auch wenn meine erste Veröffentlichung über diese Präsenz auf Kritik stieß und sogar ins Lächerliche gezogen wurde. Ich glaubte nicht, dass ich die Bestätigung meiner umstrittenen Hypothesen noch erleben würde, doch das Wrack von Uluburun tat genau dies.

Das Uluburun-Wrack wurde bei einer Befragung von Archälogen durch die Zeitschrift *Discovering Archaeology* zu einer der zehn bedeutendsten archäologischen Entdeckungen des 20. Jahrhunderts gewählt – zusammen mit dem Grab von Tutanchamun und Machu Picchu. Es zeigte, vielleicht mehr als jede andere archäologische Stätte unter Wasser, dass Wracks einzigartige Informationen über die Vergangenheit liefern, so unterschiedliche Fachgebiete wie Ägyptologie, klassische Philologie und Bibelwissenschaft bereichern und wichtige Beiträge zur Geschichte von Metallurgie, Meteorologie, Technik, Handel, internationalen Beziehungen und vielem mehr liefern können. Die Wracks von Kap Gelidonya und Uluburun zeigen, wie Schiffe zur Zeit des Trojanischen Kriegs gebaut wurden; doch da sie nicht mykenisch waren, waren sie vielleicht von ganz anderer Bauart als jene, die der schönen Helena wegen aufbrachen.

Şeytan Deresi

Zeit: um 1600 v. Chr.?
Tiefe: 27–33 m
Gefunden von: Cumhur Ilik, 1965
Ausgrabung: 1975
Fracht: Vorratsgefäße, Krater, Henkelkrüge
Rumpf: unbekannt
Zeit: um 1600 v. Chr.?
Tiefe: 27–33 m
Gefunden von: Cumhur Ilik, 1965
Ausgrabung: 1975

Das Rätsel in der Teufelsbucht: Şeytan Deresi, Türkei

GEORGE F. BASS

Wäre es nicht so kalt gewesen, wir hätten sie uns nie angesehen! Die beiden Gefäße muteten nicht besonders interessant an, doch an einem kalten Novemberabend im Jahr 1973 war uns an Deck des türkischen Trawlers *Kardeşler* jede Entschuldigung recht, es gut sein zu lassen und uns vielleicht mit einem Glas Raki aufzuwärmen.Wir lebten seit drei Monaten auf Fischerbooten und schliefen in deren Frachträumen. Wir waren unterwegs zu einem römischen Wrack in der Gökova-Bucht (Türkei) und passierten gerade Şeytan Deresi; das römische Wrack war noch zwei Stunden entfernt. »Vielleicht sind Cumhurs Vasen ja ein Foto wert«, meinte Yüksel Eğdemir, der Beauftragte des türkischen Kulturministeriums. »Hier hat er sie gesehen.«

Ich bezweifelte, dass Cumhur Ilik Gefäße wiederfinden würde, die er nur einmal gesehen hatte, und das vor sieben Jahren, als er in 33 m Tiefe nach Schwämmen tauchte. Doch es wurde immer kälter, und so bat ich Kapitän Mehmet Turguttekin, für diese Nacht vor Anker zu gehen.

Am nächsten Morgen brachte Cumhur Yüksel und mich mit traumwandlerischer Sicherheit direkt zu den Vasen. Eine war ein Krater, ein großes Gefäß zum Mischen von Wein und Wasser. Ich griff danach, doch Yüksel hielt mich zurück und deutete auf die große Muräne, die darin hauste und mehr als ungehalten über die ungeladenen Besucher schien.

Nachdem wir die Fundstellen am Meeresboden mit Bleischildchen gekennzeichnet hatten, bargen wir den Krater sowie ein unbeschädigtes großes Vorratsgefäß und einen Teil einer kleineren, zweihenkligen Vase. Die mattschwarze Spirale auf einer Scherbe ließ mich an die späte Bronzezeit (1600 bis 1000 v. Chr.) denken. Gleichzeitig sammelten wir Scherben römischer Amphoren, eine Art Müll, wie er überall auf dem Meeresboden zu finden ist. Kollegen aus der Türkei und Zypern sagten mir, der Krater könne nicht älter als aus dem 8. Jh. v. Chr. sein, weshalb ich in meiner ersten Veröffentlichung über die Fundstätte schrieb, er stamme aus der Eisenzeit.

Oben: Bei dem Survey, der zu den Entdeckungen von Şeytan Deresi führte, diente das 10 m lange, in der Bucht ankernde Fischerboot *Günyel* für Sonararbeiten, während die größere *Kardeşler*, die hier auf See fährt, zu Tauchzwecken mit Kompressoren und Druckkammer an Deck ausgestattet war.

Rechts: Das Team aß an Deck der *Kardeşler* und schlief im Frachtraum. Cumhur Ilik, George Bass, John Gifford und Yüksel Eğdemir (von links im Uhrzeigersinn) beim Abendessen.

Oben: Eine 15 m lange Holzbarkasse diente als Tauchplattform; an Deck die weiße Airbank für die Druckkammer, Hoch- und Niederdruck-Kompressoren und Stauraum für die Tauch-ausrüstung. Die Barkasse wurde fast 20 Jahre lang für Ausgrabungen vor der türkischen Küste benutzt.

Rechts: Ein großes Vorratsgefäß (Pithos) lag etwa 30 m von einer größeren Ansammlung an Keramiken entfernt. Ein Krake hatte Steine und Tonscherben in das Gefäß gebracht, um sein Heim auszupolstern.

Rückkehr zur Teufelsbucht

Türkische Ortsnamen wie Karatoprak und Kızılağaç klingen recht exotisch, doch wenn man sie übersetzt, sind sie prosaisch: Schwarze Erde und Roter Baum. »Şeytan« bedeutet Satan, und »dere« heißt Wasserlauf, und so nenne ich Şeytan Deresi schlicht »Teufelsbucht«. Ich bin mir nicht sicher, woher der Name stammt, doch gewöhnlich war es dort windig, und Kapitän Mehmet erinnerte sich, dort als Junge eine Wasser-hose gesehen zu haben.

Ich kehrte 1975 anlässlich der ersten großen INA-Ausgrabung zur Teufelsbucht zurück. Mit mir kamen mehrere Veteranen und zehn türkische Studenten, die Don Frey, Physikdozent am Robert College in Istanbul, ausgewählt hatte. In einem nahe gelegenen Hain errichteten wir ein Camp aus Zelten und Webmatten, die wir mit Moskitonetzen gegen Wespenschwärme abschirmten. Die türkischen Studenten mussten erst tauchen lernen und erwiesen sich als Multitalente, die einfach alles machten, von der Verkabelung des Lagers über die Reparatur des Generators bis hin zur Arbeit in der Dunkelkammer.

Wir vertäuten die alte, 15 m lange Holzbarkasse, die wir in den 1960er Jahren bei Ausgrabungen in Yassıada benutzt hatten und auf der sich die Kompressoren und die Druckkammer befanden, über dem Wrack. Dann stellten wir unsere Unterwasser-Telefonzelle und die Airlifts bereit, legten ein Metallgitter aus, mit dem die Fundstelle in Quadrate unterteilt wurde, und begannen zu graben.

Rätselhafte Funde

Wir fanden nichts, absolut nichts außer weiteren Keramiken, überwiegend Vorrats-gefäße, die größtenteils dicht beieinander lagen. Einige waren zerbrochen. Eine von sechs großen Vasen (Pithoi) lag etwa 30 m von den fünf anderen entfernt, als wäre sie abgetrieben. In ihrem Innern lag eine große Tonscherbe, die zu einem zerbroche-nen Gefäß in der Hauptkonzentration passte; vermutlich hatte ein Krake, der sich in dem Pithos häuslich eingerichtet hatte, die Scherbe hineingetragen. Außerdem lagen dort noch kleinere, zweihenklige Vasen und zwei Tonkrüge.

Ganz oben: Grabungsleiter George Bass restauriert im Bodrumer Museum eine der großen Amphoren, Ann Bass einen Henkelkrug; danach bemalen sie den weißen Gips, mit dem sie Lücken geschlossen haben.

Oben: Das kleinere Gefäß mit zwei waagrechten Henkeln ähnelt stark einem auf Kreta gefundenen Gefäß.

Der Sand war tief genug, um die Überreste eines Holzrumpfs zu bedecken und zu konservieren, was darauf schließen lässt, dass ein kleines Boot beim Kentern seine Fracht verloren hatte und abgetrieben war. Für mich handelt es sich bei der Fundstelle nicht um ein Wrack. Während eines Semesters in Cambridge suchte ich in der Literatur nach Parallelen zu unserer Keramik und kam zu dem Schluss, dass meine erste Einschätzung richtig gewesen war und die Artefakte aus der Bronzezeit stammten. Ich verglich sie mit ähnlichen Fundstücken aus Troja und Beycesultan (Türkei) sowie aus Nordgriechenland und Kreta und schätzte sie auf etwa 1600 v. Chr.

Doch einige Kollegen zweifelten nach wie vor an einer so frühen Herkunft, und so ließ ich 1996 im Oxforder Labor für Archäologie und Kunstgeschichte zwei Tonscherben mittels Thermolumineszenz datieren. Die eine Scherbe stammte, wie sich zeigte, aus der Zeit zwischen 110 bis 640 n. Chr. und die andere von 510 bis 770 n. Chr.; die Fundstelle war also auf etwa 600 n. Chr. zu datieren, was sie in die byzantinische Epoche verweist – 2200 Jahre später, als ich gedacht hatte!

Ich schlug Roxani Margariti, einer begabten griechischen Studentin, vor, ihre Magisterarbeit an der Texas-A&M-Universität über diese Stätte zu schreiben. Sie kam, wie ich, zu dem Schluss, dass die Gefäße aus der ersten Hälfte des 16. Jh. v. Chr. stammten, also aus der späten Bronzezeit. Im Zuge ihrer Recherchen stieß sie auf den Bericht über eine Grabung auf Kreta mit dem Foto einer zweihenkligen Vase, die genauso aussah wie unsere kleineren Gefäße und in die Jungsteinzeit datiert wurde, aus der Zeit um 3000 v. Chr., also mehr als 1000 Jahre älter sein musste als von uns geschätzt! Wir möchten nunmehr weitere Proben mit Hilfe der Thermolumineszenz datieren und versuchen gleichzeitig, den Ausgräber der »jungsteinzeitlichen« Amphore zu kontaktieren, um zu erfahren, wo und wie er sie gefunden hat. Archäologische Detektivarbeit kann langwierig und mühsam sein, doch ich bin sicher, dass wir eines Tages das Rätsel dieser Fundstelle lösen werden.

Ein Königsschiff aus der Zeit Tutanchamuns: Uluburun, Türkei

CEMAL PULAK

»Ich glaube, wir haben hier ein weiteres bronzezeitliches Wrack«, sagte ich zu George Bass, ohne restlos davon überzeugt zu sein. Es war 1982; wir waren auf der Insel Yassıada und gruben ein osmanisches Wrack aus. Ich hatte gehört, dass Mehmet Çakır, ein Schwammtaucher aus Bodrum, in 45 m Tiefe vor Uluburun (»Großes Vorgebirge«) nahe der türkischen Stadt Kaş »Metallkekse mit Ohren« entdeckt hatte. Mehmet konnte nicht ahnen, dass er auf Überreste des ältesten bekannten Seeschiffs gestoßen war, für dessen Ausgrabung INA elf Jahre und fast 22 500 Tauchgänge benötigen würde. Doch der Kapitän von Mehmets Schiff erkannte in den beschriebenen Metallplatten sogleich viergriffige Kupferbarren, wie die INA-Archäologen sie aufgezeichnet und nach denen sie seit Jahren gefragt hatten. Diese sind typisch für die späte Bronzezeit, speziell für die Epoche zwischen 1450 und 1200 v. Chr.

Nicht ahnend, was uns erwartete, bezogen wir Uluburun in den INA-Survey 1983 entlang der türkischen Küste ein. Als ich tauchte, wurde das Wasser immer kälter und dunkler. In dem einfarbigen blauen Licht der Tiefe konnte ich zwischen den von Seegras bedeckten Felsen nichts ausmachen, was auch nur entfernt einem Wrack ähnelte. War dies nur eine weitere Falschmeldung und der eine Barren, der kurz nach der Entdeckung der Stelle gehoben wurde, ein vereinzeltes Fundstück? Plötzlich verwandelte sich einer der Felsen in Reihen von Kupferbarren, die so übereinander

Links: Grabungsleiter Cemal Pulak (links) untersucht zusammen mit George Bass, auf dessen Initiative die elfjährige Ausgrabung 1984 begann, eine kanaanäische Flasche. Das Schiff beförderte Güter aus Syrien, Palästina, Griechenland, Zypern, Ägypten, Mesopotamien und Ländern aus dem tropischen Afrika.

Oben: Gefährlich am Kliff hängend, an der das Uluburun-Schiff vor 3300 Jahren scheiterte, bot ein nur wenige Meter von dem antiken Wrack entferntes Camp großzügigen und bequemen Lebens- und Arbeitsraum für durchschnittlich 25 Personen.

Rechts: Fast 150 zweihenklige kanaanäische Vasen dienten als Behälter für Terebinthe-Harz, das in der Antike als Weihrauch verbrannt wurde, sowie Pflanzenöl; eine Vase war mit Glasperlen gefüllt und andere mit Oliven.

Uluburun

Zeit: spätes 14. Jh. v. Chr.
Tiefe: 41–61 m
Gefunden von: Mehmet Çakır
Ausgrabung: 1984–1994
Anzahl der Tauchgänge: 22 500
Zahl der Stunden am Wrack: 6613
Konservierung: 1984–heute
Rumpf: ca. 15 m lang

geschichtet lagen, wie sie ursprünglich im Rumpf eines Schiffes verstaut worden sein mussten. Bei genauerem Hinsehen erkannte ich weitere Barren, die aus dem Sand ragten. Wohin ich auch blickte, überall waren Barren; bei unserem einwöchigen Survey zählten wir 84, und unter Sand und Verkrustungen lagen weitere 354 Barren, ein Mehrfaches aller bisher im Mittelmeerraum entdeckten Barren dieses Typs.

Ich sah zweihenklige Tongefäße mit der für kanaanäische Amphoren typischen, spitzen Basis. Höher und tiefer auf dem steil abfallenden Meeresgrund lagen große Vorratsgefäße, einige davon in 50–55 m Tiefe. Als ich eine rechteckige Steinplatte mit der Hand vom Sand befreite, kam ein rechteckiges Loch zum Vorschein, das die Platte als Steinanker auswies, der um 200 kg wog. Von Entdeckerfreude überwältigt, fiel es mir schwer, die neuen Schätze zurückzulassen, als es Zeit war, wieder aufzusteigen. Ich grub das Wrack von 1984 bis 1994 aus, wobei ich monatelang in einem kleinen »Dorf« lebte, das wir auf dem Steilhang darüber errichteten.

Zwei große Steinanker am tieferen Ende der Fundstelle deuteten auf den Bug hin, während das Heck sich an der höchstgelegenen Stelle befand. Nach der Ladung zu schließen, war das Schiff von der Küste Syriens, Palästinas oder Zyperns in nordwestlicher Richtung gesegelt, als es an der zerklüfteten Felsküste zerschellte. Womög-

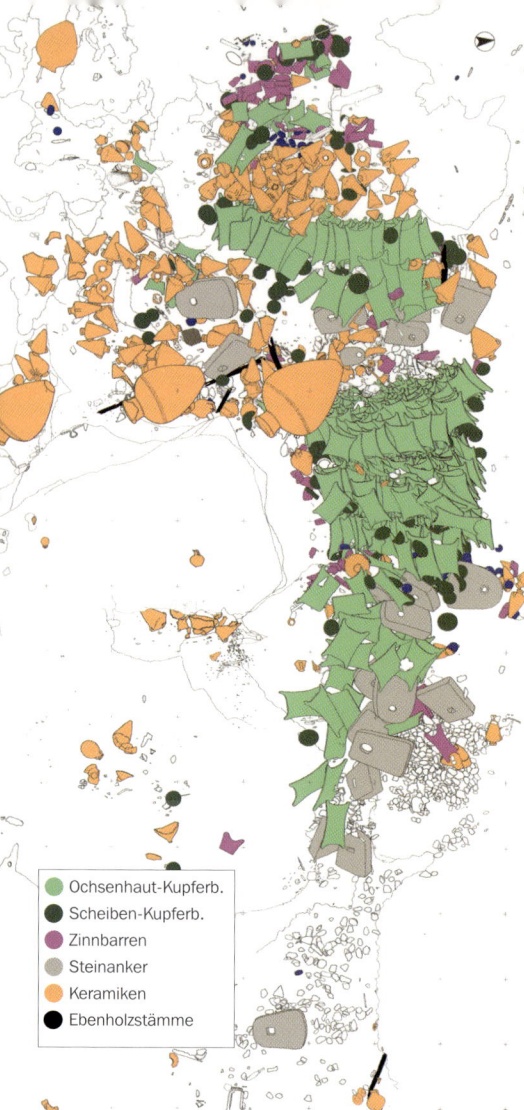

Durch akribisches Verzeichnen der Fundstellen Tausender von Artefakten über viele
Jahre hinweg entstand dieser Übersichtsplan.

Legende:
- 🟢 Ochsenhaut-Kupferb.
- 🟤 Scheiben-Kupferb.
- 🟣 Zinnbarren
- ⬜ Steinanker
- 🟠 Keramiken
- ⚫ Ebenholzstämme

lich wurde es von einem starken Südwind, der sich im Sommer, wo der Wind vorwiegend aus Nordwesten bläst, unerwartet erhob, gegen die Felsen geschmettert.

Frühe Funde auf dem Wrack ließen darauf schließen, dass das Uluburun-Schiff
gegen Ende des 14. Jh. v. Chr. über das Mittelmeer fuhr. Das war eine der geschäftigs-
ten und farbigsten Epochen der Antike: In jenem Jahrhundert bauten spätbronze-
zeitliche Griechen den großen Palast von Mykene, der ihrer Kultur den Namen gab.
Sie richteten Außenhandelsposten ein und kolonisierten die Inseln und Küstenstri-
che der Ägäis und des Ionischen Meers von Kleinasien bis Süditalien. Im Osten lebten die seefahrenden Kanaaniter, die semitischen Völker an der syrisch-palästinensischen Küste. Sie trieben Handel mit Ägypten, Zypern, Kreta und Ländern jenseits
davon, und ihre Häfen dienten als Knotenpunkte der Überland-Handelswege zwischen Ägypten, Mesopotamien und den Hethitern. In diesem Jahrhundert regierten
in Ägypten der Ketzer-Pharao Echnaton und die schöne Königin Nofretete. Während Echnatons Herrschaft schwand der Einfluss Ägyptens, doch in seiner Hauptstadt am Nil, dem heutigen El-Amarna, fand man 382 Tontafeln mit Keilschrift. Etwa
350 davon, die so genannten Amarna-Briefe, zeichnen ein lebendiges Bild von Ägyptens diplomatischen Beziehungen zu zyprischen, hethitischen, kassitischen, assyri-
schen und anderen Herrschern sowie zu Vasallen in Syrien und Palästina. Wie sich
der internationale Handel in dieser Zeit gestaltete, ist noch nicht gänzlich erschlossen. Aus Schriftzeugnissen geht hervor, dass es privates Unternehmertum gab, doch
die Amarna-Tafeln zeigen, dass der Hof seinen Bedarf an Gütern vor allem über den
Austausch »königlicher Geschenke« deckte.

»… dieses Schiff ist des Königs.«

*Der Minister von Alashiya (Zypern) zum Minister von Ägypten auf einer Tontafel aus El-
Amarna, Ägypten*

Bei der Fracht des Uluburun-Schiffs scheint es sich um eine königliche Sendung sehr
wertvoller Rohstoffe und Fertigwaren zu handeln, die vielen der in den Amarna-
Briefen aufgelisteten königlichen Geschenke entsprechen.

»Ich werde dir hundert Kupfertalente als Geschenk bringen.«

*Der König von Alashiya (Zypern) an einen ägyptischen Pharao (von einer Tontafel aus El-
Amarna, eine von mehreren Belegstellen für den Versand von Kupferbarren)*

Die Fracht des Uluburun-Schiffs bestand größtenteils aus Rohstoffen – Handelsgütern, die vor der Ausgrabung primär und zum Teil ausschließlich aus antiken Texten
oder ägyptischen Grabmalereien bekannt waren. Die Hauptladung bestand aus zehn
Tonnen zyprischen Kupfers in Form flacher, viergriffiger Barren sowie ähnlicher,
doch bis dahin unbekannter zweigriffiger Barren, die durchschnittlich 25 kg wogen,
etwa ein antikes Talent. Außerdem fanden wir mehr als 120 kleinere, plankonvexe
scheibenförmige Barren.

»… Tribut Syriens an [Tutanchamun]«

*Inschrift unter einer Malerei in der Grabkammer Huys, des ägyptischen Vizekönigs von
Nubien, auf dem ein Syrer zu sehen ist, der einen viergriffigen Kupferbarren trägt*

Ägyptische Grabmalereien zeigen syrische Händler und Tributträger, die viergriffige
Barren tragen. Ähnliche Barren finden sich überall im östlichen und mittleren Mit-

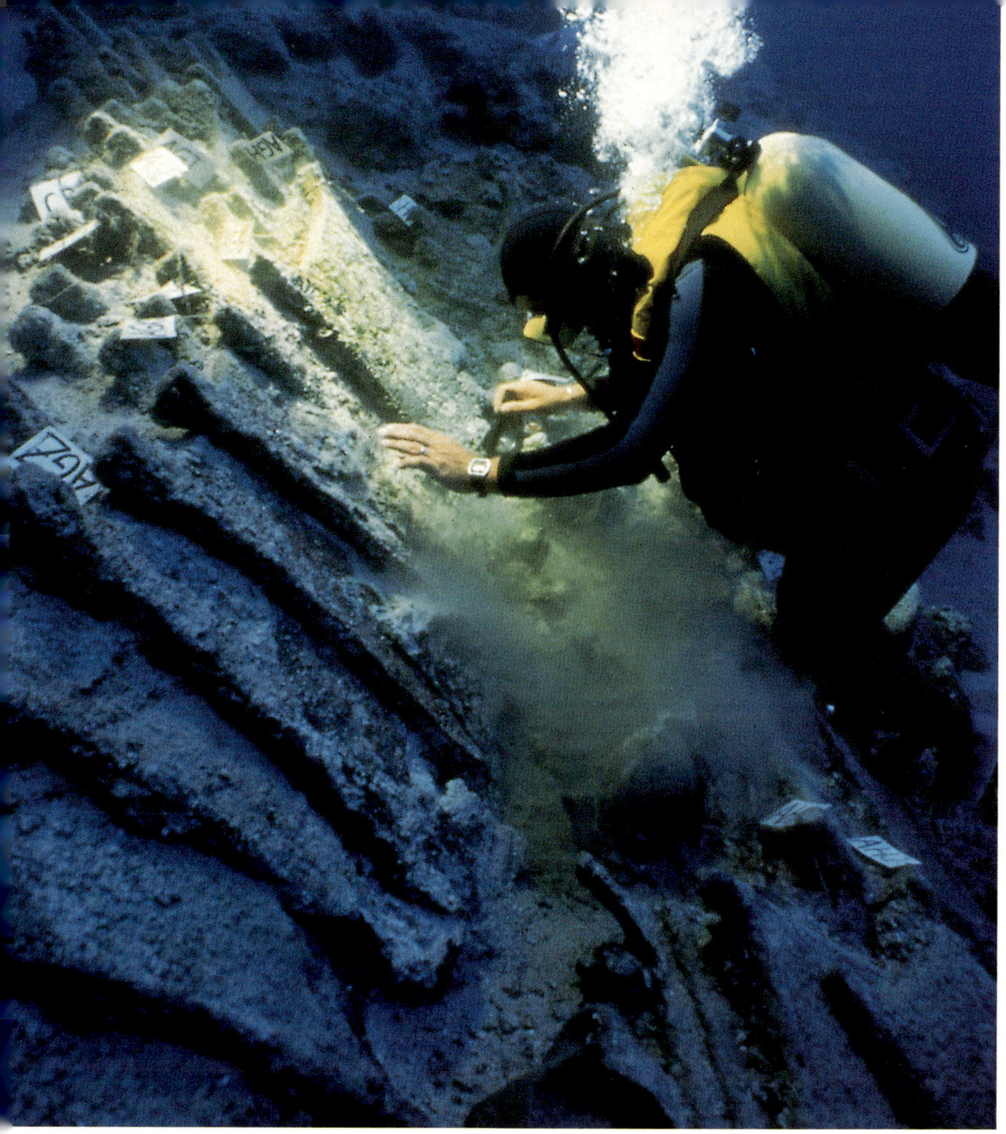

Links: Das Schiff hatte zehn Tonnen Kupfer aus Zypern geladen, in Form von über 350 viergriffigen Barren, die wie Dachziegel in überlappenden Reihen im Rumpf des Schiffs gestapelt waren, damit sie während der Fahrt nicht verrutschten. Murat Tilev vermisst eine acht Barren tiefe Reihe.

Unten: George Bass entfernt vorsichtig Sedimente von einem Vorratsgefäß; das umgebende Wasser hält er mit Hilfe eines kleinen Airlifts, einer Art Unterwasser-Staubsauger, klar. In dem Gefäß war reichlich organisches Material enthalten, z. B. Teile kunstfertig gearbeiteter Buchsbaumholzkästchen, Seilstücke und große Mengen Samen.

telmeerraum, von Frankreich bis nach Mesopotamien, von Ägypten bis zum Schwarzen Meer. Die aus dem 15. Jh. v. Chr. stammenden Barren mit kleineren Griffen sind unbekannter Herkunft, doch alle aus dem 13. und 14. Jh. v. Chr. kommen anscheinend aus Zypern, wie am Isotrace-Labor der Universität Oxford durchgeführte Bleiisotopen-Analysen ergaben.

Ursprünglich waren die Barren in vier Reihen quer über den Laderaum verstaut, wobei die Barren sich dachziegelförmig überlappten; die Richtung der Überlappung wechselte von einer Lage zur nächsten, damit während der Fahrt nichts verrutschte.

Neben dem Kupfer lieferte das Schiff die ältesten gut datierbaren Zinnbarren, die meisten viergriffig und oft in Viertel geteilt, wobei jedes Viertel einen Griff aufweist; des Weiteren rechteckige Platten oder Teile von Barren unbestimmbarer Form. Einer hat die Form eines Steinankers mit einem großen Loch an einem Ende und erinnert an Träger ähnlicher Barren auf ägyptischen Grabmalereien, die man bisher als Silber oder Blei identifiziert hat. Da das Zinn in manchen Fällen inzwischen die Konsistenz von Zahnpasta hatte, die wir sorgfältig mit Teelöffeln vom Meeresgrund schöpften, lässt sich die genaue Zinnmenge an Bord nicht angeben, doch wir bargen eine Tonne. Mit dem Kupfer legiert, ergäben sich daraus elf Tonnen Bronze bei einem Kupfer-Zinn-Mischverhältnis von 10 : 1.

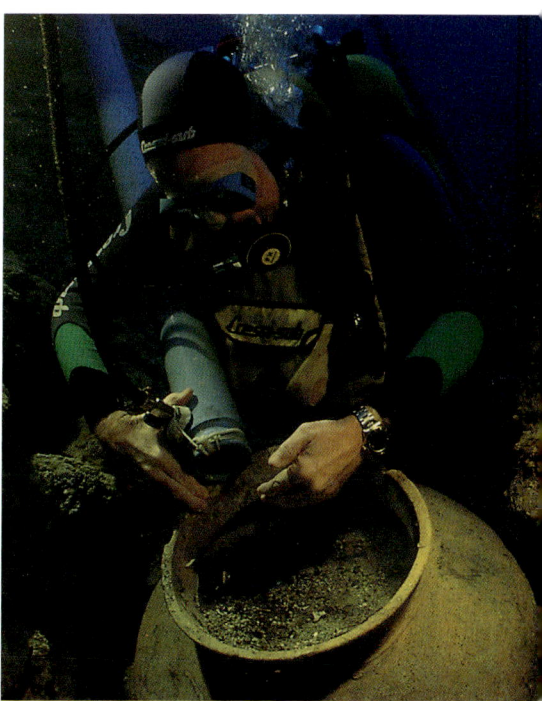

Bemerkenswerte Funde auf dem Meeresgrund: Die Keramikflasche stammt aus dem
Nahen Osten, der zweihenkelige Becher ist
mykenisch-griechisch, während die Herkunft
des bikonischen Goldkelchs weiterhin unge-
klärt ist.

Die Herkunft unseres Zinns konnte noch nicht geklärt werden. Vorläufige Ergebnisse der Bleiisotopen-Analyse zeigen, dass es nicht aus bekannten Vorkommen in
Osteuropa, Spanien oder Cornwall stammt – doch antike Texte aus Westasien deuten
auf Zinnvorkommen weiter östlich hin, vielleicht im Iran, in Afghanistan oder Zen-
tralasien, von wo das Metall mit Eselskarawanen über Land zum Mittelmeer gebracht wurde. Dies stützt die Annahme, dass die Form der Barren ihre Handhabung
und ihre Beförderung auf Packtieren erleichtern sollte.

Das Uluburun-Schiff hatte auch etwa 150 kanaanäische Vasen an Bord. Diese
waren in Syrien-Palästina, Ägypten, Zypern und Griechenland weit verbreitet und
dienten zum Transport aller Arten von Flüssigkeiten und festen Stoffen. Die Gefäße
lassen sich in drei Größen einteilen: Das kleinste Format, drei Viertel aller Gefäße,
fasst etwa 6,7 Liter, das mittlere rund das Doppelte und die größten das Vierfache.

Eine Vase war mit Glasperlen gefüllt, einige andere mit Oliven, etwa die Hälfte
enthielt ein gelbliches Material, das als Harz der Terebinthe aus der im Mittelmeerraum weit verbreiteten Familie der Pistacia-Bäume identifiziert wurde. Mit dieser
Harz-Ladung, die ursprünglich etwa eine halbe Tonne wog, wurde somit erstmals
ein weiterer Rohstoff entdeckt, der Teil des vielfältigen spätbronzezeitlichen Han-
delsverkehrs im östlichen Mittelmeerraum war.

Wir gossen vorsichtig alle Gefäße ab, befreiten sie von Sand und Schlick, in denen
wir nach kleinen Fundstückchen suchten, ehe wir den Inhalt durch eine Reihe fein-
maschiger Siebe leiteten, um noch jedes Samenkorn zu bergen, unter anderem
Pinien- und Schwarzkümmelsamen und andere winzige Partikel, die unserem Blick
entgangen waren. Dabei entdeckte ich kleine Schnecken im Harz. Francisco Welter-
Schultes, Weichtierkundler am Zoologischen Institut Berlin, identifizierte diese als

Spezies mit sehr kleinem Verbreitungsgebiet, an dem sich in den letzten 10 000 Jahren wenig geändert hat. Diese Schnecken, die sich im Harz verfingen, als es aus Einschnitten an Bäumen tropfte, deuten darauf hin, dass unser Harz aus Gegenden westnordwestlich des Toten Meers in Israel stammt; gestützt wurde diese Annahme durch Untersuchungen der im Harz eingeschlossenen Pflanzenpollen.

Vasen mit der Aufschrift »sntr« in ägyptischen Hieroglyphen finden sich auf einer ägyptischen Grabmalerei, die königliche Magazine mit kanaanäischen Tributen zeigt. Vor Jahrzehnten übersetzte ein französischer Ägyptologe »sntr« mit Terebinthe-Harz, das, wie er meinte, laut Quellenlage aus dem Nahen Osten nach Ägypten kam, wo es hauptsächlich als Weihrauch verwendet wurde. Nach den Annalen von Pharao Thutmosis III. belief sich die Menge des über fünf Jahre gelieferten »sntr« auf durchschnittlich 9250 Liter jährlich. Das ist etwa das Zwanzigfache der Menge an Bord des Uluburun-Schiffs.

»Lieferung an den Palast 1320 Liter ki-ta-no, noch geschuldet: 240 Liter«

Empfangsbestätigung einer Einlieferung in die königlichen Magazine, geschrieben in mykenischem Griechisch auf einer im Palast von Knossos (Kreta) gefundenen Tontafel

Das mykenische »ki-ta-no«, ursprünglich als mit den Pistazien verwandte Nüsse übersetzt, könnte auch Terebinthe-Harz bezeichnen. In kretischen Palastinventaren sind große Mengen davon verzeichnet, in einem Fall über 10 000 Liter. Doch an bronzezeitlichen Stätten wurden keine größeren Mengen Pistazien gefunden, und da das Wort »ki-ta-no« mit einem Symbol versehen war, das nahe legte, es sei ein Aroma oder Gewürz, könnte es sich dabei statt um Nüsse um dieses Harz handeln. Wurde Terebinthe-Harz in der Ägäis wie in Ägypten als Weihrauch verwendet? Oder diente es zur Herstellung von Duftölen, wie heute in Teilen des Nahen Ostens?

»Der König, mein Herr, schrieb mir wegen des Mekku-Steins, der sich in meinem Besitz befindet, doch ich gab dem König, meinem Herrn, bereits einen, der hundert [Einheiten] wog.«

Prinz Abi-Milki von Tyros an Pharao Echnaton, von einer Amarna-Tontafel

Auf dem Wrack fand man auch rund 170 napfkuchenförmige Glasbarren von rund 15 cm Durchmesser und 6,5 cm Dicke. Sie gehören zu den ältesten bekannten unversehrten Glasbarren. Kobaltblau, türkis, lavendel- und bernsteinfarben, handelt es sich dabei höchstwahrscheinlich um die in den Armana-Briefen erwähnten *mekku* und *ehlipakku*, die von Tyros, Akko, Aschkalon und anderen Orten nach Ägypten geschickt wurden. Die Vorliebe für diese Farben rührte daher, dass sie den damals hoch geschätzten Halbedelsteinen ähnelten: Lapislazuli, Türkis, Amethyst und Bernstein. Wenn Lapislazuli- oder Türkisblöcke auf ägyptischen Kunstwerken als Tribute gezeigt werden, weisen die ägyptischen Hieroglyphen sie oft als »echt« aus; unsere Entdeckung führte Ägyptologen zu dem Schluss, dass es sich um Glasimitate der Edelsteine handelt, wenn das Wort »echt« fehlt. Laut Robert Brill vom Glasmuseum Corning haben unsere Barren dieselbe chemische Zusammensetzung wie zeitgenössische ägyptische Gefäße aus blauem Glas und blaue mykenische Reliefperlen, was auf eine gemeinsame Herkunft schließen lässt – vielleicht nahöstliche Glashersteller, die die Rezeptur für ihre »Imitate« geheim hielten.

Ein von Shih-Han Samuel Lin computergeneriertes Bild des Schiffs ermöglicht es Archäologen, jenen Teil der Fracht, der den Steilhang am Meeresgrund hinabgerutscht war, an die Stellen zu bewegen, an denen sie im Rumpf verstaut waren.

Unten: Ein gut erhaltener kobaltblauer Glasbarren, ein Imitat des seltenen Lapislazuli, der in Afghanistan abgebaut wurde. Derartige Barren wurden später eingeschmolzen und zu diversen Objekten und Gefäßen geformt.

»Ich habe hundert Stück Ebenholz versandt.«

Amenhotep III. an König Tarkhundaradu von Arzawa, von einer Amarna-Tafel

Ein weiterer einzigartiger Fund waren kleine dunkle Stämme aus »Ebenholz«, wie es von den Äyptern genannt wurde, heute als »afrikanisches Schwarzholz« (*Dalbergia melanoxylon*) bekannt. Auf ägyptischen Grabmalereien ist zu sehen, wie solche Stämme als Tribut zum Pharao von Nubien gebracht werden. Auch Möbel aus König Tutanchamuns berühmtem Grab bestehen aus Ebenholz. Die geschickten Handwerker, die dieses Hartholz bearbeiteten, standen ausschließlich im Dienst von Palästen. Ebenholz war der Oberschicht vorbehalten und gehörte zusammen mit Elfenbein zu den Prestigegütern, die sich an Bord des Uluburun-Schiffs befanden.

»Hier habe ich dir als Geschenk … den Stoßzahn eines Elefanten … gesandt.«

Der Minister von Alashiya (Zypern) an den Minister von Ägypten, von einer Amarna-Tafel

Unter den Rohmaterialien befanden sich auch ein 20 cm langes Stück Elefantenstoßzahn und ein Dutzend Nilpferdzähne, sowohl Hauer als auch Schneidezähne.

Unten links: Faith Hentschel hält einen der Stämme aus Schwarzholz in den Händen, das die alten Ägypter »Ebenholz« nannten, das sich jedoch von dem heutigen Ebenholz unterscheidet.
Unten rechts: INA-Archäologin Sheila Matthews vermisst ein Stück eines Elefantenstoßzahns, Faith Hentschel sieht zu. Ein weiterer Elfenbeinfund an Bord waren Nilpferdzähne.

Die vielen Nilpferdzähne überraschten uns, da die Archäologen bisher angenommen hatten, dass in der späten Bronzezeit das meiste Elfenbein von afrikanischen und asiatischen Elefanten stammte. Nachdem wir jedoch unsere Befunde veröffentlicht hatten, wurden etliche zeitgenössische Elfenbein-Sammlungen in Museen erneut untersucht. Dabei fand man überraschenderweise heraus, dass Nilpferd-Elfenbein häufiger verwendet worden war als Elefanten-Elfenbein, vor allem für kleinere Stücke.

Weiteres tierisches Rohmaterial waren winzige Opercula, knopfartige Deckel an den Füßen von Meeresweichtieren, mit denen diese ihre Gehäuse verschließen, wenn sie sich zurückziehen. Unsere stammten von Purpurschnecken, fanden sich jedoch ohne die entsprechende Anzahl leerer Gehäuse in der Nähe. Wir erfuhren später, dass Opercula eine weitere Weihrauch-Zutat waren. Die von uns gefundenen waren ziemlich sicher Nebenprodukte der kanaanäischen Purpurproduktion.

Wir fanden auch Bruchstücke von sieben Schildkrötenpanzern, die als Klangkörper von Saiteninstrumenten dienten, vermutlich Lauten, sowie drei Straußeneier, die wohl mit (verloren gegangenen) Glas- oder Metallsockeln und -hälsen zu Ziervasen verarbeitet worden waren.

An Bord befanden sich auch Fertigwaren. Mindestens drei von neun großen Vorratsgefäßen enthielten zyprische Exportkeramik. Vier Fayence-Trinkbecher waren als Widderköpfe gestaltet, einer als Frauenkopf. Diverse Kupfer- und Bronzegefäße, die allerdings nicht gut erhalten sind, gehörten ebenfalls zur Ladung.

»… vierzehn Siegel aus wunderschönem Hulalu [Stein], überzogen mit Gold«

Geschenkliste von König Tuschratta von Mitanni an Echnaton, von einer Amarna-Tafel
Bei der Ausgrabung tauchte auch eine erstaunlich reiche Sammlung kanaanäischen Goldschmucks (teils ägyptischen Ursprungs) auf: Brustplatten, Medaillons, Anhänger, Perlen, ein kleiner Ringbarren und eine Reihe zerschnittener und verformter Fragmente. Ein Anhänger zeigt in Treibarbeit eine nackte weibliche Figur mit einer Gazelle in jeder Hand, wohl eine kanaanäische Fruchtbarkeitsgöttin. Unter den vier Goldmedaillons befindet sich das größte bekannte kanaanäische Goldmedaillon. Ein goldenes Pektorale in Form eines Falken mit einer aufgerichteten Kobra in jeder Klaue ist in Treib- und Granuliertechnik gearbeitet. Ein Kelch, das größte Goldobjekt aus dem Fund, ist unbekannten Ursprungs.

Neun Rollsiegel aus Hämatit, Quarz, Stein und Fayence gehörten vermutlich der Besatzung. Deren weit auseinander liegenden Herstellungsorte deuten nicht unbedingt auf eine ethnisch heterogene Besatzung hin, denn solche Stücke können zwar aus unterschiedlichen Gegenden stammen, aber auch von einer Generation an die nächste vererbt worden sein. Das älteste Siegel aus rotem Hämatit (ein schwarzes Eisenerz) z. B. ist babylonisch. Dominique Collon vom British Museum stellte fest, dass es im 18. Jh. v. Chr. gefertigt wurde und ursprünglich einen König zeigte, der einer Göttin gegenüberstand, dazwischen die kleine Gestalt eines Priesters. Collon stellte weiter fest, dass vermutlich im 14. Jh. in Assyrien neben dem abgenutzten alten Bild ein neues Bild über

Der am besten erhaltene von vier Fayence-Trinkbechern in Widderkopf-Form. Solche Gefäße wurden bei Zeremonien verwendet.

Das Uluburun-Wrack enthielt die größte Sammlung kanaanäischen Schmucks, die je ausgegraben wurde. Der größere Anhänger zeigt eine Gazellen haltende Fruchtbarkeitsgöttin, der kleinere ein typisch kanaanäisches Stern-und-Strahlen-Motiv von der Art, wie man sie auch auf ägyptischen Grabmalereien auf Anhängern am Hals von Kanaanitern sieht.

einer Keilschrift-Inschrift eingraviert wurde: ein geflügelter Greif und ein Krieger mit Sichelschwert. Zwei Rollsiegel aus Quarz zeigen Kassiten, Angehörige eines arischen Wandervolkes, die nach Babylon eingedrungen waren und zu jener Zeit, als das Uluburun-Schiff sank, das Babylonische Reich beherrschten.

»Die Schöne ist gekommen«
Wörtliche Übersetzung des Namens Nofretete

Wir fanden auch ägyptische Objekte aus Gold, Elektron, Silber und Steatit. Das bedeutendste davon ist ein einzigartiger goldener Skarabäus mit dem Namen Nofretetes, der Gemahlin des Pharaos Echnaton. Er zählt zu den bedeutendsten ägyptischen Fundstücken, die jemals im östlichen Mittelmeerraum außerhalb Ägyptens entdeckt wurden. Weitere Skarabäen, meist älter als das Wrack, verweisen auf Thutmosis I. oder tragen unlesbare Zeichenkombinationen bzw. Glückssymbole und Unglück abwehrende Zeichen.

Des Weiteren fanden wir zwei entenförmige Kosmetikbehälter aus Elfenbein, die elfenbeinerne Figurine einer Akrobatin mit über den Kopf gebogenen Beinen, und mehr Zinngefäße, als man zuvor im gesamten bronzezeitlichen Nahen Osten und der Ägäis gefunden hatte. Auch Perlen aus Glas, Achat, Karneol, Quarz, Gold, Knochen, Bernstein, Muscheln, Straußeneischale und Fayence wurden zu Tausenden gefunden. Dazu wurde eine bronzene weibliche Figur mit vorgestreckten Händen geborgen. Kopf, Hals, Hände und Füße der Figur sind mit Goldfolie überzogen. Vermutlich

Oben: Diese 17 cm große, teilweise mit Goldfolie überzogene Bronzestatuette einer Göttin war womöglich die Schutzgöttin des Schiffs. Die Stellung der Hände deutet auf eine rituelle Geste hin.

Links: Eine der beiden entenförmigen Elfenbeindosen aus dem Uluburun-Schiff. Beide haben schwenkbare Flügel, die als Deckel für den Hohlraum dienten, der Kosmetika enthielt.

stellt sie ebenfalls eine Gottheit dar, die mitgeführt wurde, um das Schiff auf See vor Gefahren zu schützen.

Unter den Waffen, die das Schiff an Bord mitführte, waren Pfeile, Speere, Keulen, Dolche, eine Axt, eine einzelne Panzerschuppe nahöstlichen Typs und Schwerter. Die Bronzeschwerter sind insofern interessant, als es sich dabei um drei unabhängige Typen handelt. Zwei davon sind typische ägäische Produkte aus dem 14. Jh. Das am besten erhaltene ist eine schwere kanaanäische Waffe mit Elfenbein- und Ebenholz-Einlegearbeiten im Griff; drei ähnliche Dolche gleichen einem Dolch aus einem Grab aus dem 14. Jh. in Israel. Das letzte, nur sehr schlecht erhaltene Schwert ähnelt in Süditalien und Sizilien gefundenen Waffen.

Eine große Zahl an Geräten, darunter Sicheln, Pfrieme, Bohrerspitzen, eine Säge, eine Zange, Meißel, Äxte, Doppeläxte, eine Pflugschar, Schleifsteine und Breitbeile fanden sich hauptsächlich im Achterschiff. Fast alle sind nahöstliche Typen oder Formen, die überall im östlichen Mittelmeerraum verbreitet waren, doch einige deuten auf die Ägäis hin.

Ein Großteil der Fracht des Uluburun-Schiffs könnte in einem Hafen in Syrien-Palästina oder Zypern geladen worden sein, doch das sagt nichts über den Heimathafen des sie befördernden Schiffs aus. Letzterer lässt sich am besten aus den 24 Steinankern erschließen, deren Typ in der Ägäis praktisch unbekannt ist, doch wurden solche Anker häufig im Meer vor Syrien-Palästina und Zypern oder auch eingebaut in dortige Tempel gefunden. Zudem wurde das Schiff aus libanesischem Zedernholz gebaut; dieser Baum ist in den Gebirgen des Südlibanons, der Südtürkei

Oben: Das Bronzeschwert mit breiter Klinge und gebördeltem Griff mit Elfenbein- und Ebenholz-Einlagen ist kanaanäisch, desgleichen der Dolch mit Griffplatten einer unbekannten Holzart; der fehlende Knauf wurde später gefunden und angebracht. Das leichtere Schwert links mit feiner Mittelrippe und Rillen ist mykenisch.

Rechts: Ein Archäologe legt vorsichtig Fundstücke frei, die zwischen Kupferbarren (im Vordergrund) und zwei Steinankern in der Nähe des Schiffsmasts feststecken.

und Mittelzyperns beheimatet. Kult- und Ritualgegenstände an Bord des Schiffs, wie die Bronzestatuette einer Göttin, eine aus einem Nilpferdhauer geschnitzte Elfenbein-Posaune in Form eines Widderhorns und ein Paar Bronze-Fingerzimbeln sind wahrscheinlich auch kanaanäischen Ursprungs, desgleichen die an Bord benutzten Öllampen, die zeigen, dass die Besatzung diese Lampen denen des weiter verbreiteten zyprischen Typs vorzog, wie sie sich in unbenutztem Zustand in einem der großen Vorratsgefäße fanden.

Etwa 150 Gewichte aus Uluburun stellen den vollständigsten Satz spätbronzezeitlicher Gewichte dar, der jemals an einer Stätte gefunden wurde. Die meisten Gewichte sind aus Hämatit oder Stein und weisen die bekannten geometrischen Formen der Epoche auf, doch auch der größte bronzezeitliche Satz tierförmiger Gewichte befindet sich darunter. Diese Gewichte sind aus Bronze und zum Teil mit Blei gefüllt. Darunter befinden sich ein Sphinx, Stiere, Kühe, ein Kalb, Enten, Frösche, Löwen, eine Fliege und auch ein Hirte, der vor drei Kälbern kniet. Die Bronzegewichte weisen Rostschäden auf, doch die anderen sind generell gut erhalten und entsprechen weitgehend dem damaligen Gewichtssystem, das auf einer Maßeinheit von 9,3 Gramm beruht, dem an der syrisch-palästinensischen Küste, auf Zypern und in Ägypten gängigen Standard. Die Anzahl der Sätze lässt vermuten, dass mindestens drei, wenn nicht sogar vier Kaufleute an Bord waren. Drei Paar Kupfer- oder Bronze-Waagschalen, ein Paar davon noch in seiner hölzernen Schutzhülle, stützen diese Annahme.

Nahrungsmittel – ob als Fracht oder Proviant – beinhalten Mandeln, Pinienkerne, Feigen, Oliven, Trauben (oder Rosinen/Wein), Schwarzkümmel, Sumach, Koriander, ganze Granatäpfel und ein paar Weizen- und Gerstenkörner. Bleierne Netzbeschwerer, Netzstricknadeln, Angelhaken, ein Speer mit Widerhaken und ein bronzener Dreizack belegen, dass während der Fahrt gefischt wurde.

Das Uluburun-Schiff wird auf 15 m Länge geschätzt und besteht aus Zedernholz; gebaut wurde es in der in dieser Epoche üblichen Schalenbauweise. Dabei wurden die Planken mit Schlitz-und-Zapfen-Verbindungen aneinander und am Kiel befestigt. Diese bei griechisch-römischen Schiffen gebräuchliche Technik unterscheidet sich von der später üblichen »Skelettbauweise«, bei der die Beplankung an dem zuvor errichteten Gerippe aus Kiel und Spanten befestigt wird. Obwohl wir die Rumpfreste gründlich untersuchten, fanden wir keine Spuren eines Spantengerüsts. Vielleicht ist der erhaltene Teil aber auch nur nicht groß genug. Der Kiel war breiter als hoch und ragte mehr ins Rumpfinnere als nach außen. Der Balken fungierte als »Rückgrat« des Schiffs, schützte und stützte die Planken beim Landen oder Hochziehen am Strand. Doch anders als die Kiele späterer Segelschiffe diente er nicht dazu, Kurs zu halten oder hart am Wind zu segeln.

»Beide Seiten des Floßes beschirmt er mit weidenen Flechten Gegen die rollende Flut; und füllte den Boden mit Ballast.«

Odyssee, 5. Gesang, Verse 256/257

Überreste eines Flechtwerks erinnern an den »Wetterzaun« syrischer Schiffe, die auf fast zeitgleich entstandenen ägyptischen Grabmalereien zu sehen sind, und an das Flechtwerk, das Odysseus baute, um die Gischt von seinem Schiff fern zu halten. Wie

Oben: Die Zedernholzplanken des Schiffs wurden mit Zapfen aus Eichenholz verbunden, die in Schlitze eingeführt und dann mit Holzdübeln gesichert wurden.

Rechts: »Beide Seiten des Floßes beschirmt er mit weidenen Flechten«, Odyssee, 5. Gesang, Verse 256/257. Der geflochtene Plankenschutz des Uluburun-Schiffs war auf dem Meeresgrund teilweise erhalten.

Unten: Ein Taucher beleuchtet einige der verzapften Rumpfplanken, wie sie auf dem Meeresgrund gefunden wurden. Der Kiel ragte mehr nach innen- als nach außenbords. Es wurden keine Spanten gefunden.

die von Homer erwähnten Flechten fand sich eine Lage Stachelkraut unter den Kupferbarren, und darunter entdeckten wir viele Aststücke; teilweise waren noch Rinde, Zweige und sogar Blätter erhalten, die rechtwinklig zu den Planken des Schiffs ausgelegt waren. Das Reisig und die Zweige dienten als Stauholz zum Schutz der Planken vor den schweren Metallbarren und anderen Gütern im Frachtraum.

Nach den Keramiken zu schließen, sank das Schiff von Uluburun wohl gegen Ende der Amarna-Zeit oder kurz danach. Der einzigartige goldene Skarabäus Nofretetes beweist, dass es nicht vor ihrer Zeit gesunken sein kann. Der Skarabäus kann frühestens zwischen 1376 bis 1358 oder 1339 bis 1327 v. Chr. gefertigt worden sein, je nachdem, welche Zeitrechnung man zugrunde legt. Der Skarabäus wurde unweit eines Vorrats an Bruchgold, -silber und -elektron eines Goldschmieds gefunden. Wenn er zu diesem Bestand gehörte, sank das Uluburun-Schiff wahrscheinlich nach Nofretetes Herrschaft, als ihr Skarabäus nur noch Goldwert hatte. Es ist zu hoffen, dass die Karbondatierung unbeständiger Objekte wie Olivenkerne, Harz und Reisig in Verbindung mit Baumringchronologie ein genaueres Datum für den Untergang des Schiffs liefern wird. Bisher können wir nur sagen, dass sich die Havarie Ende des 14. Jh. v. Chr. zutrug, also etwa 1300 v. Chr.

Das Uluburun-Schiff fällt somit in einen gut dokumentierten Abschnitt der Geschichte, und Rückschlüsse aus den Amarna-Briefen sowie Hinweise auf ägyptischen Grabmalereien können uns helfen, Zweck und Art seiner Fahrt besser zu verstehen. Die einzige Darstellung eines Handelsunternehmens im Mittelmeerraum jener Zeit findet sich als Szene im Grab Kenamuns, des »Bürgermeisters von Theben« und »Oberaufsehers der Kornkammern« unter Amenophis III. Sie zeigt die Ankunft einer syrischen Handelsflotte in Ägypten. Träger löschen die Fracht, darunter auch kanaanäische Amphoren und eine »Pilgerflasche«, wie man sie auch auf dem Uluburun-Wrack fand. Medaillons am Hals einiger Seeleute gleichen Anhängern, wie wir sie bei der Ausgrabung fanden, und die großen Uluburun-Vorratsgefäße mit ihrem Inhalt an zyprischer Keramik erinnern uns an die großen Pithoi, die an Deck der syrischen Schiffe abgebildet sind. Vielleicht durch Zufall sind auf diesen Schiffen vier Kaufleute zu sehen; man erkennt sie an ihren langen, mantelartigen Gewändern und Schlaufengürteln – genau die Anzahl an Kaufleuten, die man auf-

Oben: Ein bemerkenswerter Fund war dieser einzigartige goldene Skarabäus mit dem Namen Nofretetes, der Hauptfrau des ägyptischen Ketzer-Pharaos Echnaton. Er beweist, dass das Schiff nicht vor Echnatons Herrschaft gesunken sein kann, wahrscheinlich später, da der Skarabäus in der Nähe eines Horts von Bruchgold, -elektron und -silber eines Goldschmieds gefunden wurde.

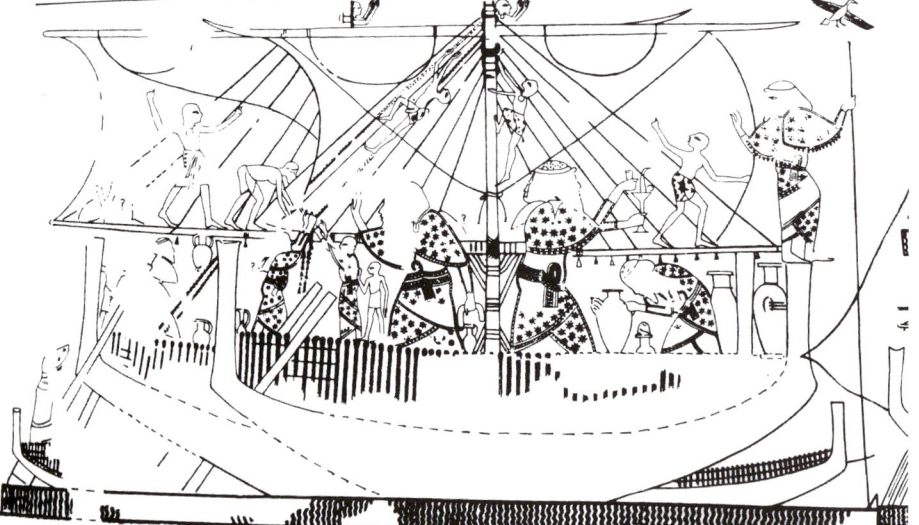

Links: Eine Szene im Grab Kenamuns, des »Bürgermeisters von Theben«, mit in Ägypten einlaufenden syrischen Schiffen. Bei der Ausgrabung in Uluburun fand man ein – wie von Homer beschriebenes – Schanzkleid aus Flechtwerk zum Schutz vor der Gischt, das so aussieht wie das auf dem Grabgemälde, desgleichen Goldmedaillons ähnlich jenen, die die Männer am Hals tragen.

Oben: Hölzerne Klappschreibtafel mit Elfenbeinscharnieren. In den Aussparungen innen befanden sich Wachstäfelchen, auf denen der Schreiber mit einem Stift Schriftzeichen einritzte. Derartige Schreibtafeln waren bis ins Mittelalter gebräuchlich. Das vor der Uluburun-Ausgrabung früheste bekannte Exemplar aus Holz fand sich in einem Brunnen in Nimrud, Irak, und stammt von etwa 700 v. Chr.

Unten: Ein goldener Anhänger mit granulierter Oberfläche in Form eines Falken, in jeder Klaue eine sich blähende Kobra. Dasselbe Motiv, jedoch mit deutlicher ausgeführten Kobras, findet sich bei an Land ausgegrabenem kanaanäischem Schmuck.

grund der Gewichte auf dem Uluburun-Schiff vermutet. Ein Mann, vielleicht der Anführer, macht eine Weihegeste, vermutlich als Dank für den erfolgreichen Abschluss der Reise.

Andere ägyptische Grabmalereien zeigen syrische Tributträger mit Elefantenzähnen, Ebenholzstämmen, zweihenkligen kanaanäischen Vasen und anderen Gefäßen jener Typen, die auf dem Wrack gefunden wurden.

»… er sandt' ihn gen Lykien, und traurige Zeichen Gab er ihm, Todesworte geritzt auf gefalteter Tafel.«
Ilias, 6. Gesang, Verse 168/169

Eine hölzerne Klappschreibtafel mit Elfenbeinscharnieren, doch leider ohne die zugehörigen Schreibplatten mit Bienenwachsbelag, fanden wir in einem großen Gefäß, das ganze Granatäpfel enthielt. Die Schreibtafel gehört zwar zu dem Typus, den Homer erwähnt, aber höchstwahrscheinlich stammt sie, wie auch ein Stück einer zweiten Schreibtafel, aus dem Nahen Osten. Andererseits weisen doppelt vorhandene persönliche und Gebrauchsgegenstände mykenischer Herkunft auf die Anwesenheit zweier Mykener an Bord hin, vielleicht Gesandter. Dass es sich nicht um Kaufleute gehandelt haben kann, ist daraus zu schließen, dass persönliche Gewichtssätze nach ägäischem Standard fehlen. Eine Verbindung des Uluburun-Schiffs mit der Ägäischen Kultur, die sich bis zum Nordbalkan und ins westliche Schwarzmeergebiet erstreckt, wird nahe gelegt durch geborgene Speere, wie sie aus Nordgriechenland bekannt sind, und eine Zeremonialaxt, wie man sie aus Rumänien und Bulgarien kennt.

Insgesamt zeigt das Uluburun-Wrack, dass in der späten Bronzezeit wichtige Rohstoffe und Fertigwaren vom Nahen Osten aus auf dem Seeweg in die Ägäis und darüber hinaus gelangten. Dieser Seeweg verlief meist nahe der türkischen Südküste vorbei an Kap Gelidonya, wie das Wrack von etwa 1200 v. Chr. zeigt, das auf Seite 48–55 beschrieben wird. Die Schiffe umsegelten dabei Uluburun und fuhren an der Südwestspitze der Türkei vorbei. Anschließend hielten sie Kurs gen Westen oder segelten nordwärts in die Ägäis. Fast alle Dinge an Bord unseres Schiffs, nicht nur die Fracht, könnten in einem einzigen kanaanäischen oder zyprischen Hafen geladen worden sein. Es ist auch möglich, dass Häfen in beiden Gebieten angelaufen wurden, ehe das Schiff eine Region westlich Zyperns ansteuerte, doch über das Endziel lässt sich nur spekulieren. Vielleicht war es Rhodos, ein wichtiger Umschlaghafen in der Ägäis, oder Kreta, wo man zyprische Keramiken wie die an Bord befindlichen entdeckte und das bekanntlich von Schiffen aus dem größten syrischen Hafen in Ugarit (bei Latakia) angelaufen wurde. Am wahrscheinlichsten aber steuerte das Schiff einen größeren mykenischen Hafen auf dem griechischen Festland an.

Unter den auf dem Wrack gefundenen Objekten sind Produkte aus neun oder zehn antiken Kulturen. Die außergewöhnliche Fracht wurde vermutlich der Obhut eines Beamten anvertraut, der die Interessen eines Königs vertrat und nebenbei wohl für sich ein paar Privatgeschäfte abwickelte. Es liegt nahe, dass die Mykener an Bord Gesandte eines mykenischen Herrschers waren; sie sollten wohl die Waren auf dem Uluburun-Schiff schützen und begleiten, wahrscheinlich zu einem mykenischen Hafen.

Fracht aus der Bronzezeit: Kap Gelidonya, Türkei

GEORGE F. BASS

Kap Gelidonya

Zeit: Ende des 13. Jh. v. Chr.
Tiefe: 26–28 m
Gefunden von: Kemal Aras
Ausgrabung: 1960
Kosten: 18 000 $
Ladung: Kupfer, Zinn, Bruchbronze
Rumpf: Länge unbekannt

Das Kap-Gelidonya-Wrack ist das erste antike Wrack in der Geschichte der Unterwasserarchäologie, das auf dem Meeresgrund vollständig ausgegraben wurde. Wichtiger noch ist die Tatsache, dass danach die Geschichte der Bronzezeit teilweise neu geschrieben werden musste. In der Einleitung zu diesem Buch beschreibe ich, wie es zu der Grabung kam, wie Peter Throckmorton dem Museum der Universität Pennsylvania ein Wrack aus der späten Bronzezeit (1600–1000 v. Chr.) meldete, wie ich gebeten wurde, die Grabung als Archäologe zu leiten und wie ich die ersten sechs Stunden eines zehnstündigen Tauchkurses absolvierte, bevor ich im Frühjahr 1960 mit Peter in die Türkei fuhr. Damit jedoch begannen erst die körperlichen und intellektuellen Herausforderungen.

Mitte Juni fuhr ich mit einem Schwammtaucherboot von Bodrum aus los, dem damaligen Zentrum des Schwammtauchens in der Türkei, begleitet von einem Schiff, das normalerweise mit einem Schleppnetz Schwämme am Meeresgrund sammelte. Keines der Boote war länger als 10 m. Ich hatte keine Ahnung, dass sich mein Leben für immer verändern sollte.

Das Wrack lag 26–28 m tief zwischen zwei von fünf kleinen, kargen Inseln, die dem Kap, das heute Taşlıkburun heißt, vorgelagert sind. Für unser geplantes Camp brauchten wir eine Süßwasserquelle zum Trinken, Baden und Kochen sowie zum Ausschwemmen von Ätzsalzen aus den Artefakten, die wir zu finden hofften. Etwa eine Fahrstunde vom Wrack entfernt entdeckte ich zwei Feuchtstellen an einem schmalen Sandstrand, der von Steilfelsen gesäumt wurde. Wir hoben zwei Gräben aus, bis wir auf zwei Rinnsale mit kaltem Süßwasser stießen, die wir abdämmten. Dazwischen errichteten wir unser Lager.

Der Strand

Ich war noch Student, und ich sollte zum ersten Mal im offenen Meer tauchen. Niemand hatte jemals Vergleichbares auf dem Meeresgrund versucht. Wir hatten nicht viel Geld. Unser Camp für acht Personen bestand überwiegend aus dem, was wir auf einer US-Luftwaffenbasis bei Istanbul geschnorrt hatten: Teile eines Mannschaftszeltes, einige ausgemusterte Matratzen, zerrissene Fallschirme, die wir als Sonnenschirme nutzten, und ein Generator, der die Dunkelkammer, die wir in einer Höhle am Fuß des Kliffs einrichteten, mit Strom versorgte. Die Holzkisten, in denen unsere Tauchausrüstung aus Amerika eintraf, dienten uns als Möbel.

Ohne Kühlung, in einem natürlichen Backofen, der sich auf 43 °C erhitzte, ernährten wir uns drei Monate lang von Bohnen, Reis, Tomaten, Oliven und Wassermelonen, wobei wir einmal wöchentlich in einem fernen Dorf einkauften. Wir waren

ein internationales Team – Amerikaner, Briten, Franzosen, Türken –, dem sich später der deutsche Taucher Waldemar Illing anschloss, der, wenn er Zeit hatte, unseren Speiseplan um Fisch bereicherte.

Ich hatte kurz vor meiner Abreise in die Türkei Ann Singletary geheiratet. Sie studierte damals Musik und kam mit einem Koffer voller Notenblätter nach, wohl in der Erwartung, ein Klavier vorzufinden. Der französische Taucher Claude Duthuit hatte das einzige Schutzzelt. »Nimm es, George«, meinte er höflich. »Es sind eure Flitterwochen.« Claude ist noch heute mein engster Freund!

Die Ausgrabung

Wir fuhren täglich zum Wrack, über dem wir Ölfässer festgemacht hatten, an denen wir unsere Boote vertäuten. Wir tauchten 40 Minuten am Morgen und 28 Minuten am Nachmittag, und wir dekomprimierten nach jedem Tauchgang nur ein paar Minuten. Ohne Arzt, Überdruckkammer oder Sauerstoff hatten wir großes Glück, dass keiner von uns die Caissonkrankheit bekam.

Als unser kleiner Hochdruckkompressor kaputtging und in die nächstgelegene Werkstatt gebracht werden musste, konnten wir die Druckluftflaschen nicht mehr füllen. Peter und ich schlossen einen Schlauch an den ursprünglich von Hand gekurbelten Kompressor des Schwammboots an, fertigten Dichtungsringe aus Lederschuhen und tauchten weiter, obgleich hier nach Auskunft unseres Lotsenbuchs die stärkste Strömung im Mittelmeer herrschte. Wir hielten uns beim Auf- und Abstieg an einem Seil fest, das am Grund verankert war, unsere Körper flatterten wie Wäsche im Wind, und wir stützten uns abwechselnd zwischen Felsen ab, um den Atemschlauch unseres Partners zu halten, so dass er oder sie mit freien Händen arbeiten konnte.

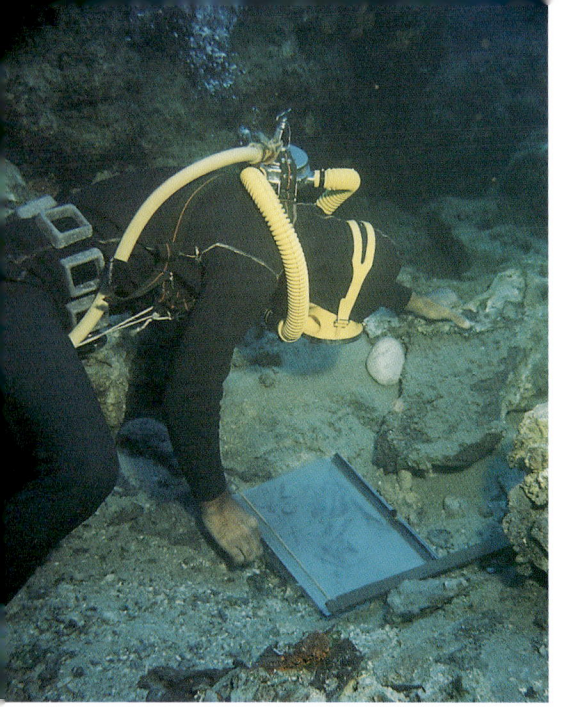

Oben: Mit einem Bleistift verzeichnet Claude Duthuit auf mattierter Kunststofffolie die Fundstellen von Artefakten, die in einer felsigen Senke liegen.

Unten: Die Fracht wurde eingeschlossen in große Konkretionen geborgen. Im Camp wurden diese dann wie Puzzleteile wieder zusammengesetzt. Nachdem sie entfernt wurden, kommen Kupferbarren zum Vorschein.

Cheftaucher Frédéric Dumas, den wir von Jacques-Yves Cousteau ausgeliehen hatten, galt als der beste Taucher der Welt. Er erklärte Peter und mich für verrückt und weigerte sich, mit unserer improvisierten Ausrüstung zu tauchen. Normalerweise tauchten wir jedoch mit Druckluftflaschen.

Wir kartierten das Wrack, indem wir lange Nägel in den Fels um die Ladung trieben und die Abstände vermaßen. Die Fracht war in steinharte Konkretionen am Meeresgrund eingebettet, die im Lauf der Jahrhunderte immer dicker geworden waren. Dumas meinte, wir sollten das Frachtgut mitsamt den Konkretionen an die Oberfläche bringen, damit wir es im Lager sorgfältiger herauslösen könnten. Von da an hämmerten und meißelten wir massive Klumpen heraus, die wir mit luftgefüllten Hebesäcken bargen und dann am Strand wieder zusammensetzten.

Der Sand war nicht tief genug, um den hölzernen Schiffsrumpf vor Schiffsbohrwürmern zu schützen, obgleich wir ein paar Holzstücke und unter Metallobjekten geschichtete Zweige fanden – Erklärung für eine Stelle der Odyssee, nach der Odysseus Reisig in einem Schiff ausstreute. Die Zweige dienten als Polsterung für die Fracht, damit diese nicht die Schiffsplanken beschädigte. Wir entfernten den Sand mit Airlifts, vertikalen Metallrohren, an deren unterem Ende wir durch Schläuche Luft von der Oberfläche einleiteten; in den Röhren bildete die Luft aufsteigende Blasen, die einen Sog erzeugten, der Wasser und Sand mitriss. Wir hatten die Grabung fast abgeschlossen, als der erste herbstliche Südwind Mitte September unseren Strand unter Wellen begrub und uns vom Kap verjagte.

Die verhängnisvolle letzte Fahrt

Wir hatten eine Tonne Metall ausgegraben. 34 viergriffige Barren aus fast reinem zyprischem Kupfer, die im Schnitt 25 kg wogen, waren in dem Schiff noch immer so

Unten: Ein Gesenk aus Bronze, 10 cm lang, wurde als kleiner Amboss benutzt, um Metall zu formen. An einem Ende wurden Sockel ausgehämmert.

Mitte oben: Die Steinhämmer mit einem Durchmesser von 6 und 8 cm mit rekonstruierten Holzstielen ähneln neueren Hämmern zur Bearbeitung von Metallen.

Mitte unten: Steinerne Waagen-Gegengewichte basierten auf nahöstlichen Gewichtseinheiten.

Oben rechts: Der hervorragend erhaltene Boden eines Flechtkorbs, der mit Bruchbronze gefüllt war.

Mitte rechts: Die Skarabäen waren syrischpalästinensische Imitationen ägyptischer Originale.

Unten rechts: Ein Rollsiegel, etwa bleistiftdick, ähnlich jenen, die einst nahöstliche Kaufleute trugen. Es ist mit moderner Schnur und der Ton-Abrollung abgebildet.

gestapelt wie vor 3200 Jahren. Ein Stoff, der weißer Zahnpasta ähnelte, erwies sich später als Zinn. Zwischen den Barren lagen zerbrochene zyprische Bronzewerkzeuge, die in Körben transportiert wurden, von denen einer bemerkenswert gut erhalten war. Kupfer und Zinn – diese Metalle sind die Rohstoffe für die Bronzeherstellung, und die Bruchbronze sollte wohl eingeschmolzen und zu neuen Bronzeobjekten gegossen werden.

Die Entdeckung eines gerillten und durchlochten Bronzegesenks (eine Art kleiner Amboss), zweier steinerner Hammerköpfe, wie sie gelegentlich bei der Metallbearbeitung verwendet wurden, eines Schleifsteins, zahlreicher Glättsteine und eines großen, feinkörnigen Steins mit flacher Oberseite, der als Amboss gedient haben könnte, deutete darauf hin, dass sich ein wandernder Schmied oder Kesselflicker an Bord befunden haben könnte.

An einem Ende der Fundstätte, an der sich einst wohl die Schiffsquartiere befanden – vermutlich am Heck –, fanden wir die persönliche Habe der Besatzung zusammen mit Olivenkernen, die bei den Mahlzeiten achtlos in die Bilge gespuckt worden waren. Etwa 60 kleine Steinobjekte unterschiedlichster Form ließen sich als Waagengewichte von Kaufleuten identifizieren. Die wie eine Sauciere geformte Schiffslaterne, deren Schnabel einen Docht hielt, war vollständig erhalten, doch die meisten Keramiken waren zerbrochen. Zwei Steinmörser hatten einen Schnabel und je drei kurze Füße.

Wir fanden hier auch ganze Metallobjekte wie ein Rasiermesser aus Bronze und einen kleinen Meißel, vier Skarabäen und eine skarabäenförmige Platte sowie ein steinernes Rollsiegel, das von orientalischen Kaufleuten als eine Art Signatur auf Tontafeln abgerollt wurde. Ein Astragal (Knöchelbein) erinnerte uns an das Knöchelspiel, das noch heute in Europa gespielt wird. In der Antike wurden Knöchelbeine vielfach auch benutzt, um Orakel von den Göttern zu erhalten, und ich frage mich, ob der »blonde Menelaos« durch das Werfen eines Knöchelbeins ein solches Zeichen erhielt, als er sich in der Odyssee (Buch 3, 173) fragte, welche Route er nehmen sollte.

Jedermann kann heute ein Foto nach dem Stil der Kleidung und der Frisur der abgebildeten Personen sowie der Automodelle auf das frühe oder späte 20. Jh. datieren. In ähnlicher Weise datieren Archäologen Artefakte, denn Stile haben sich von jeher gewandelt. Daher wussten wir schon früh, dass das Schiff um 1200 v. Chr. gesunken war.

Die Geschichte umschreiben

Zur Zeit dieser Ausgrabung vertraten praktisch alle klassischen Archäologen und Althistoriker die Ansicht, dass die Griechen der späten Bronzezeit, heute nach Agamemnons mächtiger Burg Mykener genannt, im 14. und 13. Jh. v. Chr. quasi ein Seehandelsmonopol im östlichen Mittelmeerraum hatten. Sie glaubten außerdem, dass semitische Händler und Seefahrer, insbesondere die Phönizier, ihre meisterliche Seemannschaft erst in der Eisenzeit, nach 1000 v. Chr., und insbesondere nach 800 v. Chr. entwickelten. Tatsächlich haben die meisten Wissenschaftler die *Odyssee* deshalb auf die Eisenzeit datiert, weil Homer häufig phönizische Seefahrer, Händler und Metallschmiede erwähnt. Da verwundert es nicht weiter, dass meine Kollegen und ich zunächst davon ausgingen, ein mykenisches Schiff auszugraben.

Erst als ich die Steingewichte zu untersuchen begann, regten sich bei mir erste Zweifel. Bevor es Taschenrechner gab, verbrachte ich manche Nacht damit, Berechnungen durchzuführen, um die Gewichtseinheiten zu ermitteln. Denn so wie heute, wo einige Staaten Pfund und andere Kilogramm verwenden, gab es in der Antike verschiedene Gewichtseinheiten. Als ich erkannte, dass die Gewichte von Kap Gelidonya oft Vielfache von 9,32 g waren, einem ägyptischen *qedet*, das im gesamten Nahen Osten und auf Zypern gebräuchlich war, oder von 10,3 g, einem syrischen *nesef*, fragte ich mich, weshalb ein mykenischer Händler nahöstliche Gewichte mit sich führte. Denn anthropologische Studien zeigen, dass Kaufleute in der Regel die ihnen vertrauten Gewichte verwenden, wenn sie in fremde Länder reisen.

Recherchen in Bibliotheken ergaben, dass unsere Terrakottalampe vermutlich kanaanäisch war und dass die Steinmörser an der syrisch-palästinensischen Küste hergestellt worden waren, wo die Kanaaniter lebten. Ein Ägyptologe fand heraus, dass unsere Skarabäen nicht ägyptisch, sondern syrisch-palästinensische Imitate ägyptischer Skarabäen und die Hieroglyphen darauf nur Verzierungen waren. Vor kurzem fanden zwei Wissenschaftler heraus, dass das Rollsiegel in Nordsyrien gefertigt worden sein muss, obgleich es Jahrhunderte älter als das Wrack zu sein schien. Vermutlich handelte es sich um ein Erbstück, das vom Vater an den Sohn weitergegeben wurde. Das Bronze-Rasiermesser war ein weiterer persönlicher Gegenstand nahöstlichen Ursprungs.

Oben: Wie Tributträger auf altägyptischen Grabmalereien tragen türkische Schwammtaucher Kupferbarren vom Wrack zu Kapitän Kemal Aras, dem Entdecker des Wracks, der sie nach Bodrum fährt, wo sie eingelagert und später ausgestellt werden.

Unten: Die einzige Lichtquelle an Bord des Schiffs nach Einbruch der Dunkelheit war eine kanaanäische Schale mit Schnabel, der einen Docht hielt, der auf dem Olivenöl im Innern der Lampe schwamm.

Aus diesen persönlichen Gegenständen folgerte ich, dass unser Schiff kanaanäisch, protophönizisch oder syrisch – also nahöstlicher Herkunft – war. Ein einzelnes Schiff kann natürlich nicht dazu führen, dass die Geschichte umgeschrieben werden muss. Unser Wrack war lediglich der Auslöser, der mich dazu veranlasste, die wissenschaftliche Lehrmeinung in Frage zu stellen.

Ich studierte noch einmal praktisch alle ägyptischen Grabmalereien und fand heraus, dass im 14. und 13. Jh. v. Chr. Kupferbarren, die dem Pharao als Tribut dargebracht wurden, als syrisch identifiziert wurden. Eine andere Malerei zeigt eine syrische Handelsflotte, die gerade in Ägypten eingelaufen ist. Nirgends sehen wir Griechen. Ich sichtete die Hunderten von Keilschrifttafeln aus dem 14. Jh., die in El-Amarna in Ägypten ausgegraben worden waren. Sie beschreiben Geschenke aus mehreren nahöstlichen Reichen, ohne Griechenland zu erwähnen.

Welche Belege für das mutmaßliche mykenische Seehandelsmonopol hatte es vor 1960 gegeben? Die häufigen Funde von mykenischer Keramik im gesamten Nahen Osten. Da in Griechenland keine ähnlichen nahöstlichen Güter gefunden wurden, ging man davon aus, dass all diese Keramiken von mykenischen Schiffen transportiert wurden.

Meines Erachtens war diese Argumentation nicht schlüssig. Dass mykenische Keramik in den Nahen Osten gelangt war, stand außer Frage, aber nichts bewies, dass sie auf mykenischen Schiffen dorthin transportiert worden war. Außerdem bezweifelte ich, dass mykenische Seeleute im östlichen Mittelmeer Probestücke ihrer Keramik gratis verteilt hatten. Es handelte sich zweifellos um Handelsware, und etwas Gleichwertiges musste im Gegenzug nach Griechenland gekommen sein, etwas, das für den Archäologen unsichtbar war. In meiner Doktorarbeit behauptete ich, dass es sich dabei um Rohstoffe – Kupfer, Zinn, Elfenbein, Gold, Tuch und Gewürze – gehandelt haben müsse, die keine archäologischen Spuren hinterließen, weil sie alsbald verbraucht oder weiterverarbeitet wurden.

Meine These wurde von klassischen Archäologen einhellig verworfen. Zum Glück konnte ich ein weiteres spätbronzezeitliches Schiff ausgraben, das etwa 100 Jahre früher vor dem nächsten Kap im Westen, bei Uluburun, gesunken war. Cemal Pulak,

Fast 30 Jahre nach der Ausgrabung kehrt das INA-Forschungsschiff *Virazon* zum Wrack zurück. Es ankert direkt über der Fundstelle, die zwischen zwei kleinen Inseln liegt, die dem in der Ferne zu sehenden Kap vorgelagert sind.

der für die Analyse und Publikation des Wracks zuständig ist, beschreibt es in diesem Buch. Seine Fracht von 20 Tonnen Rohstoffen – Kupfer, Zinn, Elfenbein, Ebenholz, Glas, Harze, Gewürze und andere Lebensmittel –, auf einem Schiff befördert, das wohl nahöstlichen Ursprungs war, überzeugte die meisten Wissenschaftler von einer beachtlichen semitischen Präsenz in der bronzezeitlichen Ägäis. Aufgrund der Unterwasserarchäologie sind die Phönizier Homers kein Anachronismus mehr.

Rückkehr zum Kap

Seit den 1980er Jahren besitzt das INA ein eigenes Forschungsschiff, das mit Tauch- und Unterwasserausgrabungsgeräten ausgerüstet ist. Als wir 1987 das Uluburun-Wrack ausgruben, meinte das INA-Vorstandsmitglied Claude Duthuit: »Weshalb fahren wir mit der *Virazon* nicht nach Gelidonya?«

Cemal Pulak, dem ich die Grabung in Uluburun anvertraut hatte, begleitete uns – und fand sogleich ein Schwert, der erste Waffenfund am Wrack. Mit einem besseren Metalldetektor als 1960 machte Tufan Turanlı weitere Funde, einige davon im Umkreis eines Felssporns, der fast bis an die Oberfläche reichte und wohl den Boden des Schiffsrumpfes aufgerissen und das Unglück ausgelöst hatte. Mit Unterwasser-Scootern konnten INA-Taucher jetzt einen weiten Umkreis um die ursprüngliche Fundstätte absuchen.

Auch in Archiven gab es manche Entdeckung. Peter Throckmorton starb 1990 und vermachte seine Bibliothek, seine Aufzeichnungen und Fotos dem INA. Cemal Pulak erkannte auf Fotos von dürftigen Holzresten Hinweise dafür, dass das Kap-Gelidonya-Schiff ähnlich gebaut war wie das Uluburun-Schiff, in der gleichen Technik wie das ebenfalls hier beschriebene, viel ältere Kyrenia-Schiff. 1994 wurde der große Steinanker des Kap-Gelidonya-Schiffs aufgespürt. Er gehört zu einem Typus, der im gesamten Nahen Osten und auf Zypern gefunden wurde, in der Ägäis aber nur an einer bronzezeitlichen Stätte auf Kreta, die wohl nahöstlichen Handelsschiffen als Hafen diente. Hätten wir den Anker schon 1960 gefunden, wäre meine These, das Kap-Gelidonya-Wrack sei nahöstlichen Ursprungs, nicht so strittig gewesen.

Oben: Bei Fahrten zum Kap Gelidonya in den 1980er und 1990er Jahren konnten Taucher auf Unterwasserscootern bis weit über die ursprüngliche Grabungsstelle hinaus vordringen, wobei sie den Steinanker des Schiffs fanden.

Rechts: Obgleich in Uluburun zehnmal mehr Fracht gefunden wurde als auf dem Kap-Gelidonya-Wrack, war der Schiffsanker, den Cemal Pulak hier auf der *Virazon* wiegt, schwerer als alle Anker des älteren Wracks.

ANTIKE GRIECHISCHE WRACKS

Die alten Griechen mussten Getreide auf dem Seeweg über das Schwarze Meer einführen; sie transportierten und versorgten ihre Kolonisten in weiten Teilen des Mittelmeers, und sie besiegten ihre Feinde in Seegefechten. Ohne Schiffe hätte Athen nicht zum Inbegriff griechischer Pracht und Größe werden können.

Ausgrabungen von Schiffen aus dem 6. Jh. v. Chr., die in italienischen und französischen Gewässern gefunden wurden, enthüllten Konstruktionsmethoden, die anders waren als im klassischen Schiffsbau des 5. Jh. v. Chr. und später. Die Planken dieser Schiffe wurden nicht durch Schlitz-und-Zapfen-Verbindungen zusammengehalten, sondern durch vorgebohrte Löcher an den Plankenkanten miteinander verschnürt. Einige Wissenschaftler waren der Ansicht, dies sei eine auf das westliche Mittelmeer beschränkte Tradition, die möglicherweise auf die Etrusker zurückging, während die Schlitz-und-Zapfen-Verbindungen von der Bronzezeit bis ins 4. Jh. v. Chr. im östlichen Mittelmeer verbreitet gewesen seien.

Elizabeth Greene beschreibt ein INA-Projekt, bei dem zum ersten Mal in der Ägäis ein Wrack aus dem 6. Jh. v. Chr ausgegraben wurde. Die Planken des wohl griechischen Schiffsrumpfs, der bei Pabuç Burnu an der türkischen Küste gefunden wurde, waren durch Schnüre verbunden. Wir können daher heute mit einiger Sicherheit sagen, dass bei allen oder doch den meisten griechischen Schiffen der archaischen Zeit (7. und 6. Jh. v. Chr.) der Kantenschluss der Planken durch Verschnürung erfolgte.

Während der Archäologiestudent Sam Mark am Grabungsprojekt des INA teilnahm, veröffentlichte er zwei umstrittene Aufsätze, in denen er behauptete, die von Homer beschriebenen Schiffe seien geschnürt gewesen. Könnte es also sein, dass geschnürte griechische Rümpfe in der Bronzezeit, der Zeit des Trojanischen Krieges, die Norm waren und dass die Griechen erst in der spätklassischen Zeit die Verzapfung von den nahöstlichen Phöniziern übernahmen? Wir müssen ein mykenisches Wrack finden, doch ich vermute, dass es geschnürt sein wird, während nahöstliche Schiffe aus der gleichen Zeit bereits Schlitz-und-Zapfen-Verbindungen aufweisen.

Das INA hat zum ersten Mal ein am Meeresgrund liegendes griechisches Wrack aus dem 5. Jh. v. Chr. – dem Jahrhundert von Sokrates, Perikles und Sophokles – vollständig ausgegraben. Deborah Carlson beschreibt hier das Wrack von Tektaş Burnu und seine Ausgrabung.

Das im 4. Jh. v. Chr. gebaute Kyrenia-Schiff wurde zur Galionsfigur der Schiffsarchäologie im Mittelmeer. Es war nicht nur das erste Wrack seiner Zeit, das vollständig ausgegraben wurde, sondern auch das erste antike Wrack, das im Mittelmeer gehoben und an Land wieder zusammengebaut wurde. Außerdem wurde es im Maß-

Die Studentin Deniz Soyarslan birgt eine große, flache Schüssel am Pabuç-Burnu-Wrack. Objekte wie dieses, die an Bord benutzt wurden, liegen oft im Kombüsenbereich eines Wracks, das sich normalerweise im Heck befindet.

Oben: Drei Reihen Mühlsteine aus Nisyros liegen als Ballast über dem Kiel des Kyrenia-Schiffs. Rhodische Amphoren sind darüber gestapelt.

Unten: In diesem Abschnitt erwähnte Orte; in Fettdruck die Fundstellen der Wracks.

stab 1:1 zweimal nachgebaut, um der Öffentlichkeit das genaue Aussehen dieser altgriechischen Schiffe zu demonstrieren. Eine dieser Repliken segelte sogar von Griechenland nach Zypern und zurück und bewies ihre Seetüchtigkeit in einem Sturm. Susan Womer Katzev, die gemeinsam mit ihrem verstorbenen Mann Michael eine treibende Kraft bei der Ausgrabung und Konservierung des Schiffs war, nahm sich die Zeit, um hier einige der Höhepunkte des Projekts zu beschreiben.

Das Kyrenia-Schiff wurde wohl vor dem Tod Alexanders des Großen 323 v. Chr. gebaut und sank etwa 25 Jahre danach. Daher halten wir es für ein klassisches griechisches Schiff. Nach Alexanders Tod teilten drei seiner Generäle sein Reich unter sich auf, womit die 200-jährige Epoche des Hellenismus begann.

Das INA hat zwei hellenistische Wracks teilweise ausgegraben, eines bei La Secca die Capistello in Italien, und ein zweites bei Serçe Limanı (Türkei). Aufgrund extremer Bedingungen – der tiefen Lage des Ersteren und der Tatsache, dass Letzteres teilweise durch einen Felssturz begraben wurde – konnte bislang keine der Ausgrabungen abgeschlossen werden.

Gegenwärtig prüfen INA-Archäologen vor der türkischen Küste Wracks aus dem 6. und 5. Jh. v. Chr., um herauszufinden, ob sich bei einem davon eine vollständige Ausgrabung lohnen würde. Bei den jährlichen Surveys wurden, an einem relativ kurzen Küstenabschnitt, bislang über 150 antike Wracks geortet, doch wir sind der Ansicht, dass nur solche Wracks ausgegraben werden sollten, die wichtige neue Erkenntnisse liefern.

Pabuç Burnu

Zeit: 6. Jh. v. Chr.
Tiefe: 42–45 m
Gefunden von: Selim Dincer
Ausgrabung: 2002–2003
Anzahl der Stunden am Wrack: 921,4
Amphoren im Schiff: ca. 200
Rumpf: ca. 20 m lang

Im INA-Tauchboot *Carolyn* beobachten Feyyaz Subay und George Bass (rechts), wie Mutlu Gunay beim Survey des Wracks im Jahr 2001 eine Amphore freilegt.

Ein altes Schiff läuft endlich ein: Pabuç Burnu, Türkei

ELIZABETH GREENE

»Ist es wirklich ein Wrack?«, fragte sich der Fotograf Don Frey mit lauter Stimme. Don war gerade von einem Tauchgang zurückgekehrt, bei dem er verstreut am Meeresgrund liegende Keramiken inspiziert hatte. Der abfallende Meeresboden in 40 m Tiefe vor der Küste von Pabuç Burnu war übersät mit unbeschädigten und zerbrochenen Amphoren. »Shoe Point«, der die Form einer gekrümmten Sandale hat, liegt etwa 35 km von Bodrum, dem antiken Halikarnassos, entfernt, wo das von König Mausolos errichtete Grabmal zu einem der sieben antiken Weltwunder wurde.

George Bass, der den Survey 2001 leitete, war überzeugt davon, dass es ein Wrack war, als er vom Tauchboot *Carolyn* aus beobachtete, wie Mutlu Gunay eine Amphore freilegte, unter der ein fast unbeschädigter Weinkrug zum Vorschein kam. Es konnte sich nicht nur um Frachtgut handeln, das ein Schiff in Seenot über Bord geworfen hatte. Die Stimmung des Teams stieg, nachdem der Amphorenexperte Mark Lawall eines der Gefäße aufgrund eines Fotos auf die Mitte des 6. Jh. v. Chr. datierte. Bislang war kein Wrack aus der archaischen Epoche, die die Grundlage für den Ruhm des klassischen Griechenlands legte, im östlichen Mittelmeer ausgegraben worden.

Als George und ich Fördergelder für das Projekt beantragten, fragten wir uns: »Welche Informationen erhalten wir über den Handel in der archaischen Epoche?« Aus Grabungen an Land und Schriftzeugnissen konstruieren Wissenschaftler Bilder von griechischen Tyrannen, die durch Austausch von Geschenken fremdländische Waren erwarben. Wir stellten uns die Schätze vor, die wir vielleicht finden würden: reich verzierte Weinbecher von Lyrikern, die Gesänge für Trinkgelage verfassten, oder Bronzen, die in bedeutenden Heiligtümern geweiht worden waren. Doch die Tatsache, dass wir in zwei Grabungssommern keinen einzigen Luxusartikel fanden, zwang uns dazu, zu überlegen, welche Güter sonst im Mittelmeer befördert wurden.

Die Fracht

Die meisten Artefakte, die auf dem Pabuç-Burnu-Wrack gefunden wurden, sind vollständige und zerbrochene Amphoren, die vielleicht in den nahen Orten Knidos, Ephesos oder Milet gefertigt wurden. Antike Zeugnisse geben uns eine Vorstellung von den Gütern, die von den Handelsschiffen des griechischen Ostens befördert wurden: Milet war berühmt für seine Wolle, Chios für seinen Wein, Rhodos für Schwämme, Knidos für Kräuter und Kos für Rosinen. Tatsächlich blieben beim Sieben des Inhalts der Amphoren Trauben- und Olivenkerne im Sieb zurück, was auf Wein- und Ölvorräte hindeutet. Lose Kerne auf dem Meeresboden lassen auf weitere Nahrungsmittel schließen, die in Säcken transportiert wurden. Tagtäglich fanden wir Tausende von Amphorenscherben, weit verstreut auf dem Meeresboden, was viel-

leicht auf moderne Schleppnetzfischerei zurückzuführen ist. In einem abgetrennten Bereich der Fundstätte, die oben am unterseeischen Hang liegt, markieren zahlreiche Krüge, Kochschüsseln und Becher die Schiffsküche im Heck. Die in der Region gefertigten Tonwaren wurden wahrscheinlich von der Schiffsbesatzung benutzt und gehörten nicht zur Fracht. Ein großer steinerner Ankerstock in der Mitte der Fundstelle lässt auf ein Schiff von bescheidener Größe schließen, etwas kleiner als das 22 m lange Scherbenfeld. Alle Überreste wurden in einen dreidimensionalen Lageplan eingezeichnet, der mit Hilfe von Digitalfotos und Computermodellen erstellt wurde.

Oben: Diese großen flachen Schüsseln (*mortaria*), die vermutlich im Küchenbereich des Schiffs gefunden wurden, hat die Besatzung wohl zur Essenszubereitung benutzt.

Links: Über 200 unbeschädigte und zerbrochene Transportamphoren enthielten die wichtigste Fracht des Schiffs – Wein oder Olivenöl. Aus ihrer Größe, Form und anderen Merkmalen schließt der Amphorenexperte Mark Lawall, dass sie in Knidos, Ephesos, Milet oder auch Halikarnassos gefertigt wurden.

Rechts: Im Zentrum des Wracks wurde dieser große, etwa 115 kg schwere Steinanker gefunden. Er dürfte den hölzernen Ankerklauen, die mittlerweile zersetzt wurden, geholfen haben, am Meeresboden Halt zu finden.

Oben: INA-Konservator Asaf Oron hilft dem stellvertretenden Grabungsleiter Mark Polzer (rechts) beim Fotografieren von Rumpfresten. Am Rand der Planke deutlich zu sehen sind die Schnürlöcher, die Rückschlüsse auf die Bauweise des Schiffes zulassen.

Links: Der Archäologe Robin Piercy legt eines von sechs Plankenstücken aus dem Schiffsrumpf frei. Dieses ist über 2 m lang und ermöglicht die Rekonstruktion von Verschnürungstechniken, mit denen die Schiffsplanken zusammengehalten wurden.

Bauweise

Während der ersten Grabungskampagne verschwanden Dons anfängliche Zweifel, ob es sich tatsächlich um ein Wrack handelte. In einer Dekompressionspause schickte er einen Notizzettel nach oben: »Ich hab den Rumpf gefunden!« Robin Piercy und ich begannen bei unserem nächsten Tauchgang, den Sand an der Stelle mit Airlifts zu entfernen. Plötzlich machte Robin mit einer Hand Bewegungen, als würde er nähen. Durch unsere Masken sahen wir dreieckige Löcher an den Rändern der Planke, die die Bauweise des Rumpfs verrieten; die Planken waren wir ein Turnschuh verschnürt worden.

Als ich die Planke betrachtete, musste ich unwillkürlich an Homer denken. Bevor Odysseus von der Insel Kalypso aufbricht, baut er ein Boot für seine Fahrt:

»Zwanzig stürzt' er in allem, umhaute mit eherner Axt sie,

schlichtete sie mit dem Beil, und nach dem Maße der Richtschnur.

Jetzo brachte sie Bohrer, die hehre Göttin Kalypso.

Und er bohrte die Balken, und fügte sie wohl aneinander.

Und verband das Floß mit ehernen Nägeln und Klammern.«

Odyssee, 5. Gesang, Verse 244–48

Wie der stellvertretende Grabungsleiter Mark Polzer durch sorgfältige Untersuchung der Rumpfreste herausgefunden hat, rufen Konstruktionsmerkmale des Pabuç-Burnu-Wracks solche Details in Erinnerung: Weit auseinander stehende Dübel verbinden die Planken provisorisch, die dann an den Kanten mit Schnüren zusammengebunden werden. Vielleicht meint Agamemnon im zweiten Buch der Ilias (2,135) solche morschen Seile und Planken, wenn er die Schäden beklagt, die durch den neunjährigen Nichtgebrauch in Troja an den Schiffen entstanden sind. Bevor die ostgriechischen Tyrannen wie Polykrates von Samos im späten 6. Jh. für ihre Triremen robustere »moderne« Bautechniken – Zapfen-Schlitz-Verbindungen wie bei dem Kyrenia-Schiff – einführten, haben sie die Rumpfplanken offenbar verschnürt.

In was für Booten fuhren die Helden Homers? In welchem Schiffstyp begaben sich Thales und Pythagoras auf Reisen? Auch einheimische Bauern müssen gelegentlich kurze Seereisen unternommen haben. Ihnen riet schon der archaische Dichter Hesiod, im Spätsommer, nach der Ernte und vor den Herbstregen, aufzubrechen. Hesiod ermahnte sie: »Auch nicht alle Besitzung in räumige Schiffe geleget; Mehreres lass du daheim, und das Mindere wag' in den Handel. Schlimm ja, unter des Meeres Anbrandungen Schaden zu treffen.« (Hauslehren 689–91)

Mit seiner Fracht aus Wein, Olivenöl, Trauben und organischen Materialien, die in vor Ort gefertigten Amphoren gelagert waren, befand sich das Schiff von Pabuç Burnu vielleicht auf einer derartigen herbstlichen Handelsfahrt: ein kleines Frachtschiff, das Güter eines Bauernkollektivs beförderte und im schwarzblauen Meer unterging.

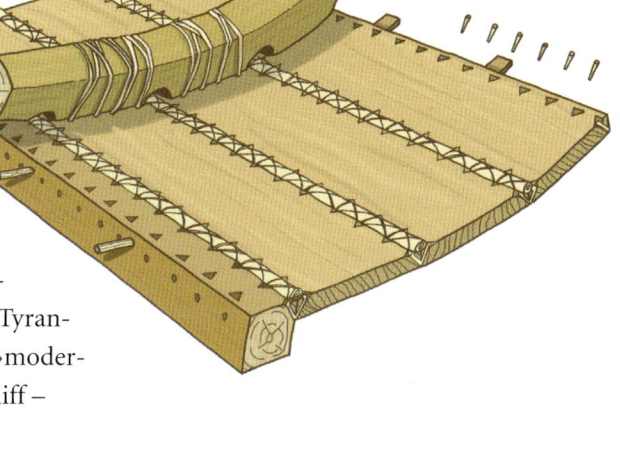

Unten: Mark Poltzers Analyse der Rumpfteile legt diese Rekonstruktion nahe. Die Planken wurden zunächst mit Zapfen und Dübeln verbunden, bevor sie zusammengeschnürt wurden. Anschließend wurden festgezurrte Spanten zur Verstärkung des Rumpfs eingezogen.

Links: Auf dieser attischen schwarzfigurigen Schale aus dem 6. Jh. v. Chr. greift eine Piratengaleere ein tonnenförmiges Handelsschiff an, das vielleicht dem Pabuç-Burnu-Schiff ähnelt.

Ein Wrack aus Griechenlands Blütezeit: Tektaş Burnu, Türkei

DEBORAH CARLSON

Tektaş Burnu

Zeit: 440–425 v. Chr.
Tiefe: 38–45 m
Entdeckt bei: INA-Survey, 1996
Ausgrabung: 1999–2001
Anzahl der Tauchgänge: 5046
Amphoren: 213

Ich werde nie den Augenblick vergessen, als ich zum ersten Mal das Kliff von Tektaş Burnu sah. Es war im Juni 1999, und Murat Tilev, William Murray und ich waren vorgeschickt worden, um zu erkunden, ob wir ein Camp bei der Fundstätte errichten konnten. Uns begrüßte eine hochragende Wand mit rasiermesserscharfen, zerklüfteten Felsspornen und tiefen Spalten. Wochen zuvor hatte Murat mit mehreren Arbeitern Winkelstahl in den Fels getrieben und die Stücke zu einem Gerüst verschweißt, in der Hoffnung, eine Tauchplattform darauf errichten zu können. Doch inzwischen war das Gestell von Wellen zerstört worden, die nur verbogene Stahlstangen zurück-

Unten: Die *Artemis*, ein umgebauter ehemaliger US-Minenräumer, in dem das Team 1999 untergebracht war, ankert im Windschatten von Tektaş Burnu, dem »Kap des einsamen Felsens«. Im Hintergrund sieht man die einsame Insel, die dem Kap seinen Namen gibt.

Oben: Die um 480 v. Chr. entstandene sog. Sirenen-Vase zeigt den an den Mast seines Schiffs gebundenen Odysseus, während die singenden Sirenen ihn und seine Gefährten anlocken wollen. Die »Augen« am Bug gleichen jenen von Tektaş Burnu.

Unten rechts: Auf dem Meeresboden zogen die Taucher oft ihre Flossen aus, um keine Artefakte zu beschädigen.

gelassen hatten, die mich an verdrehte Pfeifenreiniger erinnerten. Wir waren nach Tektaş Burnu – türkisch für »Kap des einsamen Felsens« – gekommen, um die Überreste eines griechischen Wracks aus dem 5. Jh. v. Chr., der klassischen Zeit, zu untersuchen. In diesem Jahrhundert besiegten die Griechen endgültig die Perser, und Athen wurde zu einer bedeutenden Seemacht, die ihre Expansion größtenteils mit Tributen finanzierte, die von den verbündeten griechischen Städten aufgebracht wurden. Doch die Spartaner wollten sich dem Vorherrschaftsanspruch Athens nicht beugen, und im letzten Viertel des 5. Jh. führten die beiden griechischen »Supermächte« einen Bürgerkrieg – den Peloponnesischen Krieg.

Die Verschiffung von Handels- und strategischen Gütern spielte eine wichtige Rolle in der Geschichte des klassischen Griechenlands. Bislang aber war in der Ägäis kein Wrack aus dem 5. Jh. vollständig ausgegraben worden.

Das Tektaş-Burnu-Wrack war 1996, bei einem der jährlichen Surveys des INA an der türkischen Küste, entdeckt worden. Wie bei den meisten antiken Wracks war ein Teil der Ladung alles, was von dem Schiff sichtbar war – ein kleiner Hügel aus etwa 60 Amphoren auf einer abfallenden Felsbank zwischen 38 und 45 m Tiefe. Der Amphorenhügel war so klein, dass ich bei meinem ersten Tauchgang zum Wrack 1999 daran vorbeischwamm! Bei dem Survey 1996 bargen Taucher zwei Amphoren:

Eine konnte nicht mit Sicherheit zugeordnet werden, doch die andere war zwischen 450 und 425 v. Chr. in der nordgriechischen Stadt Mende gefertigt worden. Zu seiner Überraschung stellte das Team fest, dass die Mende-Amphore mit dunklem, klebrigem Pinienteer gefüllt war, der nach fast 2500 Jahren auf dem Meeresgrund noch immer zähflüssig war und roch!

Als Grabungsleiterin war es meine Aufgabe, dem Projektleiter, George Bass, unsere Eindrücke von diesem unvergesslichen Besuch mitzuteilen. Es war klar, dass der Bau eines Camps auf den Felsen über dem Wrack viel Zeit und Arbeit in Anspruch nehmen würde. Nach Georges Meinung konnten wir gleichzeitig mit der Ausgrabung des Wracks und dem Bau eines Camps beginnen, wenn wir ein Schiff auftreiben würden, das Platz genug für unser Team aus über 30 Studenten, Fachkräften und INA-Mitarbeitern hätte.

Vorbereitungen

Nach wochenlanger Suche fanden wir die *Artemis*, einen klapprigen, 45 m langen US-Minenräumer, der zu einem Passagierschiff umgebaut worden war, das in 28 Kojen Platz für über 50 Personen bot.

Leider war das tägliche Leben an Bord der *Artemis* schier unerträglich. Es kam ständig zu Kurzschlüssen, die Pumpen arbeiteten nicht richtig, so dass es in der Kombüse und den Bädern nur selten fließendes Wasser gab, und das Bilgenwasser, das die Kabinen im Unterdeck in einem chronischen Zustand triefender Nässe hielt, musste von Hand abgepumpt werden. Der Historiker William Murray, der die *Artemis* während der ersten Tage in Tektaş Burnu inspizierte, erklärte: »Da ist eine Repa-

Oben: Das Camp in Tektaş Burnu beherbergte im Sommer 2000 fast 30 Personen. Am nächsten am Ufer stehen das Konservierungslabor und die Tauchplattform, weiter oben befinden sich die Schlafsäle und ein Speise- und Konferenzraum.

raturstelle am Heck, und sie sieht aus, als hätte jemand eine halbe Tischtennisplatte darauf genagelt und die Kanten an Steuerbord mit Bauschaum ausgespritzt.« Hinzu kamen weitere, kleinere Lecks im Rumpf, die Buleinen waren stark durchgescheuert, und an der rostigen Ankerkette hing ein Anker unbekannter Größe und zweifelhafter Qualität. Dieser Anker wurde an einem sehr windigen Augustmorgen auf eine Zerreißprobe gestellt. Als ich an Deck kam, sah ich, dass das Lager ungewöhnlich weit entfernt war. Beide Buleinen waren gerissen, und das Schiff trieb erschreckend nah an der Felsenküste. Es hätte nicht viel gefehlt und die *Artemis* wäre zum zweiten Wrack vor Tektaş Burnu geworden, wenn die Ankerkette nicht so lange gehalten hätte, bis wir neue Leinen am Ufer befestigt hatten.

Die unvorhersehbaren und immer unangenehmeren Wohnverhältnisse an Bord der *Artemis* beschleunigten den Bau des Camps auf den Felsen. Leider kamen wir am Meeresgrund nicht so zügig voran, da sich die Erteilung einer Grabungsgenehmigung verzögerte. Immerhin erlaubte uns das türkische Kulturministerium, die Stätte für die Ausgrabung vorzubereiten. Unser Team konnte das Wrack also betauchen, um Vermessungspfosten für die spätere Kartierung aufzustellen. Als unsere Grabungserlaubnis Mitte August eintraf, stand der größte Teil des Teams bereits kurz vor der Abreise. Nur eine kleine Gruppe blieb zurück, um die Grabung durchzuführen. Wir sahen der *Artemis* nach, wie sie davonfuhr – für immer, wie sich zeigte, denn sie lief später auf Grund und konnte nicht freigeschleppt werden.

Der Beginn der Grabung

Die zunächst nur wenigen Funde lieferten uns einen unerwartet deutlichen Einblick in die Fracht des Schiffs: große Transportgefäße, kleinere Kannen mit flachem Boden, so genannte Tischamphoren, Öllampen, flache einhenklige Schüsseln und schwarz glasierte Trinkbecher. Jede Amphore wurde nach ihrer Hebung sorgfältig geleert und ihr Inhalt gesiebt. Im Fall einer Amphore aus Mende war das Sieben unmöglich, weil das Gefäß zum Bersten voll mit Rindsknochen war – wohl die Über-

Oben: Die Archäologin Elizabeth Greene zeigt eine von über einem Dutzend Tischamphoren, die am Wrack geborgen wurden. Die meisten waren mit Pech isoliert, was darauf hindeutet, dass sie als Weingefäße dienten.

Links: Travis Mason und Mutlu Gunay untersuchen den Inhalt einer Amphore, nachdem sie makrobotanische Überreste ausgesiebt haben. Gelegentlich wurden kleine Nägel, Stifte und Keramikscherben gefunden, die von Kraken, die in den Amphoren hausten, in die Gefäße hineingezogen worden waren.

Rechts: Unter dem Keramikgeschirr in der Fracht waren ein Dutzend unbenutzte Lampen mit Schnäbeln für Dochte und offenen Schalen für Öl. Sie stammen möglicherweise von der nahen Insel Chios.

Ein Wrack aus Griechenlands Blütezeit

Oben: Der Archäologe Ken Trethewey legt das zweite der zwei Marmoraugen (*opthalmoi*) des Schiffs frei. Die alten Griechen versahen ihre Schiffe mit Augen, damit sie sicher durch tückische Gewässer navigierten, ein Brauch, der in Teilen des Mittelmeers noch heute lebendig ist.

reste von gepökeltem Rindfleisch, eine ungewöhnliche Ware in der Antike, die uns nachdrücklich daran erinnerte, dass Amphoren nicht nur zum Transport von Wein, Olivenöl und Pinienteer benutzt wurden.

Während der Grabungskampagne 1999 kam in dem lockeren Sand am oberen Ende des Wracks ein faszinierendes Artefakt zum Vorschein: eine untertassengroße weiße Marmorscheibe mit eingeschnittenen konzentrischen Linien, in der Mitte von einem großen Bleinagel durchbohrt. Der Fund verwirrte uns zunächst, und verschiedene Deutungen wurden vorgebracht: War es eine Radachse, Teil eines Spielzeugs oder ein unbekanntes kalendarisches Instrument? War es vielleicht der Deckel einer kunstvoll gestalteten Dose oder Teil einer antiken Skulptur? Schließlich wurde das rätselhafte Objekt als eines der beiden Augen, *ophthalmoi*, des Schiffs identifiziert, die zu beiden Seiten des Stevens den Bug schmückten. Dies widersprach der Auffassung, die Augen seien in der Antike einfach aufgemalt worden. Der zweite *ophthalmos* wurde im Jahr darauf entdeckt, nur Meter von der Fundstelle des ersten entfernt.

Strapaziöses Lagerleben

Das Leben auf den Felsen von Tektaş Burnu war mit gewissen Unannehmlichkeiten verbunden, wozu etwa Stechmücken, faustgroße Heuschrecken, Nachtfalterschwärme und hin und wieder eine Ratte, eine Schlange oder ein Skorpion gehörten. Die Winde, die die Buleinen der *Artemis* zerrissen hatten, setzten in der Regel nach der Mittagspause ein und konnten das Meer so aufwühlen, dass das Tauchen zu einer Tortur wurde. Das »Kap des einsamen Felsens« war dem aus Nordwesten wehenden »Meltem« praktisch völlig ungeschützt ausgesetzt. Der Wind konnte über Nacht Sturmstärke erreichen und raubte uns in vielen Nächten den Schlaf. Doch andererseits erlebten wir hier unglaubliche Sonnenuntergänge und einen atemberaubenden Sternenhimmel.

Obgleich es uns zunächst gelang, die raue Wildnis von Tektaş Burnu zu zähmen, wurden wir auf unsanfte Weise daran erinnert, dass letztlich Poseidon hier das Sagen hatte. Als die Saison 1999 zu Ende ging, ließen wir die meisten Gebäude des Camps stehen, da wir im folgenden Sommer zurückkehren wollten. Um die beiden großen, tonnenschweren Generatoren zu schützen, die ans Ufer gehievt worden waren, um das Camp mit Strom zu versorgen, zogen wir sie vom Ufer weg, die Felsen hinauf, und deckten sie mit Planen ab. Dennoch wurde eine dieser beiden Maschinen in einem schweren Wintersturm vom Felsen gerissen und versank im Meer.

Ergiebige Tauchgänge

Wir bargen den gesunkenen Generator und kehrten im Juni 2000 nach Tektaş Burnu zurück. In nur zwölf Wochen legte unser Team aus mehr als zwei Dutzend Archäologen den größten Teil des Amphorenhügels und weite Teile des umliegenden Areals frei, wobei sie eine eindrucksvolle Palette von Artefakten, darunter Kochtöpfe, Trinkbecher und eine große verzierte Schlauchkaraffe, einen Askos, kartierten und bargen. Andere Objekte hatten eine persönlichere Note: eine kleine Alabasterflasche zur Aufbewahrung von Duftöl, kleine quadratische Platten aus Tierknochen (vielleicht Spielsteine) und eine ungewöhnliche Keramiklampe mit einem dicken, schweren Fuß und einem tiefen Ölbehälter, der sie ideal für den Gebrauch an Bord machte. Verstreut auf dem Wrack lagen in Zweier- oder Viergruppen 14 gekerbte Bleibarren

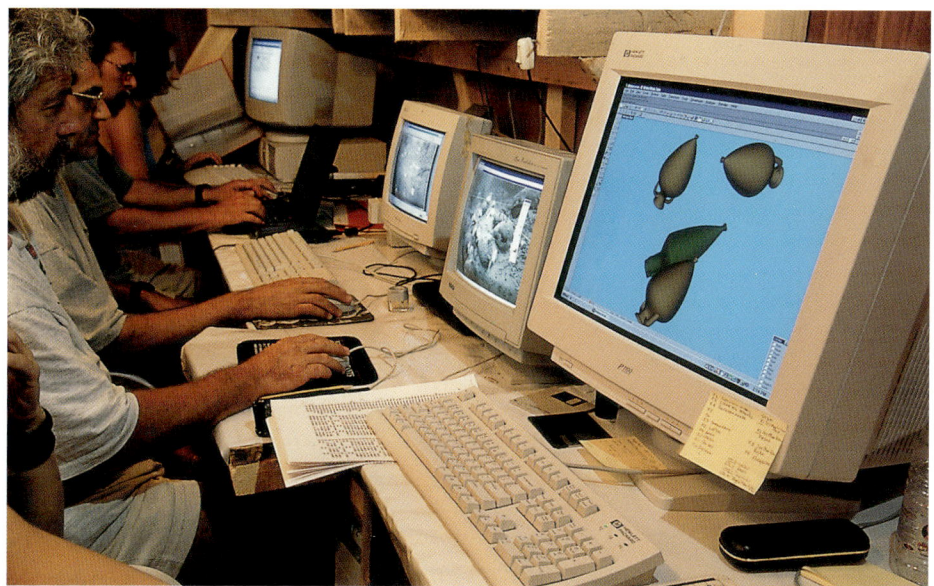

und die Überreste von fünf hölzernen Ankerstöcken, die ausgehöhlt und mit geschmolzenem Blei gefüllt worden waren, um den Anker zu beschweren.

Die Tauchgänge zum Wrack dauerten in der Regel 20 Minuten, und im Schnitt begaben sich morgens und abends je etwa 15 Taucher zum Wrack, so dass wir täglich insgesamt mindestens zehn Stunden unter Wasser blieben. Doch ein Mitglied des Teams, das im Jahr 2000 in Tektaş Burnu debütierte, konnte stundenlang am Meeresgrund verweilen. Es war *Carolyn*, ein zweisitziges Tauchboot, das zwar hauptsächlich für Surveys eingesetzt wurde, sich aber bei der Grabung in Tektaş Burnu als sehr hilfreich erwies. Dank der *Carolyn* konnten George und ich über mehrere Stunden den Fortgang der Grabung verfolgen und Vorschläge für eine effizientere Arbeitsweise machen. Denn bei Arbeiten unter Wasser kommt es darauf an, ein Gleichgewicht zwischen Präzision und Tempo zu finden, den Tauchgang so durchzuorganisieren,

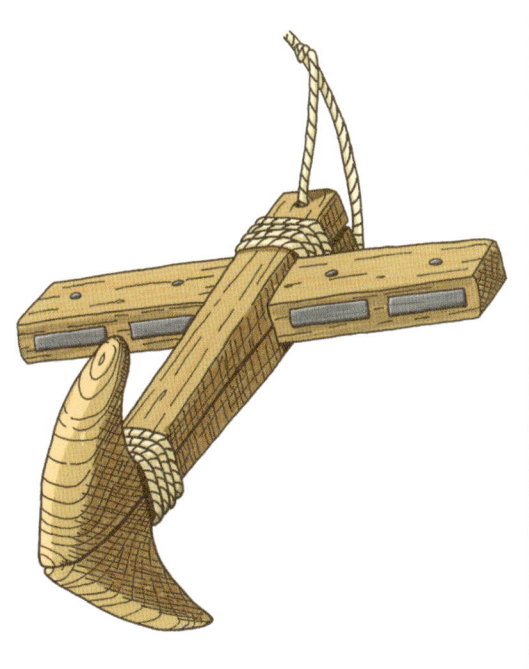

dass man auf dem Meeresgrund keine Sekunde vergeudet. In Tektaş Burnu gelang es uns, den Zeitaufwand für die Kartierung des Wracks deutlich zu senken. Wir benutzten dabei ein von Tufan Turanlı, Jeremy Green und Sheila Matthews konzipiertes und optimiertes System der Fotogrammetrie. Dabei dokumentierten Tufan oder Jeremy die Fundstelle jedes Objekts mit geeichten Digitalkameras, anschließend erstellten sie mit den Digitalbildern eine dreidimensionale Koordinatenkarte. Unabhängig davon modellierte Sheila jedes Artefakt digital und fügte das Bild an den entsprechenden Koordinatenpunkt ein, wobei ein sehr realistischer rechnergestützter Lageplan herauskam.

Wir kehrten 2001 mit einem kleinen Team nach Tektaş Burnu zurück, um die Grabung abzuschließen. Mittlerweile war unser Lager zu einer Art luxuriöser Sommerfrische geworden. Nur die Tauchplattform, die knapp über dem Meeresspiegel lag, musste zu Beginn eines jeden Sommers neu gebaut werden. In der Saison 2001 schien sich alles gegen uns verschworen zu haben. Das Wetter war ungewöhnlich rau, und die schweren Brecher eines rasch aufziehenden Sturms zertrümmerten die Plattform in weniger als einer Stunde. Selbst die örtlichen Meerestiere schienen uns vom Wrack und aus Tektaş Burnu verjagen zu wollen. Als ich bei einem Tauchgang drei beieinander liegende Amphoren freilegen wollte, scheuchte ich eine 3 m lange Muräne auf, die sofort in Angriffsstellung ging. Vielleicht hätte ich es mit ihr aufgenommen, wäre nicht zuvor Robin Piercy von einer anderen Muräne in den Fuß gebissen worden!

EPY

George sagt immer, die aufregendsten archäologischen Entdeckungen würden in der Bibliothek gemacht, manchmal lange nach Abschluss der Grabung. Um ehrlich zu sein, hielt ich dies immer für einen Ausspruch, der diejenigen trösten sollte, die den Nervenkitzel (und die Belastung) einer dreimonatigen Exkursion nicht selbst erlebt haben. Doch ich gebe jetzt gern zu, dass sich der bedeutendste Moment der Tektaş-Burnu-Grabung nicht während der Kampagne, sondern ein Jahr danach im Bodrumer Museum für Unterwasserarchäologie ereignete.

Es war die erste Studiensaison, und wir drei – Kristine Trego, Catharine Corder und ich – fotografierten Fundstücke und sammelten volumetrische Daten über mehr als 100 unbeschädigte Amphoren. Als wir gerade die Kapazität eines Gefäßes bestimmten, bemerkte Kristine, dass es eine ungewöhnliche Prägung aufwies: die von einem Kreis umschriebenen griechischen Buchstaben EPY – Epsilon, Rho, Ypsilon. Uns war sofort klar, dass dies eine Abkürzung für Erythrae war, eine antike griechische Stadt an der Westküste der Türkei.

In der Antike gehörten Erythrae und elf benachbarte Städte und Inseln an der türkischen Westküste zur Region Ionien. Die ionischen Griechen hatten durch ihre Auflehnung gegen die persische Oberhoheit 499 v. Chr. den Einfall der Perser auf dem griechischen Festland ausgelöst, der 20 Jahre später mit dem Sieg Athens über die Invasoren endete. Erythrae lag nur einen Katzensprung von der Insel Chios entfernt, die von Tektaş Burnu aus zu sehen war. Bei Abstechern ins Archäologische Museum von Chios fanden wir heraus, dass mehrere Keramiken von Tektaş Burnu große Ähnlichkeit mit Chios-Keramik hatten, und dank des Funds einer Chios-Amphore konnten wir das Datum des Schiffbruchs auf 440–425 v. Chr. eingrenzen.

Oben: Ein digitaler Plan der Fundstelle zeigt, dass das Schiff zwischen zwei großen Felsen zum Stillstand kam, auf einer etwa 12 m langen und 4 m breiten Fläche. Der Rumpf war auf den Felsen Schiffsbohrwürmern ungeschützt ausgesetzt.

Oben rechts: Der Schiffbruch bei Tektaş Burnu, wie ihn ein Künstler sieht. Das Fehlen persönlicher Habseligkeiten deutet darauf hin, dass sich die Besatzung in Sicherheit bringen konnte.

Links: Nur in eine Amphore von Tektaş Burnu sind Buchstaben eingeprägt: ein Epsilon, ein Rho und ein Ypsilon, die für Erythrae stehen, eine der zwölf ionischen Städte. In andere Amphoren sind einfache Kreise und ein Blattmotiv eingeprägt.

Die Entdeckung der EPY-Prägung erlaubte es uns nicht nur, einen bis dahin nicht zugeordneten Amphorentyp zu identifizieren, sondern belegte auch eine lang gehegte Vermutung: Das Tektaş-Burnu-Schiff war ein kleines griechisches Handelsschiff, ein Küstensegler, der Wein, Pinienteer und ostgriechische Keramik transportierte und an der gefährlichen Felsküste Ioniens zerschellte.

Während der zweiten Studiensaison in Burnu im Jahr 2003 schlenderten Kristine und ich eines Abends über ein Kai im Hafen von Bodrum, als wir ein kleines, kaum 10 m langes Boot ausmachten. Am Heck dieses Bootes saß ein alter Seemann auf einem Stuhl und erhitzte im schwachen Licht einer kleinen Lampe in einem Topf sein Abendessen. Kristine und ich blieben stehen, fasziniert von dem Anblick dessen, was uns wie eine perfekte moderne Neuauflage eines kleinen Handelsunternehmens vorkam, das vor fast 2500 Jahren bei Tektaş Burnu tragisch endete.

Ein antikes griechisches Schiff: Kyrenia, Zypern

SUSAN WOMER KATZEV

»Die Bugplanke, die letzte Woche noch golden glänzte, … wird braun. Das Holz muss mit Sauerstoff in Kontakt kommen. Wir können den Rumpf nicht noch einen Winter auf dem Grund liegen lassen. Aber wie sollen wir ihn heben?«, fragte Laina Wylde Swiny, die für die Vermessung des Schiffs zuständige Architektin, nach ihrem Tauchgang. Würden wir den in 27 m Tiefe liegenden kostbaren Schatz verlieren, das besterhaltene antike griechische Schiff, das je gefunden wurde?

Alles begann im Herbst 1965. Andreas Cariolou stieß beim Schwammtauchen, weniger als eine Meile seewärts von Kyrenai, seiner Heimatstadt an der Nordküste Zyperns, zufällig auf einen Hügel aus 80 eleganten Amphoren, der auf dem flachen Meeresboden über einen Seegrasteppich aufragte. Zwei Jahre lang behielt er das Geheimnis für sich, bis er meinen Mann Michael Katzev und mich traf und uns zum Wrack führte. Beim aufregendsten Tauchgang unseres Lebens waren wir allein mit den antiken Gefäßen, die seit 2300 Jahren unberührt auf dem Meeresgrund lagen.

In zwei Grabungssommern legten wir Schicht um Schicht Fracht, Essgeschirr, Werkzeug, Takelage und sogar vier Ösen von den Sandalen eines Seemanns frei. Das Schiff, das alle diese Dinge in unbekannten Häfen geladen und mit sich auf den Grund gerissen hatte, barg sie noch immer in seinem hölzernen Rumpf. 60 Prozent des Schiffs und über 75 Prozent des Spantenwerks lagen frei am Boden. Wie konnten wir das aufgeweichte Holz vor den Herbststürmen heben?

Das Schiff war auf ebenem Kiel gesunken, die Fracht blieb unbeschädigt. Als es den weichen Boden berührte, legte es sich auf die Backbordseite. Während Strömungen diese Seite langsam begruben, brachen Bug und Heck unter dem Gewicht des Ankers, der Amphoren, Mühlsteine und Eisenbarren ab. Dann brach die frei liegende

Kyrenia

Gebaut: um 325–315 v. Chr.
Gesunken: um 295–285 v. Chr.
Tiefe: 27–30 m
Gefunden von: Andreas Cariolou
Ausgrabung: 1968–1969
Konservierung: 1969–1974
Team: 54 (international)
Gesamtkosten: 300 000 $
Rumpf: 14 m lang, 4,2 m breit

Rechts: Mit Gitterrahmen und einer letzten ungehobenen Amphore ist der Rumpf bereit für die Bergung. Diese Bugsicht zeigt, wie das Schiff auseinander brach. Rechts an der besser erhaltenen Backbordseite ragt gezacktes Bleiblech über die Rippen hinaus. Ein paar Jahre vor dem Untergang sollte diese letzte Reparatur das Schiff wasserdicht halten.

Rechts oben: Die Autorin taucht zum ersten Mal zum Amphorenhügel, dem Grabstein des Kyrenia-Schiffs.

Bordwand der Steuerbordseite, ein gefundenes Fressen für Schiffsbohrwürmer, vom Kiel ab, so dass ein Großteil der Fracht in der besser erhaltenen Backbordseite zusammengepresst wurde. Konnten wir beide Hälften unbeschädigt heben? Wir mussten zur Kenntnis nehmen, dass es im Mittelmeerraum keinen Hubschrauber gab, der in der Lage war, das fünf Tonnen schwere Schiff vom Grund zu heben. Wir mussten den empfindlichen Rumpf daher Stück für Stück zerlegen.

Laina etikettierte jedes noch so kleine Stück Holz. Unser 54-köpfiges Team kartierte den Rumpf mit drei verschiedenen Methoden: Stereofotografie, manuelle Triangulierung und einem neuen Verfahren mit beweglichen vertikalen Stangen.

Als der erste Herbststurm an der Vertäuung unserer Tauchbarkasse zerrte, kamen die letzten Hebekörbe an die Oberfläche und wurden in ein Süßwasserbecken gesetzt, das in einer Gewölbegalerie der Kreuzritterburg über dem Hafen von Kyrenia aufgebaut worden war. Wir schrubbten, wuschen und fotografierten jedes Stück Holz, dann katalogisierten wir alles und fertigten Pausen an, bis Tausende Fragmente des alten Schiffs dokumentiert waren. Sieben Personen arbeiteten fünf Jahre daran. Wir wollten das Schiff in dem Gewölbe originalgetreu zusammenbauen.

»Wir brauchen eine hundertprozentige Imprägnierung«, erklärte der Konservator Frances Talbot Vassiliades. »Sehen Sie, wie sich dieses Probestück bei niedrigeren Konzentrationen verzogen hat und geschrumpft ist … Wir können das Risiko nicht eingehen. Also sollten wir für die Behandlung Jahre, nicht Monate veranschlagen.« Wir wollten das Holz mit einem wasserlöslichen Wachs, Polyethylenglykol (PEG), imprägnieren. Aber niemandem war bislang eine 100-prozentige Tränkung gelungen. Die Planken aus Aleppokiefern waren von Schiffsbohrwürmern so durchlöchert, dass sie das Konservierungsmittel in erwärmten Behältern leicht aufsogen. Dennoch dauerte der Prozess bei Rumpfteilen über ein Jahr. Zum Schluss lagen 6000

Einzelteile des hellenistischen Schiffs konserviert auf den Regalen in der Burg. Aber wer sollte dieses Puzzle wieder zusammensetzen?

So wie Michael Katzevs erster Vortrag auf Zypern den Tipp brachte, der zu Andreas und diesem spektakulären Wrack führte, so erregte Michaels Vortrag in Lancaster, Pennsylvania, die Aufmerksamkeit des Elektroinstallateurs Richard Steffy. Dieser überprüfte anhand von Modellen bereits Konstruktionshypothesen für das byzantinische Schiff bei Yassıada, doch die Chance, an einem echten Rumpf zu arbeiten, veranlasste ihn dazu, mit seiner Frau und seinen beiden Söhnen nach Zypern zu übersiedeln, um sich vor Ort zu bemühen, die Rätsel der Schiffshölzer zu lösen.

Das Schiff spricht

Im Verlauf von mehr als vier Jahren setzte Dick mit Unterstützung von Michael und Robin Piercy sowie Chip Vincent das Kyrenia-Schiff wieder zusammen, wobei er die imprägnierten, brüchigen Hölzer mit Hilfe von Stahlstangen aneinander fügte. »Die Männer, die dieses Schiff bauten, waren echte Handwerker«, sagt er. »Sie waren geradezu Bildhauer. Heute haben wir es eilig und nehmen mit minderwertigsten Materialien vorlieb. Wir bauen zunächst das Skelett aus Spanten, die wir über Bolzen mit dem Kiel verbinden, dann verkleiden wir das Skelett von außen mit Planken. Die Baumeister von Kyrenia zimmerten diese Außenplanken zuerst. Sie entfernten über 70 Prozent des ursprünglichen Materials, um, ohne Spantengerüst, die gesamte Außenhaut herauszumodellieren.«

Die Schiffsbauer befestigten die erste zurechtgebogene Planke am Kiel, indem sie alle 12 cm Zapfenlöcher herausstemmten, in die sie Eichenzapfen einsetzten. Diese wurden von Dübeln gehalten. Fast 4000 Zapfen-Schlitz-Verbindungen waren nötig,

Links außen: Mit einem Schwamm wird überschüssiges Wachs von konservierten Hölzern abgewischt, die Stücke dann verpackt.
Links: Stücke des Schiffsbodens liegen auf Umrisszeichnungen im Maßstab 1:1. Diese unter dem Gewicht der Mühlsteine und Amphoren unter Wasser zerbrochenen Planken tragen 22 eingekerbte griechische Buchstaben, deren Bedeutung rätselhaft ist.
Rechts: Dick Steffy orientiert sich an Kreppband-Markierungen, als er wachsgetränkte Hölzer mit einem langen Stahlnagel verbindet.
Rechts außen: Der verstorbene Grabungsleiter Michael Katzev (links) diskutiert einen Schiffslinienriss mit Dick Steffy. Katzevs 30-jährige Forschungen über das Schiff werden in der Nautical Archaeology Series des INA publiziert.

Oben: Der vollständige rekonstruierte Rumpf, den Dick Steffy und seine Gehilfen in vierjähriger Arbeit zusammengebaut haben.

um alle vorgebogenen Planken über die gesamte Schiffslänge so dicht aneinander zu passen, dass sich das Kalfatern erübrigte. Erst wenn acht bis neun der dreizehn Plankenreihen fest verbunden waren, passten die Griechen die ersten Spanten in die Schale ein. Die Schiffsbauer befestigten die Spanten, indem sie von außen Kupfernägel durch das Holz trieben und diese umschlugen. Seine Festigkeit aber erhielt das Schiff durch die Plankenschale.

Das Leben an Bord

Unser Handelsschiff, das um das Todesjahr Alexanders, 323 v. Chr., vom Stapel lief, muss in den turbulenten Jahren, in denen seine Generäle sein Reich unter sich aufteilten, tonnenweise Fracht über das östliche Mittelmeer transportiert haben.

Rhodos, die reichste Insel in der Region, deren Kaufleute »mit der gesamten zivilisierten Welt Handel treiben«, wie der Redner Lykurgos sagte, sicherte sich die Unabhängigkeit durch seine Flotte und Diplomatie. Heimathafen des Schiffs könnte einer der blühenden Häfen der Insel gewesen sein, und der Name des Kapitäns begann vermutlich mit den Buchstaben EUP, die er in den Boden eines Tellers ritzte. Er musste lesen und schreiben können, um Buch zu führen und die Hafendokumente auszufüllen. Wir fanden sein Tintenfass und möglicherweise seine persönliche Weinamphore, die mit »EU« gekennzeichnet war. Ein Großteil der schwarz glasierten Keramik des Schiffs lag in zwei getrennten Bereichen – im Bug und im Heck. Ein Holzanker, dessen Stock wie bei dem Schiff von Tektaş Burnu mit Blei gefüllt war, lag auf einem kurzen Deck am Bug. Bei schlechtem Wetter schlief die Mannschaft in dem offenen Raum darunter, zwischen sieben samischen Amphoren, die mit über 10 000 Mandeln gefüllt waren.

Oben: Jill Scott Black hält die kleinste von zehn Amphorentypen. Die verschiedenen Formen lassen Rückschlüsse auf den Herstellungsort und sogar das ungefähre Herstellungsdatum zu.

Unten: Diese Tonwaren wurden von der vierköpfigen Besatzung benutzt. Hinter der Schöpfkelle steht ein Teller, dessen zentrale Vertiefung mit Sauce gefüllt wurde, in die man Fischhappen tunkte. Dahinter steht das Tintenfass des Kapitäns.

Wie viele Seeleute lebten an Bord dieses Handelsschiffs, das 14 m lang und 4,2 m breit war? Jeweils vier Ölkrüge, gleiche Trinkbecher, Salzschälchen, Weinkrüge und Holzlöffel lassen auf einen Kapitän und drei Matrosen schließen. Hinter dem Vorderdeck ragte der Mast auf, der ein breites Rahsegel trug, das wie eine Jalousie durch bleierne Geiringe nach oben gerefft wurde. Hinter dem Mast lagen Holzklötze und Eisenwerkzeug für Reparaturen an Bord. Möglicherweise fehlen im Bug eine oder zwei Tonnen Fracht, wohl Leichtverderbliches wie Nahrungsmittel.

Die Fracht

Ich stelle mir vor, wie der Kapitän und die Besatzung auf Rhodos das Boot für seine letzte Fahrt beladen. Sie hatten ihre mit Mandeln gefüllten samischen Amphoren sowie die verderblichen Waren bereits im Bug und im Heck verstaut. 29 schwere Mühlsteine von der Vulkaninsel Nisyros, die wohl einzeln als Ersatz für gebrochene Steine verkauft werden sollten, dienten vorläufig als Ballast und lagen in drei Reihen auf dem Kiel. Jetzt füllten sie den offenen Frachtraum mit rhodischen Amphoren, die sich aufgrund ihrer Kegelform im breiten Bauch stabil verstauen ließen. In die Henkel einiger Gefäße waren die Namen von Töpfern oder Händlern eingeprägt, und alle waren im Innern mit heißem, schwarzem Kiefernpech ausgegossen worden, um sie abzudichten. Der darin enthaltene Wein – vermutlich Tafelwein, den Rhodos in den Schwarzmeerraum und nach Ägypten exportierte – nahm den Harzgeschmack an, der noch heute im griechischen »Retsina« fortlebt.

Eine gefüllte Amphore wiegt 41 kg. Vermutlich saßen ein kreisförmiger Bronzebügel und -ring am Ende eines Hubwerks, mit dem die Gefäße vom Kai geliftet und im Frachtraum eng eingestapelt wurden. Auf Zypern fertigten wir Kopien der Amphoren an und luden sie in ein originalgetreu nachgebautes Segelboot namens *Kyrenia Liberty*. Die *Liberty* ist mit einem eigenen Hubwerk, einem so genannten »Mastenkran«, ausgestattet. Mit Hilfe von Flaschenzügen und einem Haken konnte eine vierköpfige Besatzung einen Mühlstein oder eine volle Amphore in nur 20 Sekunden entladen. So konnte die gesamte Fracht leicht an einem Morgen gelöscht werden. Insgesamt waren über 380 Amphoren zehn verschiedener Typen an Bord, als das Schiff Richtung Zypern auslief. Frisch geerntete Hirse, Traubenkerne und Mandeln weisen darauf hin, dass es September oder Oktober gewesen sein muss, und Münzen und Amphoren verraten uns, dass es zwischen 295 und 285 v. Chr. geschah.

Der Steuermann stand auf dem Achterdeck und steuerte das Schiff mit zwei Seitenrudern. Wir fanden das Blatt des Steuerbordruders außerhalb des zerfallenen Hecks. Durch die Luke zu seinen Füßen konnte der Kapitän in den einzigen geschlossenen Raum an Bord steigen. Dort fanden wir Eisenbarren, ein Ersatzsegel, Ersatztauwerk sowie einen Bogenbohrer und anderes Schiffswerkzeug. Alle waren in einer großen Konkretion enthalten, die sich um die Eisenbarren gebildet hatte. Eine kleine Votivlampe, das Tintenfass, eine elegante Bronzekelle, die in einem Entenkopf endet, ein Angelhaken und viele Beschlagnägel waren in der Masse einzementiert. Der Trinkbecher und der Teller des Kapitäns lagen in der Nähe. Hier fand sich auch ein marmornes Zeremonialbecken, wie sie bei Ritualen zur Anrufung Poseidons verwendet wurden. Wir werden nie wissen, ob unser Kapitän den Hafen Kyrenia erreichte.

Weshalb sank das Schiff?

»Die vielen Fahrten auf See hatten ihren Tribut gefordert«, meinte Dick. »Das Kyrenia-Schiff war abgenutzt und klapprig.« Nach vielen Reparaturen, mit einem ausgebesserten Bug und starkem Befall durch Bohrwürmer war es mit Bleiblech beschlagen worden, um es wasserdicht zu halten. Unter den Mühlsteinen hatte das Bilgenwasser im Laufe der Jahre das Spantengerüst des Schiffs aufgeweicht, und die schwache Verbindung zwischen Spanten und Kiel erwies sich als die »Achillesferse« des Schiffs. Beschloss der Kapitän, der um den schlechten Zustand des Schiffs wusste, dieses zu versenken, um ein zwielichtiges Geschäft zu vertuschen?

Das Rätsel des Untergangs in Sichtweite von Kyrenia, bleibt ungelöst. Der alte Hafen von Kyrenia wäre einem schweren Sturm, der plötzlich aus dem südtürkischen Taurusgebirge aufzog, ungeschützt ausgesetzt gewesen. Bevor die modernen Wellenbrecher aufkamen, fuhren die Schiffer bei aufziehendem Unwetter immer auf See hinaus. Vielleicht versuchte unser Handelsschiff dieses Manöver und der morsche Rumpf brach dabei. Dies schien die beste Erklärung zu sein, bis wir nach jahrelangem Studium der Artefakte auf unerwartete Funde stießen.

»Speere! Wir haben acht Lanzen- oder Speerspitzen gefunden. Vier weisen Spuren von Bleiblech und Holz auf, und eine Spitze ist verbogen. Was machten Speere unter dem Rumpf?« Michael hatte gerade kleine Klumpen von Eisenkonkretionen, die schon länger auf unseren Lagerregalen gelegen hatten, aufgesägt. Dann entfernte er den Eisenstaub aus den Hohlräumen und

Oben: Unter dem Rumpf lagen acht eiserne Lanzen- oder Speerspitzen, deren Hohlformen mit Gummi ausgegossen wurden. Sie deuten darauf hin, dass das Schiff möglicherweise von Piraten angegriffen wurde.

Unten: Eine Rekonstruktion des Schiffs mit Schnittansichten, um Fracht und Bauweise zu verdeutlichen. Der Bleibeschlag sorgte dafür, dass der Rumpf wasserdicht blieb.

Werfteigner Manolis Psaros (unten) und Schiffsbaumeister Michaelis Oikonomou aus Perama, Griechenland, fügen Außenplanken mit Hilfe von Holzzapfen zusammen, wie es bei der antiken Schalenbauweise üblich war.

machte Gummiabgüsse von den Originalen – leichten Speerspitzen. War das Schiff nach einem Seegefecht gesunken? Unwahrscheinlich. Hatten sich diese Speere vielleicht bei einem Piratenangriff in den Rumpf gebohrt? Auf einer griechischen Vasenmalerei scheint ein Piratenschiff ein Handelsschiff am Steuerbordbug rammen zu wollen. Aus diesem Bereich blieb kein Holz erhalten, doch unser wurmstichiger Bug hätte kaum Widerstand geleistet. Vielleicht warfen die Angreifer Speere auf das Schiff, um dessen Besatzung zu töten oder einzuschüchtern, ehe sie zum Entern längsseits gingen. Wenn das Schiff nur langsam Wasser machte, hätten die Piraten bis zum Sinken die Wertsachen erbeuten und die Seeleute gefangen nehmen können. In Delos, Kreta, Syrien und der nahen türkischen Küste florierten die Sklavenmärkte.

Nach Alexanders Tod führte sein mazedonischer General Antigonus mit seinem Sohn Demetrius Krieg gegen den ägyptischen General Ptolemäus I. 306 v. Chr. eroberte Demetrius Zypern. Dann entsandte er eine Flotte zur unabhängigen Insel Rhodos, die alle Schiffe nach Ägypten aufbringen sollte. Als die Rhodier sich zur Wehr setzten, organisierte Demetrius mit seiner Flotte und Piraten eine Seeblockade gegen die Insel. Doch mit Unterstützung von Ptolemäus durchbrachen die Rhodier die Blockade und behaupteten ihre Unabhängigkeit. Viele Jahre lang machten nun Piraten das östliche Mittelmeer unsicher.

Ein Piratenüberfall würde erklären, weshalb gewisse Dinge fehlen, die man eigentlich im Wrack erwarten würde. Nur sieben Bronzemünzen wurden gefunden – viel zu wenige für ein Handelsschiff. Und wieso waren keine Waagen und Gewichte an Bord? Die elementarste kaufmännische Ausrüstung fehlte bei unserem Wrack. Was geschah mit der persönlichen Habe der Besatzung? Vier Sandalösen und zwei Bronzeperlen sind wohl kaum deren ganze persönliche Habe.

Eine weitere merkwürdige Überraschung erwartete uns auf den Lagerregalen. Ein gefaltetes Bleiblech, eine »Fluchtafel«, war in eine Bleihülle gesteckt und mit einem Kupfernagel durchbohrt worden. Der Fundort deutet darauf hin, dass der Nagel in den Hauptdwarsbalken getrieben und nach unten umgeschlagen wurde, um das Blech zu fixieren.

Ähnliche Tafeln, die in der gesamten griechischen und römischen Welt gefunden wurden, waren mit schauerlichen Flüchen beschrieben, die alle möglichen Qualen auf die Feinde des Fluchenden und deren Familien herabflehten. Tafeln ohne Inschrift gelten als die Werke von Analphabeten. In unserer Tafel befanden sich zwei kurze weiße Schnüre, vielleicht um die Verfluchten festzubinden. Alle Materialien für die Tafel waren an Bord – Netzschnur, Bleiblech und der Kupfernagel. War ein Seemann wütend auf den Kapitän? Oder hatten schreibunkundige Piraten Beschwörungen gemurmelt, um das sinkende Schiff ans Meer zu fesseln? Das wäre ihnen gelungen … allerdings nur für 2300 Jahre. Das alte Schiff ist auferstanden, um die Kunstfertigkeit seiner Erbauer zu bezeugen und die Männer zu ehren, die ihm ihr Leben anvertrauten.

Sättigungstauchen für die Archäologie: La Secca di Capistello, Italien

DONALD A. FREY

La Secca di Capistello

Zeit: 3. Jh. v. Chr.
Tiefe: 59–80 m
Ausgrabung: 1976–1977
Mischgas-Tauchgänge:
5,5 Stunden am Wrack
Sättigungstauchgänge: 3 Teams,
157 Stunden am Wrack

Ich war kurz davor, auszusteigen, als ich in meinem vertikalen Stahlsarg stand und die Luke zugeschraubt wurde. Die Atemmaske verschlimmerte noch meine Platzangst in der engen Tauchglocke. Zwei Tage zuvor hatte ich geholfen, die Glocke auf 250 m hinunterzulassen, und festgestellt, dass sie im Innern völlig trocken zurückkam. Dieses Mal würde ich nur 65 m tief hinabsteigen; der Druck würde also viel geringer sein. Aber was würde geschehen, wenn ein Bullauge gegen einen Fels stieße?

Als die Glocke sank, dachte ich an meine Treffen mit Giunio Santi, dem Direktor von Subsea Oil Services (SSOS) in Mailand. Nach seiner Auffassung wäre es für die Motivation der Tieftaucher, die SSOS ausbildete, förderlich, wenn sie eine Aufgabe auf dem Meeresboden erledigen müssten. Zugleich könnten diese Tauchschüler tiefer vorstoßen als die INA-Taucher. Wir beschlossen also, uns zusammenzutun.

An einem heißen Tag im August 1976 glitt ich hinab in die kühle, blaue See, um SSOS-Tauchern bei der Ausgrabung eines hellenistischen Schiffs aus dem 3. Jh. v. Chr. zu beaufsichtigen, das bei La Secca di Capistello gesunken war, einem Riff vor Lipari in der Äolischen See nördlich von Sizilien. Durch die Bullaugen beobachtete und fotografierte ich Teams von SSOS-Tauchern, während sie Sediment von einer Amphorenschicht absaugten. Ich hatte dieses Wrack für die Grabung ausgewählt, weil es nicht so stark geplündert zu sein schien wie andere Wracks.

Die Auszubildenden lernten, mit Mischgas zu tauchen. Wenn SSOS-Taucher normale Druckluft atmen, können sie nicht tiefer als 50 m arbeiten. Doch mit einem stickstofffreien Helium-Sauerstoff-Gemisch können Taucher Hunderte von Metern tief tauchen. Die Kosten des Mischgas-Tauchens und die notwendige technische Unterstützung hatten Unterwasserarchäologen bis dahin davon abgehalten, Wracks in mehr als 50 m Tiefe auszugraben; tatsächlich waren 1969 zwei deutsche Archäologen bei dem Versuch, das Wrack mit Luft zu betauchen, tödlich verunglückt.

1977 kehrte ich mit einem Team, das im Sättigungstauchen geschult wurde, nach La Secca di Capistello zurück. Im Vorjahr hatten die Taucher wegen der notwendigen langen Dekompressionszeiten nur 20 Minuten am Meeresboden verbringen können. Beim Sättigungstauchen ist das anders. In jeder Tiefe gibt es eine bestimmte Menge an gelöstem Gas, die das Blut aufnehmen kann, den Sättigungspunkt. Taucher können sich diese Tatsache zunutze machen, indem sie wochenlang unter gleichen Druckverhältnissen tauchen und leben. Auf dem SSOS-Ausbildungsschiff *Corsair* lebten die Taucher in einer mit einem Helium-Sauerstoff-Gemisch gefüllten Kammer, in der ein Druck herrschte, der dem in 60 m Tiefe entsprach. Sie begaben sich jeden Tag in eine mit der Kammer verbundene Personentransferkapsel (PTC) mit

Oben: Vierköpfige Tauchteams lebten jeweils eine Woche lang in einer Druckkammer auf dem Ausbildungsschiff *Corsair* und wurden in dieser Druckkapsel zum Wrack herabgelassen, an dem sie, ohne tägliche Dekompression, stundenlang arbeiten konnten.

Links: Don Frey steigt in die Tauchglocke *Robertina* ein, um den Fortgang der Arbeiten zu verfolgen.

Unten: Sättigungstauchen erlaubt die sorgfältige Freilegung von Fracht und Rumpf in einer Tiefe, in der Drucklufttaucher nicht mehr arbeiten können.

dem gleichen Gasdruck. In der wasserdichten PTC wurden sie zum Meeresgrund herabgelassen und arbeiteten dann abwechselnd außerhalb, während sie durch Schläuche das Gasgemisch atmeten. Drei verschiedene Gruppen von je vier Tauchern lebten 21 Tage in der Kammer. Jeden Morgen und Nachmittag gingen jeweils zwei Taucher zum Wrack, wo sie etwa vier Stunden arbeiteten. Manchmal beobachtete einer der INA-Archäologen die Arbeit aus der PTC oder von einem kleinen Tauchboot aus. Dann wieder verfolgten wir den Fortgang der Arbeiten über Unterwasservideokameras und gaben den Tauchern über ihre Versorgungskabel Anweisungen.

Mit den Unterwasserkameras machten wir auch ungewöhnlich klare Filmaufnahmen. Zusammen mit den scharfen Zeitaufnahmen – Fotos mit langen Belichtungszeiten –, die die Taucher am Meeresgrund machten, konnten wir an Bord der *Corsair* einen Lageplan erarbeiten. Wie erwartet, war der Rumpf unseres Schiffes in Schalenbauweise gefertigt worden, wie sie typisch für griechisch-römische Schiffe war, und die Planken waren verzapft.

Viele der griechisch-italischen Amphoren, die unter anderem Oliven, Weintrauben und Pistazien enthielten, waren mit Korken verschlossen. Wir konnten die Fracht anhand der Formen von Trinkbechern, Fischplatten, Lampen und schwarz glasiertem kampanischem Geschirr auf das erste Viertel des 3. Jh. v. Chr. datieren. Unsere Grabung in La Secca di Capistello stellte einen neuen Tiefenrekord für Ausgrabungen auf, und sie war die erste, bei der Mischgas verwendet wurde.

Ausgrabung in einem Felssturz: das hellenistische Wrack in Serçe Limanı, Türkei

CEMAL PULAK

Serçe Limanı Hellenistisches Wrack

Gesunken: 280–275 v. Chr.
Tiefe: 35–37 m
Gefunden von: Mehmet Aşkın
Survey: 1973, 1977
Ausgrabung: 1979–1980
Amphoren im Schiff: um 1000
Zahl der Tauchgänge:
um 1800

Wir waren 36 m tief auf einem fast völlig kahlen Meeresboden. Große Felsbrocken lagen landwärts von uns. George Bass signalisierte, dass wir an einem hellenistischen Wrack waren. Ich wollte unbedingt sehen, was er gesehen hatte, erkannte jedoch nur vereinzelte Amphorenfragmente, Keramikscherben, wie man sie fast überall an dieser Küste fand. Als George meine Verwirrung sah, begann er an einer Stelle wie wild mit der Hand zu fächeln, milchige Schlickschwaden aufwirbelnd, die ihn völlig einhüllten. Als sich die Schlickwolke langsam verzog, erkannte ich durch den Schleier hindurch Strukturen. George deutete auf das klaffende Loch, das er in Sekunden gegraben hatte. Darin lagen unbeschädigte Amphoren eines Wracks.

Eine Felskuppe, die mit Vorschlaghämmern eingeebnet wurde, diente als Tauchplattform, auf der eine Druckkammer, Airbanks (rechts) und Fächer für Tauchausrüstung standen. Die beiden Schläuche, die ins Meer führen, versorgten die Archäologen, die am Wrack arbeiteten, mit Oberflächenluft.

Wir waren in Serçe Limanı, dem »Sperlingshafen«, einem natürlichen Hafen an der Südwestküste der Türkei, um das in diesem Buch beschriebene mittelalterliche Wrack aus dem 11. Jh. auszugraben. Ich hatte George gebeten, mir das etwa 150 m entfernte hellenistische Wrack zu zeigen. Der Schwammtaucher Mehmet Aşkın hatte es ihm vier Jahre zuvor beschrieben, als Mehmet George auch zu dem mittelalterlichen Wrack führte. Eine sichtbare Amphore ermöglichte damals die Datierung dieses Wracks auf 280–275 v. Chr.

Wir erkundeten das hellenistische Wrack kurz im Jahr 1978, die eigentliche Ausgrabung begann 1979 im Zuge der Arbeiten an dem mittelalterlichen Wrack. In jenem Jahr musste unser altgedientes Tauchboot abgewrackt werden, so dass wir von Land aus tauchten. Wegen der steilen Kliffs mit rasiermesserscharfen Kanten konnten wir keine Tauchplattform in der Nähe des Wracks bauen. Mit Vorschlaghämmern ebneten wir einen nahen Felsvorsprung ein, auf dem wir unsere Luftkompressoren und eine Druckkammer aufstellten. Selbst Taucher, die Luftschläuche verwendeten, schwammen die 150 m zu und vom Wrack mit Atemgeräten und ließen die Schläuche über dem Wrack zurück. In der letzten Grabungssaison 1980 fanden wir heraus, dass das Wrack unter tonnenschweren Blöcken begraben lag, die bei einem Felssturz abgegangen waren. Aus Furcht, die Entfernung von Blöcken könnte einen neuen Rutsch auslösen, stellten wir die Grabung ein.

Taucher versuchen mit Hebesäcken und luftgefüllten Fässern einen großen Block vom Wrack zu entfernen. Die Grabung wurde unterbrochen aus Sorge, die Entfernung der Blöcke könnte einen weiteren Felssturz auslösen und das Wrack und die Taucher gefährden.

Cemal Pulak legt eines von 27 zwiebel-
förmigen Gefäßen frei, die zwischen den
Ballaststeinen und knidischen Weinamphoren
liegen. Der geriffelte rechteckige Stein ist der
untere Block einer zweiteiligen Mühle, deren
oberer Trichterblock vom Taucher verdeckt
wird. Diese Funde deuten darauf hin, dass in
diesem Bereich die Kombüse lag.

Wir hatten herausgefunden, dass es sich um ein mittelgroßes hellenistisches Handelsschiff handeln musste, das Wein in Amphoren transportiert hatte, die in Knidos
an der türkischen Südwestküste hergestellt worden waren.

Da wir das Wrack nicht vollständig freilegten, können wir die Größe und Kapazität des Schiffs anhand der Amphoren nur annähernd bestimmen. Wir bargen etwa
400 Stück, in zwei Größen; etwa 120 große und 24 kleine Amphoren waren unbeschädigt. Eine große Amphore enthielt etwa 37 Liter Wein und wog leer etwa 14 kg,
was ein Gesamtgewicht von 51 kg ergibt; eine kleine Amphore fasste etwa 10 Liter
und wog leer 5,4 kg, was insgesamt 15,4 kg ergibt. Am Meeresboden befinden sich
vermutlich noch weitere 400 Amphoren, was zusammen mit den etwa 200 entwen-
deten 1000 Amphoren ergibt. Wenn wir davon ausgehen, dass das Verhältnis von
großen zu kleinen Amphoren für das gesamte Wrack gleich war, wog die gesamte
Ladung gefüllter Amphoren etwa 44 Tonnen.

Mehrere zerknitterte große Bleibleche, nur 1–1,5 mm dick, deuteten darauf hin,
dass der Holzrumpf mit Bleichblech beschlagen war, um ihn wasserdicht zu machen
und gegen Schiffsbohrwürmer zu schützen. Das Blech wurde über ein Innenfutter
aus teergetränktem Woll- oder Hanfgewebe gelegt und mit kleinen Kupfernägeln
befestigt. Bleibeschläge waren vom Ende des 4. Jh. v. Chr. bis etwa 200 n. Chr.
gebräuchlich, und unser Wrack war eines der ältesten Beispiele dafür.

Oben: Ein großer Marmorring sollte vermutlich verhindern, dass sich Fischernetze oder Ankertaue verhedderten.

Rechts: Ann Bass setzt aus Hunderten von Scherben knidische Weinamphoren zusammen. An Bord des Schiffs befanden sich rund 1000 Amphoren in zwei Größen; die größere fasste 37 Liter Wein und die kleinere 10 Liter.

Unten: 27 henkellose zwiebelförmige Gefäße enthielten vielleicht Salben.

An einem Ende des Wracks stießen wir in einer Tiefe von 1,5 m auf Rumpfholz. Dort fanden wir auch ein Stück Bleirohr, höchstwahrscheinlich zum Ableiten von Bilgenwasser, das mit der Schiffspumpe an Deck befördert wurde. Dies wäre der älteste Beleg für den Einsatz einer Bilgenpumpe. In der Nähe fanden wir einen Marmorring, mit dem Ankertaue und Fischnetze befreit wurden, den oberen und unteren Block einer Trichter-Reibe-Mühle und eine flache Handmühle. Glasierte und unverzierte tönerne Henkelkrüge, Schüsseln, Kannen und Teller tauchten ebenfalls auf – vermutlich war der Fundort die Kombüse. Außerdem wurden dort 27 zwiebelförmige Gefäße gefunden, die wohl Salben enthielten und zur Fracht gehörten.

Wir hoffen, eines Tages die logistischen Schwierigkeiten dieser Grabung zu überwinden, so dass wir die Arbeit an diesem einzigartigen Wrack fortsetzen können.

RÖMISCHE UND BYZANTINISCHE WRACKS

olzrümpfe fand ich früher langweilig, und ich überließ die Deutung der oft kleinen, reizlosen Holzstückchen meinen fachkundigen Kollegen Fred van Doorninck, J. Richard (Dick) Steffy und Cemal Pulak. Ich untersuchte lieber das »aufregendere« Frachtgut und persönliche Gegenstände aus dem Schiffsinnern. Doch dann erkannte ich, dass das Schiff selbst – *naus* im Griechischen – oft das wichtigste und faszinierendste Artefakt an einer Wrack-Fundstätte ist. Auf den folgenden Seiten erfahren Sie, wie INA-Archäologen zum ersten Mal die Entwicklung des Schiffbaus von der Antike bis in die Neuzeit rekonstruiert haben. Allerdings hoffe ich, dass Ihnen die »glamouröseren« Fundstücke aus Wracks wie dem »Glaswrack« von Serçe Limanı aus dem 11. Jh. genauso gut gefallen. Da französische, italienische und spanische Archäologen hervorragende Grabungsberichte über römische Wracks geschrieben haben, die sie vor den Küsten ihrer Länder erforschten, hat das INA zu diesem Komplex keine eigenen Grabungen durchgeführt. Das INA hat bei dem Fischerboot aus römischer Zeit, das von Shelley Wachsmann ausgegraben wurde, als dieser noch Inspektor der Israelischen Altertümerverwaltung war, lediglich das Bootsmodell beigesteuert, das Billy Charlton anfertigte, der schon an anderen Ausgrabungen an der türkischen Küste mitgewirkt hatte.

Wegen des biblischen Kontexts ist das Boot aus dem See Genezareth eines der bekanntesten antiken Schiffe überhaupt. Die Rümpfe der ältesten Wracks sind nur teilweise erhalten. Schiffsbohrwürmer haben das gesamte frei liegende Holz bereits vor langer Zeit gefressen. Deshalb bin ich so fasziniert von den unglaublich gut erhaltenen frühbyzantinischen Schiffen, die Robert Ballard in den sauerstofffreien Tiefen des Schwarzen Meeres gefunden hat, in dem diese Tiere nicht vorkommen. Wenn diese Schiffe einmal vollständig ausgegraben sein werden, können sie Spezialisten wie Cheryl Ward beispiellose Erkenntnisse über den byzantinischen Schiffbau liefern. Die byzantinische Epoche, die vom 4. Jh. n. Chr., als Kaiser Konstantin seine Hauptstadt von Rom nach Byzanz (das spätere Konstantinopel und heutige Istanbul) verlegte, bis zur Eroberung der Stadt durch die Türken im Jahr 1453 reichte, wird manchmal als Übergangszeit zwischen Antike und Neuzeit beschrieben. Für den Schiffsbau war sie dies in der Tat, denn während man in der Antike beim Schiffsbau mit der Rumpfschale begann, baute man in der Neuzeit zuerst das Spantengerüst. Ein bei Yassıada (Türkei) freigelegtes Wrack aus dem späten 4. oder frühen 5. Jh. zeigt den Beginn der Entwicklung zur modernen Rumpfkonstruktion. Die Schlitz-und-Zapfen-Verbindungen, die die Planken dieses Schiffs zusammenhielten, waren kleiner und standen weiter auseinander als in Schiffsrümpfen von der späten Bronzezeit bis ans Ende der klassischen Antike. Anders gesagt, der Rumpf des Yassıa-

Über 30 m unter der Oberfläche des Ägäischen Meeres inspiziert Grabungsleiter Fred Hocker eine Gruppe von Gefäßen aus dem Heck des Bozburun-Wracks. Vielleicht hat der Kapitän sie bei seiner letzten Mahlzeit an Bord benutzt.

Oben: Cemal Pulak hält eine große Korbflasche aus dem Serçe-Limanı-Wrack. Das vielleicht größte erhaltene Glasgefäß aus der Antike wurde aus Stücken zusammengesetzt, die unter etwa einer Million Scherben herausgefunden wurden.

Rechts: In diesem Abschnitt erwähnte Orte; in Fettdruck die Fundstellen der Wracks.

da-Schiffes erhielt seine Festigkeit in höherem Maße vom Spantenwerk, als das bei älteren Schiffen der Fall war. Dieser Trend setzte sich bei einem Wrack aus dem 7. Jh. fort, das ebenfalls vor Yassıada ausgegraben wurde. Dieses Wrack, das von Fred van Doorninck beschrieben wird, war ein echtes Übergangsprodukt, das unterhalb der Wasserlinie nach antiker und darüber nach moderner Bauart gefertigt war.

Wir wissen nicht genau, wann der Übergang von der antiken zur modernen Bauweise abgeschlossen war. Das Schiff aus dem 11. Jh., das bei Serçe Limanı sank, ist das erste vollständig ausgegrabene »moderne Schiff«, aufgebaut wie jene Schiffe, in denen Kolumbus über den Atlantik und Magellan um die Welt segelte. Allerdings hat Shelley Wachsmann in der Tantura-Lagune (Israel) den teilweise erhaltenen Rumpf eines Bootes aus dem 5. oder 6. Jh. gefunden, bei dem sich keine Spuren von Zapfenverbindungen mehr finden.

Das Wrack aus dem 9. Jh., das INA-Präsident Fred Hocker bei Bozburun (Türkei) freilegte, galt sogar als ein noch älteres Beispiel modernen Schiffbaus als das Wrack von Serçe Limanı. Doch Fred van Doorninck, der dieses Schiff sowie die beiden Wracks von Yassıada untersuchte, analysierte die Planken des Bozburun-Wracks, während sie in Süßwasser gewässert wurden, und stellte fest, dass der Kantenschluss über Holzdübel erfolgte, die den Zapfenverbindungen antiker Schiffe gleichen.

Gegenwärtig gräbt Nergis Günsenin bei Çamaltı Burnu im Marmarameer ein spätbyzantinisches Wrack aus dem 13. Jh. aus. Als Experte für Schiffsrümpfe steht ihr Jay Rosloff zur Seite, der später ein Wrack aus der Zeit von etwa 440 v. Chr. in Israel ausgrub.

**Boot aus dem
See Genezareth**

Zeit: 1. Jh. v. Chr.–1. Jh. n. Chr.
Ausgrabung: Israelische Antiken-
verwaltung, 1986
Länge: um 8 m
Modell gebaut: 1991–1992
Material: Birnbaumholz
Ausstellungsort: Yigal-Allon-Museum
Maßstab: 1:10

Ein Modell des Fischerboots aus dem See Genezareth, Israel

WILLIAM H. CHARLTON JR.

Kein antikes Schiff dürfte weltweit mehr Beachtung gefunden haben als das 2000 Jahre alte Fischerboot, das Shelley Wachsmann 1986 am Ufer des Sees Genezareth ausgrub. Dieses nur etwa 8 m lange Boot gab uns erstmals direkte Aufschlüsse über den Bootstyp, den Jesus und seine Jünger auf diesem See benutzten. Es handelte sich um ein altes Boot, das teilweise abgewrackt worden war, bevor es aufgegeben wurde. Die Gebrüder Mosche und Yuval Lufan entdeckten es 1986 bei ungewöhnlich niedrigem Wasserstand im schlammigen Ufer des Sees. Der Rumpf wurde an Ort und Stelle teilweise ausgegraben, mit Polyurethanschaum überzogen und von seiner Fundstelle zum 485 m entfernten Yigal-Allon-Museum gezogen, wo er mit Polyethylenglykol konserviert wurde. 1990 gab Dr. Wachsmann seine Stelle bei der Israelischen Altertümerverwaltung auf und trat ins INA ein. Er wünschte sich ein maßstabgetreues Modell des galiläischen Fischerboots, das er neben dem Original ausstellen wollte, und so bat er mich, ein solches Modell zu bauen.

Unten: Die Rumpfreste des antiken Boots aus dem See Genezareth, ausgestellt im Yigal-Allon-Museum. Der Rumpf liegt auf einem maßgefertigten Stützgestell.

Das Modell

Seitdem ich in meiner Jugend Modellflugzeuge aus Balsaholz gebastelt hatte, hatte ich kein Modell mehr gebaut. Dies würde ein viel schwierigeres und langwierigeres Projekt werden. Würde ich noch die nötige Geduld aufbringen, zumal ich mein Studium der Unterwasserarchäologie abschließen wollte? Die Kenntnisse und Erfahrungen, die ich dabei in den Techniken des antiken Schiffbaus sammeln würde, überwogen jedoch bei weitem meine Bedenken. Also erklärte ich mich dazu bereit. Ich begann das Projekt Mitte Januar 1991 im Labor für Schiffsrekonstruktion der Abteilung Unterwasserarchäologie. Das Modell sollte im Maßstab 1:10 ausgeführt werden; Grundlage der Konstruktion sollten einige vorläufige Zeichnungen sein, die Dick Steffy während der Freilegung des Bootes anfertigte. Der hohe, gewölbte Achtersteven, der einteilige Mast und das große, rechteckige Segel wurden nach einem zeitgenössischen Mosaik gefertigt, das in der nahen Stadt Migdal gefunden wurde.

Als Nächstes überlegte ich, welches Holz geeignet wäre. Die Originalplanken waren aus Zeder und die Spanten aus Eiche. Allerdings ist beim Modellbau immer der Maßstabseinfluss zu bedenken; grob gemasertes Holz wirkt in einem Modell in verkleinertem Maßstab unpassend, weil es den optischen Gesamteindruck beeinträchtigt. Ich bräuchte ein fein gemasertes Holz. Und da ich nicht wusste, unter welchen Klimabedingungen das Modell im Museum ausgestellt würde, brauchte ich ein formstabiles Holz, das bei Änderungen der relativen Luftfeuchtigkeit weder nennenswert schrumpft noch wächst. Europäischer Birnbaum (*Pyrus communis*) erfüllt beide Anforderungen.

Als ich das Holz zuschnitt und in Form bog, stellte ich fest, dass Stücke in diesem kleinen Maßstab leicht brechen. Beim Originalrumpf war, wie für die damalige Zeit typisch, zuerst die Schale geformt worden, wobei die Seitenwände aus Planken aufgebaut worden waren, die man auf Stoß mit Zapfen-Schlitz-Verbindungen aneinander fügte. Aus diesen Verbindungen hatte Shelley Wachsmann geschlossen, dass er ein antikes Boot vor sich hatte, als er es zum ersten Mal sah. Jetzt war ich mit dem Problem konfrontiert, wie ich den Kantenschluss im Original nachahmen sollte. Ich löste dies mit Hilfe von kleinen Dreifachzwingen.

Rechts: Das zeitgenössische Migdal-Mosaik lieferte Anhaltspunkte für viele Merkmale des Modells, etwa den einen Mast, der das rechteckige Segel trug, und den hoch gewölbten Achtersteven, die beiden Riemen und ein Steuerruder an jeder Seite.

Bei der Beplankung der Seitenwände frustrierte es mich jedes Mal, wenn eine Planke, die ich fast in Form gebogen hatte, in meinen Fingern brach. Dies geschah mit unschöner Regelmäßigkeit, denn die Planken mussten extrem stark gebogen werden, um sie in den Achtersteven einzupassen. Ich fand heraus, dass ich eine zugeschnittene Planke nur 24 Stunden zu wässern brauchte, und schon konnte ich die notwendigen Biegungen und Krümmungen mit den Händen sanft einmassieren. Dann klemmte ich das Stück am Modell mit einer Zwinge fest, ließ es über Nacht trocknen und die gewünschte Form annehmen. Anschließend musste ich das Stück nur noch nachbearbeiten und verleimen.

Das Vorhaben dauerte fast anderthalb Jahre. In dieser Zeit begannen sich einige örtliche Helfer lebhaft für das Modell zu interessieren. So wirkte eine Weberin das Segel von Hand, und eine INA-Sekretärin flocht die Taue aus Fasern der Yucca-Pflanze. Das Modell ist gegenwärtig im Yigal-Allon-Museum, Israel, ausgestellt.

Links außen: Der Autor legt letzte Hand ans Modell und montiert das Steuerbordruder.

Links: Das Modell mit Wind in den Segeln; so mag das Boot ausgesehen haben, als es über den See Genezareth fuhr.

Fischerboot aus dem See Genezareth **91**

Das Schiff des Georgios, Priester und Kapitän: Yassıada, Türkei

FREDERICK VAN DOORNINCK

Ich studierte klassische Archäologie an der Universität Pennsylvania, als mich mein Kommilitone George Bass 1961 einlud, ihm bei der Ausgrabung eines byzantinischen Wracks aus dem 7. Jh. in der Türkei zu helfen. Das Wrack, sagte er, liege vor Yassıada, einer kleinen Insel in der Südostägäis, auf einem Hang in 32 bis 39 m Tiefe. Wie etwa ein Dutzend weitere antike Schiffe war es an einem tückischen Riff zerschellt, das 125 m vor der Insel bis nahe an die Meeresoberfläche reicht. Kemal Aras, ein Schwammtaucher aus dem nahen Bodrum, hatte das Wrack 1958 Peter Throckmorton gezeigt.

Obgleich sich meine Taucherfahrungen auf ein bisschen Schnorcheln am Eniwetok-Atoll im Pazifik beschränkte, wohin ich von der US Army abkommandiert worden war, nahm ich Georges Einladung bereitwillig an. Schon bald stampften wir auf der zweistündigen Fahrt von Bodrum zur Wrackstelle täglich durch die Gischt, manchmal gegen Sturmwinde. Unser Team wohnte in einem gemieteten Haus in Bodrum, das damals 5000 Einwohner zählte, heute aber ein geschäftiges Touristenzentrum ist, das im Sommer bis zu 200 000 Erholungssuchende beherbergt. Wir hatten so wenig Platz, dass wir uns paarweise abwechselten und jeweils die Hälfte des Teams als Wache auf dem zersplitterten Deck einer alten 15 m langen Barkasse nächtigte, die wir direkt über dem Wrack verankert hatten – glücklicherweise auf der windgeschützten Seite der Insel.

Georges Erfahrungen vor Kap Gelidonya im Sommer des Vorjahres hatten ihm klar gemacht, dass dringend bessere Methoden zur Kartierung von Wracks benötigt wurden. Das byzantinische Wrack bestand aus einem gut erhaltenen Amphorenhügel, der ideal für die Entwicklung neuer Techniken war.

Ausgrabung und Kartierung des Wracks

Im Jahr 1961 erprobten wir verschiedene Kartierungsinstrumente, darunter auch quadratische Metallrahmen, die durch kreuz und quer gespannte Drähte in Gitter unterteilt waren. Wir befestigten sie über Artefakten auf dem Meeresboden. Dann fertigten wir, von einer Gitterzelle zur nächsten schwebend, maßstabgetreue Zeichnung auf Kunststofffolien an. Fotos der einzelnen Gitter lieferten weitere Details. Wir vermaßen die dreidimensionalen Positionen der Gitterecken mit Alhidaden, wie sie auch Landvermesser benutzen, und bestimmten die Abstände der Fundstücke von den Gitterzellen mit einem Metermaß. Bis zum Ende des Sommers hatten wir auch die frei liegenden Teile des zertrümmerten Rumpfs kartiert.

Die vierstündige Hin- und Rückfahrt kostete uns so viel Zeit, dass wir nur selten ausschlafen konnten. Ann Bass stand jeden Morgen um halb fünf auf, um frisches

Yassıada-Wrack, 7. Jh.

Zeit: 625/626 n. Chr. oder etwas später
Ausgrabung: 1961–1962
Gefunden von: Kemal Aras
Tiefe: 32–39 m
Rumpf: ca. 21 m lang
Amphoren im Schiff: um 900
Zahl der Tauchgänge: 3533
Kosten: 95 000 $

Links: Die hölzerne Tauchplattform aus dem Jahr 1961. Ein Taucher hält ein Bündel Etiketten in der Hand, mit denen fotografierte Artefakte gekennzeichnet werden.

Unten links: Das 2-Personen-Tauchboot *Asherah* beim Stereofotografieren des byzantinischen Wracks. An beiden Enden einer langen Halterung sind eine Kamera und eine Stroboskoplampe angebracht; eine Fernsehkamera in der Mitte überwacht den Vorgang.

Unten rechts: Fred van Doorninck hat die Flossen ausgezogen und misst den vertikalen Abstand von Artefakten zu einem 3 x 3 m großen Gitter.

Brot fürs Frühstück einzukaufen. Diese Müdigkeit mag dazu beigetragen haben, dass Tauchlehrer Larry Joline einen schweren Anfall von Taucherkrankheit erlitt. Aus diesem Grund errichteten wir 1962 ein Zeltlager auf Yassıada (wörtlich »flache Insel«), um möglichst wenig Zeit für die Anfahrt zu verlieren.

In jenem Jahr setzten wir auch ein verbessertes Kartierungssystem ein. Wir montierten neun Winkelstahlrahmen, die jeweils 6 auf 2 m maßen, waagerecht auf Rohrgestelle und befestigten diese wie riesige Stufen auf dem Hang, an dem das Wrack lag. Wir schoben 4 m hohe Kameratürme über diese Stufen und machten durch die rechteckigen Drahtgittergestelle von oben Fotos des Wracks. Auch diese Methode war zeitraubend, lieferte aber einen höchst maßstabgetreuen dreidimensionalen Wrackplan. In jenem Jahr bemühte ich mich auch, den stark zerfallenen Rumpf zu rekonstruieren. Ich war als stellvertretender Grabungsleiter für alle Wrackpläne zuständig. Um noch schneller voranzukommen, entwickelten wir in den letzten beiden Grabungssommern ein Stereofotogrammetrie-Verfahren. Wir ließen einen horizontalen Stab auf einer genau festgelegten Höhe über dem Wrack schweben und hängten eine Kamera an einen daran befestigten Kardanrahmen. Dann machten wir in auf dem Stab exakt festgelegten Abständen vertikale Fotos, wobei je zwei Fotos ein Raumbild ergaben. Die Stereofotografie wurde erstmals zur dreidimensionalen Kartierung unter Wasser eingesetzt. Nachdem wir die Technik weiter verfeinert hatten, vermaßen wir mit zwei Kameras, die an dem Tauchboot *Asherah* montiert waren, ein in der Nähe liegendes byzantinisches Wrack aus dem 4. Jh.

Ein schnelles und gut ausgerüstetes Schiff

Als unser Schiff sank, landete es auf einem steilen Hang. Mit Backbord-Schlagseite und hangaufwärts zeigendem Bug glitt es nach unten, bis sich das Heck in den Sand

Ganz oben: Das Gegengewicht der größten Laufgewichtswaage des Schiffes, eine Büste der Göttin Athene mit Helm und Medusenhaupt neben einigen Goldmünzen vom Wrack.

Oben: Die Inschrift auf dem Balken der größten Laufgewichtswaage verrät, dass der Kapitän, Georgios, auch Priester war.

Rechts: Ein Korb mit Amphoren des byzantinischen Wracks aus dem 4. Jh. wird für die Hebung mit einem Ballon vorbereitet. Im Vordergrund sind Bauchamphoren des Wracks aus dem 7. Jh. zu sehen.

Unten: Einer der Ziegel vom Dach der Kombüse, der hier von Ann Bass zusammengesetzt wird, hatte eine runde Kragenöffnung, durch die der Rauch von der Feuerstelle abzog.

grub. Die Vorderhälfte des Rumpfs lag frei auf dem Felsboden und wurde zersetzt, doch das Heck blieb weitgehend erhalten, stellenweise bis auf Deckhöhe, da es durch die Sandschicht vor Schiffbohrwürmern geschützt war.

Mit den Daten vom Meeresboden und detaillierten Zeichnungen aller größeren Rumpfüberreste rekonstruierte ich die Grundform des Rumpfes von mittschiffs bis zum Heck. Doch meine Rekonstruktion des fehlenden Bugs erbrachte etwas, was nicht seetüchtig gewesen wäre. Dem half der Berater Dick Steffy durch einige Maßstabsmodelle ab; diese bestätigten meine Rekonstruktion weitgehend und verlängerten die Linien des Rumpfes erfolgreich bis zum Bug.

Obgleich das knapp 21 m lange Schiff 60 Tonnen Fracht laden konnte, war der Rumpf mit einem Länge-Breite-Verhältnis von 4:1 und der breitesten Stelle weit achtern hauptsächlich auf Schnelligkeit ausgelegt. Die Bauweise war ökonomisch – viel sparsamer als beim älteren griechisch-römischen Schiffsbau. Bei diesem Rumpf waren die Verzapfungen viel kleiner und nicht verdübelt, sie standen weiter auseinander und wurden nur bis zur Wasserlinie verwendet. Darüber wurden die Planken einfach an die bereits eingezogenen Spanten genagelt. Das Spantengerüst und nicht die Schale sorgte für Festigkeit – ein Übergangsstadium in der Entwicklung vom antiken zum modernen Rumpfbau.

Dieses Schiff war gut ausgerüstet. Trotz seiner geringen Größe führte es elf Eisenanker. Die Verteilung von Ziegeln, Metall- und Keramikgefäßen sowie anderen Objekten, die am Heck gefunden wurden, verrieten Abmessungen und Grundriss einer Kombüse, die tief in den Rumpf eingelassen war. Eine große Feuerkiste mit verstellbarem Eisengrill nahm die Backbordhälfte des Kombüsenbodens ein. Ein über Deck aufragender Aufbau, der als Abzug und Lichtschacht diente, trug ein Ziegeldach. In der Kombüse fanden sich die mindestens 16 Vorratsgefäße, eine große Süßwassertonne, ein Mörser und ein Stößel, 21 Kochtöpfe, zwei Kessel, eine kupferne Bratpfanne, mehrere Kupfer- oder Bronzekrüge, 18 Keramikkrüge und -kannen, ein halbes Dutzend Schnabelgefäße und vier bis fünf Sätze Tafelgeschirr.

Ein Vorratsschrank in der Vorderwand der Kombüse barg die Wertsachen: 16 Gold- und 50 Kupfermünzen, drei Laufgewichtswaagen, ein Satz Waagschalengewichte, ein Werkzeugkasten mit sämtlichen Werkzeugen für anfallende Reparaturen, 16 unbenutzte Lampen sowie ein von einem Kreuz überragtes bronzenes Weihrauchfass. Die jüngste Kupfermünze war im Jahr 625/626 geschlagen worden. Eine Inschrift auf der größten Läuferwaage gibt Namen und Titel ihres Eigentümers an: Georgios, Priester und Kapitän. Ein Spind direkt hinter der Kombüse enthielt Werkzeug für die Suche nach Wasser und Brennholz an Land, Nadeln und Bleigewichte zum Reparieren von Fischnetzen sowie Bleigewichte und Köder zum Angelfischen.

Die letzte Fahrt: Eine neue Deutung

Das Schiff beförderte etwa 900 Amphoren. Etwa 700 waren Bauchamphoren, die im Laderaum drei Lagen tief gestapelt waren; die übrigen waren Zylindergefäße, die waagrecht zwischen den Hälsen der obersten Schicht verstaut waren. Wir bargen nur 110 Amphoren. Ihre pechbeschichteten Innenseiten deuteten darauf hin, dass sie Wein enthielten, und im Grabungsbericht stellen wir fest, dass es vermutlich ein Küstenschiff war, das im Weinhandel eingesetzt wurde. Die zufällige Entdeckung von Graffiti auf vielen geborgenen Amphoren, die größtenteils von festen Ablagerungen

verdeckt waren, führte uns später aber zu einer ganz anderen Schlussfolgerung. Die dauerhafte Entsendung von INA-Mitarbeitern nach Bodrum ermöglichte die Bergung von 570 noch an der Fundstelle liegenden Amphoren und eine neue Untersuchung unter meiner Leitung. Wir reinigten und katalogisierten die Gefäße, maßen ihr Fassungsvermögen und sammelten organische Stoffe. Meine Frau dokumentierte die Kratzinschriften. Peter van Alfen veröffentlichte 1996 eine Studie über die Zylinderamphoren; die Untersuchung der Bauchamphoren dauert noch an.

So gewannen wir unerwartete, schwer zu deutende Erkenntnisse über Amphoren und ihren Inhalt. Die Bergung von je knapp einem Dutzend Traubenkernen aus den unbeschädigten Amphoren deutet darauf hin, dass die meisten, wenn nicht alle diese Gefäße Wein einfacher Qualität enthielten. Unterschiede im Dekor, in der Typologie und der Textur ergaben elf verschiedene Typen von Zylinder- und 40 verschiedene Typen von Bauchamphoren. Ungefähr 80 Prozent der Bauchamphoren waren kurz vor dem Untergang des Schiffes gefertigt worden, andere dagegen Jahrzehnte älter. Graffiti lassen darauf schließen, dass viele jüngere Amphoren zuvor Oliven enthalten hatten, die man wohl in gesüßtem Wein konserviert hatte, und in einigen dieser Gefäße fanden sich neben Traubenkernen Reste von Olivenkernen. Einige ältere Gefäße hatten zuvor einmal Linsen enthalten. Die Bauchamphoren waren mit einigen Dutzend verschiedenen Eigentümermarken gekennzeichnet, einige Gefäße hatten mehr als einen Besitzer gehabt.

Je mehr wir über die ungewöhnliche Fracht des Schiffs erfuhren, desto besser verstanden wir die ungewöhnliche Natur des Schiffs. Auf Bitten des Direktors des Bodrumer Museums, Oğuz Alpözen, und unter Leitung von Fred Hocker und Taras Pevny bauten wir Anfang der 1990er Jahre das Heck im Maßstab 1:1 nach. Anhand dieser Kopie konnten wir die sehr strömungsgünstige Gestaltung des Rumpfes besser nachvollziehen.

Ich glaube heute, dass dieses Schiff unter seinem Priester-Kapitän der Kirche gehörte; es war auf Schnelligkeit ausgelegt und für die Verköstigung von Passagieren eingerichtet, so dass es sowohl Fracht als auch Passagiere transportieren konnte. Das

Oben: George Bass inspiziert Bauchamphoren aus dem byzantinischen Wrack vom 7. Jh, während sie an Deck des INA-Forschungsschiffs *Virazon* gehievt werden.

Links: Dozenten und Studenten der Texas-A&M-Universität, Mitarbeiter des Bodrumer Museums und türkische Archäologiestudenten beteiligten sich am Nachbau des Schiffshecks im Maßstab 1:1.

Rechts: Der Nachbau des Kombüsenbereichs mit Ziegeldach, gekachelter Feuerstelle und Lagerraum sowie dem hinterem Bereich des Frachtraums mit Amphoren gibt Museumsbesuchern einen plastischen Eindruck vom Leben an Bord.

Kombüsendach aus Ziegeln gab dem Ganzen eine elegante Note. Das Schiff sank gegen Ende eines langen Kriegs gegen Persien, der so teuer war, dass die Kirche bei der Verproviantierung des byzantinischen Heeres tatkräftig mithelfen musste, etwa indem sie Abgaben auf den Ertrag kircheneigener Ländereien erhob. Bedenkt man, dass die Amphoren-Graffiti häufig Anspielungen auf christliche Inhalte aufweisen, dann dürfte der Transport von billigem Wein in Amphoren Teil dieser Unterstützung des byzantinischen Militärs gewesen sein.

Unten: Ein Nachbau des Schiffs im Maßstab 1:10 zeigt die Rumpfkonstruktion an Backbord, die allgemeine Struktur des Kombüsenbereichs (links) und die Lage der Buganker und der Ersatzanker an Deck unmittelbar vor mittschiffs.

Ein Schiffsfriedhof:
Tantura-Lagune, Israel

SHELLEY WACHSMANN

Das Blitzlicht kam von oben, während ich die Planken eines neuentdeckten Rumpfs untersuchte. Zuerst dachte ich: Wer in aller Welt benutzt unser Blitzgerät, um Unterwasseraufnahmen zu machen? Dann fiel mir ein, dass ich das Gerät zur Reparatur nach Tel Aviv gebracht hatte. Als ich den zweiten Blitz sah, schaute ich nach oben, und ich begriff, dass es Blitze eines Gewitters waren. Augenblicke später drängte ich die Mitglieder des Teams zum Verlassen der Lagune …

Die Tantura-Lagune ist einer von mehreren Naturhäfen an der ungewöhnlich geraden und seichten israelischen Mittelmeerküste. Ihre geschützten Gewässer dienten als Ankerplatz für Tel Dor, einen der größten antiken Siedlungshügel in Israel, und für Dors unmittelbare Umgebung. Diese Region ist seit etwa 4000 Jahren fast ununterbrochen besiedelt, und nur wenige andere Mittelmeerhäfen können mit der Aussicht auf Relikte aus einer so langen historischen Epoche locken. Mit einem Team von Dozenten und Studenten des INA, der Texas-A&M-Universität und der Universität Haifa förderte ich nun einen Teil dieser Geschichte aus dem Treibsand der kleinen Bucht zutage.

Erstaunlicherweise entdeckten wir auf einer Fläche von der Größe eines Basketballspielfelds die Überreste von sieben verschiedenen Schiffen! Wir spürten sie mit einer hydraulischen Sonde auf, die aus einem Rohr bestand, das über einen Schlauch an eine Pumpe angeschlossen war. Dieses einfache Instrument ortet unter bis zu 2 m Sand begrabene Holzbalken effizienter als alle elektronischen Geräte. Vertiefungen zwischen den Spanten verrieten unter Sand begrabene Rümpfe. In zwei Fällen lokalisierten wir bleigefüllte hölzerne Ankerstöcke, was in diesem Gebiet dem Auffinden der berühmten Nadel im Heuhaufen gleicht.

Mit nur einer Ausnahme datieren die Wracks auf das 4. bis 10. Jh. n. Chr. Zwei Schiffe untersuchten wir besonders gründlich. Das Tantura-A-Wrack besteht aus etwa einem Viertel des Bodens eines kleinen Küstenschiffs, das zwischen der Mitte

Rechts: Die Tantura-Lagune ist im Laufe der Jahrhunderte so stark versandet, dass die Ausgräber manchmal Löcher graben mussten, um tauchen zu können. Diese Luftaufnahme zeigt die Ausgrabung des Tantura-B-Wracks in dem sehr seichten Wasser. Unter den Fundstücken war auch dieses Gefäß (links), das neben dem Kielschwein gefunden wurde.

Unten: Ein Taucher untersucht das Wrack. Die schmale Rumpfform lässt auf eine Galeere schließen.

Links unten: Der Rumpf des Tantura-A-Wracks kam auf diesem 52 kg schweren Steinstock eines Holzankers zum Liegen, der ca. 1000 Jahre älter ist als das Schiff.

des 5. und der Mitte des 6. Jh. n. Chr. gebaut wurde. Ursprünglich war es rund 12 m lang. Überraschenderweise wiesen die Rumpfplanken und der Kiel keine Hinweise auf Zapfen-Schlitz-Verbindungen auf, was zur Zeit der Entdeckung als typisch für den Schiffbau jener Epoche galt. Dies gab Anlass zu der Vermutung, dass das Schiff jünger sei als ursprünglich vermutet, doch die später entdeckte byzantinische Keramik, die mit Harz am Rumpf festgeklebt worden war, und mehrere Karbondatierungen bestätigten eindeutig die frühere Datierung. Dies macht das Tantura-A-Wrack zu einem der ältesten im Mittelmeer gefundenen Schiffe, bei denen jene innovativen Methoden des Schiffsbaus zur Anwendung kamen, die im Mittelalter weiterentwickelt und zum Standard wurden.

Der Tantura-B-Rumpf liegt etwa 10 m westlich von Tantura A. Er gehört offenbar zu einem großen Schiff, das aus der ersten Hälfte des 9. Jh. n. Chr. datiert. Seine ungewöhnliche Kombination von Winkeln, Breiten und der augenscheinlich fehlende Kiel machen es im Mittelmeer einzigartig. Dies veranlasste Dick Steffy zu der Hypothese, dass es sich um einen Teil einer Galeere handeln könnte, eine besondere archäologische Rarität. Wir mutmaßten, dass Tantura B vielleicht eines der maurischen Schiffe war, die Anfang des 9. Jh. Küstenstädte auf Kreta plünderten.

Wie an Land fanden wir auch in der Lagune wiederholt geschichtete Artefakte. So entdeckten wir 1996, dass der Tantura-B-Rumpf über einem älteren Boot – Tantura C – lag, das aus dem frühen 4. Jh. n. Chr. datiert.

Die Schiffe, die wir von 1994 bis 1996 in der Tantura-Lagune erforschten, wiesen Spuren eines gewaltsamen Endes auf. Alle scheinen gesunken zu sein, nachdem sie von Stürmen gegen die Küste gedrückt wurden.

Vielleicht hatte jedes der Schiffe verzweifelt versucht, sich zwischen den Inseln der Lagune in Sicherheit zu bringen, und wurde gegen die Felsen geschmettert, bevor es von der Brandung in die Lagune getrieben wurde. Nachdem es dort gesunken war, wurden große Teile des Rumpfs rasch im Treibsand begraben, der sie und ihre Fracht luftdicht abgeschlossen jahrhundertelang konservierte.

Kostproben eines byzantinischen Weins: Bozburun, Türkei

FRED HOCKER

Bozburun

Gebaut: 874 n. Chr.
Gesunken: um 880 n. Chr.
Tiefe: 30–35 m
Gefunden von: Mehmet Aşkın
Ausgrabung: 1995–1998
Zahl der Tauchgänge: 8500
Kosten: 400 000 $
Fracht: ca. 1200–1500 Amphoren
Rumpf: ca. 15 m lang, 5 m breit

Der frühsommerliche Wind blies stetig aus Nordwest, wie so oft in der Ägäis, doch jetzt, da sie sich der Hafeneinfahrt näherten, drehte er plötzlich auf Nordost. So würden sie den Hafen nicht erreichen. Der Kapitän drehte nach Westen ab, um, vor dem Wind segelnd, auf der Sichelinsel Schutz zu suchen, aber er rechnete nicht damit, dass der Wind noch einmal plötzlich umschlagen, das Segel backschlagen lassen und die Rah zerschlagen würde. Als das Schiff manövrierunfähig auf die Felsenküste zutrieb, blieb dem Kapitän nichts anderes übrig, als Anker zu werfen und das Ende des Sturms abzuwarten. Zunächst ließ man einen Anker fallen und dann einen zweiten. Da der Meeresgrund in der Fahrrinne jedoch stark abfallend ist, fassten die Anker nicht. Der Bug drehte sich in den Wind, aber das Heck trieb nun mit jeder Welle näher an die Sandsteinklippen, bis es auf die Felsen gespült wurde. Durch die aufgesprungenen Nähte drang Wasser ein. Die Mannschaft versuchte noch, das Schiff zu retten, indem sie Fracht über Bord warf, aber die Schäden waren zu groß. Sie hatte gerade genug Zeit, ihre Habseligkeiten zusammenzupacken und ans Ufer zu klettern. Die Männer kauerten sich auf einen kleinen Vorsprung am Kliff und warteten auf Rettung, während ihr leckes Schiff langsam in den Wogen versank.

Woher kennen wir die Einzelheiten eines Schiffbruchs, der sich vor über tausend Jahren ereignete? Die Seeleute sind seit langem tot, nur der Schiffsboden ist erhalten. Unsere Theorie über den Hergang des Schiffbruchs gründet sich auf Erkenntnisse, die wir während der vier sommerlichen Grabungskampagnen selbst an diesem Felssporn gesammelt haben. Auch wir sind Seeleute und spürten den vorherrschenden Nordwestwind. Doch wenn der Wind auf Nordost dreht, lenken ihn die Steilwände auf beiden Seiten der engen Hisarönü-Bucht ab und lassen ihn von Westen in die Bucht strömen, bis er sich so weit dreht, dass er durch die Engpässe im Nordosten bläst. Dann ändert er unvermittelt seine Richtung. Dies geschieht am häufigsten im Spätfrühling und Frühsommer, wenn sich die stabilen Sommerwetterlagen noch nicht eingestellt haben.

Das Wrack selbst liefert Aufschlüsse, allerdings nicht durch das, was auf dem Grund der Ägäis lag, sondern durch die Stelle, an der es lag, und durch die Funde, die wir vermissten. Die meisten Amphoren bildeten einen kompakten Hügel – das klassische Mittelmeerwrack –, aber viele waren verstreut, einige im Umkreis des Felssporns und einige sogar unter dem Rumpf. Die letzten mussten also über Bord geworfen worden und untergegangen sein, bevor das Schiff auf sie niedersank. Das Schiff selbst lag am Fuß des Kliffs, und sein Heck zeigte zu den Felsen. Das Schiff hatte nur noch einen Anker, am Bug. Die meisten mittelalterlichen Schiffe führten mehrere Ersatzanker an Deck, aber dieses hatte bereits alle bis auf einen geworfen, was auf einen verzweifelten Überlebenskampf hindeutete. Im Unterschied zu vielen anderen Wracks fanden wir hier keine Münzen und fast keine persönliche Habe. Die Mannschaft hatte demnach Zeit gehabt, sich in Sicherheit zu bringen.

Was uns die Funde nicht sagen

Wozu soll man ein so uninteressantes Wrack ausgraben? Kein Gold, kein Schmuck, keine kunstgewerblichen Artikel, nur – 960 – Amphoren und – zwei Tonnen – Scherben. Doch das, was auf dem Meeresboden liegt, erzählt uns, was geschah, bevor das Schiff in Seenot geriet. Diese Geschichte ist Teil eines der größten politischen und

Links: Sue Schulze befestigt Etiketten an den Henkeln von Amphoren, die noch immer so am Boden des Frachtraums liegen, wie die Hafenarbeiter im 9. Jh. sie dort stapelten.

Rechts: Eines von drei kleinen, zarten Kelchgläsern, die im Heck gefunden wurden und die wohl zur Bewirtung bedeutender Gäste oder Kaufinteressenten im Hafen dienten.

Unten: Eine Auswahl an irdenen Krügen aus der Kombüse. Die meisten dienten zum Servieren von Wein, doch einer (vordere Reihe, links) war gefüllt mit ganzen Trauben, die nach über 1100 Jahren noch prall und saftig waren.

wirtschaftlichen Konflikte des Mittelalters: dem unerbittlichen Ringen zwischen Byzanz und den muslimischen Kalifen um die Vorherrschaft im östlichen Mittelmeer. Dieses kleine Schiff und seine Weinladung tauchten an einem der Wendepunkte dieses Kampfes auf, als ein erschöpftes Reich wieder zu Kräften kam, seinen Fernhandel neu aufbaute und verlorene Gebiete zurückeroberte. Das Schiff in Bozburun ist eines der wenigen Beweisstücke, die uns Aufschluss darüber geben könnten, wie dies geschah.

George Bass war der erste Archäologe, der das Wrack sah, als Mehmet Aşkın, ein örtlicher Schwammtaucher, ihm die Stelle zeigte. Es war viele Jahre lange das »nächste« Wrack auf der INA-Liste, aber George und Don Frey machten ständig noch spektakulärere Funde. Als Cemal Pulak 1994 die Ausgrabung des bronzezeitlichen Wracks bei Uluburun abschloss, wollte ich dieses mittelalterliche Wrack erforschen. In gewisser Weise war es eine Rückkehr zu den Wurzeln des INA, da die Stätte große Ähnlichkeit mit dem byzantinischen Wrack in Yassıada hatte. Und wir konnten uns jetzt auf die Erkenntnisse stützen, die George u.a. dort gesammelt hatten.

Als wir im Mai 1995 ankamen, war gerade eine Straße in das Gebiet gebaut worden. Die Einheimischen ernteten den Weizen noch immer von Hand, und es gab kaum Touristen. Wir schlugen unser Camp am Rand des Dorfs Selimiye auf, und Robin Piercy baute auf demselben Felssporn, auf den sich einst die Seeleute gerettet hatten, eine dreistöckige Tauchplattform. Wir tauchten direkt vom Ufer aus, und der Felsabsatz war nur eine kurze Bootsfahrt vom Lager entfernt, was die Logistik erheblich vereinfachte. Wir errichteten außerdem ein großes Feldlabor, in dem die Fundstücke registriert und vorgereinigt wurden, was die Konservierungsarbeiten in unserem Labor in Bodrum erheblich vereinfachte.

Die Ausgrabung selbst war relativ einfach. Die Fundstelle lag in »nur« 30–35 m Tiefe, was für ein INA-Projekt in der Türkei wenig ist, und das Wrack lag auf einem sandigen Hang. Wir tauchten zweimal täglich je 30–40 Minuten, wobei wir ab und zu Nitrox atmeten, ein Gemisch mit einem sehr hohen Sauerstoffanteil, das uns längere Tauchgänge erlaubte. Als wir den Sand mit einem Airlift entfernten und das Frachtgut freilegten, stellten wir fest, dass die oberen Lagen im Lauf der Jahre durch Anker von Fischerbooten arg ramponiert worden waren, doch das Material darunter war gut erhalten. In der zweiten Saison entfernten wir Bruchmaterial, bis wir erkennen konnten, dass die Amphoren mindestens in zwei Lagen gestapelt waren, das Heck eine Kombüse beherbergte und darunter gut erhaltene Rumpfreste lagen. In der dritten Saison zeigte sich, dass sich die untere Frachtschicht noch in ihrer ursprünglichen Lage befand. Ich grub in jenem Jahr den Heckbereich aus, wo ein Teil des Rumpfes zum Vorschein kam. Unser Cheftaucher, Bill Carlton, sagte mir eines Tages, ich solle einen Blick auf die Stelle werfen, an der er gerade arbeitete.

Am nächsten Tag ging ich beim ersten Tauchgang mit hinunter, bevor das Wasser durch den Airlift trüb wurde, und verschaffte mir einen Überblick über die gesamte Fundstelle. Die groben Umrisse des Wracks zeichneten sich deutlich ab, als ich 20 m darüber schwebte. Als ich näher kam, erkannte ich die untere Lage der Amphoren, die in geordneten Reihen feierlich den Hang hinuntermarschierten, die Griffe in strenger Flucht wie paradierende Soldaten, so wie die Schauerleute sie vor 1100 Jahren verstaut hatten.

Links: Unsere dreistöckige Tauchplattform, die sich an denselben Felssporn schmiegt, an dem das Bozburun-Schiff scheiterte. Robin Piercy, ein türkischer Steinmetz und einige Archäologiestudenten errichteten sie in fünf Wochen mit über acht Tonnen handgemischtem Beton.

Unten: Ein Fotomosaik des Bozburun-Wracks, so wie es George Bass beim ersten Survey vorfand: ein von Seegras bedeckter Amphorenhügel. Das Wrack liegt auf einem Hang zwischen 30 (im Bild oben, Heck) und 35 m Tiefe (Bug).

Oben: Das Bozburun-Projekt war eine Medienattraktion und lockte allein fünf internationale Fernsehteams an. Hier bereitet sich Grabungsleiter Fred Hocker darauf vor, eine türkische Journalistin zum Wrack zu führen.

Unten: Während die meisten Amphoren Rotwein enthielten, war eine, die in der Kombüse gefunden wurde, mit Oliven gefüllt. Diese dienten vermutlich als Proviant.

Unten rechts: Aus Kiefernrinde wurden sowohl Amphorenstöpsel, die mit Pech versiegelt wurden, als auch Netzschwimmer (oben) hergestellt.

Minderwertige Amphoren, billiger Wein

Mit der Zeit hatten wir uns an schlechte Qualität dieser Gefäße gewöhnt. Sie waren klein, eiförmig, aus minderwertigem Ton und ungleichmäßig gebrannt. Sie brachen leicht, wenn sie nicht feucht gehalten und behutsam gehandhabt wurden. Bemerkenswert an ihnen waren jedoch Herkunft, Inhalt und Beschriftung.

Die Amphoren und der darin enthaltene Wein stammten nicht aus einem der bekannten ägäischen Weinbaugebiete wie Rhodos, Samos oder Knidos. Sie waren vielmehr in Brennöfen auf der Krim, am Nordufer des Schwarzen Meeres, hergestellt worden. Dies war ein entlegener Vorposten der griechischen Welt, der jedoch weiterhin mit dem ägäischen Zentrum des Reiches in Verbindung stand. Der Fernhandel musste sich bereits deutlich erholt haben, denn sonst hätte sich die Verschiffung derartiger Massenware nicht rentiert.

Wir siebten sorgfältig den Inhalt unbeschädigter Amphoren. Sie enthielten meistens Schlick, und es war recht mühselig, ihn aus den Gefäßen zu entfernen und dann durch das Sieb zu waschen. Tatsächlich dauerte es doppelt so lange, eine Amphore im Labor zu behandeln, als sie auszugraben, für den Fundplan zu kartieren und zu bergen. Neben dem einen oder anderen Schulp enthielt der Schlick fast immer organische Reste, meist Traubenkerne – manchmal Hunderte davon. Neben den Kernen fanden sich andere Samen und Pflanzenreste sowie Grätenstücke. Dylan Gorham berichtete, die Gefäße seien mit Rotwein gefüllt gewesen, den man mit Gewürzen und Fischpaste »parfümiert« hatte. Dergleichen wird noch heute am Schwarzen Meer getrunken, auch an der Nordküste der Türkei, ist aber gewöhnungsbedürftig.

Etwa 60 Gefäße waren noch mit Pinienkorken verschlossen und mit Pech versiegelt. Bei den meisten davon war der Schlick durch die Versiegelung eingedrungen, 15 Gefäße enthielten nur Flüssigkeit, meist Meerwasser. Bei zweien jedoch schlug uns, als wir die Pfropfen lösten, der unverkennbare Gestank verfaulter organischer Stoffe entgegen, und es war eine dunkelrote Flüssigkeit, die sich in das Sieb entleerte. Ja, wir haben sie probiert, aber 874 war kein sehr guter Jahrgang.

In ein Viertel der Amphoren waren Buchstaben eingeritzt. Solche Graffiti findet man seit der klassischen Epoche häufig auf Amphoren, und es handelt sich dabei meist um die Initialen des Eigners. Unser Schiff transportierte Amphoren verschiedener Eigner, und zwei davon waren mit jeweils mehr als 30 Amphoren vertreten: AN (Anastasios?) besaß die meisten Vasen in der gestapelten unteren Lage, während ein Großteil aus der oberen Lage einem GE (Georgeos) gehörte, darunter auch jene Amphoren, die über Bord geworfen worden waren, um das Schiff zu retten. Ein weiterer Besitzer zeichnete seine Krüge mit EPIS und EPISKO, für *episkopos* (Bischof). Der Kirche gehörten damals große Ländereien, und so ist es nicht verwunderlich, dass ein Bischof Wein verschiffen ließ. Am interessantesten an den Graffiti war ihre Verteilung. Die Gefäße eines Besitzers standen jeweils beisammen. Obgleich die Fracht von einem Ort kam, müssen sich mehrere Kaufleute am Transport beteiligt haben. Dies spricht für ein privates Gemeinschaftsunternehmen und keine staatliche Requisition. Daraus ersehen wir, dass sich der Fernhandel nach 200-jährigem Niedergang wieder erholt hatte.

Rechts: Diese drei Spanten mit einem aufliegenden gebrochenen Stringer waren das Erste, was wir vom Schiff sahen. Die Kiefern- und Eichenhölzer waren zwar nur ein kleiner Ausschnitt, doch sie zeigten uns, dass hier viele neue Erkenntnisse auf uns warteten und dass wir beim Heben der letzten Amphorenlage aus dem Frachtraum besonders vorsichtig vorgehen mussten.

Unten: Konservatorin Jane Pannell Haldane hält einen formgeblasenen Glaskolben, dünn wie eine Glühbirne, der mit drei Kelchgläsern im Heck gefunden wurde.

Ein letzter Toast

Das Schiff selbst ist nicht minder faszinierend. Nachdem wir dreieinhalb Sommer lang Tonkrüge geborgen hatten, konnten wir endlich die Schiffshölzer zerlegen und heben. Das Schiff war wohl etwa 15 m lang, und der größte Teil der Steuerbordseite des Bodens war erhalten – genug, um die Bauweise zu klären. Eichenplanken und Kiefernspanten waren nach einheitlichen Maßen zusammengefügt, die wichtigsten Abmessungen nach einigen elementaren arithmetischen Proportionen festgelegt. Sie gleichen den fortgeschritteneren Methoden, nach denen 150 Jahre später das Serçe-Limanı-Schiff gebaut wurde, und sie erweitern unser Wissen über die Techniken des Schiffbaus im 1. Jahrtausend n. Chr. Wir entdeckten zu unserer Überraschung außerdem, dass die Mannschaft nicht spurlos verschwunden war. Im Heck, zwischen den Spanten, lagen drei ungewöhnlich feine Kelchgläser und eine kannelierte Glasflasche, die sich wegen ihrer Zerbrechlichkeit nicht für die tägliche Nutzung an Bord eigneten. Der Kapitän oder ein Händler müssen diese Gefäße für besondere Anlässe oder als Geschenk mitgeführt haben, und sie geben einer ansonsten prosaischen Handelsunternehmung aus dem 9. Jh. einen kulturellen Wert.

Ein Puzzle aus einer Million Teilen: Serçe Limanı, Türkei

GEORGE F. BASS

Man lasse eine Glühbirne fallen und versuche, sie wieder zusammenzusetzen. Man lasse drei Birnen fallen und vermische die Scherben. Dann versuche man, sie wieder zusammenzusetzen. Man lasse sechs Birnen, vier Glasvasen und ein Dutzend Weinflaschen fallen, vermische die Scherben und versuche, sie alle wieder zusammenzusetzen, als wären sie neu. Mit einem ähnlichen Problem war ich ab 1977 konfrontiert – außer dass ich es mit 10 000 bis 20 000 zertrümmerten Glasgefäßen zu tun hatte. Doch jetzt, nach über 20-jähriger mühseliger Flickerei, haben ich und meine Kollegen die mit Abstand größte Sammlung islamischer Glasgefäße aus dem Mittelalter zusammengesetzt. Aber ich greife voraus.

Die Entdeckung

Bei der ersten INA-Erkundungsfahrt an der türkischen Küste sagte mir der pensionierte Schwammtaucher Mehmet Aşkın, er habe gesehen, wie andere Taucher händeweise Glasscherben vom Grund der Serçe-Limanı-Bucht, direkt gegenüber der griechischen Insel Rhodos, mit heraufgebracht hätten. Ich wohnte mit zwei anderen Amerikanern und drei türkischen Tauchern an Bord der *Kardeşler*, einem 20 m langen Trawler; unsere Überdruckkammer, Kompressoren und Airbanks waren mit Riemen an dem manchmal heftig schlingernden Deck befestigt. Wir fuhren direkt nach Serçe Limanı, von wo Yüksel Eğdemir, unser Begleiter vom türkischen Kulturministerium, bald berichtete: »Überall Glas! Man kann den Sand nicht durchsuchen, ohne sich in die Finger zu schneiden.«

Nach nur einem kurzen Tauchgang zur Fundstelle gelangte ich zu dem Schluss, dass das INA das Wrack unbedingt ausgraben sollte. Aber nicht das Glas interessierte mich, sondern das Alter des Wracks. Bei anderen Ausgrabungen, in Kyrenia, Zypern, und Yassıada, Türkei, haben meine Kollegen und ich zum ersten Mal den allmählichen Fortschritt in der Schiffbautechnik rekonstruiert, vom bronzezeitlichen und klassisch-griechischen Schalenbau bis hin zu den spantenverstärkten spätrömischen und frühbyzantinischen Rümpfen. Wann waren wohl die ersten »modernen« Rümpfe aufgetaucht, bei denen erst das Spantengerüst gebaut und dann beplankt wurde? Vielleicht lieferte dieses Wrack die Antwort. Eine Amphore, die ich freilegte, stammte jedenfalls aus byzantinischer Zeit, war aber jünger als die Fundstücke in Yassıada. Eine Amphorenexpertin datierte sie später auf das 11. Jh.

Die Ausgrabung

Erst 1977 konnten wir damit beginnen, in Serçe Limanı aus Steinen, Betonklötzen, Matten und Moskitonetzen ein Camp zu bauen, das bis zu 35 Personen drei Sommer

Oben: Das Expeditionsschiff ist über dem Wrack vertäut. Auf dem Grund des vermeintlich sicheren Naturhafens liegen mindestens drei weitere antike Wracks.

Rechts: Der Krake Fred lebte in einer Amphore im Grabungsfeld von Fred van Doorninck und versuchte ihm ständig glänzende Glasscherben aus der Hand zu winden.

Serçe Limanı Glaswrack

Zeit: um 1025
Tiefe: 33 m
Gefunden von: Mehmet Aşkın
Ausgrabung: 1977–1979
Fracht: Bruchglas, glasierte Schüsseln, Wein
Glasgefäße: ca. 10 000–20 000
Rumpf: 15,6 m lang
Besatzung: Bulgaren

lang aufnehmen sollte. Die Ausgrabung selbst war weitgehend Routine. Zur Sicherheit ließen wir unsere »Unterwasser-Telefonkabine« hinunter und legten ein Metallgitter über die Fundstelle, die wir dadurch in 2 x 2 m große Quadrate einteilten, so dass jeder Taucher für die Ausgrabung eines bestimmten Wrackbereichs verantwortlich war. Wir kartierten das Wrack mit Zeichnungen, Fotos und Vermessungen.

Doch jedes Wrack hat seine Eigentümlichkeiten. Bald legten wir nicht nur die erwarteten Keramik- und Metallartefakte frei, sondern auch Dutzende, dann Hunderte und schließlich Tausende von Glasscherben. Ich halte nichts davon, bei solchen Ausgrabungen Handschuhe zu tragen, denn die Berührung gibt zahlreiche Aufschlüsse. Doch schon bald sahen unsere Hände aus, als hätten wir Rasiermesser ausgegraben. In einer Tiefe von 33 m wird das im Tageslicht enthaltene Rot vom Wasser absorbiert. Fast jeder Taucher dürfte wertvolle Zeit verloren haben, wenn er einen Schnitt im Finger oder Handteller zusammendrückte und wie gebannt das smaragdgrüne Blut betrachtete, das spiralförmig ins Meerwasser aufstieg.

Eine weitere Zerstreuung war Fred, der Krake, der in einer Amphore in Fred van Doornincks Quadrat hauste und unermüdlich versuchte, diesem die Uhr abzustreifen und glitzerndes Glas aus den Händen zu winden. Bei einem meiner Tauchgänge spürte ich, wie das Metallgitter, auf dem mein Körper ruhte, bebte, und als ich mich nach der Ursache umsah, erblickte ich einen Kraken, vermutlich Freds Großvater

oder -mutter, der mit ausgebreiteten Fangarmen, die 2 m überspannten, auf mich zukam. Ich beendete den Tauchgang vorzeitig!

Wir konnten unmöglich jede Glasscherbe etikettieren. Stattdessen sammelten wir Scherben aus Quadraten mit 50 cm Seitenlänge und legten sie in etikettierte Plastikbeutel. Eines Tages fragte mich der Student Donald Keith verwundert, als er sah, wie wir den Schlick aus einer Amphore wuschen: »Was in aller Welt tun Sie?«

»Den Schlick entfernen«, war meine Antwort.

»Und was ist mit den Samen?«, fragte Don.

»Da sind keine Samen drin, nicht nach 1000 Jahren.«

»Seien Sie sich nicht so sicher«, erwiderte Don. »Ich zeig es Ihnen.«

Oben: Ein über dem Wrack angebrachtes Metallgitter unterteilte die Fundstelle in Quadrate, die jeweils von zwei Tauchern ausgegraben wurden. In diesem frühen Stadium waren bereits Hölzer, Amphoren, Ballaststeine, Mühlsteine, dunkle Rohglasbrocken und Eisenanker zum Vorschein gekommen.

Wir waren Pioniere. Wir machten Fehler. Jahrelang hatten wir unbedacht das Sediment aus Amphoren gespritzt. Bald siebte Don den Schlick und wandte dabei die Flotationsmethode an, mit der man Samen und Pollen aus wirbelndem Wasser herausfischen kann und die bei Landfundstücken schon seit Jahren gebräuchlich war. Die Ergebnisse waren erstaunlich.

Nach drei Sommern begann die eigentliche archäologische Arbeit. Das Bergen der Artefakte war nur der erste Schritt. Jetzt begann ein Prozess, der Jahrzehnte dauern würde.

Das Puzzle aus einer Million Teilen

Oğuz Alpözen, der 1963 als Student der Archäologie zum ersten Mal mit uns getaucht war, leitete jetzt als Direktor das Bodrumer Museum. Er stellte uns den kompletten Englischen Turm der Johanniterburg, in der das Museum untergebracht ist, als Arbeitsraum zur Verfügung, dazu weitere Räume für ein Konservierungslabor. Fred van Doorninck und seine Familie verbrachten das gesamte Studienjahr 1978–1979 damit, die Tonnen von Material zu ordnen, die wir aus dem Wrack geborgen hatten, und im Jahr darauf setzten Ann und ich diese Arbeit fort.

Als Erstes musste ich die 3 t Glas angehen, die wir heraufgeholt hatten und die Fred mittlerweile in 2 t Rohglasscherben und 1 t zerbrochene Glasgefäße sortiert hatte. Ein Großteil der Glasscherben war zu steinharten, großen Klumpen verbacken, aus denen wir die Scherben mit Zahnarztmeißeln herauslösten.

Wir hofften, bald mit der Restaurierung der zerbrochenen Gefäße beginnen zu können. Denn wir alle nahmen noch immer an, dass die Gefäße beim Schiffbruch zertrümmert worden waren. Dies bedeutete, dass die Scherben einzelner Gefäße jeweils nahe beieinander auf dem Meeresboden liegen sollten. Also schlugen wir im Englischen Turm Holztische auf und breiteten sämtliche auf je 1 m² Meeresgrund geborgenen Scherben darauf aus. Wir trennten den Inhalt der einzelnen Beutel durch Holzstäbe. Doch nach Wochen hatten wir noch immer keine zwei zusammenpassenden Teile gefunden, und wir gaben resigniert auf. Nun begannen wir, Tausende von Gefäßböden, Randstücken und Henkeln zu skizzieren und zu katalogisieren – eine ungemein öde Arbeit.

Eines Tages hatte ich die zündende Idee. Wie verfährt man bei einem Puzzle? Im Allgemeinen so, dass man Teile herausgreift, die zusammenpassen könnten, und zum Beispiele grasgrüne, himmelblaue und ziegelrote Teile auf getrennte Haufen legt. Könnte diese Methode auch mit dem Glas funktionieren? Da keiner von uns ein Glasexperte war, erfanden wir unsere eigenen 18 Kategorien: farbloses Glas, grünes Glas, purpurnes Glas, Glas mit Wabenmuster, purpurnes Glas mit Wabenmuster, Glas mit einem dünnen grünen Randstreifen, purpurnes Wabenmusterglas mit grünem Randstreifen und so weiter. Dann waren wir fast so weit, anzufangen.

Aber es gab ein Problem. Das gesamte purpurfarbene Glas auf einen Haufen zu legen, würde bedeuten, dass man die purpurnen Scherben aus den etikettierten Beuteln herausnehmen musste und damit die Angaben über ihre Fundstelle am Wrack verlieren würde. Die Kenntnis des genauen Fundorts von Artefakten ist bei Ausgrabungen jedoch ganz entscheidend. Daher schrieben wir vier- bis sechsstellige Herkunftschiffren mit schwarzer Tinte auf jede der zwischen einer halben und eine Million Scherben und überzogen die Chiffren mit farblosem Nagellack. Wir überredeten vorbeikommende Touristen dazu, uns zu helfen. Selbst meine Söhne spannte ich ein.

Nachdem die Scherben beschriftet waren, konnten wir alle aus einer Kategorie nehmen und mit der Arbeit beginnen. So teilte ich etwa einen Haufen aus mehreren Tausend purpurfarbenen Scherben in zwei Haufen ein: helleres Purpur und dunkleres Purpur. Einen der Haufen lagerte ich ein und begann dann von vorn, indem ich die restlichen Scherben in dunklere und hellere Farbtöne einteilte und einen der so entstehenden Haufen wieder einlagerte. Nachdem ich dies oft genug wiederholt hatte, lagen vielleicht nur noch 18 bis 19 Scherben vor mir auf dem Arbeitstisch, die alle den gleichen Purpurton hatten. Anschließend suchten wir die passenden Verbindungsstellen und fügten die Scherben provisorisch mit Klebeband zusammen, bis unsere Konservatoren sie mit Spezialkleber dauerhaft klebten.

Erst jetzt, am Ende des ersten Jahres, fiel uns an diesem Teil der Ladung etwas Verblüffendes auf. Es handelte sich offenbar um Glasscherben, die wiederverwertet werden sollten! Wir hatten umsonst Millionen von Ziffern auf die Scherben geschrieben, es sei denn, sie lieferten den Beweis, dass das Glas aus einem noch größeren Depot wahllos in den Frachtraum des Schiffs geschaufelt worden war. In keinem Fall waren sämtliche Scherben eines bestimmten Gefäßes an Bord. Dies bedeutete, dass sie entweder von Anfang an nicht an Bord gewesen waren oder dass ein Teil des Glases während der letzten Reise des Schiffs verkauft worden war. Eine Zeit lang konnten wir selbst Experten für antikes Glas nicht davon überzeugen, dass sich die Verschiffung von Glasscherben rentiert hatte. Doch einige Jahre später wurden Dokumente aus der gleichen Zeit veröffentlicht, die den Transport von Glasscherben aus dem Nahen Osten in die venezianischen Glasfabriken beschrieben.

Der Frachtraum enthielt auch eine Ladung, die keine Spuren hinterließ, vermutlich Pflanzenasche, die bei der Glasherstellung verwendet wurde. Etwa 80 unbeschädigte Glasgefäße stammten nicht aus dem Frachtraum des Schiffs, sondern aus den Quartieren im Heck und Bug; vermutlich führten Kaufleute sie als Handelsware mit sich, um sie zu verkaufen. Das Kleben der Glasscherben zog sich über 20 Jahre lang hin. Wir sahen, wie die Glasrestauratoren vor Ort zu Experten wurden, heirateten und Kinder großzogen. Am Schluss hatten sie die größte bekannte Sammlung von islamischem Glas aus dem Mittelalter zusammengesetzt.

Oben: Glasrestauratoren zeigen triumphie-
rend Gefäße, die sie in 20 Jahren unabläs-
siger Arbeit aus Millionen von Scherben zusammengefügt und -geklebt haben.

Die Glasscherben waren, wie gesagt, höchstwahrscheinlich Fabrikabfall. Einige verformte Gefäße waren eindeutig Ausschuss. Andere Stücke wie etwa 11 000 Kappen – Gefäßoberteile, die abgeschnitten und entsorgt werden – konnten nur Fabrikabfall sein. Der Glasexperte Robert Brill wies durch Analysen nach, dass fast das gesamte Glas die gleiche chemische Zusammensetzung aufwies und damit wohl aus einer Fabrik oder einigen eng verbundenen Glashütten stammte. Vor kurzem hat die spanische Archäologin Berta Lledó anhand von Zeichnungen gezeigt, dass auch Gefäße von grundverschiedener Gestalt in denselben Gussformen gegossen und anschließend von Glasbläsern unterschiedlich bearbeitet worden sind.

Das Wrack datieren

Mittels des Glases ließ sich auch ein recht genaues Datum für das Wrack errechnen. An Bord befanden sich 16 Glasscheiben, die als Waagengewichte dienten. Einige trugen den Namen eines Kalifen in Ägypten und das Jahr seiner Thronbesteigung. Michael Bates teilte uns mit, dass die jüngste Scheibe entweder von 1024/25 oder 1021/22 n. Chr. stammte. Diese Angaben korrespondierten mit den Daten auf drei islamischen Goldmünzen, die etwa ein Jahrzehnt älter waren. Es wurden auch byzantinische Kupfermünzen gefunden, allerdings ohne Datumsprägung.

Ein frühes Beispiel eines modernen Schiffs

Die Studentin Sheila Matthews zeichnete jedes Holzfragment im Maßstab 1:1 auf durchsichtigen Azetatfolien ab, wobei sie jede Bearbeitungsriefe, jedes Nagel- oder

Unten: Wenn Kleingeld benötigt wurde, hat
man aus islamischen Goldmünzen einfach
Stücke herausgeschnitten und gewogen.

Bolzenloch farblich anders markierte. Derweil fertigte Dick Steffy von sämtlichen Fragmenten ein Modell im Maßstab 1:10 an, und das gleich zweimal. Aus dem einen Satz baute er ein Diorama des Wracks, so dass wir alles zum ersten Mal dreidimensional vor uns sahen. Aus dem anderen Satz fertigte er ein Modell des Rumpfes, ein »Schnittmuster«, wie er es nannte, indem er Nagellöcher, Bearbeitungsspuren und andere Markierungen einfluchtete.

Während Steffy in Texas arbeitete, begann Robin Piercy damit, sämtliche Holzteile des Schiffes in Polyethylenglykol einzulegen, damit sie nicht schrumpfen und sich bis zur Unkenntlichkeit verziehen konnten, wenn sie später im Freien getrocknet würden.

Als das Holz schließlich konserviert und getrocknet war (was insgesamt drei Jahre dauerte), begann Sheila Matthews in einer eigens errichteten Halle des Bodrum-Mueums damit, über 1000 Holzstücke mit rostfreiem Stahldraht zusammenzusetzen. Da nur etwa 15 Prozent des Rumpfes erhalten waren, wurde ein Teil durch gebogene Metallstangen angedeutet, doch das fertige Ausstellungsstück war der Mühe wert. Besucher aus aller Welt können nun das älteste bekannte Beispiel eines »modernen« Schiffs bewundern, einer Bauart, die noch heute in Gebrauch ist und die aufgrund der besseren Segeleigenschaften und Seefestigkeit der danach gebauten Schiffe einem Kolumbus die Entdeckung Amerikas und einem Magellan die erste Weltumseglung ermöglichte. Es war ein kleines, nur 15,6 m langes und 5 m breites Schiff, das wohl zwei dreieckige Lateinsegel führte; Ersatztakelage einschließlich Flaschenzüge war an Bord verstaut. Aufgrund seines flachen Bodens konnte das Schiff auch seichte Flüsse weit hinauffahren.

Oben: Dick Steffy baute jedes geborgene Holzfragment im Maßstab 1:10 nach, um ein Diorama anzufertigen, anhand dessen er den Zerfall des Rumpfs studieren wollte. Mit einem zweiten Satz nachgebauter Bruchstücke setzte er einen Rumpf zusammen, der als Plan für die Rekonstruktion des Originalrumpfs diente.

Rechts: Sheila Matthews verbrachte drei Jahre damit, den Rumpf zu rekonstruieren, dessen Hölzer ebenfalls drei Jahre lang chemisch konserviert worden waren. Die Schnüre wurden später durch Drähte ersetzt, die für Museumsbesucher nicht sichtbar sind.

Die im Schiff gefundenen Gegenstände lieferten mehr Aufschlüsse über das Leben an Bord im Mittelalter als jedes früher ausgegrabene Wrack, aber ihre richtige Deutung erforderte jahrelange Detektivarbeit. Nach der ersten Grabungskampagne sollte ich für das *National Geographic Magazine* einen Artikel über das Wrack schreiben. Das war ein großer Fehler, denn fast alles, was ich damals schrieb, war falsch. Aufgrund der islamischen Glas- und Tonwaren, die wir gefunden hatten, glaubte ich, dass es sich um ein islamisches Schiff mit muslimischer Mannschaft und muslimischen Passagieren gehandelt habe. Doch im zweiten Sommer fanden wir Schweineknochen unter den Relikten von Mahlzeiten, so dass das Schiff weder eine muslimische noch eine jüdische Besatzung gehabt haben konnte. Als wir dann einige der über 900 Senkgewichte öffneten, die umgefalzt und in den Saum von Fischernetzen gepresst wurden, fanden wir Kreuze und sogar den Namen »Jesus« darin. Schließlich fanden wir vier bleierne Kaufmannssiegel, ähnlich den Plomben, mit denen noch heute Türen von Museen oder Tankverschlüsse von Tankstellen gesichert werden, um am nächsten Morgen sofort erkennen zu können, dass der betreffende Verschluss nicht unbefugt geöffnet worden ist. Eines der Siegel war unbenutzt, aber die anderen drei zeigten christliche Szenen: Das Siegel, auf dem das Treffen von Petrus und Paulus dargestellt war, trug auf der Rückseite die Inschrift »Hüter der Schrift, die mich trägt, Band Petri« – vermutlich ein Siegel an einem oder mehreren Schriftstücken.

Da unsere Pläne mit großer Genauigkeit die Lage aller Artefakte im Wrack zeigten, konnten wir auch die soziale Schichtung an Bord ermitteln. Die ranghöchsten Personen – Offiziere und Händler – waren im Heck untergebracht; sie aßen Schwein, Ziege (und vermutlich Hammel) sowie Fisch, außerdem Mandeln, verschiedene Früchte und Oliven. Zum Zeitvertreib spielten sie Schach. Hier fanden wir auch die Gold- und Kupfermünzen, den Schmuck, die Waagen und Wägestücke, eiserne Hängeschlösser und Schlüssel und die meisten Waffen und Werkzeuge. Ein bescheideneres Quartier für die Händler befand sich im Bug. Die Seeleute waren mittschiffs untergebracht, unbewaffnet und spielten das »weniger intellektuelle« Backgammon.

Oben: Nach den Forschungen von Dick Steffy war das Schiff etwa 15,6 m lang. Dank seines flachen Bodens konnte es auch seichte Flüsse befahren. Es führte wahrscheinlich zwei Lateinsegel und wurde mit großen Rudern gesteuert, ähnlich jenem im Vordergrund.

Unten: Dokumentenbündel wurden versiegelt, indem man sie verschnürte und die Schnüre mit Bleisiegeln plombierte. Wenn man die Bleisiegel mit Zangen zusammenquetschte, wurden griechische Inschriften und religiöse Szenen darauf eingeprägt. Das Siegel oben links ist unbenutzt.

Leben auf See

Links: Ein handgeschnitzter Turm und eine Königin (rechts) bezeugen das älteste bekannte genau datierbare Schachspiel. Ein einzelner Backgammonstein (links) zeigt, dass an Bord auch das viel ältere Backgammonspiel gespielt wurde.

Rechts: Dieser filigrane Goldohrring ist ein Zeugnis fatimidischer Kunstfertigkeit.

Nach jahrelangem Experimentieren gelang es uns, Nachbildungen von Artefakten aus Eisen anzufertigen, indem wir die Hohlräume, die sich in Konkretionen auf dem Meeresgrund gebildet hatten, während sich das Eisen darin auflöste, mit Epoxidharz ausgossen. Der Student Joseph Schwarzer verbrachte zwei Jahre in Bodrum damit, solche Epoxidabgüsse herzustellen. Schließlich hatte er die weltweit größte Sammlung an byzantinischen Werkzeugen zusammengetragen: einen Satz Tischlerwerkzeug, darunter Äxte, Sägen, Dechsel, Hämmer, Bogenbohrer, Meißel, Feilen und sogar die ältesten bekannten Stemmeisen, kurz alles, was man brauchte, um ein ganzes Schiff von Grund auf zu bauen. Außerdem gab es zwei Äxte, eine Hippe, eine Hacke und einen Pickel, mit denen an Land Brennholz und Wasser beschafft wurde; falls ein Spaten an Bord gewesen sein sollte, blieb er aufgrund seines dünnen Metallblatts nicht erhalten.

Joe trug darüber hinaus auch die größte bekannte Sammlung byzantinischer Waffen zusammen, was nicht verwundert, denn Piraterie war damals weit verbreitet. Insgesamt elf Sätze wurden gefunden, jeder davon mit einer Lanze und vier oder fünf Speeren, einige davon noch in einem sackleinenartigen Gewebe eingewickelt. Dies deutet darauf hin, dass vermutlich elf Bewaffnete an Bord waren. Ein Eisenschwert mit Holzscheide und Bronzeheft gehörte vermutlich dem Kapitän.

Oben: Mehrere eiserne Vorhängeschlösser und ein Schlüssel wurden originalgetreu nachgebildet, indem flüssiges Epoxidharz in jene Hohlräume gegossen wurde, die das eiserne Original nach seiner Korrosion in marinen Konkretionen zurückließ. Nach der Aushärtung sind die Epoxidabgüsse kaum von Eisen zu unterscheiden.

Links: Alle für den Bau eines Schiffs notwendigen Werkzeuge wurden an Bord mitgeführt, darunter Klauenhämmer (links außen) und Kalfatermeißel, hier als Epoxidreplikate der korrodierten Eisenwerkzeuge.

Wir fanden ein teilweise erhaltenes und ein vollständiges Haarpflegeset mit hölzernen Entlausungskämmen, Scheren und einem Rasiermesser. Dies erinnerte uns daran, dass sowohl Kolumbus als auch Magellan über Ungeziefer geklagt hatten und dass der von Parasiten übertragene Typhus im 19. Jh. mehr Todesopfer unter den Transatlantik-Passagieren forderte als Schiffsuntergänge. Nahe diesen Sets fanden sich kleine Haufen Auripigment (Arsentrisulfid), was uns verwunderte, bis ich hörte, dass mit Ätzkalk (der sich in Meerwasser aufgelöst haben dürfte) vermischtes Auripigment damals als Enthaarungsmittel benutzt wurde. Weitere Recherchen ergaben, dass auch Männer, durch die Jahrhunderte, hin und wieder Enthaarungsmittel gebrauchten.

Über 900 Senkgewichte in drei verschiedenen Haufen verrieten, dass drei Netze an Deck repariert wurden, als das Schiff sank; jedes war etwa 40 m lang und damit genauso groß wie ein im Bodrum-Museum ausgestelltes osmanisches Netz. Neben jedem Netz lag eine Netzknüpfnadel, und neben einem Netz ein Sack mit Ersatz-Bleigewichten. Fischgräten zeigen, dass Thunfisch, Seebarsch, Knurrhahn und Umberfisch gefangen wurden.

Acht knöcherne Spinnwirtel schienen auf die Anwesenheit von Frauen an Bord hinzudeuten. Schließlich sind in der griechischen Kunst nur Spinnerinnen dargestellt. Doch als ich bemerkte, dass die Wirtel auf diesem Wrack dort lagen, wo die Netze ausgebessert wurden, musste ich an Bilder spinnender Männer denken, von altägyptischen Grabmalereien bis zu modernen Fotos von iranischen Schäfern. Ein annähernd zeitgenössisches muslimisches Sprichwort sagte, dass Männer Wolle und Ziegenhaar, nicht aber Flachs spinnen können, der Frauen vorbehalten ist. Schon bevor die Fasern, die an einigen der Sinkgewichte gefunden wurden, als Ziegenhaar identifiziert wurden, hatte ich vermutet, dass die Seeleute an Bord Garn spannen, um ihre Netze zu flicken.

Nationalität

Um zu verdeutlichen, dass das Bergen von Artefakten unter Wasser nicht mehr mit Archäologie zu tun hat als das wahllose Sammeln von Pfeilspitzen an Land, muss ich schildern, wie Fred van Doorninck nicht nur die Nationalität der Mannschaft eruierte, sondern auch Hinweise auf die ersten Anfänge eines marktwirtschaftlichen Systems fand.

Fred begann die Graffiti auf den Amphoren des Schiffs zu untersuchen. Zunächst fiel ihm auf, dass alle mit »M« (vermutlich für »Michael«) gekennzeichneten Am-

Oben links: Die Bewaffnung des Schiffes bestand aus über 60 Eisenwaffen einschließlich Speeren (hier als Epoxidreplikate), Lanzen und mindestens einem Schwert.

Oben: Körperpflege war für die von Ungeziefer geplagten Seeleute der Vergangenheit sehr wichtig, wie man an der hier gezeigten Schere und Teilen eines Entlausungskamms ersehen kann.

Oben: Acht knöcherne Spinnwirtel lassen darauf schließen, dass die Besatzung Ziegenhaargarn spann, um die Netze zu flicken.

Rechts: INA-Grafikerin Netia Piercy zeichnet glasierte islamische Schüsseln ab, die zur Fracht des Schiffs gehörten.

Oben: In Amphoren für Wein und Olivenöl wurden die Initialen der Eigentümer eingeritzt. Aus diesen Zeichen konnte man schließen, dass die Händler an Bord hellenisierte Bulgaren gewesen sein müssen.

phoren an der gleichen Stelle gefunden wurden, ebenso die mit »Leon« markierten Amphoren. Fred identifizierte etwa ein Dutzend Besitzer. Viele der Amphoren waren trotz Beschädigung weiterverwendet worden, manchmal hatte man die Ränder glatt gefeilt, nachdem sie beim Aufstemmen eines Pfropfens ausgebrochen waren, und manchmal wurde ein Henkelstumpf abgeschliffen. Anders als die Amphoren der römischen Flotten, die am Ende einer Fahrt regelmäßig weggeworfen wurden, gehörten diese Amphoren einzelnen Kaufleuten, die sie manchmal viele Jahre lang sorgfältig pflegten.

So weit, so gut. Doch Fred fiel auf, dass eine Amphore mit MIR gekennzeichnet war. Das konnte seines Erachtens kein griechischer Name sein. Seine Annahme, dass es sich um einen slawischen Namen wie Miroslav handeln müsse, veranlasste ihn dazu, slawische und rumänische Grabungsberichte durchzulesen. Er gelangte zu dem Schluss, dass die Männer an Bord des Schiffs, das vor Serçe Limanı sank, hellenisierte Bulgaren waren, die am Ufer des Marmarameeres unweit Konstantinopels lebten. Seine These wurde bestätigt, als Nergis Günsenin an der Küste des Marmarameers einige Keramiköfen ausgrub, in denen Amphoren gebrannt worden waren, die identisch waren mit jenen, die im Wrack gefunden wurden.

Unser Schiff war offenbar unterwegs von einem Ort bei Konstantinopel zu einem Hafen an der syrisch-palästinensischen Küste, vielleicht Caesarea, wo man Goldschmuck, glasierte Schüsseln, Glasgefäße und Kupferkübel gefunden hat, die große Ähnlichkeit mit den Fundstücken an Bord des Wracks aufwiesen. Nachdem das Schiff die islamische Fracht aufgenommen hatte, suchte es auf der Rückfahrt Zuflucht an einem Ankerplatz, der jahrtausendelang in der Serçe-Limanı-Bucht genutzt wurde. Aber was geschah dann?

Die Anker

Wieder lieferte Freds akribische Detektivarbeit die Antwort. Nachdem er Epoxidabgüsse der neun Y-Anker des Schiffs angefertigt hatte, fand er heraus, dass zwei Buganker einsatzbereit auf einem Schanzkleid nahe dem Bug lagen und ein weiterer auf dem Schanzkleid gegenüber. Fünf Ersatzanker waren in der Nähe an Deck gestapelt. Aber was ist mit dem fehlenden Buganker? Er wurde dort gefunden, wo er ausgeworfen wurde, ein Stück vor dem Bug. Sein Schaft war gebrochen, vermutlich unter der Wucht eines plötzlichen Windstoßes, der das Schiff losriss und gegen die Felsküste schleuderte.

Fred errechnete außerdem, dass die Gewichte der Anker Vielfache von byzantinischen Pfund waren, was darauf hindeutet, dass es früher als bislang angenommen gesetzliche Vorschriften über die Gewichte der Anker auf Schiffen unterschiedlicher Größen gab. Dank der ungewöhnlichen Y-Form konnten die Anker schwerer sein, ohne durch überlange Schäfte bruchanfällig zu werden.

Jahrzehnte nach Abschluss der Taucharbeiten in Serçe Limanı erschien eine 550-seitige Analyse des Schiffs und seiner Passagiere – ein Gemeinschaftswerk von über einem Dutzend Wissenschaftlern aus drei Kontinenten. Der zweite Band wird die islamischen Glas- und Töpferwaren darstellen. Ausgrabungen unter Wasser sind nicht bedeutsamer als Ausgrabungen an Land. Nicht die Feldarbeit als solche, sondern die jahrelange Bestandsaufnahme, Auswertung und Deutung der Fundstücke machen sie zu echter Archäologie.

Ein Weinfrachter aus dem 13. Jh.: Çamaltı Burnu, Türkei

NERGIS GÜNSENIN

Çamaltı Burnu

Zeit: Anfang 13. Jh.
Tiefe: 22–35 m
Ausgrabung: 1998–2004
Tauchgänge: 4295
Konservierung seit: 2004
Rumpf: ca. 25 m lang, ca. 5–6 m breit
Ladung: ca. 800 Amphoren und
37 Brucheisenanker

Als ich 1993 erstmals die Amphoren auf dem Meeresgrund bei Çamaltı Burnu sah, wusste ich, dass ich meinen »Glückstreffer« gelandet hatte. Um dies zu verstehen, müssen wir in die 1980er Jahre zurückgehen. Damals erarbeitete ich für meine Doktorarbeit eine Typologie spätbyzantinischer Amphoren. Im Rahmen meiner Recherchen entdeckte ich in Gaziköy an der Nordwestküste des Marmarameers, dem antiken und mittelalterliche Ganos, eine bedeutende Stätte der Amphorenproduktion. Dort gab es ab dem 10. Jh. ein großes Kloster. Dessen Mönche besaßen zusammen mit den Bewohnern benachbarter Dörfer praktisch ein Produktions- und Vertriebsmonopol für den regionalen Wein. Meine Erkundung von Werkstätten in und um Gaziköy sowie die Ausgrabung eines Amphorenofens ergaben, dass dies ein Zentrum

Unten: Überblick über die Amphorenfracht bei der Grabungskampagne 2002. Die Amphoren wiesen unterschiedlichste Größen und Volumina auf. Die meisten blieben bei dem Schiffbruch unbeschädigt erhalten und enthielten Traubenkerne.

der Amphoren- und Weinproduktion gewesen ist. Ein Großteil des Weines dürfte auf den Märkten des nahen Konstantinopel abgesetzt worden sein. Jedes Mal, wenn ich in die Region zurückkehrte, träumte ich von diesen Klöstern und ihren Weinbergen – und den Tausenden von Amphoren, die darauf warteten, mit Ganos-Wein gefüllt zu werden. Meine Begeisterung für die Unterwasser-Archäologie veranlasste mich schließlich dazu, nach jenen Schiffen zu suchen, die von Ganos aus mit diesen Amphoren in See stachen. Meine Suche begann im Sommer 1992 auf der Marmara-Insel. Bislang habe ich im Umkreis dieser und anderer Inseln im Marmarameer acht Wracks mit Ganos-Amphoren aufgespürt.

Weitere drei Wracks, die ich ausfindig machte, waren jeweils mit Ziegeln, Wasserrohren und Marmor beladen. Der Name der Marmara-Insel, auf der sich einer der größten Marmorbrüche der Spätantike befand, leitet sich vom türkischen Wort für Marmor her. Viele Bauteile der Tempel, Klöster und Kirchen in Konstantinopel, in Anatolien und selbst im italienischen Ravenna stammten aus diesen Steinbrüchen, und doch wurde nur das Wrack eines Marmorfrachters nahe der Insel gefunden.

Kehren wir zurück zu meinem ersten Tauchgang vor Çamaltı Burnu auf der Marmara-Insel. Ich suchte nicht nach einem beliebigen antiken Wrack. Damals stammten die wichtigsten archäologischen Funde zur byzantinischen Seefahrt von drei Wracks, die das INA an der anatolischen Küste ausgegraben hatte: in Yassıada (7. Jh.), Bozburun (9. Jh.) und Serçe Limanı (11. Jh.). Chemische Analysen von

Unten: Nergis Günsenin mit zwei glasierten Schüsseln und einer byzantinischen Tischamphore aus dem Çamaltı-Burnu-Wrack vor der Marmara-Insel.

Ein Weinfrachter aus dem 13. Jh. **119**

Proben der Amphoren aus Serçe Limanı ergaben, dass die meisten in der Gegend um Ganos gefertigt worden waren, so dass ein weiteres Wrack aus dem 11. Jh. kaum neue Erkenntnisse bringen würde. Ich suchte also nach einem jüngeren Wrack. Die aus dem 13. Jh. stammenden Amphoren vom Meeresboden bei Çamaltı Burnu waren daher ein echter »Glückstreffer«.

Dies war das letzte große Sortiment byzantinischer Keramikgefäße, die für den Weintransport über See benutzt wurden. Sie wurden schon bald durch Holzfässer ersetzt. Außerdem wissen wir kaum etwas über die damalige Schiffbautechnik, und das, was wir wissen, stammt überwiegend aus schriftlichen Quellen und nicht von archäologischen Funden. Daher ließ die Ausgrabung des Çamaltı-Burnu-I-Wracks viele neue Aufschlüsse über die byzantinische Seefahrt insbesondere im Marmarameer während und kurz nach dem Lateinischen Kaiserreich (1204–1261) erwarten – der Zeit, in der die Macht des oströmischen Reiches endgültig gebrochen wurde.

Dennoch war das Unternehmen ein Wagnis. Es war die erste türkische Ausgrabung unter Wasser. Mir standen nur ein sehr kleines Team und Budget zur Verfügung. Doch ich erinnerte mich an George Bass' Maxime: »Man muss die Gelegenheit beim Schopfe packen.« Und so packte ich das Wrack an! An dem Tag, an dem ich die erste Amphore barg, dem 1. Oktober 1998, sprangen zwei Delphine darüber. Es war unglaublich. Befreite ich einen Geist, als ich diese Keramikgefäße nach fast 800 Jahren wieder ans Sonnenlicht brachte?

Weingefäße

Die Amphoren lagen konzentriert an drei Stellen in einer Tiefe zwischen 22 und 32 m auf dem abfallenden sandigen Meeresgrund. Mindestens 30 Anker lagen 17 m von den Amphoren entfernt, dazwischen eine Gruppe zweihenkliger Standgefäße. Zunächst zogen wir ein Gitter mit 160 2 x 2 m großen Zellen über die Fundstelle und brachten ringsherum Vermessungspfähle an. Jeder Taucher hatte sein Quadrat; darin sollte er jedes Objekt kartieren, indem er mit einem Maßband von vier Vermessungspunkten aus mindestens drei Messungen vornahm. Mit Hilfe einer Spezialsoftware erfassten wir die Standorte sämtlicher Artefakte auf dem Meeresboden dreidimensional und mit hoher Genauigkeit. Meine Studenten mussten diese Vermessungen gewissenhaft, aber schnell durchführen, denn die Taucher durften nur kurze Zeit in dieser Tiefe arbeiten.

Spätbyzantinische Amphoren haben eine andere Form als die bekannten griechischen oder römischen Behältnisse: Sie sind sehr groß, dünnwandig, mit ballonartigem Bauch. Ihre Größe spiegelt den Bedarf an Transportgefäßen mit höherem Fassungsvermögen wider. Sie bilden das Übergangsglied von Ton- zu Holzbehältnissen, vom Krug zum Fass.

Die Amphoren haben sehr verschiedene Abmessungen (41–80 cm) und unterschiedliche Fassungsvermögen (15,5–98,5 Liter). Der gesiebte Inhalt unbeschädigter Amphoren bestand meistens aus Traubenkernen, die zusammen mit der wasserdichten Kiefernpechbeschichtung auf eine Weinfüllung schließen lassen. Einige Amphoren enthielten Kiefernpech. Die großen Öffnungen der Standamphoren deuten darauf hin, dass sie feste Fracht enthielten. Das Schiff beförderte insgesamt etwa 800 Amphoren, und das Gesamtgewicht der Ladung in Keramikgefäßen betrug wohl zwischen 50 und 60 Tonnen.

Amphoren im Grabungshaus. Nach der Säuberung von Algenbewuchs und der Entsalzung wurden sie restauriert.

Einer von 37 Eisenankern, die im Frachtraum des Wracks gefunden wurden, wird gehoben. Die Autorin ist der Ansicht, dass 13 T-förmige und 18 Y-förmige Anker zum Schiff gehörten.

Mit Ankern beladen?

Die große Zahl von Ankern stellte uns vor ein Rätsel. Einige waren Y-förmig, andere T-förmig, aber alle waren von byzantinischer Bauart. Neben den etwa 30 Ankern, die etwa 17 m von den Amphoren weg lagen, fanden wir zwischen den Amphoren vier gebrochene Anker. Fast alle Anker haben gleichförmige Zacken, die in gleichem Winkel an die Arme angesetzt sind. Es ist daher unwahrscheinlich, dass auch nur die Anker, die in einiger Entfernung von den Amphoren liegen, etwas mit einem Ankerplatz zu tun haben, denn dann hätte man vermutlich auch einige Anker älterer oder jüngerer Bauart gefunden. Daher dürften alle Anker zu unserem Schiff gehört haben. Die meisten sind recht klein, und wenn das Schiff so kleine Anker benutzt hat, dann dürfte seine Größe 30 Tonnen kaum überstiegen haben – und kein Schiff dieser Größe hätte annähernd so viele Anker benutzt wie gefunden wurden. Selbst ein Schiff von 400–500 Tonnen hätte insgesamt vielleicht 30 Anker einschließlich Not- und Reserveankern mitgeführt, aber diese wären viel größer gewesen.

Einer der kleinsten Anker am Fundort dürfte kaum funktionstüchtig gewesen sein, da der Schaft so kurz war, dass der Stock kaum flach auf dem Meeresboden zu liegen kam, so dass der Anker im Meeresgrund Halt finden konnte. Vielleicht war der

Schaft gebrochen und provisorisch repariert worden. Einige der anderen Anker sind zerbrochen, und bei zumindest einem muss dies vor dem Schiffbruch der Fall gewesen sein. Das Schiff (oder vielleicht ein anderes) dürfte daher einige gebrochene kleine Anker als Fracht befördert haben, die zur Reparatur oder zur Schrottverhüttung bestimmt waren. Einer meiner Studenten, Ufuk Kocabaş, hat die Anker eingehender untersucht. Alle wurden im Kernforschungszentrum Çekmece in Istanbul geröntgt, um exakte dreidimensionale Messungen vorzunehmen und sämtliche Konstruktionsmerkmale, insbesondere Ansatzstellen, zu erfassen. Abschließend möchten wir noch Nachbildungen der Anker herstellen.

Rumpfreste

Nach Aussage des Schiffbauexperten Jay Rosloff sind nicht mehr als drei Prozent des Rumpfes erhalten, darunter 1 m Kiel, einige Spantenteile und Überreste von vielleicht sechs Planken. Dennoch folgerten wir aus den Überresten, dass das Schiff einen flachen Kiel hatte, 5–6 m breit war und dass zuerst, wie im modernen Schiffbau üblich, das Spantengerüst gefertigt wurde, an dem dann die Planken mit Eisennägeln befestigt wurden. Die Holzfragmente wurden in den drei Amphorenhäufungen gefunden, die sich über 40 m erstreckten. Doch eine 8 m breite Lücke zwischen den ersten beiden Ladungsteilen und dem dritten deutet darauf hin, dass das Schiff auseinander gebrochen ist, und wir gehen davon aus, dass es etwa 25 m lang war. Von zwei Holzproben, die Peter Kuniholm analysiert hat, wissen wir, dass eine Planke aus Kiefer und ein Spant aus Ulme besteht. Selbst diese wenigen Fakten sind wichtig für die Dokumentation mittelalterlicher Schiffstypen, denn dies ist das einzi-

Glasierte Schüsseln und anderes hochwertiges Geschirr aus dem Wrack deuten darauf hin, dass zumindest der Kapitän und die Passagiere an Bord einen vergleichsweise gehobenen Lebensstil pflegten.

Mit einem Bandmaß ermittelt Nergis Günsenin die Koordinaten hölzerner Rumpfreste, mit denen ein Computerprogramm eine exakte dreidimensionale Karte des Wracks erstellt.

ge vollständig ausgegrabene Schiff aus dem 13. Jh. Die Liste vergleichbarer Objekte ist kurz. Die Überreste des Glaswracks von Serçe Limanı aus dem 11. Jh. und ein etwas jüngeres Schiff aus Contarina, Italien, sind die bekanntesten Beispiele aus der gesamten Epoche. Schiffspläne sind nicht erhalten, und die Baubeschreibungen, die wir kennen, werfen mehr Fragen auf als sie beantworten.

Kaufleute und Mannschaft

Eine Häufung von Küchengeschirr und Dachziegeln deutet auf das Vorhandensein einer Kombüse im Achterschiff hin, während weiteres Küchengeschirr im Bug auf ein Mannschaftsquartier schließen lässt.

Aber woher stammte unser Schiff? Wo war sein Heimathafen und wohin fuhr es? Wie viele Passagiere waren an Bord? Weshalb und wie sank es vor Çamaltı Burnu? Die Amphoren und das gewöhnliche Geschirr einschließlich glasierter Teller und Schüsseln sind byzantinischen Ursprungs, die Monogrammstempel auf den Amphoren griechisch. Ähnliche Stempel auf den Henkeln anderer Amphoren aus dieser Zeit sind Abkürzungen von Namen, meist byzantinischer Herrscher oder Mitglieder ihrer Familien, denen Werkstätten gehörten. Vermutlich gehörten auch Städte, Provinzadelige, Privatbürger und große Klöster zu den Eignern. Außerdem sind griechische Namen in einige Tischamphoren und Krüge geritzt. Ein weiterer wichtiger Fund ist ein Prägestempel. Aus einer Legierung aus Kupfer, Zinn, Zink und Blei hergestellt, trägt er eine Abkürzung in griechischen Buchstaben. Gehörte er vielleicht einer »Firma«? Leider lassen sich die Amphoren des gefundenen Typs nicht mit Sicherheit einem bestimmten Herstellungsort zuordnen, so dass auch der Ausgangspunkt der letzten Fahrt des Schiffs unsicher ist. Wir fanden auch keine persönliche Habe der Mannschaft.

Schriftzeugnisse aus dem frühen 13. Jh. deuten darauf hin, dass die Besatzungsmitglieder, der Kapitän (*nauklèros*) eingeschlossen, auf vielen byzantinischen Schiffen des Mittelalters Mönche waren, da fast alle großen Klöster ihre eigenen Schiffe besaßen.

Angesichts der Zusammensetzung der Ladung und der Tatsache, dass Wein damals im Klosterleben eine wichtige Rolle spielte, dürfte die Fracht Eigentum eines Klosters in der Marmara-Region und das Schiff unterwegs zu den Märkten in Konstantinopel gewesen sein. Da kein Zimmererwerkzeug und keine Waffen an Bord waren, sollte das Schiff wohl nur eine kurze Strecke zurücklegen. Es fuhr vermutlich von Westen nach Osten und dann nach Nordwesten, Richtung Konstantinopel, als es unverhofft in Seenot geriet – vermutlich infolge starker Winde. Der Kapitän wollte wohl in der Bucht von Çamaltı Burnu Schutz suchen und befahl der Mannschaft, sämtliche Anker über Bord zu werfen, um das Schiff leichter zu machen. Den nahen Untergang vor Augen, gab die Besatzung das Schiff auf und brachte sich mit ihrer Habe am Ufer in Sicherheit.

Unser Projekt geht weiter. Wir sollten bald die Ausgrabung abschließen, aber damit haben wir nur den ersten Teil unserer Reise ins Mittelalter hinter uns. Physikalische und chemische Analysen der Hunderten von Amphoren, Krügen, Kochtöpfen, Tassen, Gefäßen und Pfropfen, der Anker und Rumpfteile müssen vollendet werden. Die Beantwortung aller Fragen, die durch die Entdeckung des Schiffs aufgeworfen wurden, wird indes noch viele Jahre dauern.

Ganz oben: Ein kleines Gefäß mit glasierter Innen- und Außenseite erinnert an ein ähnliches, das mit zwölf Münzen an Land gefunden wurde. Benutzten die Mönche solche Gefäße als »Geldbeutel«, wenn sie von Bord gingen?

Oben: Der Name »Leotes«, der in Griechisch in die Schulter einer Tischamphore gekratzt wurde, bezeichnet den Eigner des Gefäßes.

Unten: Weitere Forschungen werden vielleicht zeigen, ob dieser Metallstempel mit griechischen und vermutlich slawischen Buchstaben dem Kloster gehörte, dessen Wein das Schiff transportierte, und damit Aufschluss über die Herkunft der Fracht geben.

Schiffe in den Tiefen des Schwarzen Meeres

ROBERT D. BALLARD UND CHERYL WARD

Wrack D, Schwarzes Meer

Zeit: 5. oder 6. Jh. n. Chr.
Tiefe: 320 m
Erkundung: Hercules-Unterwasserroboter
Teilweise Ausgrabung: 2003
Fracht: mit Kiefernpech überzogene Transportgefäße aus Sinop
Rumpf: ca. 13 m lang

»Angenommen, auf dem Grund des Schwarzen Meeres würde ein antikes Wrack gefunden – seine organischen Materialien sollten vollständig erhalten sein«, schrieb Willard Bascom 1976. Damit hat er eine Initialzündung ausgelöst, und seither haben viele Forscher Jahre damit verbracht, das Gebiet zu erkunden. Auch Robert Ballard war wie elektrisiert, und Mitte der 1990er Jahre stellte er ein Team von Wissenschaftlern zusammen, um das Gebiet um Sinop (Türkei) zu Land und zu Wasser archäologisch zu durchkämmen.

Die Siedlungsgeschichte dieser Halbinsel reicht mehr als 8000 Jahre zurück. Damals war das Schwarze Meer noch ein riesiger Süßwassersee, und schon zu dieser Zeit haben die Menschen ihren Lebensunterhalt vor allem aus dem See und den angrenzenden Flüssen gedeckt. Als das ansteigende Mittelmeer die trennende Landschranke zwischen beiden durchbrach, vermischte sich das Süßwasser im Schwarzen Meer mit dem einströmenden Salzwasser und wurde brackig. Der Wind wühlte das oberflächennahe Wasser auf, wodurch sich eine sauerstoffreiche Schicht bildete, die eine Vielzahl von Lebensformen beherbergte, die aus dem Mittelmeer einwanderten. Das Wasser darunter jedoch bewegte sich nicht und wurde nicht stetig mit Sauerstoff versorgt. Es machte chemische Veränderungen durch, die dazu führten, dass das Wasser unter 200 m reich an Sulfiden und arm an Sauerstoff ist. Dieser Cocktail ist ausgesprochen unbekömmlich für solche Meeresorganismen, die frei liegendes Holz und anderes organisches Material zersetzen.

Die Wissenschaftler planten mehrere Unterwasser-Surveys, um antike Gehöfte oder Lager aufzuspüren, die vor 7500 Jahren beim Anstieg des Meeresspiegels um 150 m überflutet wurden. Außerdem hofften sie Wracks zu finden, Zeugnisse des viele Jahrtausende währenden Seehandels entlang der zerklüfteten Südküste des Schwarzen Meeres und über das offene Meer zur Krim. In Kooperation mit dem Archäologen Fredrik Hiebert, der die Prospektionen leitete, die zeigten, wo die Bewohner des antiken Sinope ihre Siedlungen errichtet hatten, listete Ballard jene geologischen Merkmale auf, die Spezialisten in akustischer Fernerkundung beim Aufspüren archäologischer Funde helfen sollten.

Zu Beginn des Projekts bestimmten wir mit Hilfe von Side-Scan-Sonar die Positionen von ungewöhnlichen Strukturen auf dem Meeresgrund. Side-Scan-Sonar erzeugt visuelle Bilder von Senken und Erhebungen auf dem Grund, bei denen es sich aber ebenso gut um die *Titanic* wie um einen verlorenen Anker oder einen Müllbeutel handeln kann. Das Herausfiltern »ungewöhnlicher Strukturen« ist eine Kunst für sich, und hier kommen die reichen Erfahrungen aller Personen an Bord ins Spiel. Meeresgeologen etwa erkennen hinter gewissen Mustern der Sedimentablagerung

Oben: Zwei der bekanntesten Meeresarchäologen der Welt, Robert Ballard (links) und George Bass, erörtern bei einem Besuch von Bass am Schwarzen Meer Probleme, die bei archäologischen Surveys in Tief- und Flachwasser auftreten.

Rechts: Im Jahr 2000 machte der Unterwasserroboter *Little Hercules* Video- und Standaufnahmen von Wrack B und anderen Zielen, die mit Side-Scan-Sonar bis in eine Tiefe von 320 m im Schwarzen Meer geortet wurden.

Ganz rechts: Wrack B, das zweite antike Schiff, das *L'il Herc* ortete, wurde 2003 erneut inspiziert. Ein Anchovisschwarm schwimmt über mit Kiefernpech ausgegossenen Transportamphoren, was darauf hindeutet, dass sie Wein enthielten.

antike Sanddünen, Strände oder Erdrutsche. Ingenieure filtern »Rauschen« aus und geben die Abmessungen von Anomalien an, und Archäologen begutachten ovale Erhebungen, lineare Muster und andere Strukturmerkmale, die möglicherweise Relikte antiker menschlicher Aktivitäten sind.

Während die Suche nach menschlichen Siedlungen letztlich erfolglos blieb, erstand die antike Landschaft durch die Aufnahmen der ferngesteuerten Unterwasserroboter (UWR) *Argus* und *Little Hercules* (abgekürzt: *L'il Herc*) vor unseren Augen. *L'il Herc* sieht aus wie ein knallgelber Ballon an einer schwarzen »Schnur«, die mit *Argus* verbunden ist, und er bewegte sich freier und leichter, weil das Mutterschiff ihn nicht direkt hinter sich herzieht. Die UWR senden durch die dicken Leitungsbündel im Speisekabel, über die sie präzise über den Meeresboden manövriert werden können, Videobilder ans Schiff.

Der UWR *Argus* dient als Plattform für Scheinwerfer, eine Videokamera, eine Standbildkamera und eine 35-mm-Farbkamera. *L'il Herc* trägt Kameras, die extrem hochwertige Bilder liefern; er hat außerdem eine Reihe von Messfühlern für Druck, Tiefe und Kompasskurs sowie Schrauben für seitliche und vertikale Bewegungen. Er ist mit einem Horizontalsonar ausgestattet, mit dem sich besonders jene merkwürdigen Echos analysieren ließen, die wir untersuchen wollten.

Saison 2000   CHERYL WARD

Kurz vor Mitternacht auf meiner ersten Wache auf dem Schiff kam ich in den »Container«, in dem die gesamte Technik für die Roboter installiert ist. »Sachte, sachte«, sagte der UWR-Pilot, als wir uns dem ersten Ziel näherten und sahen, dass die Scheinwerfer von *L'il Herc* plötzlich eine Wand von Amphoren beleuchteten, die 2 m über den Meeresgrund aufragte. Wrack A, das erste Wrack der Saison, war mit einer Fracht von dunkelorangen, karottenförmigen Transportamphoren beladen, die typisch für die Region Sinop sind und vermutlich in das 4. bis 6. Jh. n. Chr. datieren.

Wir fuhren zur nächsten Stelle, wobei wir unterwegs einen kurzen Stopp einlegten, um ein Objekt zu prüfen, das sich als großer Fels erwies, und dann weiter direkt zur dritten Anomalie, die sich, wie die erste auf meiner mitternächtlichen Wache, als Wrack herausstellte, das von einem großen Amphorenhaufen markiert war. Einige

Oben Eine Side-Scan-Sonar-Aufnahme von Wrack D zeigte einen über 10 m langen senkrechten akustischen Schatten. Der Schiffsmast, dessen Spitze hier von *L'il Herc* beleuchtet wird, markierte die Entdeckung des besterhaltenen Wracks der Antike.

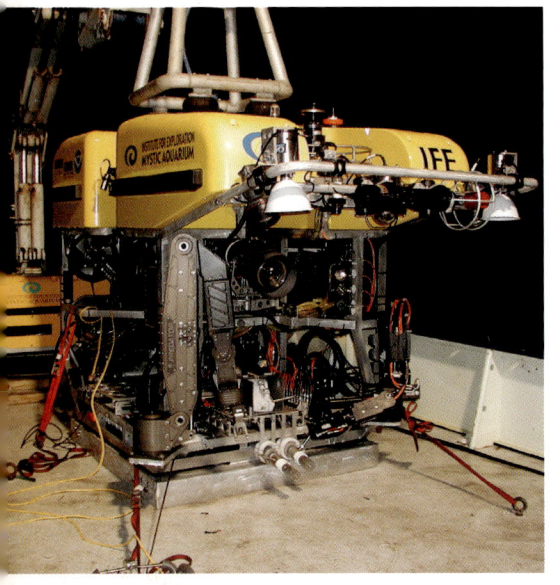

Unten: Der Erfolg des Schwarzmeer-Surveys 2000 beflügelte den Bau von *Hercules*, eines größeren Unterwasserroboters, der eigens für die Erkundung archäologischer Fundstätten in der Tiefsee gebaut wurde.

etwas ovalere Gefäße lagen verstreut auf der Oberseite der Fundstelle und deuteten auf ein etwas jüngeres Datum zwischen dem 4. und dem frühen 7. Jh. n. Chr. hin.

Tief in Sedimente eingegraben ist ein weiteres frühbyzantinisches Frachtschiff (Wrack C). Archäologen haben im Mittelmeer viele Amphorenwracks untersucht, doch die meisten sind von Poseidongras oder anderen Meerespflanzen überwuchert. Bei den Wracks, die wir im Schwarzen Meer in Tiefen zwischen 85 und 100 m fanden, liegen die Amphoren in einem Hügel auf dem Meeresboden, aber ohne Grasbewuchs. Und auch in anderer Hinsicht waren die Wracks anders: Hölzer, die verstreut auf der Oberfläche des Fundorts lagen, waren relativ gut erhalten.

Der letzte Fund der Saison 2000 wurde in 320 m Tiefe entdeckt. Seine Sonarsignatur – eine lange, schlanke, aufrechte Struktur – wies ihn als Holzmast von Wrack D aus, der 12–14 m über den Meeresgrund aufragte. Der Mast weist keine Erosionsspuren auf und ist hervorragend erhalten. Hinweise auf seine Takelage gibt ein Stück Tauwerk, das um das obere Mastende gewickelt ist, direkt unterhalb einer quadratischen Aussparung, die vielleicht einen weiteren Mastkopf für die Takelage trug.

Auf Deckhöhe verschwindet der Mast in dickem braunem Sediment, das von einer flaumigen weißlichen Substanz überzogen war, die Biologen »Meeresschnee« nennen – Überreste winziger Organismen. Mehrere Spieren, die teilweise von Treibsedimenten bedeckt waren, liegen an Deck, einige zwischen zwei Pfostenpaaren hinter dem Mast. Spantenenden ragen aus dem Sediment heraus, so dass ich die Form und die Abmessungen des Schiffs näherungsweise rekonstruieren konnte.

Saison 2003 ROBERT D. BALLARD

In den Jahren vor dem Schwarzmeerprojekt hatte sich immer deutlicher gezeigt, dass man mit den modernen Instrumenten der Ozeanographie zahlreiche antike Wracks in der Tiefsee orten und dokumentieren kann. Fortschrittliche UWR können zudem Proben von der Oberfläche frei liegender Artefakte nehmen, aber es war auch klar, dass die bislang entwickelten UWR keine archäologischen Ausgrabungen durchführen konnten, die den Anforderungen an die Grabungstechniken in seichtem Wasser genügen.

Meine Versuche, mit dem Forschungs-U-Boot NR-1 und dem Unterwasserroboter *Jason* mehrere römische Handelsschiffe auf der Skerki-Bank auszugraben, zeigten, dass die Ausgrabung eines Wracks, das unter den feinkörnigen Sedimenten der Tiefsee begraben ist, eine überaus schwierige Aufgabe war.

Aus diesem Grund entwickelten wir einen neuen Tauchroboter, *Hercules*, der als erster Roboter überhaupt eigens für archäologische Ausgrabungen in der Tiefsee ausgelegt war. Im Jahr 2003 erkundeten wir mit Hilfe von *Hercules* gründlicher die Überreste der Wracks B und C. Aber das vierte Wrack ließ das übliche Geplauder im Kontrollraum für eine Weile verstummen. Gebannt beobachteten wir, wie sich *Hercules* näherte. Während seines dreitägigen Einsatzes am Wrack entfernte *Hercules* Sedimente, sammelte Amphoren und deren Inhalt, zeichnete akustische Daten auf und machte Tausende von Fotos und stundenlange Videoaufzeichnungen, anhand derer Archäologen das Wrack eingehender analysieren können.

Unsere Kreuzfahrt zum Schwarzen Meer war die erste Einsatzerprobung des UWR *Hercules*. Mit Hilfe modernster Bildverarbeitungssysteme, eines Ferngreifers, einer präzisen Steuerung und eines ausgeklügelten Strahldüsen-/Pumpsystems ent-

Rechts: In einem Kontrollraum auf dem Forschungsschiff *Knorr* beobachten Navigatoren, Roboter-Piloten, Archäologen, Fotografen, Wissenschaftler und Studenten Ansichten von über einem Dutzend Kameras, während *Hercules* in den Tiefen des Schwarzen Meeres rund um die Uhr Befehle von Projektmitarbeitern ausführt.

Unten: Spanten, Balken und sonstige Teile der Aufbauten von Wrack D waren trotz ihrer langjährigen exponierten Lage hervorragend erhalten. Die Bewährungsprobe für *Hercules* und seine Werkzeuge war die heikle Bergung von Weinamphoren (unten rechts und ganz unten Mitte) und die Säuberung von Hölzern, die im frühen 5. Jh. in Form gebracht worden waren, einschließlich einem Püttingskopf mit einer Bohrung für eine Pinne (ganz unten links und Mitte); der im rechten Winkel dazu stehende Balken war vermutlich mittschiffs verbaut, da der Mast direkt dahinter ist.

fernten wir mühelos den Tiefseeschlick um Wrack D. Das Aushubsystem erfüllte seine Konstruktionsanforderungen und arbeitete perfekt unter ständiger visueller Überwachung. *Hercules* hatte bewiesen, dass er in der Lage war, ein antikes Wrack auszugraben. Aber dies war nur ein Test; es bedarf weiterer Einsätze, um herauszufinden, ob sich der Roboter für die vollständige Ausgrabung eines tief liegenden Wracks eignet.

WRACKS AUS MITTELALTER UND RENAISSANCE

Ich bin Experte für die Bronzezeit. Im europäischen Mittelalter und der Renaissance kenne ich mich so schlecht aus, dass ich, als ich gebeten wurde, auf einer Historikertagung einen Vortrag über Wracks aus Mittelalter und Renaissance zu halten, meine Frau fragte: »Wann war das Mittelalter? Und wann die Renaissance?«

»Das Mittelalter war die Epoche, in der alle Menschen an der Pest erkrankten«, antwortete sie im Scherz, »und in der Renaissance haben sie sich wieder erholt.«

Heute bin ich etwas schlauer. Das Mittelalter wird gelegentlich mit dem Beiwort »finster« versehen. Um den Leser nicht zu verwirren, ignoriere ich einfach die Tatsache, dass die byzantinische Epoche, die wir im letzten Abschnitt behandelt haben, ebenfalls zum »finsteren« Mittelalter gehörte!

Dieser Abschnitt führt uns endlich aus dem Mittelmeer mit seiner langen und gut dokumentierten Geschichte der Seefahrt hinaus nach Südostasien und in den Fernen Osten – weit weg vom mittelalterlichen Europa. Er führt uns auch zu einer Ausgrabung an Land, denn Schiffsarchäologen interessieren sich für sämtliche Schiffe, egal, wo ihr Fundort liegt. Und dazu gehören auch vergrabene Schiffe der Vergangenheit, egal, ob sie von den alten Ägyptern, den Wikingern, den Angelsachsen oder anderen Nordeuropäern stammen.

Die Ausgrabung des aus dem 14. Jh. stammenden Shinan-Wracks war eine rein koreanische Operation, aber die National Geographic Society entsandte den INA-Archäologen Donald H. Keith zweimal zu dem Projekt. Vor kurzem hat der INA-Mitarbeiter Jeremy Green das Nationale Meeresmuseum in Mokpo besucht, in dem der Schiffsrumpf ausgestellt ist, und er sprach mit denjenigen, die das Wrack und seine wertvolle Fracht weiterhin erforschen.

Auf meinen beiden Reisen nach Korea konnte ich die Funde aus Shinan noch nicht im Museum von Mokpo besichtigen. Dafür durfte ich 2004 in China die Ergebnisse der Ausgrabung eines fast gleich alten chinesischen Wracks bewundern, das ebenfalls einen Schatz an schönen, formenreichen und unbeschädigten Keramiken barg. Es war gegenüber der koreanischen Halbinsel unter Leitung von Zhang Wei vom Nationalmuseum für chinesische Geschichte in Peking ausgegraben worden. Ich freute mich sehr, als ich von Zhang Wei, den ich von seinem Studium an der Texas-A&M-Universität kannte, eingeladen wurde, im Südchinesischen Meer die Tauchbarkassen zu besuchen, die als Plattform für die Ausgrabung eines älteren Wracks aus dem 12. Jh. dienen. Tausende unbeschädigte glasierte Keramiken wurden bereits geborgen und sind im Yangjiang-Museum ausgestellt.

Anschließend nimmt uns Fred Hocker mit zur niederländischen Zuidersee, wo Hunderte, wenn nicht Tausende von Wracks in dem Boden liegen, der dem Meer

Zwei Studenten arbeiten in einer 2 x 2 m großen Gitterzelle an einem Wrack aus dem 16. Jh., das in geringer Tiefe bei Ko Kradat, Thailand, liegt. Der Taucher im Vordergrund, der einen leichten Auftrieb hatte, hat sich zum Austarieren zusätzlich zu seinem Bleigürtel einen Stein auf die Druckluftflaschen gelegt.

Oben: Glasierte Schüsseln aus einem osmanischen Wrack des 16. oder frühen 17. Jh.

Unten: In diesem Abschnitt erwähnte Orte; in Fettdruck die Fundorte der Wracks.

abgerungen wurde. Die Zahl der Wracks ist so groß, dass sich die niederländischen Archäologen über jede Hilfe bei der Dokumentation freuen. Daher erhielten Studenten der Texas-A&M-Universität das Recht zu eigenständigen Forschungen und Publikationen. Fred beschreibt die Ausgrabung einer Kogge, des wichtigsten nordeuropäischen Handelsschiffs zwischen dem 13. und dem 15. Jh.

Jeremy Green führt uns nach Thailand. Das Western Australian Museum, wo Jeremy die Abteilung für Unterwasserarchäologie leitet, ist vielleicht das einzige Institut außerhalb des INA, das weltweit Freilandstudien betreibt. Es freut uns, dass Jeremy ab und zu mit uns gearbeitet hat, vom Mittelmeer bis in den Indischen Ozean. Er beschreibt hier eines von mehreren Wracks, die er während eines Lehrgangs in Unterwasserarchäologie für thailändische Archäologen untersuchte.

Schließlich wird ein osmanisches Schiff aus dem späten 16. oder frühen 17. Jh. vorgestellt. An diesem Projekt war ich persönlich beteiligt, denn als ich Ende der 1960er Jahre begann, Schiffshölzer zu dokumentieren, die schräg aus dem byzantinischen Schiffsrumpf aus dem 4. oder 5. Jh. hervorragten, den ich vor Yassıada, Türkei, freilegte, glaubte ich, sie gehörten zum selben Schiff. Das byzantinische Schiff, so vermutete ich, war auseinander gebrochen, und ich skizzierte die Spanten eines der beiden Bruchstücke. Schließlich erkannten wir, dass dies ein jüngeres, fast leeres Schiff war, das direkt auf das byzantinische Schiff gesunken war. Cemal Pulak grub dieses jüngere Schiff aus, das sich anhand einer Münze auf die Zeit Philipps II. von Spanien oder etwas später datieren ließ und das durch sein Zubehör als osmanisch ausgewiesen wurde.

Ein chinesisches Wrack aus dem 14. Jh.: Shinan, Korea

GEORGE F. BASS

Die glasierte Statuette der buddhistischen Gottheit Kuan-yin aus dem Shinan-Wrack. Die Figur ist 24 cm hoch, ein Teil des Kopfs glatt abgebrochen.

Der erste Ausflug des INA in den Fernen Osten begann mit einem Telefonat. Das war im Jahr 1979.

»Die koreanische Marine gräbt eine chinesische Dschunke (14. Jh.) aus. Es ist die erste vollständige Ausgrabung eines Wracks im Fernen Osten. Würden Sie als Berater hinfliegen und einen Artikel für unser Magazin schreiben?«, fragte ein Redakteur der National Geographic Society.

Ich hatte schon in der Türkei alle Hände voll zu tun: »Ich kann nicht, aber ich habe genau den Richtigen für Sie.«

Ich dachte an Donald H. Keith, der schon in Şeytan Deresi und Serçe Limanı mit mir zusammengearbeitet hatte. Don war nicht nur ein findiger, brillanter Wissenschaftler, sondern auch einer der besten Taucher/Ausgräber, die ich kannte, und ein hervorragender Zeichner. Don hat später am Molasses Reef der Turks- und Caicos-Inseln das damals älteste bekannte Wrack der Neuen Welt ausgegraben und ein Museum gegründet, in dem die Fundstücke ausgestellt wurden.

Schon nach wenigen Tagen tauchte Don vor der Hafenstadt Shinan in Südwestkorea bei einer Sicht von null an einer Leine 20 m tief ins Gelbe Meer. Eine starke Strömung zog an ihm. Am Grund führte sein Tauchpartner, In Seong-jin, Dons Hände über Porzellan und Holz, das aus dem Sediment herausragte. Don beschrieb seine Erfahrungen auf den beiden Korea-Reisen in Beiträgen für die Magazine *National Geographic* und *Archaeology*.

Die Entdeckung

Das Wrack war 1975 von dem Fischer Choi Hyung-gun entdeckt worden, der in seinem Netz Keramikscherben gefunden hatte, die von Experten als Seladonporzellan aus der Yuan-Dynastie (1260–1386) identifiziert wurden, das wegen seiner Ähnlichkeit mit Jade hochgeschätzt war. Choi und sein jüngerer Bruder wurden von den südkoreanischen Behörden dafür belohnt, dass sie den Fund gemeldet hatten, doch andere, skrupellose Fischer suchten an dieser Stelle nach Seladonporzellan, das sie dann an einen Antiquitätenhändler verkauften. Es kam zu Festnahmen, das Seladonporzellan wurde sichergestellt, und das Amt für Denkmalschutz begann mit Unterstützung der koreanischen Marine, das Wrack an seiner Fundstelle 2 km vor der Küste vollständig auszugraben.

Im Jahr 1982 besuchte der INA-Forscher Jeremy Green im Rahmen eines gemeinsamen Forschungsprojekts mit der Seoul-Universität das Konservierungslabor im Nationalen Meeresmuseum in Mokpo und untersuchte ein Schiffsmodell im Maßstab 1:5.

Die Funde

Bei Abschluss der Ausgrabung 1989 war eine atemberaubende Fülle an Artefakten geborgen worden. Sieben Millionen Münzen mit einem Gewicht von 26,8 Tonnen ließen Rückschlüsse auf das frühestmögliche Untergangsdatum zu; obgleich die Münzen über einen Zeitraum von 600 Jahren geprägt worden waren, stammten die jüngsten aus dem Jahr 1310. Ein noch präziseres Datum für den Untergang liefert ein hölzerner Frachtanhänger mit der Aufschrift »1323«. Mit Tausenden von Porzellangefäßen besaß Korea nunmehr die weltweit größte Sammlung von Seladonporzellan aus der Zeit der Yuan-Dynastie. Viele dieser Gefäße lagen noch, mit Pfefferkörnern gepolstert, in gut erhaltenen Lattenkisten, als sie gefunden wurden.

Offenbar haben Seeleute aller Nationalitäten sich die Zeit an Bord mit Spielen vertrieben. Die Männer an Bord des Serçe-Limanı-Glaswracks aus dem 11. Jh. spiel-

Unten: Unter den Tausenden von Objekten, die aus dem Shinan-Wrack geborgen wurden, waren auch chinesische Keramiken, die in bemerkenswert gut erhaltenen Lattenkisten verstaut waren. Eine davon trug die Beschriftung »großes Glück«. Der Deckel einer Kiste war mit dem Gittermuster des chinesischen Go-Spiels gekennzeichnet, das vermutlich von den Matrosen an Bord gespielt wurde.

Rechts: Dieses Gemälde eines chinesischen Schiffes aus dem späten 18. Jh. (von William Alexander) ist eine der ersten einschlägigen Abbildungen von einem Abendländer. Die Grabungen koreanischer und chinesischer Archäologen erweitern gegenwärtig unser Wissen über noch ältere chinesische Schiffe.

Unten rechts: Der kleine, nur 10 cm hohe Bronzelöwe mit abnehmbarem Kopf diente als Weihrauchfass.

ten sowohl Schach als auch Backgammon, und während der gesamten Antike spielten Seeleute offenbar das Knöchelspiel. Auf die Oberseite einer der Lattenkisten, die in Shinan gehoben wurden, ist das Brett des chinesischen Go-Spiels eingeschnitzt.

Obgleich die Ausgräber aufgrund der schlechten Sicht unter Wasser keinen präzisen Lageplan anfertigen konnten, montierten sie einen Messrahmen über der Fundstätte und unterteilten diesen in Quadrate. Nach jedem Tauchgang verzeichneten sie aus ihrem Gedächtnis die Fundorte sämtlicher Objekte im jeweiligen Quadrat. Der Rumpf dieses chinesischen Schiffs war in vielerlei Hinsicht so gebaut wie erwartet: flach, mit Plattgatten an Bug und Heck und mit einem Innenraum, der durch sieben Schotts in acht Abteilungen unterteilt ist.

Eine Inschrift auf einem Waagengewicht deutet darauf hin, dass das Schiff in Ningpo in China in See stach. Da die Koreaner im 14. Jh. selbst Seladonporzellan herstellten, wollte das Schiff seine Fracht wohl in Japan löschen, wo chinesisches Porzellan damals begehrt war. Doch das Schiff wurde vermutlich bei einem Sturm gegen die Klippen geschleudert.

Ein chinesisches Wrack aus dem 14. Jh.

Eine Kogge aus dem 15. Jh. in der Zuidersee: Almere, Niederlande

FRED HOCKER

Die Landschaft ist unheimlich, verwirrend. Der Boden ist flach, so weit man sehen kann, unterbrochen nur in regelmäßigen Abständen durch Drängraben. Die Bäume sind alle genau gleich groß und stehen in geraden Reihen unter einem grauen Himmel, der gleichsam mit der Ebene verschmilzt, die sich bis zum Horizont erstreckt. Dies ist Flevoland, das Land, das die Holländer der Zuidersee abtrotzten. Es ist eine künstliche Landschaft, das weltweit größte Gartenbauprojekt und einer der größten Schiffsfriedhöfe. Es war einst eine stark befahrene Verkehrsader auf dem wichtigsten Ost-West-Seeweg in Nordeuropa, und vom 13. Jh. bis zum Beginn der Landgewinnung in den 1920er Jahren sanken hier Schiffe. Seit 1944 haben niederländische Archäologen hier über 400 Wracks untersucht. Viele davon sind fast vollständig, und Artefakte wie mittelalterliche Kleidung, Renaissance-Mandolinen und barocke Holzschnitte wurden im Bodenschlick hervorragend konserviert.

Unter diesen Wracks sind auch fast ein Dutzend Koggen, jene schweren Handelsschiffe des Hoch- und Spätmittelalters, die die Hanse zum ersten multinationalen Konzern der Welt machten. Eine Kogge wurde im Frühjahr 1986 aus dem gefrorenen Boden der neuen Stadt Almere ausgegraben. Von der Fracht blieb nichts erhalten; es gab nur einige kleinere Funde, darunter ein menschliches Skelett und ein seltsamer

Almere-Kogge

Gesunken: 1422–1433
Ausgrabung: 1986
Dokumentation: 1988
Rumpf: 16,4 m lang, 4,2 m breit
Ladekapazität: ca. 30 Tonnen
Ladung: unbekannt

Links: Die weitgehend vollständigen Überreste der Kogge liegen flach im Schlamm. Sie wurden 1986 bei Erschließungsarbeiten in der Stadt Almere entdeckt.

Rechts: Fundstücke vom Schiff: ein Spaten, eine Axt und eine Dechsel. Bei der Bergung der Fracht, vermutlich kurz nach dem Untergang, wurden sie zurückgelassen.

Klöppel aus Holz. Dieser Klöppel in der Form der heiligen Katharina war ein Lärminstrument, das Leprakranke bei sich tragen mussten, um andere vorzuwarnen, und das Skelett wies Narben auf, die typisch sind für abgeheilte Wunden. Dieser arme Mann galt gewiss als unrein, was vielleicht erklärt, dass ihn niemand rettete, als das Schiff kenterte.

Ich interessierte mich sehr für Koggen und fragte bei Reinder Reinders an, dem Direktor des niederländischen Museums für Schiffsarchäologie, ob das INA bei der Dokumentierung der Kogge von Almere helfen könne. Reinders erklärte sich einverstanden, und so nahmen Mike Fitzgerald, Sam Mark, Bob Neyland und ich unsere Arbeit im Museum in Ketelhaven auf, um das Schiff detailliert zu dokumentieren. Wir wohnten in nahen Ferienhäusern, von den Einheimischen »Hühnerställe« genannt, und verbrachten unsere Tage damit, einen großen Haufen von feuchtem, schlammigem Holz zu sichten.

Wir mussten weder tauchen noch Bodensedimente durchsieben, um verborgene Schätze aufzuspüren. Stattdessen wurden die geborgenen Schiffshölzer ununterbrochen von einer Sprinkleranlage benetzt. Wir legten alle Balken, die bis zu 150 kg wogen, einzeln auf einen Tisch mit Gitternetz, zogen die Umrisse nach und markierten die Position eines jeden auffälligen Merkmals, eines jeden Nagels und Dübels. Im Verlauf von zwölf Wochen setzten wir den Holzhaufen in Hunderte von Zeichnungen um. Es hört sich trostlos an, doch die intensive Konzentration auf Details gab uns das Gefühl, den Menschen zu begegnen, die das Schiff gebaut hatten und damit zur See gefahren waren. Am Muster der Dechselhiebe erkannten wir, dass wenigstens zwei Schiffszimmerer die Kogge gebaut hatten und dass beide Rechtshänder waren. Die Reparaturen am Schiffsboden verrieten, dass das Boot viele Jahre lang über die Watten und die Sandbänke der Zuidersee geschrammt war. Risse in den Planken zeigten die Belastungsgrenzen des Holzes, mit dem die Schiffszimmerer arbeiteten, und wie sie diese mit handwerklichen Tricks lösten. Die missratenen Verbindungsstücke der Deckbalken zeugten von einem 600 Jahre alten Konstruktionsfehler.

Mit Hilfe unserer Zeichnungen konnte ich die ursprüngliche Gestalt des Schiffes rekonstruieren. Es war etwa 16 m lang und hatte im frühen 15. Jh. die Zuidersee befahren, ein unspektakulärer, aber wesentlicher Teil des gewaltigen Stroms an Gütern und Menschen zwischen Ost- und Nordsee. Obgleich die Koggen schließlich von anderen Schiffstypen verdrängt wurden, überlebten viele der Grundmerkmale dieses kleinen, aber robusten Schiffs auf den Wasserstraßen Nordeuropas und sind noch immer in den stählernen Lastkähnen, die auf dem Unterrhein verkehren, zu erkennen.

Oben: Ein Nachbau der Kogge im Maßstab 1:1, ein Projekt der schwedischen Stadt Malmö und des Fotevik-Museums, 2002 vom Stapel gelaufen.

Rechts: Der Klöppel in Form der heiligen Katharina mit der schlichten Bitte »Hilf mir!«, eingeschnitzt am Fuß.

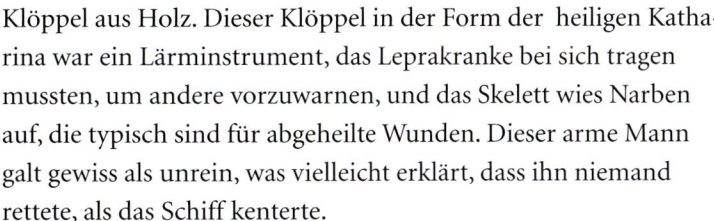

Wracks in Südostasien: Ko Si Chang, Thailand

JEREMY GREEN

Im Nordosten des Golfs von Thailand liegt Ko Si Chang (»Ko« bedeutet auf Thailändisch Insel). Es ist nicht nur eine berühmte buddhistische Wallfahrtsstätte, sondern auch die Fundstelle dreier bedeutender asiatischer Wracks. Ich hörte erstmals 1979 von den Wracks, als ich gemeinsam mit australischen Kollegen und dem thailändischen Fine Arts Department Wrackfundstellen im Golf erkundete. Wir hatten bereits bei Ko Kradat, nahe der kambodschanischen Grenze, ein Wrack ausgegraben und dabei aufregende neue Erkenntnisse über thailändische Keramiken gewonnen. Viele thailändische Wracks hatten chinesisches Porzellan als Fracht an Bord, und auf manchen Stücken steht sogar die Regierungszeit des jeweiligen chinesischen Kaisers oder das Herstellungsjahr. In Ko Kradat fanden wir ein Artefakt mit dem Datum der Regierungszeit Jia Jings (1522–1566), so dass wir nun zum ersten Mal thailändische Keramiken in dieser Fracht exakt datieren konnten.

Als wir dann 1982 ein stark ausgeplündertes Wrack bei Pattaya inspizierten, nahmen wir uns eine Woche frei, um den Gerüchten über Wracks bei Ko Si Chang nachzugehen. Unsere thailändischen Kollegen spürten alsbald den Fischer auf, der die Position des Wracks kannte. Wir fuhren voller Zweifel aufs Meer hinaus. Der Fischer rauchte einen riesigen Joint und scherzte mit unseren thailändischen Kollegen, während er uns in seinem kleinen Boot begleitete. Etwa 3 km vor Ko Si Chang fuhr er ohne zu zögern an eine Stelle und deutete nach unten. Hier liege es, in 32 m Tiefe!

Jemand musste tauchen, der Höflichkeit halber, denn der Fischer konnte unmöglich, so weit von Land entfernt, exakte Angaben machen. Mehrere Mitglieder unserer Mannschaft tauchten hinab und kehrten 15 Minuten später mit zwei Beuteln zur

Oben: Nick Sanders säubert frisch geborgene Keramiken. Das größere Vorratsgefäß, ein Handelsobjekt, enthielt Kalk, der mit Betelnuss gekaut wurde – ein Gemisch mit leicht narkotisierender Wirkung.

Unten links: Keramiken waren typisch für die gemischte Fracht südostasiatischer Handelsdschunken: große Vorratsamphoren aus einem ausgegrabenen Brennofen in Zentralthailand; schwarze südostasiatische Kendis–Wassersprenger (links), und chinesische Blauweißkeramiken (Vordergrund).

Ko-Si-Chang-Wrack

Zeit: um 1600
Tiefe: 32 m
Ausgrabung: 1983, 1985
Ladung: Keramiken, Vorratsgefäße
Rumpf: ca. 20 m lang

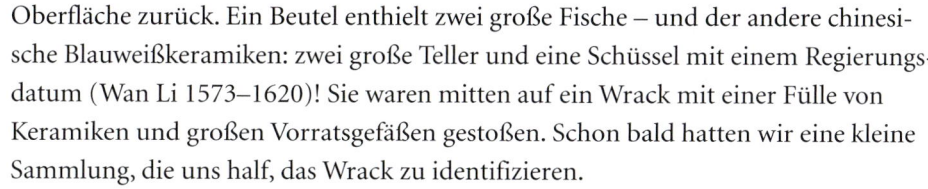

Oberfläche zurück. Ein Beutel enthielt zwei große Fische – und der andere chinesische Blauweißkeramiken: zwei große Teller und eine Schüssel mit einem Regierungsdatum (Wan Li 1573–1620)! Sie waren mitten auf ein Wrack mit einer Fülle von Keramiken und großen Vorratsgefäßen gestoßen. Schon bald hatten wir eine kleine Sammlung, die uns half, das Wrack zu identifizieren.

Der Mann, der uns das Wrack zeigte, war ein Angelfischer. Er fing Fische, die sich in den Vorratsgefäßen versteckten. Der Meeresgrund in diesem Teil des Golfs ist eine eintönige Sand- und Schlickwüste, und Fische finden sich hier vor allem an Riffen und Wracks. Woher wusste der Fischer von diesem Schiff? In einem viele hundert Quadratkilometer großen Gebiet entdeckt man solche Wracks nicht zufällig beim Fischen! Begannen die örtlichen Fischer gleich nach dem Untergang das Wrack auszuschlachten, indem sie zunächst mit Ankereisen Gegenstände heraufzuholen versuchten (es liegt zu tief für Freitaucher) und später einfach dort fischten? Wurde der Fundort dann mündlich über die Generationen weitergegeben?

Wir gruben das Wrack in den Jahren 1983 und 1985 aus. Wir fanden heraus, dass das Schiff etwa 20 m lang, der Rumpf durch Schotten abgeteilt war und die Planken an den Kanten verdübelt waren – eine Bauweise, die charakteristisch für Südostasien ist. Dieses Schiff beförderte unterschiedliche Formen von Keramiken, die jeweils in eigenen Abteilungen eingelagert waren. Besonders interessant war die Entdeckung, dass quer durch die Schotten Rinnen verliefen. Bislang hatte man aufgrund von Marco Polos Reisebericht aus dem Jahr 1292 angenommen, dass die Schotten wasserdicht waren. Dort heißt es: »Einige Schiffe haben 13 Laderäume, die durch fest zusammengefügte starke Planken abgetrennt sind, so dass, wenn ein Schiff leckschlägt, … das einströmende Wasser zur Bilge fließt, die immer frei bleibt. Dann suchen die Seeleute das Leck und räumen den betroffenen Laderaum aus, denn das Wasser kann nicht von einem Laderaum in den nächsten fließen, so dicht sind sie versiegelt.«

Unser Ko-Si-Chang-Wrack zeigte einmal mehr, dass südostasiatische Schiffe von der gleichen Bauart waren wie chinesische Schiffe, und unsere Befunde sprechen dafür, dass die Schotten in asiatischen Schiffen nicht wasserdicht waren.

Oben links: Die ersten Objekte, die vom Wrack geborgen wurden. Die vier flachen Schüsseln tragen Embleme von zwei der acht taoistischen Unsterblichen: der Fächer von Chung-li Ch'üan, dem Krieger (links und rechts), und die Gurde von Li T'ieh-kuai, dem Krüppel (Mitte). Die Schüssel rechts war besonders aufschlussreich, weil auf ihrer Unterseite die Regierungszeit vermerkt war.

Oben: Diese sechs chinesischen Schriftzeichen bedeuten: Hergestellt im Großen Ming-Wan-Li-Jahr. Wan Li regierte von 1573 bis 1620.

Unten: Zeichnung einer thailändischen Dschunke in einer japanischen Schriftrolle aus der späten Ming-Zeit (1368–1644). Solche Handelsschiffe verkehrten in ganz Südostasien sowie zwischen China und Japan.

Ein außergewöhnliches osmanisches Wrack: Yassıada, Türkei

CEMAL PULAK

Yassıada, osmanisches Wrack

Zeit: spätes 16.–frühes 17. Jh.
Tiefe: 39–43 m
Gefunden von: George Bass
Ausgrabung: 1967, 1982–3
Rumpf: ca. 20 m lang, ca. 7 m breit
Tauchgänge: 200 in 1983

Seit mehr als sechs Wochen waren wir an Bord der *Virazon*, ohne einen Fuß an Land gesetzt zu haben. Das INA-Forschungsschiff stampfte und rollte in den tosenden Wellen, die sich an dem unter Wasser liegenden Felsriff etwa 200 m vor dem Bug brachen. Das ständige Heulen der vorherrschenden Nordwestwinde und der chronische Schlafmangel auf dem schlingernden Schiff hatten unsere Nerven zum Zerreißen gespannt. Dennoch mühten wir uns pflichtbewusst, das 300 Jahre alte Schiff, das 39–42 m unter uns auf dem Meeresgrund lag, auszugraben und zu dokumentieren.

Über einen Zeichentisch gebeugt, der behelfsmäßig über der Druckkammer im Laderaum der *Virazon* montiert war, und ein wenig benommen von den Tabletten gegen Seekrankheit, die ich alle paar Stunden einnahm, versuchte ich mich zu konzentrieren und meine Hand ruhig zu halten, während ich auf dem Lageplan die Spanten verzeichnete, die ich gerade auf Grund vermessen hatte.

Die *Virazon* war im Sommer 1983 fest über dem Wrack vertäut; wir hatten den Hauptanker in das unter Wasser liegende Riff getrieben, an dem das Schiff aus dem späten 16. oder frühen 17. Jh. zerschellt war. Das Riff, dessen höchste Stelle nur 1,5 m unter dem Meeresspiegel liegt, erstreckt sich etwa 150 m südwestlich von Yassıada, einer kleinen, unbewohnten Insel etwa 5 km vor der westtürkischen Küste. An diesem Riff sind fast ein Dutzend weitere antike Schiffe zerschellt, von denen zwei – ein byzantinisches Schiff aus dem 7. Jh. und ein spätrömisches aus dem 4. Jh. – bereits ausgegraben worden waren. Die nassen Gräber der Wracks waren gekennzeichnet durch Haufen von zweihenkeligen Tongefäßen oder auch nur durch verstreute Tonscherben, die von vergessenen Tragödien zeugten. Das Riff erwacht noch immer, gelegentlich unverhofft, aus seinem Dornröschenschlaf, um arglose Schiffe zu verschlingen. Im Jahr 1993 lief ein libanesischer Frachter auf das Riff und sank auf die Schiffe, die das Schicksal Jahrtausende zuvor ereilt hatte.

Ein Gewirr von Hölzern

Als George Bass und sein Team 1967 das Wrack aus dem 4. Jh. auszugraben begannen, waren sie überrascht, als sie Schiffshölzer freilegten, die schräg über dem Heck des römischen Wracks lagen. Als sie weitere Hölzer ausgruben, erkannten sie, dass sie zu einem anderen, größeren Schiff gehörten, das nach Ausweis einiger glasierter Schüsseln, die sie zwischen den Hölzern fanden, viel jüngeren Datums sein musste. Während der zweiten Grabungskampagne an dem römischen Wrack 1969 legten sie einen 6 m langen Abschnitt am Bug des neu entdeckten Schiffs frei, aber sie konnten weder dessen Größe bestimmen noch eine nahe dem Bug gefundene, schlecht erhaltene spanische Silbermünze identifizieren.

Vor dem nächsten Unternehmen in Yassıada 1974, diesmal unter der Leitung des INA, war die Münze vorläufig ungefähr auf das Jahr 1600 datiert worden. In gespannter Erwartung wurde der Bugabschnitt abermals freigelegt, um das Geheimnis zu lüften. Leider zwang der Ausbruch von Feindseligkeiten zwischen der Türkei, Zypern und Griechenland in jenem Jahr das Forscherteam dazu, Yassıada Hals über Kopf zu verlassen.

Als George Bass 1982 beschloss, die Ausgrabung dieses Schiffs erneut in Angriff zu nehmen, war die Münze sorgfältig gereinigt und als eine 4-Real-Münze identifiziert, die zwischen 1566 und 1589 unter Philipp II. von Spanien geschlagen worden war. Aufgrund der Datierung und des Fundorts vermutete ich, dass es sich um ein osmanisches Schiff handelte. Bislang war kein vollständiges frühosmanisches Wrack gefunden und ausgegraben worden, so dass wir viel mehr über den griechischen, römischen und byzantinischen als über den osmanischen Schiffbau wussten. Dabei hatte das Osmanische Reich im 16. Jh. eine der größten und mächtigsten Flotten im Mittelmeer unterhalten. Ein Hauptgrund für dieses Missverhältnis ist der Umstand, dass ab dem 13. Jh. die leicht aufzuspürenden und praktisch unzerstörbaren Amphoren im Seehandel von Holzfässern und Schläuchen verdrängt wurden, die sich im Salzwasser rasch zersetzten.

Bei Abschluss der Grabungen im Jahr 1982 hatten wir eine recht gute Vorstellung von der Größe des osmanischen Schiffs und seiner Bauart, doch sein genaues Alter und seine Funktion blieben ein Rätsel. In der Hoffnung, Antworten auf diese Fragen zu finden, begannen wir im folgenden Sommer die abschließende Kampagne. Anders als bei der vorangehenden Grabung beteiligten sich daran nur eine Hand voll INA-Archäologen und Hilfskräfte, und ihre Operationsbasis war die *Virazon*.

Wir legten den Rumpf ein weiteres Mal frei und zeichneten ihn in unseren Lageplan ein. Die erhaltenen Hölzer ließen darauf schließen, dass das Schiff mindestens 20 m lang und etwa 6 m breit, für seine Zeit also eher klein, aber offenbar keine Kriegsgaleere des Typs war, der das Rückgrat der osmanischen Flotte bildete. Abgesehen von einigen Artefakten und Tonwaren war das Schiff leer. Es gab auch keine Hinweise darauf, dass es leicht verderbliche Ware wie Getreide transportiert hatte, die nach dem Untergang rasch zerfallen wäre. Diese Ergebnisse machten alles noch rätselhafter, denn wie konnte ein Schiff sinken und 300 Jahre unter Wasser bleiben, wenn es keine schwere Fracht und keinen Ballast geladen hatte? Mit seinen Eichenspanten und -planken, die alle mit Eisennägeln befestigt waren, war das Schiff gewiss schwerer als ein vergleichbares Schiff aus Kiefernholz, aber trotzdem nicht schwer genug, um von sich aus auf Grund zu gehen. Eine Erklärung liegt möglicherweise in der Annahme, dass das Schiff leer war, denn kein Schiff sticht in See, ohne Fracht oder Ballast aufzunehmen, die seine Stabilität erhöhen. Dies bedeutet, dass das Schiff, nachdem es auf das Riff gelaufen war, eine Zeit lang dort gelegen haben muss, bevor es nach und nach in sein nasses Grab sank, wie es auch dem libanesischen Frachter 1993 erging. Spuren, die diese Theorie bestätigen, fanden sich an dem stark beschädigten Kiel, der an drei verschiedenen Stellen gebrochen war. Während das Schiff über dem Riff lag, wurden vermutlich alle brauchbaren Gegenstände geborgen. Kein einziger Anker, kein Werkzeug und keine Waffen blieben darauf zurück.

Ein außergewöhnliches osmanisches Wrack

Selbst die (unbekannte) Fracht wurde entfernt, vielleicht auf ein Begleitschiff oder ein anderes Boot umgeladen, das dem sinkenden Schiff zu Hilfe kam. Wir wissen nicht, wie lange unser Schiff an dem Riff hing, jedenfalls aber so lange, bis sich seine Eichenplanken voll gesogen hatten und so schwer geworden waren, dass sie sanken und nicht fortgespült wurden.

Ein osmanisches Kriegsschiff?

Konnte es sein, dass unser Schiff an der Schlacht von Lepanto teilgenommen hatte, einer der größten Seeschlachten der Geschichte und der letzten großen Schlacht zwischen Galeerenflotten? Am 7. Oktober 1571 traf die osmanische Flotte vor Lepanto in Westgriechenland auf die mächtigste Armada, die die Christenheit je aufstellte: venezianische, spanische, päpstliche, genuesische, savoyische und maltesische Galeeren vereinigten sich mit sechs großen venezianischen Galeassen. Die christliche Flotte errang einen entscheidenden Sieg, der die bis dato unangefochtene osmanische Seeherrschaft im östlichen Mittelmeer brach. War unser Schiff ein Transport- oder Versorgungsschiff, das Soldaten oder Nachschub nach Lepanto bringen sollte? Die 4-Real-Münze deutete darauf hin, dass das Schiff jedenfalls nicht vor 1566 gesunken sein konnte. Stammten die fast 100 Kanonenkugeln, die wir auf dem Riff verstreut fanden, von unserem Schiff? Deuteten sie und die beiden Stein- sowie die eine gusseiserne Kanonenkugel, die wir an Bord fanden, darauf hin, dass es ein Versorgungsschiff der türkischen Flotte gewesen ist?

Wir fanden auf dem Wrack zwei große und zehn kleinere glasierte Schüsseln. Abgesehen von Unterschieden in der Größe und der Glasur gleichen sie einander – tiefe Schüsseln mit leicht eingebogenen Rändern und konischem Fuß. Sie sind im Innern in Sgraffito-Technik verziert, d.h. das Muster wurde in die oberste Glasurschicht eingeritzt. Die Zahl der Schüsseln entspricht der Mannschaftsstärke eines mittelgroßen Versorgungsschiffs mit zwei Offizieren und zehn Matrosen. Entsprechende Schüsseln wurden in Saraçhane in Istanbul, auf der Agora von Athen und in der Burg von Bodrum gefunden. Alle stehen mit der Stationierung osmanischer Truppen in Verbindung. Daher dürften die Schüsseln von Soldaten gebraucht worden sein. Diese Annahme wird durch den Fund mehrerer Fragmente gleichartiger Schüsseln in einer Töpferei auf den Dardanellen in Çanakkale erhärtet, wo eine der osmanischen Flotten stationiert war. Analysen ergaben, dass das Blei in der Glasur die gleiche Isotopenzusammensetzung hat wie das bei Çanakkale geschürfte Blei, so dass sämtliche Schüsseln aus denselben Töpfereien der osmanischen Marine stammen dürften. Aber hat das Schiff auch an der Schlacht von Lepanto teilgenommen?

Jahresringe entschlüsseln

Wir wandten uns an den Dendrochronologen Peter Kuniholm von der Cornell-Universität. Ich hoffte, er könnte uns helfen, das Schiff exakt zu datieren. Denn durch den Vergleich des Jahrringmusters eines Holzstücks mit einem »Baumringkalender« lässt sich das Alter eines jeden gut erhaltenen Holzes bis auf das Jahr – manchmal bis auf die Jahreszeit – genau bestimmen, in dem ein Baum gefällt wurde, sofern die Probe eine hinreichende Zahl von Ringen enthält und die Rinde erhalten ist. Ich schickte Kuniholm eine 5 cm dicke Scheibe aus dem Kiel. Er ermittelte als vorläufiges Datum das Jahr 1572. Da jedoch bei der Bearbeitung des Kiels eine unbestimmte

Unten: Die Illustratorin Netia Piercy untersucht eine große glasierte Schüssel, die sie gerade abzeichnet. Insgesamt wurden zwölf glasierte Schüsseln in drei verschiedenen Größen am Wrack gefunden; auf dem Zeichentisch stehen auch kleine und mittelgroße Schüsseln.

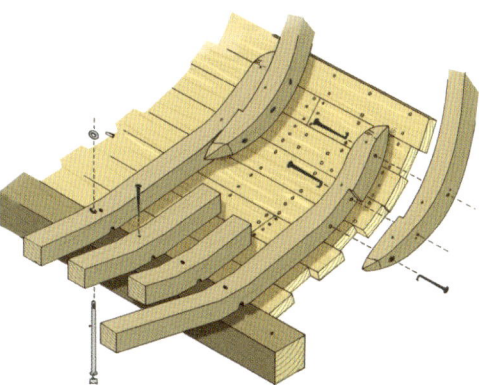

Zahl von Jahresringen weggehobelt worden war, dürfte der Baum, aus dem er gefertigt wurde, später gefällt worden sein, wenn auch nicht deutlich später.

Ob es nun bei Lepanto dabei war oder nicht – das Schiff von Yassıada bleibt dennoch das am besten erhaltene und einzige vollständig ausgegrabene osmanische Wrack aus dem 16. beziehungsweise frühen 17. Jh. Abgesehen von einem Teil der Beplankung wurden sämtliche Schiffshölzer gehoben und im Bodrum-Museum für Unterwasserarchäologie konserviert. Obgleich die vorläufige Rekonstruktion des Schiffs noch nicht abgeschlossen ist, haben wir schon jetzt viele neue Erkenntnisse über eine relativ gegenwartsnahe, aber bisher weitgehend unbekannte Epoche der Seefahrtsgeschichte im Mittelmeer gewonnen.

Als das osmanische Schiff sank, schlug es mit dem Steuerbordbug teilweise auf der Amphorenladung eines Handelsschiffs aus dem 4. Jh. auf (links). Das Schiff neigte sich nach Backbord; diese Seite wurde rasch unter Sand begraben und so erhalten, während die Steuerbordseite fast vollständig zerfiel. Das große Holz rechts ist der Achtersteven.

WRACKS AUS DEM 17. JAHRHUNDERT

INA-Archäologen sind Weltenbummler. Die Ausgrabungen der hier beschriebenen Wracks aus dem 17. Jh. führte sie nach Nord- und Südeuropa, auf zwei Karibikinseln, nach Ostafrika und vor die Küste von Texas.

Robert Neyland, der vor Charleston, South Carolina, das berühmte U-Boot *Hunley* der Konföderierten barg, beschreibt hier, wie er als Doktorand am Fachbereich Unterwasserarchäologie der Texas-A&M-Universität ein Wrack in einer Wiese in den Niederlanden ausgrub. Er führt uns ein weiteres Mal in die Zuidersee, in der Fred Hocker die mittelalterlich Kogge ausgrub. Wo sonst werden Schiffsarchäologen mit Windmühlen im Hintergrund fotografiert?

Als ich 1998 auf der Festung São Julião da Barra in Lissabon stand, bekam ich eine Gänsehaut. Der bedeutende portugiesische Schiffsarchäologe Francisco Alvez schilderte uns anschaulich die tragischen Ereignisse, die sich vor fast 400 Jahren unterhalb unseres Aussichtspunkts zugetragen hatten. Die aus Indien zurückkehrende, schwer beladene *Nossa Senhora dos Mártires* versuchte während eines Sturms mehrfach in die Mündung des Tejo einzufahren. Das Vorhaben schlug fehl, das Schiff ging unter, und viele Menschen an Bord ertranken unter den Augen ihrer im Hafen wartenden Angehörigen.

Filipe Castro, einer von Franciscos Mitarbeitern, den ich am gleichen Tag kennen lernte, studierte später an der Texas-A&M-Universität, wo er heute als Dozent für Unterwasserarchäologie lehrt. Ich freute mich sehr, als ich hörte, dass mein neuer Kollege die Ausgrabung des Wracks – die er hier beschreibt – zu Ende führen wollte.

Die Bedeutung von Peter Throckmorton für die Geschichte der Unterwasserarchäologie wurde hier bereits wiederholt hervorgehoben. Er hat nicht nur mich, sondern auch Jerome Hall, den späteren Direktor des INA, für das Tauchen und das Ausgraben von Wracks begeistert. Jerome studierte Meeresbiologie an der Nova-Universität in Florida, als er Peter kennen lernte, der dort als Dozent lehrte. Peter zeigte Jerome auch das »Pfeifenwrack« vor Monte Cristi in der Dominikanischen Republik, das Jerome auf den folgenden Seiten beschreibt.

Eines der wenigen Wracks, die ich ohne Pass besichtigen kann, ist *La Belle*, das Schiff des berühmten französischen Forschungsreisenden La Salle. In nur 20 Minuten bin ich im Konservierungslabor der Texas-A&M-Universität, wo ich immer wieder staune, wie hervorragend die hier arbeitenden Wissenschaftler unter Leitung des gegenwärtigen Direktors des INA, Donny Hamilton, den Rumpf und die sonstigen Fundstücke konserviert haben.

Es scheint Donny bestimmt zu sein, überall, wo er arbeitet, auf Tausende von Artefakten zu stoßen. Im Jahr 1692 wurde das berüchtigte Piratennest Port Royal,

Ein Taucher hebt einen dekorativen Holzengel vom Wrack der *Santo Antonio de Tanna* im Hafen von Mombasa, Kenia. In der Nähe wurden geschnitzte Holzflügel gefunden.

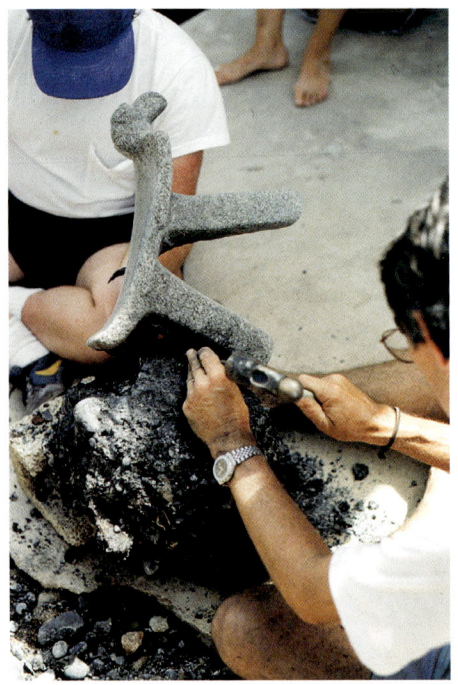

Oben: Donny Hamilton entfernt Konkretionen von einem indianischen Metate (Maismahlstein), der in Port Royal gefunden wurde.

Unten: In diesem Abschnitt erwähnte Orte; in Fettdruck die Fundstellen der Wracks.

Jamaika, damals die wohlhabendste englische Kolonie in der Neuen Welt, zu einem Pompeji unter Wasser, als es bei einem schweren Erdbeben zu großen Teilen in den Wellen versank. 1980 wurde ich nach Jamaika eingeladen, wo mich Ministerpräsident Edward Seaga fragte, ob das INA die versunkene Stadt ausgraben wolle. Obgleich es nicht in erster Linie darum ging, Wracks auszugraben – später wurde ein Schiff gefunden, das von dem begleitenden Tsunami in die Stadt getrieben worden war –, erklärte ich mich spontan bereit und bat Donny Hamilton, das Projekt zu leiten.

Das Engagement des INA in Ostafrika begann ebenfalls mit einer Einladung; dieses Mal kam sie von Hamo Sassoon, dem Kurator des Fort Jesus Museums in Mombasa, Kenia. Hamo fragte mich, ob das INA ein Wrack untersuchen wolle, das im Hafen von Mombasa entdeckt worden war und bei dem es sich angeblich um eines der portugiesischen Schiffe handelte, die Fort Jesus zu Hilfe gekommen waren, als es Ende des 17. Jh. von Arabern aus dem Oman belagert wurde. Don Frey und Robin Piercy untersuchten das Wrack auf meine Bitte hin 1975. Zwei Jahre später begann Robin, das Wrack der portugiesischen *Santo Antonio de Tanna* vollständig auszugraben, und noch heute fährt er regelmäßig nach Mombasa, um dort Artefakte zu studieren.

Zuidersee, OH-107-Wrack

Zeit: spätes 17. Jh.
Gefunden von: NISA, 1962
Ausgrabung: 1989
Länge: 16,5 m
Ladung: unbekannt

Schiffsarchäologie auf der grünen Wiese: Zuidersee, Niederlande

ROBERT S. NEYLAND

Die Wiese, die jetzt auf dem einstigen Grund der Zuidersee wuchs, kräuselte sich im Wind. Ich stellte mir den Tag vor, an dem das frisch ausgegrabene Boot vom Schicksal ereilt wurde: Der Wind bauschte die Segel, … steigerte sich zum Sturm, türmte die Wellen auf, die es unter sich begruben. Im Jahr 1692 oder ein paar Jahre später verloren diese armen Seelen ihr Boot und ihre ganze Habe.

OH 107

Unser Wrack lag auf Parzelle »H 107« in der niederländischen Provinz Flevoland. Niederländische Archäologen, die es 1962 entdeckten, nannten es schlicht »OH 107«. Es wurde erst 1989 ausgegraben. Damals legte ich es mit deutschen, niederländischen und amerikanischen Archäologen in nur drei Monaten frei und dokumentierte den 16,5 m langen Rumpf und seinen Inhalt. Ein ähnliches Projekt unter Wasser hätte mehrere Sommer gedauert. »Wir liefen einen archäologischen Ironman-Marathon, bei dem wir den Rumpf ausgruben, zerlegten, dokumentierten und konservierten«, meinte eine erschöpfte Birgit Schröder, die mir bei der Grabung half.

OH 107 ist ein typischer Fund in dem eingedeichten und urbar gemachten Land, das »IJsselmeerpolder« genannt wird. Das Wrack wurde entdeckt, als ein Bagger, der einen Drängraben in das frisch dem Meer abgerungene Land zog, auf Schiffsholz stieß. Die Geologie verriet den Archäologen, dass das Schiff nach 1600 untergegangen war. Damals hatte eine Sturmflut den Salzgehalt des Wassers erhöht und salzhaltigen Ton sowie eine dünne, aber erkennbare Schicht aus Muschelschalen abgelagert. OH 107 durchbrach diese Schichten, als es auf den weichen Meeresgrund sank. Alltagsgegenstände an Bord – Tongefäße, Glasflaschen, Tabakspfeifen und Münzen – bestätigten, dass das Schiff nicht vor 1692 sank. Jahresringe in den Schiffshölzern ergaben, dass die Bäume zwischen 1685 und 1693 gefällt worden waren. Fehlende Reparaturspuren am Rumpf deuteten darauf hin, dass das Boot schon bald nach seiner Jungfernfahrt unterging.

Ausgrabung

Kurz nach Beginn der Ausgrabungen wurde uns klar, dass hier das Vorschiff Zentrum des Bordlebens gewesen war. Deshalb – und auch wegen der Zerbrechlichkeit der Artefakte, die dokumentiert und geborgen werden mussten, bevor sie von der Sonne zerstört wurden – musste die Ausgrabung dort beginnen. Im Vorschiff befand sich die Kajüte, in der der Kapitän schlief und seine Mahlzeiten einnahm. Es gab darin eine mit Ziegeln und Keramikfliesen ausgelegte Feuerstelle mit Holzkamin. Ein paar Torfblöcke, die als Brennstoff dienten, lagen verstreut zwischen den Ziegeln der

Lucas van Dijk, NISA-Konservator, erstellt einen Plan von OH 107, indem er den Rumpf mit einem Pantograph genannten mechanischen Gerät nachzeichnet. Der Pantograph reduziert mit Hilfe von Kabeln und Untersetzungsgetrieben die Originalgröße der umrissenen Rumpfhölzer im Maßstab 1:20.

Feuerstelle. Ein Sortiment von glasierten Keramikgefäßen, Schüsseln, ein Henkelkrug, Glasflaschen, ein Topf aus Gusseisen und eine Bronzekasserolle verrieten die
Kombüse. Eine Öllampe spendete so viel Licht, dass der Kapitän den hier gefundenen Kompass im Auge behalten und das Bordbuch führen konnte, wie ein Stift und
ein Paar Bleimünzen beweisen, die als Zahlungsmittel für Kanalzölle dienten. Tönerne Tabakspfeifen, Nähzeug und sogar ein Schlittschuh dienten dem Zeitvertreib.

Zur Mitte des Bootes und zum Frachtraum hin fanden wir immer weniger Artefakte. Von der Fracht war nichts erhalten, doch die Tatsache, dass schützende Weger
(Innenplanken) über den Spanten fehlten, deutete darauf hin, dass das Boot wohl
eine Fracht beförderte, die den Rumpf nicht beschädigen konnte, vielleicht Agrar-
produkte oder Torf, mit dem die Holländer ihre Werkstätten und Öfen befeuerten.
Ein erstaunlicher Fund war ein Teil des Mastes und der Mastbock, in dem dieser
umlegbar gelagert war. Das Gewicht eines Kanonenbruchstücks hatte verhindert,
dass der Mast fortgespült worden war, denn kluge holländische Bootsbauer hatten
das schwere Teil mit starken Eisenbändern als Gegengewicht am Mast befestigt. So
genügte eine kleine Besatzung, um den Mast bei der Durchfahrt unter den vielen
Brücken über Flüsse und Kanäle schnell umzulegen und wieder aufzurichten.

Ich rechnete mit weiteren bedeutsamen Funden am Heck. Hier sollte sich eine
weitere Kabine befinden, vielleicht das Quartier des Maats oder ein Stauraum, in
dem die Bootsausrüstung gelagert wurde. Es zeigte sich aber schon bald, dass das
Achterschiff anders genutzt worden war als das Vorschiff. Eine kleine, unmöblierte
Kabine diente als Kombüse, die auch einen Kalfatermeißel, ein Tongefäß mit Werg,
einen Nachttopf und Eisenschrott beherbergte. Ein Haufen Ziegel erwies sich als ein
primitiver Boden. Ein Hammer, der wohl auf dem Achterdeck gelegen hatte, als sich
das Boot auf die Backbordseite legte, war mit solcher Wucht über das Deck geschlit-
tert, dass er noch immer fest im Backbord-Speigatt klemmte. »Der Hammer, der
zusammen mit dem Meißel dazu benutzt wurde, das Werg in die Fugen treiben, …
erzählt die Geschichte eines Steuermanns, der sich hastig bemühte, ein Leck im
Rumpf abzudichten«, mutmaßte ich.

Ein Frachter

Die Habe des Kapitäns erzählt die Geschichte des Bootes. Sie berichtet von einem
Frachter, der die nördlichen Gewässer der Niederlande befuhr und auf einer Route
zwischen den heutigen Niederlanden und Belgien verkehrte. Die meisten der Artefakte waren typisch für die nordholländischen Provinzen, einige stammten auch
vom Niederrhein und zeigen eine Verbindung nach Flandern. Ein einzigartiger Fund
war eine grüne Glasflasche in einem Strohgeflecht, wie es noch heute bei Chianti-
Flaschen üblich ist. Dieser Typ, »Fransche Flessen« genannt, enthielt keinen Wein,
sondern Wasser aus der berühmten Quelle in Spa in den Südprovinzen. Eine weitere überraschende Entdeckung war die Terrine, in der Suppen angerichtet wurden. Sie war mit einem stilisierten »IHS« verziert, einem Jesussymbol, das in
katholischen Regionen im Süden weit verbreitet, aber für die protestantische Region, in der das Boot untergegangen war, eher ungewöhnlich war. OH 107 war ein
Frachter, der Schüttgut über Flüsse, Kanäle und die offene Zuidersee beförderte. In
den letzten Jahrzehnten des 17. Jh. gebaut, ähnelt er in seiner Bauweise niederländischen Booten aus dem 20. Jh., typisch für ein Land mit alten Schiffbautraditionen.

Oben: Eine grüne Glasflasche in Strohgeflecht, wie sie zwischen 1650 und 1750 zum
Abfüllen von Wasser aus der berühmten Quelle in Spa benutzt wurde. Diese Flaschen werden auch »Fransche Flessen« genannt.

Rechts: Backbordseite und Bodenplanken
von OH 107 liegen frei in einem Heufeld. Die
Ansicht geht vom Bug zum Heck. Sämtliche
Artefakte, Mast und Mastspur wurden entfernt. Die Beplankung wurde dokumentiert
und geborgen.

Unten: Die Suppe wurde der Mannschaft in
einer Terrine gereicht, die mit einer Schlicker-
glasur verziert ist, die das stilisierte Jesussymbol »IHS« darstellt.

Das Pfefferwrack: Nossa Senhora dos Mártires, *Lissabon, Portugal*

FILIPE CASTRO

Diejenigen, die am Ufer auf die Rückkehr ihrer Lieben warteten, müssen das, was sich vor ihren Augen in dem tobenden Südsturm zutrug, mit Entsetzen verfolgt haben. Tags zuvor hatte es Kapitän Manuel Barreto Rolim nicht gewagt, in den Tejo einzufahren, obwohl er schon in Sichtweite Lissabons war. Er war in der Cascais-Bucht, 33 km nördlich, vor Anker gegangen. Jetzt, am 14. September 1606, wollte er es noch einmal versuchen. Es wäre ihm beinahe gelungen. Doch der Wind flaute wohl für einen Augenblick ab, worauf das Schiff von heftigen Gezeitenströmungen in der Fahrrinne erfasst wurde. Und dort, an der Einfahrt in die Tejo-Mündung, lief der portugiesische Ostindienfahrer *Nossa Senhora dos Mártires* auf einen unter Wasser liegenden Felsen und sank.

Augenzeugen berichteten, dass binnen zweier Stunden ein riesiger Trümmerteppich, der von einer ganzen Flotte zu stammen schien, über der Untergangsstelle getrieben habe. In dem heftigen Sturm schafften es viele nicht an Land, obwohl zwischen dem sinkenden Schiff und der Festung São Julião da Barra nur 200 m lagen. Am selben Tag wurden über 50 Leichen an die nahen Strände gespült, und in den folgenden Tagen stieg die Zahl der Opfer auf über 200.

Pfefferwrack

Gesunken: 14. September 1606
Tiefe: 10 m
Ausgrabung: 1996–2001
Ladung: Pfefferkörner, Keramiken, Luxusgüter
Rumpf: ca. 40 m lang
Besatzung und Passagiere: um 600
Todesopfer: über 200

Eine gewaltige Menge an Pfefferkörnern, die in den Frachträumen der *Nossa Senhora* gelegen hatten, trieb an die Oberfläche und bildete einen schwarzen Teppich, der noch viele Tage nach dem Untergang im Rhythmus der Gezeiten auf dem Fluss trieb. Trotz des scheußlichen Wetters fuhren die Lissabonner in kleinen Booten hinaus, um möglichst viel Pfeffer zu retten und all die angespülten Kisten, Ballen und Fässer zu bergen. In der Festung São Julião da Barra wurden Vorkehrungen getroffen, um die von den Offizieren eingesammelten Pfefferkörner einzulagern, an der Luft zu trocknen und anschließend zu einem verminderten Preis zu verkaufen. Es begann ein mühsamer bürokratischer Prozess, Leichen und Waren zu identifizieren.

Ein portugiesischer Ostindienfahrer

Ostindienfahrer waren nach den Maßstäben des 17. Jh. echte Giganten. Sie maßen vom Bug bis zum Heck über 40 m, liefen jedes Jahr von Lissabon nach Goa oder Cochin in Indien aus und kehrten, schwer beladen mit wertvoller Fracht, aus Asien zurück: Pfefferkörner, Ingwer und weißer Wollstoff aus Indien, Zimt aus Ceylon, Nelken, Muskatnuss und Muskatblüte von den Gewürzinseln sowie zahlreiche exotische Waren wie Edelhölzer, Arzneien, Gold, Diamanten, exotische Tiere und Perlen aus dem Roten Meer, Möbel, Seidenwaren, viele Arten von Keramiken und Steinzeug aus Pegu im heutigen Birma sowie das hochgeschätzte chinesische Porzellan.

Diese mit über 150 Seeleuten und Offizieren bemannten »naus da India« transportierten Hunderte von Soldaten und Passagieren. Angeblich vergingen trotz der Beengtheit nach dem Auslaufen Wochen, ehe sich Personen, die sich am ersten Tag begegnet waren, auf den überfüllten Decks wiedersahen.

Wenn alles gut ging, dauerten diese Fahrten in jede Richtung sechs Monate, doch die *Nossa Senhora* traf nach einem Zwischenstopp auf den Azoren erst neun Monate nach dem Auslaufen aus Cochin in Lissabon ein. Denn Aires de Sladanha, ein ehe-

Unten: Pfefferkörner, eines der wertvollsten Frachtgüter des portugiesischen Asienhandels im 16. Jh., wurden in den Frachträumen der Ostindienfahrer in Abteilungen transportiert, die man mit Werg abdichtete, damit sie während der langen Reise von Indien nach Portugal vor Feuchtigkeit geschützt waren.

maliger portugiesischer Vizekönig in Indien, der auf diesem Schiff heimfuhr, starb unterwegs, und die *Nossa Senhora* lief die Azoren an, wo er beigesetzt wurde.

Wir wissen nicht mehr über diesen Schiffbruch und auch nicht viel mehr über diese Schiffe und die meisten ihrer Fahrten. Lissabon wurde 1755 durch ein Erdbeben zerstört, und seine Archive und Bibliotheken standen wochenlang in Flammen. Ein detaillierter Bericht über diesen Untergang wird in einer Liste der Bücher und Dokumente in portugiesischen Bibliotheken aus dem 18. Jh. erwähnt. Er muss jedoch vor der zweiten Hälfte des 19. Jh. verschollen sein, da er in einer Liste der portugiesischen Literatur von 1860 nicht mehr verzeichnet ist.

Eine Hand voll Namen, die mit der Reise verbunden sind, überlebten in portugiesischen und spanischen Archiven. Der Kapitän, Manuel Barreto Rolim, beispielsweise hatte Lissabon im Vorjahr verlassen und sein Glück im Indienhandel gesucht, nachdem sein Vater ihn einer missbilligten Heirat wegen enterbt hatte.

Ein weiterer Name, den wir kennen, ist der von Francisco Rodrigues, einem Jesuiten der japanischen Mission, der in Gesellschaft eines jungen japanischen Katholiken namens Miguel nach Europa kam. Pater Rodrigues weigerte sich, in das Beiboot zu steigen, und verlor beim Untergang der *Mártires* sein Leben. Miguel überlebte und fuhr nach Asien zurück. Er starb Jahre später in China.

Ein dritter Name, der mit dieser Fahrt verbunden ist, ist der des Kabinenstewards Cristóvão de Abreu, dessen Leben die Risiken der Abenteurer veranschaulicht, die auf solchen Schiffen fuhren. Er überlebte vier Jahre später, 1610, den Schiffbruch der *Nossa Senhora da Oliveira*, die nur ein paar Meilen von der Untergangsstelle der *Mártires* sank. Er setzte seine Karriere als Kadett auf der Indien-Route fort, nahm an vielen weiteren Reisen teil und überlebte 1635 den Untergang der *Nossa Senhora de Bélem* an der südafrikanischen Küste und den anschließenden Fußmarsch über 800 km zur nächsten portugiesischen Faktorei in Mosambik. Nachdem er 1642 seinen vierten Schiffbruch auf der *S. Bento* überlebte, starb er 1645 an Bord der aus Indien zurückkehrenden Nau *S. Lourenço*.

In den Sommern nach dem Schiffbruch wurde ein Großteil der Kanonen, Anker, Taue und der Takelage von der königlichen Flotte geborgen. Das Wrack der *Mártires* geriet bald darauf in Vergessenheit und seine Überreste wurden von weißem Sand bedeckt. Die Flutwellen im Anschluss an das Erdbeben 1755 oder ein anderer Sturm, der nicht verzeichnet ist, rollten vermutlich die großen Felsen auf das Wrack.

Archäologie des Wracks

Im Jahr 1994 fanden Mitarbeiter des Lissabonner Nationalmuseums für Archäologie bei einem Survey die Rumpfreste. Bislang war noch keine »nau da India« ausgegraben worden, und das »Pfefferwrack« bot eine großartige Gelegenheit für Archäologen und Marinehistoriker. Obgleich wir mehrere Texte, Beschreibungen und Bilder von diesen Schiffen besitzen, kann man allein aus den historischen Daten nicht entnehmen, wie groß sie tatsächlich waren, wie sie manövriert und wie sie geplant und gebaut wurden.

Zwischen 1996 und 1998 leiteten Francisco Alves, der Direktor des Centro Nacional de Arqueologica Náutica e Subaquática, und ich die Ausgrabung des Wracks. Dabei wurde eine eindrucksvolle Sammlung von Artefakten geborgen, darunter drei Astrolabien, nautische Stechzirkel und Lotbleie. Spielmünzen, Zinnteller und

Unten: Eines der drei Astrolabien, die im Pfefferwrack gefunden wurden, trägt die Herstellermarke »G«, nach der Lissabonner Werkstätte Goes, und das Jahr, in dem die Nau *Nossa Senhora dos Mártires* von Lissabon nach Goa auslief: 1605.

Schmuck gaben einen Einblick in den Alltag an Bord. Am eindrucksvollsten war die Sammlung von Handelsgütern. Exotische Hölzer, rote Korallen, eine Goldperle und Tongefäße aus Birma, China und Japan zeigten die geografische Spannweite des portugiesischen Überseehandels. Porzellan, ein Luxusgut, das sich nur wenige leisten konnten, wurde ebenfalls in einer ausgedehnten Lage von Pfefferkörnern gefunden, die in den geologischen Schichten den historischen Augenblick markierten, in dem sich der Schiffbruch ereignete.

Aber das interessanteste Fundstück war ein Teil des Schiffsrumpfs, den ich zwischen 1999 und 2001 ausgrub. Wir wissen immer noch sehr wenig über diese schwimmenden Städte, die von ihren asiatischen Handelspartnern als hoch, schwarz, stinkend und vom geschäftigen Treiben bleicher, grimmiger Langnasen erfüllt beschrieben wurden.

Ein schmales Rumpfstück überlebte, eingeklemmt zwischen zwei Felsen und begraben unter einer bis zu 35 cm dicken Schicht von Pfefferkörnern, die 400-jährige Einwirkung der Gezeiten und Strömungen. Es war solide gefertigt aus Kiefernplanken, die mit langen Eisennägeln an Korkeichenspanten befestigt waren. Wir rekonstruierten den Rumpf, indem wir ihn einmaßen und Proportionen darauf anwandten, die in drei portugiesischen Abhandlungen über Schiffbau aus dem späten 16. und frühen 17. Jh. beschrieben werden. In Computersimulationen werden wir die Leistungsfähigkeit dieses Schiffsmodells unter Segeln sowie bei verschiedenen Wetterverhältnissen und unterschiedlichen Frachtladungen testen.

Unsere archäologische Studie bot uns eine wunderbare Gelegenheit, um aus erster Hand Erkenntnisse über die Größe, Seetüchtigkeit und Leistung portugiesischer Ostindienfahrer zu gewinnen und etwas über den Alltag der großen Zahl von Seeleuten, Soldaten, Kaufleuten und Abenteurer zu erfahren, die im Auftrag der portugiesischen Krone die Weltmeere befuhren – und über die Hoffnungen und Träume der Bewohner »dieser dunklen wandernden Städte«, wie Joseph Conrad Ozeanriesen nannte, zu spekulieren, als sie zum ersten Mal den Indischen Ozean und die exotischen Reiche Asiens erblickten.

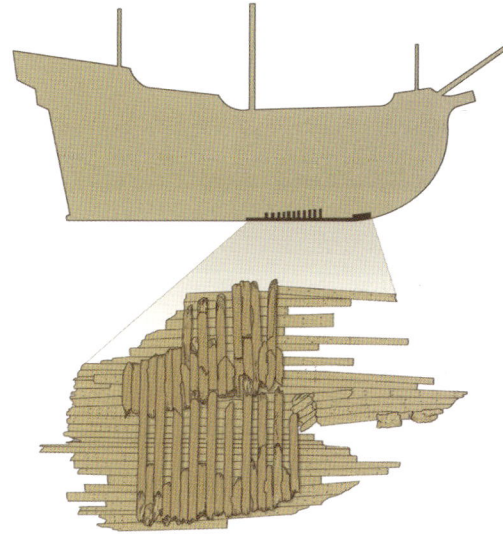

Der Traum eines Tabakhändlers: das Pfeifenwrack, Monte Cristi, Dominikanische Republik

JEROME LYNN HALL

Als Peter Throckmorton, der Pionier der Schiffsarchäologie, eines Winterabends voller Begeisterung von einem Wrack an der Nordküste Hispaniolas erzählte, spürte ich, dass sich ein neues Abenteuer abzeichnete. »Pfeifen«, flüsterte er, »das Wrack ist übersät mit Tausenden tönerner Tabakspfeifen.«

Das Leuchten in seinen Augen und seine nervösen Blicke zu den Menschen, die sich im Raum bewegten, passten eher zu jemandem, der gerade einen Goldschatz entdeckt hatte. Als er merkte, dass ich mich von seiner Euphorie nicht mitreißen ließ, fuhr er mit seiner lebendigen Erzählung fort. »Diese Pfeifen geben Aufschluss über das Alter von Wracks. Sie sind daher von großem Nutzen für Wissenschaftler, die die Kolonialgeschichte Amerikas erforschen.«

Das Wrack – kaum mehr als ein Haufen Hölzer und verstreuter Fracht – bildet ein kleines Korallenriff in der seichten Bucht von Monte Cristi in der Dominikanischen Republik. »Es war«, sagte er, »vermutlich englisch und aus der gleichen Zeit wie die *Mayflower*.« Dies allein machte es einzigartig, denn laut Throckmorton wurde bislang kein englisches Handelsschiff aus dieser Zeit erforscht. Außerdem war ein Großteil der Schiffshölzer erhalten, so dass sich eine Ausgrabung lohnte.

Rechts: Peter Throckmorton, ein Pionier der Unterwasserarchäologie, dessen Weitblick und Anregungen zum Monte-Cristi-Wrack-Projekt führten.

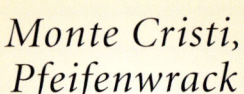

Monte Cristi, Pfeifenwrack

Zeit: 1658–1665
Tiefe: 4,4 m
Gefunden von: Johnny Bigleaguer
Ausgrabung: 1991–heute
Ladung: ca. 500 000 Tonpfeifen
Nationalität: niederländisch

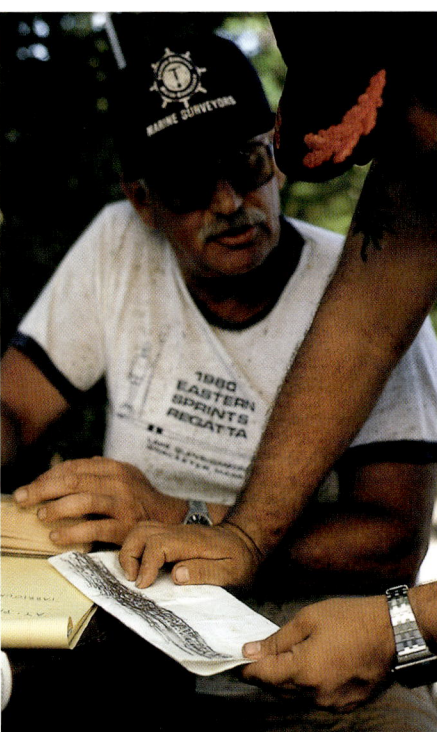

Oben: Isla Cabra, die Basis des Monte-Cristi-Wrack-Projekts. Große Salzpfannen beherrschen den zentralen Abschnitt der Insel. Das »Pfeifenwrack« liegt im Flachwasser zwischen dem Ufer und dem Festland im Vordergrund.

Rechts oben: Stillleben des niederländischen Malers Pieter Claesz aus dem 17. Jh. Es bietet einen faszinierenden Eindruck von der Rauchkultur jener Zeit und den Utensilien, die zum Pfeifenrauchen benötigt wurden: eine Keramik-Kohlenpfanne mit glühenden Kohlen, an denen der »Fidibus«, ein Holzspan, entzündet werden. Dieser dient zum Anzünden des Tabaks in der Tonpfeife. Man beachte auch den liegenden Krug aus rheinischem Steinzeug. Ein ähnliches Artefakt wurde auf dem »Pfeifenwrack« gefunden.

Rechts: Teammitglied Yavonne Broeder arbeitet an einem Grobsieb.

Je länger er erzählte, umso deutlicher wurde, dass dieses »Pfeifenwrack«, wie es genannt wurde, faszinierend war und eine eingehende archäologische Untersuchung verdiente.

Ein paar Wochen später überraschte mich Peter mit der Einladung, mich seinem Forschungsteam anzuschließen. Angesichts einer solchen Gelegenheit rückte alles andere in den Hintergrund. Wir flogen von Miami nach Santo Domingo und fuhren im Bus quer über die Insel ins nördliche Hinterland. Aufgrund unseres Reiseplans mussten wir neben dem »Pfeifenwrack« einige der zahlreichen anderen Wracks in der Gegend erkunden. Als die Saison endete, hatten wir über 30 gesunkene Schiffe aus dem 16. bis 19. Jh. inspiziert, doch nur das »Pfeifenwrack« hatte es Peter so angetan, dass er es vollständig ausgraben wollte.

Im Jahr darauf beschäftigte sich Peter mit unzähligen anderen Projekten, während er zugleich die Mittel zu beschaffen suchte, die er für die Rückkehr in die Dominikanische Republik benötigte. Ich nahm an der INA-Ausgrabung im türkischen Uluburun teil und vertiefte mich schon bald in die späte Bronzezeit. Unser Traum, zum »Pfeifenwrack« zurückzukehren, verlor nie seinen Reiz, bis ein ernster Don Frey – damals Vizepräsident des INA – mir gleich nach dem morgendlichen Tauchgang zu dem bronzezeitlichen Wrack die Hand auf die Schulter legte und eröffnete, dass Peter vor ein paar Tagen gestorben sei.

Vielleicht durfte ich Peters Traum deshalb verwirklichen, weil auch ich dem Zauber des »Pfeifenwracks« erlegen war. Nach tagelanger gründlicher Überlegung gelangte ich zu dem Schluss, dass diese ungewöhnliche Sammlung von zerbrochenen Hölzern, Keramikscherben und tönernen Tabakspfeifen eine fachgerechte Ausgrabung verdiente.

Ich kehrte nach Amerika zurück und nahm die finanzielle Hilfe von Freunden, Verwandten und Förderorganisationen in Anspruch. Ein neues Team wurde zusammengestellt, und wir nahmen das Projekt in Angriff. Wir wollten dabei mehrere Fragen beantworten: Was suchte ein nordeuropäisches Schiff an der Nordküste von Hispaniola? Woher kam es? Wohin war es unterwegs? Wann und weshalb sank es?

Oben: Bärtige Gesichter schmücken den Hals von Bartmannkrügen, rheinischen Steinzeugkrügen, wie sie an der Fundstelle ausgegraben wurden.

Unten: Francis Soto Tejeda hält einen silbernen Ochos Reales in den Fingern, eine von 28 Münzen, die an der Fundstelle geborgen wurden. Sechs davon stammten aus der Potosi-Münze in Peru und wurden nach 1649 geschlagen. Hier findet sich eine Überstempelung in Form einer Krone unter dem Jerusalemkreuz.

Die Ausgrabung

Wir trafen im Sommer 1991 in Monte Cristi ein und errichteten unser Basiscamp etwa 150 m von der Fundstelle entfernt auf der Isla Cabra, einer unbewohnten Insel, auf der es von Ratten, Skorpionen und stechenden Insekten nur so wimmelt. Mit Hilfe von Johnny Bigleaguer, dem Fischer, der das Wrack Anfang der 1960er Jahre entdeckt hatte, verankerten wir unsere kleine Holzplattform, die *R.V. Rummy Chum*, direkt über dem Riff und begannen mit der Arbeit.

In den folgenden Monaten – und Jahren – bargen wir zahllose Handelsgüter des 17. Jh.: Scherben von glasiertem Blauweißsteingut und rheinischem Steinzeug, Fingerhüte, Kämme, Zylinderstifte, Vorhangringe, Gewichtssätze, Glasperlen, Eisenkessel und Messingleuchten.

Und natürlich bargen wir tönerne Tabakspfeifen. Fischer und Bergungsschiffer, die bereits Anfang der 1960er Jahre an diesem Wrack gearbeitet hatten, schätzten, dass sie vor unserer Ankunft mindestens einige 100 000 Pfeifen geborgen hatten. Einige meinten sogar, es wären über 500 000 gewesen. Peters Throckmortons Behauptung, auch mit Pfeifen ließen sich archäologische Funde datieren, erwies sich als zutreffend. Die leicht zerbrechlichen Tonpfeifen waren im 17. Jh. als modische Gebrauchsgegenstände sehr begehrt und gingen häufig kaputt, so dass sie ständig ersetzt werden mussten. Auch ihre Form änderte sich relativ regelmäßig. Artefakte, die sich eindeutig und leicht in einen bestimmten, engen Zeitrahmen einordnen lassen, sind der Traum eines jeden Archäologen.

Unsere – vergleichsweise bescheidene – Sammlung an Tonpfeifen besteht aus etwa 10 000 Stück, die jedoch ausnahmslos zwei Typen angehören: Pfeifen mit fassförmigem Kopf – etwa 93 Prozent der Sammlung – und Pfeifen mit Köpfen, die wie umgekehrte Kegel geformt sind, so genannte Trichterpfeifen. Alle wurden in Holland hergestellt und stammen aus der Mitte des 17. Jh. Doch während Erstere von Europäern und europäischen Siedlern bevorzugt wurden, ahmten die Trichterpfeifen eindeutig die Form von Indianerpfeifen nach und waren ausschließlich für den Tauschhandel mit den Ureinwohnern bestimmt.

Von den in Südamerika geprägten Silbermünzen wissen wir, dass unser Schiff irgendwann nach 1651 unterging. Wir kennen nicht das genaue Datum, aber eine kleine Sammlung von etwa 800 Glasperlen liefert möglicherweise wichtige Hinweise. Diese einstmals an Schnüren aufgereihten Kugelperlen sind heute nach Auskunft des Glasexperten Robert Brill »verbacken und ineinander geschmolzen«, was nur unter kurzer, starker Hitzeeinwirkung geschieht. Taucher haben auch viele große »Spritzer« aus geschmolzenem Messing und Blei sowie zahlreiche verkohlte Holzstücke freigelegt. Interessanterweise ist nur ein 13,9 m langes Stück einer Kielseite (mitsamt Außen- und Innenplanken sowie Spanten) erhalten geblieben. Weisen diese Indizien auf eine Explosion an Bord hin?

Die Befunde deuten

Untersuchungen der Schiffshölzer in einem Speziallabor deuten darauf hin, dass der Rumpf irgendwann nach 1649 aus Stieleiche gebaut wurde. Obgleich vermutlich in England vom Stapel gelaufen, fuhr unser Schiff wohl unter holländischer Flagge, denn seine typisch holländische Fracht passt gut zu archäologischen Funden aus dem Norden des Staates New York und insbesondere aus der holländischen Siedlung

Oben: Tabakspfeifen aus dem »Pfeifenwrack«. Die Trichterpfeife (links) war eine in den Niederlanden hergestellte Form, die zum Zweck des Handels mit den Indianern in die Neue Welt exportiert wurde. Auf diesen Typ entfallen sieben Prozent der Pfeifen im Wrack.

Unten: Fort Orange am Hudson River 1635. Dieser bedeutende niederländische Außenposten wurde vielleicht 30 Jahre später von unserem Schiff angelaufen.

Fort Orange (dem heutigen Albany). Die archäologischen Funde geben weitere aufschlussreiche Informationen preis: Rind- und Schweinefleisch, Pökelfisch und Muscheln waren die Lebensmittel, von denen sich die Seeleute ernährten. Sie waren allerdings nicht die Einzigen, die sich an diesen Vorräten gütlich taten, denn viele der Knochen, die wir fanden, wiesen Bissspuren von Nagetieren auf.

Diese wichtigen Informationen deuten auf ein Handelsschiff aus dem 17. Jh. hin, das europäische Handelsgüter beförderte, von denen ein Teil für Indianerstämme an der Ostküste Nordamerikas bestimmt war. Dieses von Ungeziefer wimmelnde Schiff, das in einer Epoche verkehrte, in der Engländer und Holländer erbittert um die wirtschaftliche und militärische Vormachtstellung zur See rangen, fuhr an der Nordküste Hispaniolas entlang, wo es in der Monte Cristi Bay vor Anker ging.

Historische Aufzeichnungen deuten darauf hin, dass das Schiff möglicherweise Schwarzhandel mit den vielen Schmugglern treiben wollte, die sich an der Nordküste tummelten. Vielleicht wollte es auch Meersalz als Fracht aufnehmen. Heute beherbergt die Isla Cabra große, seichte Verdunstungspfannen, in denen regelmäßig die Salzernte eingebracht wird. Wie lange diese Praxis zurückreicht, ist nicht bekannt; allerdings erwähnte Kolumbus bereits Ende des 15. Jh., dass sich die Region hervorragend zur Salzgewinnung eigne. In schriftlichen Quellen ist zu lesen, dass europäische Handelsschiffe im 17. Jh. häufig die versteckten Buchten an der Nordküste der Insel anliefen, um Fertigwaren gegen Naturstoffe wie Salz, Leder und Tabak einzutauschen.

Und so scheint es, als wäre aus Peters Traum ein echtes Abenteuer geworden. Das »Pfefferwrack« spielt eine wichtige Rolle in der Regionalgeschichte der Karibik. Seine Fracht – obschon noch nicht vollständig ausgegraben – ist eine der größten und vielfältigsten, die je von einem gesunkenen Handelsschiff geborgen wurde, das von Europa nach Amerika gefahren ist. Dieses bemerkenswerte Wrack hat gezeigt, dass auch archäologische Stätten, die nicht mehr unberührt sind, eine Fülle an wertvollen Informationen liefern können.

La Salles Schiff La Belle: Matagorda Bay, Texas

J. BARTO ARNOLD III. UND DONNY L. HAMILTON

La Belle

Gebaut: 1684, La Rochelle, Frankreich
Gesunken: Januar 1686
Tiefe: 3,4 m
Gefunden von: Barto Arnold, 1995
Ausgrabung: 1996–1997
Konservierung: 1996–heute
Rumpf: 16,5 m lang, 4,6 m breit

Die Entdeckung J. BARTO ARNOLD III.

Es war der Tag, an dem wir erstmals nach magnetischen Anomalien fahndeten. Ich hatte diese Geländesondierung einen Monat zuvor begonnen. Es war mein zweiter Versuch, *La Belle* aufzuspüren, das kleine Schiff, das der berühmte französische Forschungsreisende René-Robert Cavelier, Sieur de La Salle, 1686 verloren hatte. Mit vier Schiffen und 300 Mann wollte La Salle den unteren Mississippi kolonisieren, doch er verfehlte die Flussmündung um Hunderte von Meilen und endete schließlich in der Matagorda Bay im heutigen Texas. Der Untergang der *La Belle* in einem Wintersturm schnitt die Expedition von äußerer Hilfe ab, womit ihr Schicksal endgültig besiegelt war. Nur eine Hand voll Männer überlebten. La Salle selbst wurde von seinen eigenen Leuten ermordet.

Im Jahr 1978 führte ich einen ersten Survey nach diesem und anderen historischen Wracks durch. Wir spürten mit unserem Magnetometer mehrere interessante historische Wracks auf, doch *La Belle* entging uns. Später dann mussten wir aufgrund geringerer Fördermittel unsere Feldstudien einschränken, doch die Suche nach der *Belle* ging weiter. Robert Weddle fand bei Archivrecherchen über La Salle genauere Angaben über die Position des Schiffs. 1994 und 1995 erforschten wir die Matagorda Bay dann gründlicher.

Am Morgen des 5. Juli 1995 begaben wir uns an die Stelle der vielversprechendsten magnetischen Anomalie, die ich in den endlosen Daten identifiziert hatte. Sie lag unmittelbar jenseits der Grenze des Suchareals von 1978 und zeigte all die verlockenden Merkmale einer Wrackfundstelle. Die ersten Taucher spürten einige Artefakte auf, die jedoch keine eindeutigen Aufschlüsse gaben. Sie konnten im Grunde von jedem Wrack bis 1880 stammen. Dann wurde eine Bronzespange an Deck der Tauchbarkasse gereicht, und ich erkannte sofort: Dieses Stück musste lange vor dem Jahr 1800 entstanden sein.

Als das zweite Team dann von seinem Tauchgang zurückkam, sagte der Student Chuck Mead: »Ich glaube, wir haben eine Kanone!«

Ich legte meine Taucherausrüstung an und folgte ihm hinunter auf den Meeresgrund. Nur mit Mühe bewahrte ich jene distanzierte Gelassenheit, die eines Wissenschaftlers würdig ist. Bei einer Sicht von nur 15 cm legte Chuck meine Hand an den Hebebügel einer Kanone. Als ich mit der Maske näher heranging, sah ich, dass es sich um eine Bronzekanone handelte, die obendrein üppig verziert war. Der Hebebügel hatte die Form eines springenden Delphins. In diesem Augenblick wusste ich, dass *La Belle* nicht mehr verschollen war. Nach 17-jähriger Suche hatten wir sie am ersten Tag unserer Probegrabungen gefunden!

Unten: Porträt von René-Robert Cavelier, Sieur de La Salle.

Links: Um zu überprüfen, ob das Rohr eines Bronzegeschützes sauber ist, führt die Konservatorin Helen Dewolf ein Borescope mit Kamera ein.

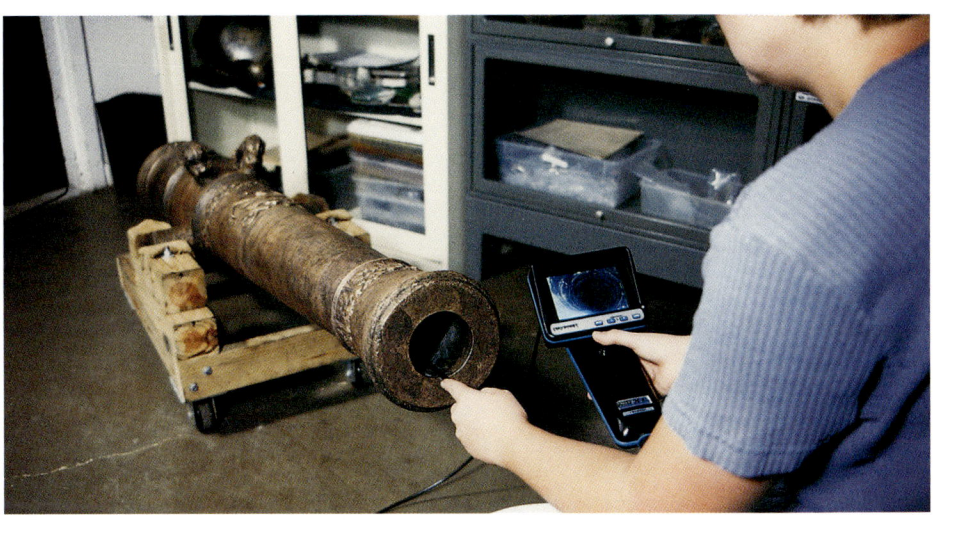

Wir setzten die Probegrabungen im Juli fort, um den Erhaltungszustand des Schiffs und seines Zubehörs zu bestimmen. Am Ende des Monats hoben wir die Kanone. Dann begann ein Jahr der Planung und Geldbeschaffung. Auch die Regierung von Texas war der Ansicht, dass das Wrack eine akribische Behandlung verdiene. *La Belle* ist ein Kulturdenkmal, dessen Bedeutung weit über die Grenzen von Texas hinausreicht. Wir bauten rings um die Fundstelle eine Spundwand und pumpten das Wasser heraus, so dass ein Team der Texas Historical Commission das Wrack gründlich und in aller Ruhe ausgraben konnte. Sie gewannen eine Fülle neuer Erkenntnisse und konservierten die leicht zerfallenden organischen Überreste für die Nachwelt. Zu diesem Zeitpunkt wechselte ich ans INA und war daher nicht länger an der Ausgrabung der *La Belle* beteiligt.

Unten: Die Fundstelle wurde mit einem Spundwanddamm für die Ausgrabung vorbereitet. Hierzu wurden 18 m lange Stahlspundwände in zwei konzentrischen Kreisen um das Wrack in den Meeresgrund gerammt und der ringförmige Zwischenraum mit Sand aufgefüllt. Anschließend wurde das Wasser aus dem Inneren abgepumpt, um eine Trockengrabung zu ermöglichen.

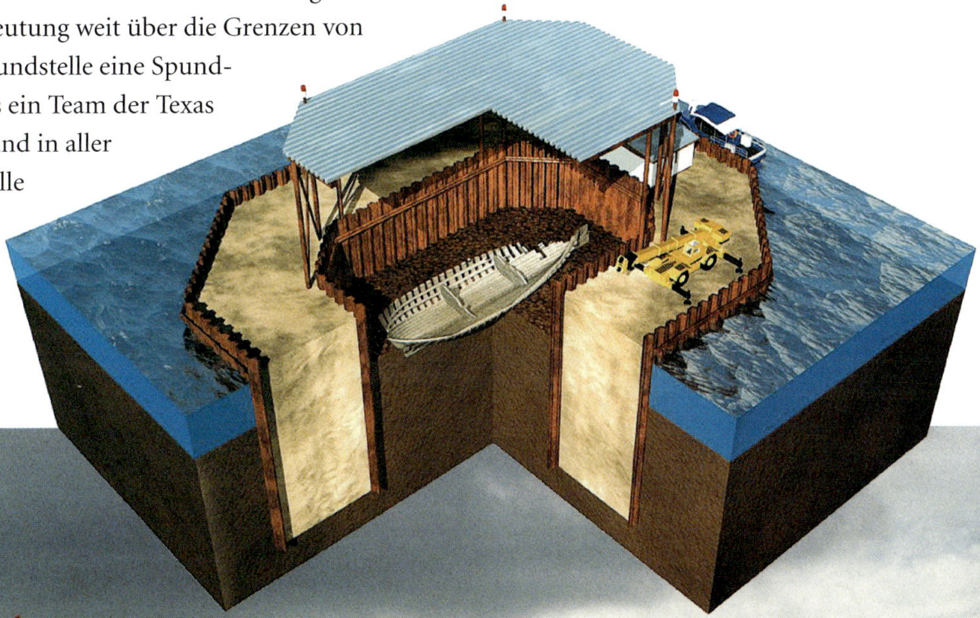

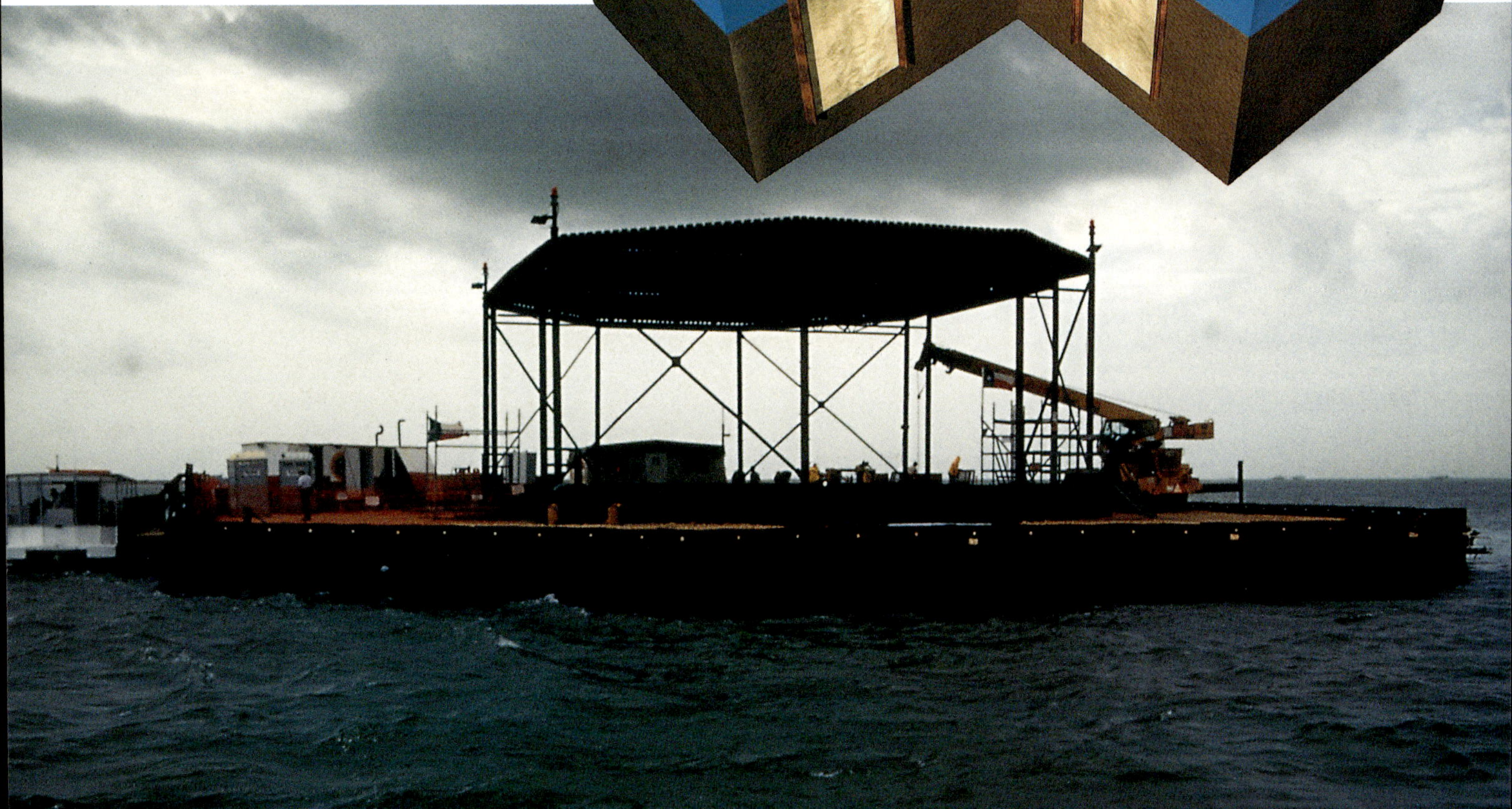

Oben: Unter den über 500 persönlichen Objekten von der *La Belle* waren Zinnteller und ein Sieb, Schöpfkellen und ein Kerzenleuchter aus Messing.

Rechts: Das Schiff unmittelbar vor der endgültigen Demontage von Binnenkiel, Kiel, Spanten und Außenplanken, die anschließend zur Konservierung zur Texas-A&M-Universität gebracht wurden.

Unten: In der Frühphase der Grabung arbeiteten die Archäologen zum Teil von Querlatten aus, während sie den Inhalt des schwer beladenen Frachtraums freilegten. Der Holzrumpf wurde mit feuchten Leinwandsäcken abgedeckt, damit er nicht austrocknete.

Die Konservierung DONNY L. HAMILTON

Meine Beschäftigung mit *La Belle* begann, als die Texas Historical Commission die Texas-A&M-Universität damit beauftragte, das Schiff samt Zubehör zu konservieren – ein Projekt, das über 20 Jahre dauern wird.

Der Rumpf der *La Belle* soll das zentrale Ausstellungsstück im Bob Bullock Museum of Texas History in Austin werden. Zusammen mit den zugehörigen Artefakten wird er die Geschichte des gescheiterten Versuchs des Sieur de La Salle erzählen, an der Küste des Golfs von Mexiko eine Kolonie für Seine französische Majestät zu errichten.

Letztlich hängt der dauerhafte Erfolg von Grabungsprojekten immer von der Arbeit der Konservatoren ab. Die Konservierung ist die Fortsetzung jeder archäologischen Ausgrabung; das gilt insbesondere in der Schiffsarchäologie, wo es um viel mehr geht als nur darum, Artefakte zu stabilisieren und zu konservieren. Denn bei der Konservierung werden in verkrustetem Material weitere Artefakte gefunden, und diagnostische Merkmale und andere Details, die sorgfältig dokumentiert, beschrieben, analysiert und konserviert werden müssen, kommen zum Vorschein. Nach mehr als 40-jähriger Erfahrung schätzt Frederick van Doorninck, dass sich bei sachgerechter Konservierung die Menge der an einem Wrack gewonnenen Erkenntnisse schlichtweg verdoppelt.

Alles Zubehör und sämtliche Bestandteile der *La Belle*, die wir vom Meeresgrund geborgen hatten, wurden ins archäologische Konservierungslabor der Texas-A&M-Universität gebracht. Wir beabsichtigten von Anfang an, das gesamte Material mit den modernsten Verfahren zu behandeln und auf diese Weise möglichst viele Daten zu erheben. Außerdem ließen wir die Öffentlichkeit an der Rekonstruktion des Schiffsrumpfes und der Konservierung der Artefakte teilhaben, indem wir Fernsehkameras an den relevanten Schauplätzen aufstellten und eine Website einrichteten (http://nautarch.tamu.edu/napcrl.htm).

Die Konservierung der Stangenwaffen

An archäologischen Stätten in den USA bestehen die meisten Metallfundstücke aus Eisen, dem korrosionsanfälligsten und am schwersten zu konservierenden Metall. Die Konservierung ist noch schwieriger, wenn das Eisen aus dem Meer geborgen wird, denn das Metall ist in diesem Fall überzogen von kalkhaltigen Verkrustungen, die verkapselte Artefakte enthalten, und mit ätzendem Chlorid verschmutzt.

Die meisten Menschen sind nicht gerade beeindruckt, wenn sie Kübel mit verkrusteten Artefakten sehen. Die Stangenwaffen von der *La Belle*, die zu den interessantesten Eisenobjekten des Schiffs gehören, sind ein Beispiel. Die verkrusteten Waffen waren kaum als solche zu erkennen, dabei hatten ihre Eisenklingen außerordentlich markante Formen, die sie schließlich als Partisanen, Spontons und Hellebarden auswiesen. Wie bei den päpstlichen Schweizer Garden unserer Zeit waren sie schon 1686 mehr Zeremonialobjekte als Kampfwaffen.

Bevor die Stangenwaffen untersucht werden konnten, mussten sie gründlich konserviert werden. Wir fotografierten sie, analysierten Röntgenbilder und zeichneten diese detailgetreu nach. Als Nächstes zerbrachen wir die Verkrustungen, um die Hohlräume freizulegen, die das zersetzte Eisen zurückgelassen hatte. Wir säuberten die Fragmente, bevor wir sie wieder zusammensetzten und mit Epoxidharz ausgossen. Nachdem das Harz ausgehärtet war, entfernten wir die Verkrustung mit Druckluftmeißeln, und zum Vorschein kamen originalgetreue Epoxidausgüsse der Stangenwaffen.

Elektrolytische Reinigung von Eisen

Große Eisenartefakte befinden sich aufgrund ihrer Masse oftmals in einem besseren Erhaltungszustand als kleinere Objekte wie die Klingen von Blankwaffen. Eine Drehbasse, ein kleines Hinterladergeschütz, das vom 16. bis ins 18. Jh. gebräuchlich war, war das einzige der ursprünglich sechs bis acht Deckgeschütze der *La Belle*, das geborgen wurde. Sie hatte eine Kanonenkugel im Rohr, der Verschlussblock war mit schwarzem Pulver geladen, und ein Verschlusskeil hielt das Pulver in der Kammer. Mit Druckluftmeißeln entfernten wir Verkrustungen, säuberten das Rohr, befreiten die Kanonenkugel und lockerten Verschlussblock und -keil. Die chloridhaltigen Korrosionsprodukte im Eisen ließen dieses jedoch weiterrosten. Wir beseitigten die Chloridverbindungen, indem wir das Eisen monatelang in ein galvanisches Bad legten. Anschließend wurde es in kochendem voll entsalztem Wasser intensiv gespült. Dann behandelten wir die Oberfläche mit Gerbsäure, die das Eisen mit einem schwarzen, korrosionsbeständigen Film überzog. Schließlich legten wir die Kanone in eine mit geschmolzenem Mikrowachs gefüllte Tonne, um sie gegen Sauerstoff und Feuchtigkeit zu isolieren. Nun sollte das Geschütz erst einmal für mehrere Jahre konserviert sein.

Rechts: Mit dem Druckluftmeißel entfernt Konservator John Hamilton dicke Verkrustungen von der Drehbasse, die geladen und schussbereit war, als das Schiff sank – wie man an dem Verschlusskeil, dem Verschlussstück und der Kugel ersehen kann, die über dem konservierten Geschütz abgebildet sind.

Links: Konservator Jason Barrett prüft die Röntgenaufnahme einer verkrusteten Stangenwaffe, während er einen Konservierungsplan erstellt.

Links unten: Drei verschiedene Stangenwaffentypen wurden im Konservierungslabor der Texas-A&M-Universität behandelt. Von links: eine Hellebarde, ein Sponton, eine Partisane und eine weitere Hellebarde.

Rechts: Ein seltenes Nokturnal aus Buchsbaumholz, links im Bergungszustand und rechts im Zustand nach der Konservierung mit Silikonöl.

Konservierung eines Nokturnals aus Buchsbaumholz

Am schwersten ist die Konservierung von Artefakten, die aus Holz, Leder, Seil oder Tuch bestehen. In den Jahrhunderten, die sie dem Seewasser ausgesetzt sind, wird ihre Zellstruktur so stark zerstört, dass schließlich nur noch das Wasser in den Zellen ihre ursprüngliche Gestalt stabilisiert. Ein einzigartiges Gerät aus Holz, eine Sternenuhr (Nokturnal), musste speziell behandelt werden. Bevor es mechanische Uhren gab, wurde die Uhrzeit abends mit Sternenuhren bestimmt: Der Benutzer visierte durch das Loch in der Mitte den Polarstern an und richtete die beiden Arme an zwei Sternen im Kleinen und Großen Bären aus. Der gemessene Winkel zwischen den beiden Sternen ergab die Uhrzeit. Die Sternenuhr der *La Belle* besteht aus vier dünnen Scheiben Buchsbaumholz – ein zentrales Zifferblatt mit Vorder- und Rückscheibe und einem Visierarm obendrauf –, die durch eine bronzene Öse miteinander verbunden sind, so dass sich die vier Scheiben gegeneinander verschieben lassen. Da die Buchsbaumholzscheiben sehr dünn waren, verzogen sie sich leicht. Dieses Problem wurde durch den Umstand verschärft, dass das Nokturnal an einem Eisenteil lag, das Korrosionsprodukte auf seiner Oberfläche und zwischen den drei obersten Scheiben ablagerte. Die Ausdehnung der Korrosionsprodukte hatte die Scheiben getrennt und das Zifferblatt gespalten. Um die Sternenuhr zu restaurieren, mussten Verkrümmungen beseitigt und die ursprüngliche freie Beweglichkeit der Scheiben gegeneinander wiederhergestellt werden. Außerdem waren die Oberflächen des Nokturnals mit eingestanzten und eingeritzten Markierungen versehen.

Experimente zeigten, dass sich die Konservierungsziele am ehesten durch eine Behandlung mit Silikonöl verwirklichen ließen. Dabei wurde die durchnässte Sternenuhr in einer Folge von Wasser/Äthanol- und Äthanol/Aceton-Bädern dehydriert, bis sie sich ganz mit Aceton voll gesaugt hatte. Anschließend wurde die Uhr in einen Bottich mit Silikonöl gelegt. Der Bottich wurde in einer Kammer einem leichten Unterdruck ausgesetzt, der bewirkte, dass das Öl in das Holz eindrang, während das Aceton herausgezogen wurde. Dann wurde das Holz aus dem Bad herausgeholt, um überschüssiges Öl ablaufen zu lassen, worauf es mit etwas flüssigem Katalysator in

Oben: Elemente der Schiffstakelage: Holzblöcke, -scheiben, Kauschen, Rackkugeln und ein Mastfitt wurden mit Silikonöl konserviert.

Unten: *La Belle* wird im Holzkonservierungsbecken der Texas-A&M-Universität wieder zusammengebaut. Um das Austrocknen zu verhindern, kann der Rumpf auf seiner Plattform mit vier Winden, die 35 Tonnen heben können, gehoben und wieder ins Wasser abgesenkt werden.

einen versiegelten Plastikbeutel gegeben wurde. Unter Einwirkung des Katalysators verbinden sich die Silikonmoleküle und stabilisieren das Holz. Der Gegensatz zwischen dem Nokturnal vor und nach der Konservierung ist verblüffend. Alle charakteristischen Merkmale blieben erhalten, und es ist sogar wieder funktionstüchtig, wenn es auch aufgrund der Verschiebung der Sternbilder ungenaue Angaben liefert.

Durch die Behandlung mit Silikonöl schrumpft das Holz kaum und behält sein natürliches Aussehen. Mit Silikonölen konservierte Artefakte lassen sich genauso wiederbehandeln wie Objekte, die mit so genannten reversiblen Verfahren konserviert wurden. Mit einem ähnlichen Verfahren konservierten wir Lederobjekte, Seile, Glasflaschen, Perlen und kleine Holzobjekte wie Blöcke und Rollen. Aufgrund der hohen Kosten lässt es sich allerdings nur auf kleine Fundstücke anwenden.

Konservierung des Rumpfs der La Belle

Etwa ein Drittel des Rumpfs der *La Belle* ist erhalten. Wir wollten ihn während der Konservierung nicht völlig untergetaucht in einem Wasserbecken verschwinden lassen. Deshalb ließen wir ein großes Konservierungsbecken aus Beton in den Boden einbauen und verankerten darin eine Hebebühne, die 35 Tonnen heben kann. Es ist das weltweit größte Becken für Immersionskonservierung.

Der Rumpf wurde für die Überführung ins Konservierungslabor in Einzelteile zerlegt. Im Labor wurde das Holz in Becken gelagert, während wir die ursprünglichen Eisenhalter und Holzdübel entfernten, damit wir die Löcher benutzen konnten, um den Rumpf mit verstärkten Fiberglasstäben und rostfreien Stahlbolzen wieder zusammenzusetzen. Der Rumpf wurde vor der Konservierung wieder zusammengebaut, denn die Einzelteile hätten sich bei getrennter Konservierung verzogen, so dass die Befestigungsbohrungen nicht mehr in Flucht gewesen wären.

Während der Montage wurde der Rumpf auf der Plattform von einer laminierten Fiberglas- und Kohlenstofffaserauflage unter dem Kiel und jeder Spant durch eine auf der Unterseite befestigte Kohlenstofffaserplatte gestützt. Die Plattform hebt im Bedarfsfall mühelos den gesamten Rumpf aus dem Wasser.

Der Rumpf soll acht Jahre lang in Polyethylenglykol gelagert und dann ein Jahr

kontrolliert getrocknet werden. Nach der Konservierung wird das Schiff wieder zerlegt und ins 160 km entfernte Austin transportiert, wo es ein letztes Mal zusammengebaut werden wird.

Da nur das untere Schiffsdrittel erhalten blieb, stützte sich Glenn Grieco auf Daten des Rumpfs und Daten aus historischen Dokumenten sowie auf zeitgenössische Gemälde und Zeichnungen, als er ein Maßstabsmodell der *La Belle* anfertigte.

Der Geschichte ein Gesicht geben

Bei der Ausgrabung wurde ein menschliches Skelett gefunden, das im Bug des Schiffs auf einem Ankertau lag. Ein Anthropologe fand heraus, dass es sich um das Skelett eines 28- bis 35-jährigen Mannes europäischer Herkunft handeln musste, der eine gebrochene Nase, ein Rückenleiden und schwere Zahnprobleme hatte. Erstaunlicherweise blieb in dem luftdicht abgeschlossenen Schädel Hirngewebe erhalten, doch leider verliefen DNA-Tests ergebnislos.

Wir ließen in Dallas, Texas, eine detaillierte CT-Aufnahme des Schädels anfertigen, um das Gesicht dieses Besatzungsmitglieds zu rekonstruieren. Mit Hilfe eines Stereolithographie genannten Verfahrens stellte eine Firma in Arlington, Texas, einen Harzabguss des Schädels her: Jeder CT-Bildschnitt wurde über einen UV-Laser in einen Kübel mit lichtempfindlichem Harz geleitet. Als das Harz ausgehärtet war, hatten wir ein bis in die Details originalgetreues Modell des Schädels. Anschließend brachte Professor Denis Lee von der Universität Michigan Gewebetiefe-Marker auf dem Harzabguss an und modellierte die Gesichtszüge in Ton. Ein Silikongummi-Abguss des Tonmodells erlaubte die Herstellung eines Gipsausgusses, der bemalt wurde, um eine realistischere Wirkung zu erzielen. Vermutlich würden die Verwandten des Mannes ihn erkannt haben, obschon er höchstwahrscheinlich einen Bart trug und aufgrund der Strapazen, die er in seinem letzten Lebensjahr in der Neuen Welt durchgemacht hatte, stark ausgezehrt gewesen sein dürfte.

Die Skelettknochen wurden gründlich gereinigt, um dem Anthropologen die Arbeit zu erleichtern, jedoch nicht weitergehend behandelt, da der Seemann bestattet werden sollte. Im Jahr 2004 wurde er auf dem Texas State Cemetery in Austin in dem ältesten gekennzeichneten Grab des Staates beigesetzt.

In sieben Jahren wurden Tausende von Artefakten aus der *La Belle* konserviert. Die Konservierungsphase ist so wichtig wie die Ausgrabungsphase, da sie genauso viele – und manchmal noch mehr – Daten liefert wie die Feldarbeit.

Oben links: Glenn Grieco, Modellbaumeister an der Texas-A&M-Universität, legte letzte Hand an ein maßstabgerechtes Modell der *La Belle*.

Oben: Details des Bugbereichs der *La Belle* zeigen Backdeck, Ankerspill, Hauptdeck, Gräting, Gusseisenkanone und Lafette in der Stückpforte und eine schmiedeeiserne Drehbasse, die am Steuerbordschanzkleid befestigt ist.

Unten: Professor Denis Lee zeigt die Gesichtsrekonstruktion anhand des Abgusses eines Matrosenschädels, der in der *La Belle* gefunden wurde.

»Die verruchteste Stadt der Welt«: Port Royal, Jamaika

DONNY L. HAMILTON

Ich schickte mich an, den Kingston Harbor hinter dem alten Naval Hospital in Port Royal, Jamaika, aufzusuchen. Es war Januar 1992. Ich legte meine Tauchgeräte an, sprang ins Wasser und schwamm in nordwestliche Richtung über die ehemalige Lime Street, die jetzt von einem Seegrasteppich überwachsen war. Dann sah ich das niedrige Profil eines erhöhten Fundaments, das einst die Wände eines Fachwerkhauses getragen hatte (Gebäude 3), in dem unterschiedlichste Waren eingelagert waren. Diesem Fundament folgend, stieß ich auf die Ecke eines zweigeschossigen Ziegelreihenhauses (Gebäude 1), das drei Geschäfte beherbergt hatte. Das Fischgrätenmuster der Ziegelböden war trotz des Moosbewuchses für das geübte Auge erkennbar. Ich schwamm, den Ziegelsteintrottoir entlang, am Eingang zum Pfeifengeschäft vorbei; über 2000 neue Pfeifen lagen einst auf dem Boden des ersten Raums. Ich schwamm weiter zum Eingang der Taverne, wo zahlreiche verkorkte Schnapsflaschen gestanden

Port Royal

Erdbeben: 11.43 Uhr, 7. Juni 1692
Zerstört: 13 Hektar von Port Royal
Einwohner: 7000–8000
Todesopfer: ca. 5000
Ausgrabung: 1981–1990
Tiefe: 2,7 m

Oben: Hypothetische Rekonstruktion von Gebäude 1 mit Pfeifenladen, Taverne und Schusterwerkstatt.

Links: Margaret Leshikar-Denton inspiziert die Holzeinrahmung eines Treppenschachts auf dem Ziegelboden von Gebäude 1.

Rechts: Die teilweise freigeräumten Ziegelwände einer Zisterne im Hinterhof der Gebäude 5, 6 und 7.

hatten. Der Inhaber des letzten Geschäfts hatte sich als Flickschuster, Schlachter und Drechsler verdingt.

Ich glitt über die andere vordere Ecke des Gebäudes und den Sand des 1,2 m breiten Korridors, der es von der Ecke eines Ziegelfundaments trennte, das ein weiteres Fachwerkhaus (Gebäude 2) trug. Ich folgte der Frontmauer und machte an dem vergipsten Stützpfeiler aus Ziegeln halt. Von dort aus sah ich den Gipsestrichboden und die schmale Verlängerung der Queen Street, die parallel zum Haus verlief.

Mich weiterhin Richtung Nordwesten haltend, kam ich zu den Rücken an Rücken gebauten Herden, die von den Bewohnern der beiden Hälften eines eingeschossigen, doppelräumigen Gebäudes (Gebäude 4) benutzt wurden. Jenseits davon erkannte ich die niedrigen Ziegelmauern von zwei Kaminen in angrenzenden Gebäuden (Gebäude 5 und 7). Ich schwamm zu der kreisförmigen Ziegelmauer einer Zisterne, die drei Gebäude (5, 6 und 7) mit Trinkwasser versorgte. Als ich die Ziegelmauer entlangschwamm, die den Hof des Gebäudes von dem Raum mit dem großen Kamin trennte, musste ich an die eisernen Pfannen denken, die einst auf dem Herd standen, und an das Skelett eines Kindes, das unter einer umgestürzten Mauer auf dem Boden davor lag. Ein Vorraum hat einen Gipsestrichboden, der kleine Raum ein Ziegelpflaster in Fischgrätenmuster mit den eingebetteten Holzbalken eines Treppenschachts. Vom Treppenschacht aus sah ich die Vordertür, vor der ein weiteres Kleinkinderskelett gelegen hatte. Weiterschwimmend, machte ich am Frachtraum eines großen Schiffes Halt, vermutlich der *Swan*, die auf dem Ziegelbo-

Oben: Bleigitter mit Stützstange eines Fensters aus Gebäude 5. In die Felder zwischen diesen genuteten Stäben wurden Butzenscheiben eingesetzt.

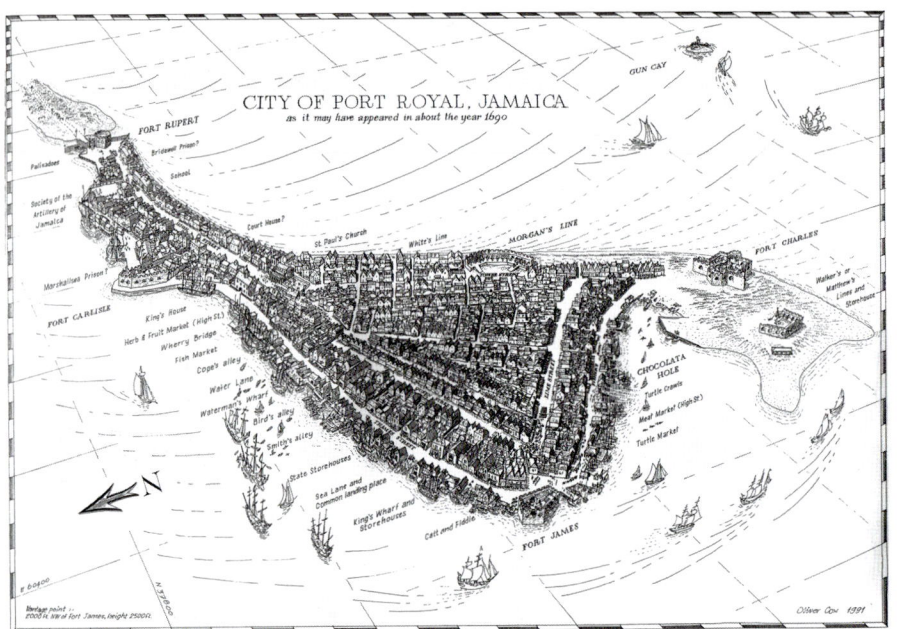

Oben: Ein Stadtplan des Londoner Architekten Oliver Cox von 1992 zeigt dessen Rekonstruktion von Port Royal unmittelbar vor dem Erdbeben 1692.

Oben rechts: Eine moderne Ansicht von Port Royal, das am Ende einer 29 km langen Sandbank liegt, die die Karibik (rechts) von Kingston Harbor trennt. Gestrichelt eingezeichnet ist die Fläche der versunkenen Stadt. Kingston liegt im Hintergrund, jenseits des Hafens.

Unten: Die Studentin Janet Mulholland bewundert eine unbeschädigte, verkorkte Flasche, die sie gerade ausgegraben hat.

den von Gebäude 4 ruhte. Als die Stadt überflutet wurde, durchbrach das Schiff die Gebäudefront, wobei es beide Mauern und den Boden nach vorn schob, ehe es zum Stillstand kam.

Der Tauchgang von 1992 war eine nostalgische Rückkehr nach Port Royal, 16 Monate nachdem ich die zehnjährigen archäologischen Ausgrabungen (1981–1990) im Auftrag des INA, der Texas-A&M-Universität und der Denkmalbehörde von Jamaika abgeschlossen hatte. Nur dank der Ausgrabungen waren die beschriebenen Gebäudeteile zum Vorschein gekommen. Sie wären sonst, wie der Rest der versunkenen Stadt, unter einem Seegrasteppich und einer dicken Schicht aus Sedimenten und abgestorbenen Korallen verborgen geblieben. Port Royal war einmal das politische Kraftzentrum Jamaikas, aber seine Führungsrolle endete jäh, als zwei Drittel der Stadt bei einem katastrophalen Erdbeben im Kingston Harbor versanken. Port Royal wurde somit zum Pompeji der Neuen Welt.

Geschichte

Wie wurde Jamaika, eine zunächst spanische Besitzung, zu einer englischen Insel? Und wie wurde Port Royal zur größten und reichsten englischen Stadt in der Neuen Welt? Im Dezember 1654 entsandte Oliver Cromwell, der englische Lordprotektor, eine Invasionsstreitmacht unter dem Befehl von Admiral Penn und General Venables mit dem Befehl, die Insel Hispaniola, das heutige Haiti, für die ihn unterstützende puritanische Kaufmannschaft zu erobern. Diese wollte Handelsbeziehungen zu den spanischen Kolonien in der Neuen Welt aufbauen und brauchte dafür einen zentral gelegenen englischen Hafen. Doch die Spanier waren vorgewarnt, und sie schlugen die englische Streitmacht in die Flucht, als diese die Stadt Santo Domingo erobern wollte. Penn und Venables, die den Zorn Cromwells fürchteten, segelten weiter nach Jamaika, und im Mai 1655 nahmen sie die schwach verteidigte Insel ein. Jamaika war somit der »Trostpreis«, der Cromwell beschwichtigen sollte.

Obgleich Port Royal zunächst nur als Militärstützpunkt dienen sollte, gewann es rasch an Bedeutung, da Schiffe in dem gut geschützten Hafen mühelos gewartet und beladen werden konnten. Seefahrer, Kaufleute und Handwerker ließen sich in Port Royal nieder, um sich ein Stück vom Kuchen zu sichern. Zwischen 1655 und 1692 wuchs die Wirtschaft Jamaikas, die Stadt florierte und wurde zum bedeutendsten englischen Hafen in Amerika.

Port Royal war das Handelszentrum der Karibik; hier deckten sich die spanischen Kolonien mit Fertigwaren und Sklaven ein. Aufgrund seiner Handelsbeziehungen und der Freibeuterei war es reicher als die Städte in anderen englischen Kolonien, und als es unterging, war es mit 7000 bis 8000 Einwohnern die größte englische Ansiedlung in der Neuen Welt. Das soziale Milieu der Stadt war anders als in Neuengland mit seinen konfessionell geordneten Städten oder als in den Tabakpflanzersiedlungen von Maryland und Virginia. Port Royal pflegte ein tolerantes Laissez-faire, in dem sich unterschiedlichste Konfessionen und Lebensstile entfalten konnten. Die Quellen sprechen von einer Kaufmann- und Bürgerschaft, die sich aus Quäkern, »Papisten«, Puritanern, Presbyterianern, Juden und Anglikanern zusammensetzte, die alle ihren Glauben offen praktizierten. Hinzu kamen die zügellosen Seeleute und Piraten, die der Stadt den Ruf als »verruchteste Stadt der Welt« eintrugen.

Die Blüte von Port Royal endete jäh am 7. Juni 1692 kurz vor Mittag: Das gewaltige Erdbeben ließ 13 Hektar des »Lager- und Schatzhauses Westindiens« im Hafen versinken. Eine um 1686 von Paul Blondel, einem in den Niederlanden lebenden Franzosen, gefertigte Taschenuhr wurde bei den Ausgrabungen geborgen; ihre Zeiger, die um 11:43 Uhr stehen geblieben waren, erinnern auf unheimliche Weise an die Katastrophe. Schätzungsweise 2000 Menschen kamen sofort ums Leben, und weitere 3000 erlagen in den Tagen danach ihren Verletzungen und Krankheiten. Bergungsarbeiten und Plünderungen zogen sich, mit Unterbrechungen, jahrelang hin.

Wenn man heute durch die engen Gassen des Fischerdorfs geht, erinnert nichts mehr an die einstige Bedeutung. Port Royal ist heute ein abgelegener Ort am Ende einer sandigen Landzunge mit 2000 Einwohnern, die sich selbst als »Port Royaler« und nicht bloß als Jamaikaner verstehen. Seine Unscheinbarkeit steht in Kontrast zu dem einzigartigen archäologischen Schatz, der unberührt unter der Oberfläche des angrenzenden Hafens liegt.

Port Royal ist anders als die meisten archäologischen Stätten. Es gehört zu einer kleinen Gruppe einzigartiger Stätten, zu denen Pompeji und Herculaneum in Italien, Akrotiri in Griechenland, Ozette im US-Bundesstaat Washington und die meisten Schiffswracks zu zählen sind. Sie alle entstanden innerhalb von Minuten durch Naturkatastrophen, so dass alle Materialien und der so wichtige archäologische Kontext erhalten blieben. An diesen Stätten ist der Archäologe nicht mit einer Situation konfrontiert, die sich dadurch auszeichnet, dass im Lauf der Zeit Häuser, Geschäfte, Kirchen und andere Gebäude gebaut, erweitert, vernachlässigt, aufgegeben, niedergerissen und wiederaufgebaut wurden. In diesen Fällen erforschen die Archäologen vor allem die wenigen Überreste. Bei archäologischen Stätten, die durch Katastrophen entstanden sind, blieb dagegen der frühere Zustand praktisch unverfälscht.

Archäologische Ausgrabungen

Im Jahr 1981 begann die zehnjährige Ausgrabung des versunkenen Teils der Stadt aus dem 17. Jh. Gegenwärtig deutet alles darauf hin, dass die an der Hafenfront gelegenen Gebiete von Port Royal wirr durcheinander gewirbelt wurden, als sie versan-

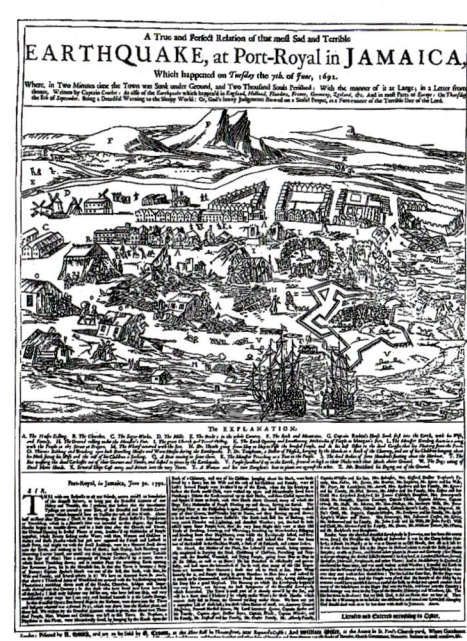

Oben: Eine im August 1692 erschienene Flugschrift schildert ihrer Londoner Leserschaft den Untergang Port Royals.

Unten: Überreste einer Taschenuhr aus dem 17. Jh., die 1686 von dem französischen Uhrmacher Paul Blondel gefertigt und 1960 von Edwin Link gefunden wurde. Eine Röntgenaufnahme zeigte, dass die Uhrzeiger um 11:43 Uhr stehen blieben, als das Erdbeben einsetzte.

ken, so dass der größte Teil des archäologischen Kontexts zerstört wurde. Das vom INA erforschte Gebiet dagegen, das nahe am Hafen liegt, brach vertikal ab und wurde horizontal kaum verschoben.

In jedem ausgegrabenen Gebäude von Port Royal wurde eine breite Palette von Materialien gefunden. Viele organische Artefakte wie Lederschuhe, Reusen und auch Textilien wurden geborgen. Zusammen mit historischen Dokumenten liefern sie uns einen faszinierenden Einblick in den Alltag einer kolonialen Hafenstadt.

Das Port-Royal-Projekt konzentrierte sich auf die untergegangenen Gebäude an der Lime Street, nahe der Kreuzung mit der Queen und High Street im Handelszentrum der Stadt. Von unserer Arbeitsplattform aus, einer Barkasse, die über dem Ausgrabungsgebiet verankert war, untersuchten wir acht Gebäude. Unser wichtigstes Werkzeug war eine Dredge (Wasserstrahlpumpe). Die Taucher atmeten durch Schläuche, so dass sie stundenlang unter Wasser arbeiten konnten. Diese Grabungen erbrachten detailliertere Daten über die Gebäude und ihre Artefakte in situ als frühere Forschungen. Wir bargen ein reiches Arsenal an englischen Werkzeugen, Keramiken, Pfeifen, Kerzenständern und Haushaltswaren aus dem 17. Jh., außerdem ein eindrucksvolles Sortiment an Keramik wie chinesisches Porzellan, deutsches Steinzeug und spanische Olivengefäße. Außerdem beherbergte Port Royal noch die größte Sammlung von Zinngeschirr, die jemals an einer Fundstätte gehoben wurde.

Oben links: Verschiedene Zinngegenstände (Deckelkrug, Docke, Teller, Löffel, Spritzen), Messingleuchter und gläserne Schnapsflaschen von den INA-Grabungen in Port Royal.

Oben: Margaret Leshikar-Denton dokumentiert einen bemerkenswert gut erhaltenen Weidenkorb in situ.

Rechts: Ein Ausgräber legt auf dem Ziegelboden von Gebäude 1 eine Schicht Tonpfeifen, Schnapsflaschenscherben und eine Zinndocke frei.

Unten links: Unter dem chinesischen Porzellan waren blauweiße Medaillonschalen, batavische und Blanc-de-Chine-Teetassen und ein Fo-Hund.

Unten: Eine britische Majolika-Blumenvase mit abgeblätterter Oberflächenglasur.

Oben: Ein Kameramann dokumentiert das
frei liegende Skelett eines Kindes an der
Haustür von Gebäude 5. Das wichtigste Gra-
bungswerkzeug, ein Airlift, liegt links unten.

Dokumente

Die archäologische Forschung basiert auf der engen Verknüpfung von Funden mit anderen historischen Quellen. In Port Royal verfügen wir über einzigartige archäologische Funde. Doch Jamaika hat außerdem die besterhaltenen Archive in der Karibik. Mit Hilfe der archäologischen und schriftlichen Zeugnisse kann man eine Menge über die Bewohner der Stadt in Erfahrung bringen.

Die einschlägigen historischen Unterlagen aus dem 17. Jh., die in öffentlichen Archiven aufbewahrt werden, wurden mikroverfilmt. Aus den Besitzurkunden, Testamenten und Nachlasslisten von 1660 bis 1720 konnten wir die Eigentümer der Grundstücke ermitteln und den Besitzstand von Privatpersonen und Firmen in Port Royal und in ganz Jamaika vergleichen. Allerdings waren die schriftlichen Dokumente erst dann wirklich aufschlussreich, wenn wir die freigelegten Gebäude bestimmten Personen zuordnen konnten.

Simon Benning, Zinngießer

Eine der ersten Herausforderungen bestand darin, den Handwerker zu identifizieren, der sich hinter dem Herstellerstempel verbarg, den wir auf einem Zinnteller fanden. Die kleine ovale Punze bestand aus einer Ananas, die von einer Borte umschlossen war, sowie den Initialen »S« und »B« links bzw. rechts der Ananas. In den Standardwerken über englische Zinngießer fanden wir keine vergleichbaren Herstellermarken, wir fanden jedoch einen Hinweis auf einen Zinngießer namens Simon Benning, der in Port Royal arbeitete.

Wenn man genauere Informationen über bestimmte Personen sucht, stellt sich immer die Frage, ob die einschlägigen Dokumente die Jahrhunderte überdauert haben. Bei Simon Benning war dies der Fall. Da er Zinngießer war, lag die Vermutung nahe, dass er in England ausgebildet worden war und dass bei der Hochwohllöblichen Gilde der Zinngießer in London Aufzeichnungen über ihn existierten. Wir fanden heraus, dass er 1650 zu John Silk in London in die Lehre kam und 1657 nach

Unten: Eine Ananas mit den Initialen »S« und
»B« in einer ovalen Borte war die Punze von
Simon Benning, dem einzigen bekannten
Zinngießer von Port Royal.

Oben: Eine von 18 chinesischen Porzellantassen, die an einem Fensterrahmen in einer umgestürzten Mauer gefunden wurden.

Unten: Die Besitzermarke »NCI« von Nathaniel Cook und seiner Frau Jane über Simon Bennings Zeichen.

Ganz unten: Die Besitzermarke »IC« für Jane Cook an jüngeren Zinntellern nach dem Tod ihres Ehemanns, dessen Initiale hier fehlt.

Barbados auswanderte. Beim Nachlassgericht in Canterbury, das für die Abwicklung der Nachlässe aller Personen mit Vermögen in England wie in den Kolonien zuständig war, wurde sein Testament aufbewahrt. In diesem Testament vom 19. Februar 1656 heißt es, er sei ein Zinngießer, der zu einer Reise nach Barbados aufbreche.

In den 1660er Jahren siedelten viele Barbadier auf die größere, wohlhabendere Insel Jamaika um. 1665 erhielt Benning ein Grundstück, das im Norden an die High Street grenzte, und dort baute er seine Zinngießerei. In den Jahren 1667 und 1670 erwarb er zwei Nachbargrundstücke. Als Nächstes werden Benning und die Bewohner seines Hauses in einer Volkszählung aufgeführt, die 1680 in Port Royal stattfand. Sein jamaikanisches Testament stammt von 1683 und gelangte bald nach seinem Tod 1687 ins Inselarchiv. Dieses Testament unterrichtet uns über das Vermögen, das er seiner Frau und jedem seiner Kinder vermachte. Simon, der älteste Sohn, erbte das Haus in der High Street, die Werkstatt und die Werkzeuge und führte die Zinngießerei fort. Die letzte urkundliche Erwähnung von Simon Benning jr. sagt uns, dass er sein letztes Hab und Gut 1696 verkaufte. Wir wissen nicht, was ihm widerfahren ist, doch vermutlich ist er bald darauf gestorben: Seine Schwester, Sarah, kehrte nach Port Royal zurück, um Vermögensansprüche zu regeln. In den Jahren zwischen 1663 und 1696 arbeiteten mithin zwei Simon Bennings, Vater und Sohn, auf Jamaika.

Die Bewohner von Gebäude 5

Was sagen uns die Eigentümerzeichen auf den Objekten in Gebäude 5? Die eingestanzten Buchstaben »NCI« auf Zinntellern, Silbergabeln und -löffeln sowie einer silbernen Muskatmühle weisen darauf hin, dass eine Familie mit einem Nachnamen, der mit »C« begann, und ein Mann, dessen Vorname mit einem »N« anfing, sowie eine Frau mit der Initiale »I« oder »J« in dem Gebäude wohnte (im 17. Jh. wurde ein »J« häufig durch ein »I« wiedergegeben). Aber auf den von der Firma Benning hergestellten Zinntellern gab es zwei verschiedene Eigentümerprägungen. Die älteren Teller trugen die Ananas-Marke und die »NCI«-Besitzerprägung auf der Unterseite. Diese Teller wiesen auf ihren Innenflächen zahlreiche Messerschnittspuren auf. Auf den neueren Tellern hingegen fanden sich weitaus weniger Gebrauchsspuren, und außerdem trugen sie eine »IC«-Besitzerprägung auf der Innenfläche. Anhand der beiden verschiedenen Besitzerstempel ließen sich die Eigentümer von Gebäude 5 identifizieren. Die Sichtung sämtlicher Dokumente (Testamente, Inventare, Grundbücher und Übereignungsurkunden) ergab, dass nur eine Familie alle Bedingungen erfüllte: Nathaniel Cook und seine Frau Jane. Die Kennzeichnung »IC« auf einigen Tellern deutet darauf hin, dass sie nach dem mutmaßlichen Tod ihres Mannes weitere Teller anfertigen und mit ihren Initialen versehen ließ. Später fanden wir eine Urkunde, aus der hervorging, dass sich Jane wiederverheiratet hatte. Die neuen »IC«-Teller stammten vermutlich von Simon Benning jr., während die älteren »NCI«-Teller wohl von Simon Benning sr. hergestellt worden waren.

Dies ist nur eine der vielen Geschichten, die sich anhand der Urkunden und archäologischen Funde rekonstruieren lassen. Am Ende des 17. Jh. waren die Freibeuter und die meisten kleinen Pflanzer verschwunden. Auf Jamaika, wo einst Domestiken und kleine Pflanzer ihr Glück gesucht und gefunden hatten, war das gesamte Land von wenigen Großgrundbesitzern zu riesigen Plantagen vereinigt worden, die mit Hilfe von Sklaven bewirtschaftet wurden.

Die Tragödie der Santo Antonio de Tanna: *Mombasa, Kenia*

ROBIN PIERCY

Santo Antonio de Tanna

Gebaut: 1681, Bassien bei Goa, Indien
Gesunken: 20 Oktober 1697
Tiefe: 18 m
Gefunden von: Conway Plough
Ausgrabung: 1977–1980
Ladung: Hilfsgüter
Kiel: ca. 30 m lang

Der Zug schlich durch die afrikanische Nacht. Ich lag auf meiner Koje und genoss die ungewohnten tropischen Gerüche, die durch das offene Fenster hereinwehten. Im Bett unter mir blätterte Don Frey ein Notizbuch durch und hakte alles ab, was wir bislang erledigt hatten. Morgen würden wir in Mombasa sein, und die Arbeit würde richtig beginnen. Wir hatten zwei Wochen, in denen wir möglichst viel über ein Schiff in Erfahrung bringen wollten, das angeblich im späten 17. Jh. an einem

MOMBAÇA·

Rechts: Detail aus der Karte von António de Mariz Carneiro (1639) mit Fort Jesus und der angrenzenden kleinen portugiesischen Siedlung, die von afrikanischen Siedlungen umgeben ist.

Unten: Die Seeseite der Mombasa-Insel aus der Luft. Fort Jesus (links von der Mitte) bewacht die Zugänge zur Altstadt und ihrem Hafen rechts. Das Wrack der Santo Antonio liegt unter dem Grabungsschiff, das unterhalb des Forts ankert.

Riff gescheitert war. Vor unserem Aufbruch hatte uns George Bass instruiert: »Hamo hat gesagt, dass im Hafen von Mombasa in 20 m Tiefe ein Wrack liegt. Er braucht Hilfe bei der Erkundung und bei der Planung der Grabung. Ich weiß nicht, wie groß die Stelle ist und was es dort zu sehen gibt.« So begann 1976 eine Odyssee, die mit Unterbrechungen fast 30 Jahre währte.

Das INA war von Hamo Sassoon, dem Kurator des Fort-Jesus-Museums in Mombasa, angesprochen worden. Hamo war fasziniert von Berichten örtlicher Sporttaucher, die behaupteten, direkt vor dem portugiesischen Fort liege ein großes Wrack. Sein Vorgänger, James Kirkman, hatte das Areal einige Jahren zuvor erkunden gelassen. Dabei waren einige portugiesische Artefakte aus dem 17. Jh. geborgen worden, doch ein Schiff hatte man nicht gefunden.

Während der Belagerung von Fort Jesus durch omanische Araber von 1696 bis 1698 waren bei Entsatzoperationen mehrere portugiesische Schiffe verloren gegangen, doch ihre genauen Untergangsstellen waren unbekannt. Hamo hatte in Archiven in Lissabon und Rio de Janeiro Dokumente gesichtet, die darauf hindeuteten, dass das Flaggschiff der Entsatzflotte nahe beim Fort gesunken sein könnte.

Gleich nach dem Frühstück fuhr der Zug in Mombasa ein, wo uns Hamo begrüßte, sich um unser Gepäck kümmerte und uns durch das Gewühl der Touristen führte, während er uns gleichzeitig in seine Pläne einweihte. Dieser Engländer war von grenzenloser Tatkraft und Begeisterung erfüllt, und er hatte an alles gedacht. Er quartierte uns in dem gleich neben dem Fort gelegenen Mombasa Club ein, damit wir in der Tropenhitze keine weite Entfernung zurücklegen mussten. Später erfuhren wir von Conway Plough, einem der Entdecker des Wracks, dass die Fundstelle nicht mehr als 50 m vom Club-Strand entfernt sei. Conway und sein Sohn Angus hatten ein Auto voll Tauchausrüstung mitgebracht, da sie annahmen, dass wir uns die Stelle gleich würden ansehen wollen.

»In einer halben Stunde ist der Gezeitenstand optimal«, sagte Conway, »beeilen wir uns!«

Während wir die Taucheranzüge anlegten, erklärte Conway, dass bei Springflut

Die Tragödie der Santo Antonio de Tanna   **173**

eine Menge klaren Frischwassers aus dem Indischen Ozean hereinströmte. Dann habe man eine Sicht von 20 m. Er sagte, wir sollten diese Gelegenheit bei unserem ersten Tauchgang nicht versäumen, auch wenn die Strömung etwas stark sei. Hamo tauchte nicht. Er sagte, er wolle am Strand auf uns warten.

Wir gingen am seewärtigen Ende der Fundstelle ins Wasser und ließen uns mit der Strömung nach unten treiben. Mein Partner Angus und ich drifteten über das Korallenriff und erreichten in einer Tiefe von 18 m einen sandigen Hang, wo wir uns von der Strömung schwerelos über den kargen Meeresgrund tragen ließen. In dem Maße, in dem sich meine Augen an die Unterwasserwelt anpassten, erkannte ich formlose Massen. Eine glich einer kurzen Reihe ungleichförmiger Zähne, an deren Spitzen sich Seetang schlängelte. Wir schwammen dorthin – die Enden schwerer Holzspanten ragten aus dem Meeresgrund heraus – und hielten uns daran fest. Meine Aufregung wuchs, als wir sieben oder acht Meter weiter schwammen. Dort stießen wir auf Don und Conway, die uns bedeuteten, ihnen weiter den Hang hinunter zu folgen. Dort hatte die Strömung einen Teil des Schiffsrumpfs unterspült und schwere Schiffshölzer freigelegt. Conway zeigte mit den Händen auf jene Stelle, an der er bereits Objekte gefunden hatte. Und schon kehrten wir an die Oberfläche zurück, wo uns Hamo neugierig erwartete.

Plötzlich redeten wir alle auf einmal. Damals entstand die Idee, das Mombasa-Wrack auszugraben, handelte es sich doch eindeutig um ein historisch bedeutsames Wrack. Portugal war eine der bedeutendsten Seefahrernationen gewesen. Und wenn dieses Schiff der unglücklichen Entsatzungsexpedition angehörte, die 1696 von Goa entsandt worden war, dann wäre es das erste portugiesische Schiff, das je ausgegraben wurde. Don und ich verlängerten unseren Aufenthalt um eine Woche, um das Areal mit dem von einer örtlichen Bergungsfirma geliehenen Magnetometer zu untersuchen. Wir fanden drei starke magnetische Störungen, vermutlich Kanonen, und verzeichneten sie in den Plänen, die wir von der Fundstelle anfertigten.

Die Belagerung von Fort Jesus

Die portugiesischen Entdeckungsfahrten im späten 15. Jh. öffneten einen direkten Seeweg nach Osten mit weit reichenden historischen und politischen Folgen für Europa, den Fernen Osten und die dazwischen liegenden Länder. Der Schutz dieses Seewegs und die dadurch ermöglichte Ausweitung des Handels führten zur Gründung portugiesischer Forts und Siedlungen entlang des Seewegs um Afrika und durch den Indischen Ozean. Fort Jesus wurde in den 1590er Jahren auf der Seeseite einer

Die hohe seewärts gelegene Mauer von Fort Jesus überblickt den nordöstlichen Arm des Mombasa-Hafens und schützt das untere Vorwerk, an dem bei Entsatzoperationen Soldaten und Proviant angelandet wurden.

Insel in Mombasas großem Naturhafen gebaut. Seine schweren Geschütze bewachten die Einfahrt durch das Riff und schützten Schiffe, die den Hafen auf der Durchfahrt oder zum Handel anliefen. Das portugiesische Handelsmonopol war einer der Hauptgründe dafür, dass sich die Araber nach fast 100-jähriger Ausbeutung erhoben. Gegen Ende des 17. Jh. geriet das Monopol auch durch englische und holländische Konkurrenz unter Druck. Nur noch wenige portugiesische Schiffe machten die jährliche Rundfahrt (»carreira da India«) zwischen Lissabon und Goa, Portugals größter Kolonie und Handelsniederlassung an der Westküste Indiens.

Anfang 1696, als Portugals Niedergang als Seemacht bereits weit fortgeschritten war, wurde Fort Jesus von omanischen Arabern angegriffen, die nicht länger die Abgaben entrichten wollten, mit denen die Portugiesen die arabischen Handelsschiffe in Ostafrika belegten. Das Gros der portugiesischen Flotte im Indischen Ozean war durch eine Seeblockade der arabischen Flotte im Persischen Golf gebunden, so dass ihre Schiffe der portugiesisch-afrikanischen Garnison des Forts nicht zu Hilfe kommen konnten. Zehn Monate später war die Lage im Fort verzweifelt. Am ersten Weihnachtsfeiertag traf General Luis de Mello Sampaio mit einem Geschwader aus Goa ein, das die Belagerung brechen sollte. Er blieb jedoch nicht lange. Nachdem er Proviant und Soldaten aus Goa abgesetzt hatte, segelte er mit der Fregatte *Santo Antonio de Tanna* weiter nach Mosambik. Fast ein Jahr später kam Sampaio dem Fort abermals zu Hilfe, was jedoch in einer Katastrophe endete. Augenzeugen berichten, dass das Schiff unter schweren feindlichen Beschuss geriet. Die Takelage wurde zerschossen, und es lief an einem Riff auf Grund, wobei es sein Ruder verlor. Am 20. Oktober 1697 »kenterte die Fregatte und sank unter das Riff, so dass nur noch die Topsegel aus dem Wasser ragten«. Eine von nur drei Fregatten, die für die Verteidigung von ganz Portugiesisch-Indien zur Verfügung standen, war verloren.

Oben: Eine Kanone bewacht die Wrackstelle und die Enge vor dem Hafen der Altstadt.

Die Grabung

Zehn Monate nach unserem Besuch 1976 kehrten Don Frey und ich zurück, um gemeinsam mit Hamo Sassoon das Wrack auszugraben. Es sollte das erste portugiesische Schiffswrack sein, das wissenschaftlich ausgegraben wurde. Wir hatten die

Rechts: Am Anfang eines Arbeitstages springen die Mitglieder des ersten Grabungsteams gleichzeitig ins Wasser.

Oben: Dieser bronzene Segelhandschuh war an einem um die Hand gewickelten Lederriemen befestigt. So konnte beim Reparieren von Segeln großer Druck auf die Nähnadel ausgeübt werden.

Unten: Nach der ersten Grabungssaison betrachten die Projektleiter Hamo Sassoon und Robin Piercy und die Grafikerin Netia Piercy einen Teil des Nachschubs, der das Fort 280 Jahre zu spät erreichte.

vorangehenden Monate damit verbracht, Gelder aufzutreiben und Personal und Ausrüstung zusammenzustellen. Jetzt begannen wir die Feldarbeiten, indem wir einen Leichter als Tauchplattform und Operationsbasis über dem Wrack vertäuten.

Nach Abschluss der ersten Grabungskampagne hatten wir eindeutige Belege für die portugiesische Herkunft des Schiffs, beginnend mit Funden, die wir im Pumpenschacht am Fuß des Großmasts machten: zwei gut erhaltene portugiesische Fayence-Gefäße, die wir unbeschädigt auf der Innenbeplankung fanden. Als wir das Grabungsareal Richtung Heck erweiterten, fanden wir weitere Fayencen – und das hölzerne Basrelief eines Engels, das in einem Stil geschnitzt war, der dem portugiesischen Kunsthandwerk der letzten Hälfte des 17. Jh. zugeschrieben wird! Gleich daneben bargen wir zwei Holzflügel und ein Füllhorn.

Das Alter des Wracks, die mutmaßliche Nationalität und die Fundstelle an einem Riff unterhalb von Fort Jesus deuteten darauf hin, dass es sich um die *Santo Antonio de Tanna* handelte. Archivrecherchen zeigten uns später, dass sie in Bassein bei Goa an der Westküste Indiens gebaut worden und 1681 in Dienst gestellt worden war. Zwischen 1693 und 1696 machte sie nur eine Rundfahrt auf dem »carreira da India«. Bei ihrer Rückkehr nach Goa wurde sie sofort nach Ostafrika entsandt, um Fort Jesus zu entsetzen.

Zu den weiteren Artefakten, die wir in diesem ersten Jahr bargen, gehörten Eisengeschosse, ein Schwertheft, hölzerne Pulverhörner, Takelzeug und mannigfaltige Keramiken. Mehrere zertrümmerte Fässer im Heck waren eingeklemmt zwischen

Rechts: Unter dem Gagatschmuck, der im Wrack gefunden wurde, waren auch Ohrringe.

Rechts außen: Nur vier Silbermünzen wurden aus dem Wrack geborgen, alle sind in den 1670er Jahren in Goa geprägt worden.

umgestürzten Schiffsbauteilen und Ballast. Dort fanden wir zwei Kompasse, mehrere Segelmacherhandschuhe, eine Holzschüssel, Kisten mit Nägeln und Bolzen, einen Holzkübel, Lafettenkeile und große Mengen Tauwerk, die alle auf das Ersatzteillager eines Segelschiffes hindeuteten, eine Annahme, die im Jahr darauf, 1978, durch die Entdeckung einer großen Menge von Segeln und Tauen, Kalfaterwerkzeugen und Werg erhärtet wurde. Dazu fanden wir chinesisches Porzellan und viele Hartholz-Drehspindeln, die vermutlich Möbelbruchstücke oder Elemente von hölzernen Zierarbeiten waren. Zwei große, miteinander verbackene Kisten, die mit mehreren Takelageteilen verklumpt waren, wurden mit Hilfe kleiner Sprengladungen abgelöst. An anderen Stellen fanden wir Holzkämme, Schuhleder, Fassdauben und Laternen.

Bei den Grabungen am Bug im Jahr 1979 kamen ein Martaba-Steinzeuggefäß mit Halsprägung, weitere portugiesische Fayencen, einige ungewöhnliche indische Pulverhörner aus Steingut und große Mengen Eisenkugeln zum Vorschein. Zu den Kleinfunden zählten Musketenkugeln, chinesisches Porzellan, Bronzespangen und Glaswaren. Wieder tauchten zahlreiche Fassbruchstücke zwischen den Ballaststeinen auf. Am Ende der Saison förderten zwei Probegrabungen unterhalb des Wracks viele weitere Objekte zutage.

Da im Heckbereich eine große, zerbrochene Rumpfsektion freigelegt wurde, beschlossen wir, uns bei der Grabungskampagne 1980 darauf zu konzentrieren. Tausende von Artefakten kamen ans Licht, unter anderem weiteres Zinngeschirr, ein versilberter Kerzenständer, Porzellanschüsseln und -teller, Gagatgehänge und -ohrringe, eine zweite bronzene Drehbasse (von 1677), ein hölzerner Stückpfortendeckel, ein Wappen und eine geschnitzte Figurine. Keramikfunde aus Mosambik belegten, dass General de Mello Sampaio an Bord der *Santo Antonio de Tanna* nach Mosambik segelte und sich längere Zeit dort aufhielt. Die Keramiken, die von Hamo Sassoon in der Zeitschrift *Azania* publiziert wurden, bilden eine bedeutende Vergleichssammlung, die bereits die Datierung zweier Fundstätten in Mosambik erlaubte.

Bei der Ausgrabung wurden fast 6000 Objekte geborgen. Um diesen Schatz zu sichern, errichtete das kenianische Nationalmuseum das erste afrikanische Konservierungslabor für wassergetränkte Materialien, das mittlerweile die meisten Stücke konserviert hat. Eine repräsentative Auswahl an Artefakten wird heute in einer Ausstellung in Fort Jesus gezeigt; sie erzählt die Geschichte der Belagerung und der Grabung unter Wasser. Diese Artefakte lassen für den Betrachter ein Stück Vergangenheit wieder lebendig werden.

Unten: Sayid Mohamed vom Nationalmuseum Kenia und Konservator John Olive reinigen Objekte im Konservierungslabor von Fort Jesus.

Die Tragödie der Santo Antonio de Tanna   **177**

Der Rumpf

Bei der Grabung wurde der Schiffsrumpf freigelegt. Jeremy Green vermaß ihn, und wir fotografierten den gesamten Rumpf mit der Stereofotografie. Dann standen wir vor einer schwierigen Entscheidung. Sollten wir versuchen, den Rumpf zu heben und zu konservieren? Wir hatten gehofft, dass er das Zentrum einer späteren Ausstellung sein könnte. Doch die schiere Größe und das Gewicht des 30 auf 9,65 m großen Fragments schlossen dies aus. Wir vergruben den Rumpf wieder unter dem Schlick und Sand, die ihn 300 Jahre lang so gut erhalten hatten. Vielleicht wird eine künftige Generation dieses gewaltige Unternehmen in Angriff nehmen. Wir begnügten uns damit, die Rumpfkonstruktion detailgetreu zu vermessen und zu dokumentieren.

Trotz der Bedeutung der Schiffe, die Portugal einst zur bedeutendsten Seemacht der Welt gemacht haben, wussten wir bis dahin kaum etwas über portugiesischen Schiffbau und das Leben an Bord. Weder gibt es genauere Hinweise auf die Bauart, noch wissen wir genau, was sich hinter den Typenbezeichnungen verbirgt. So sind wir nicht sicher, worin sich eigentlich eine »nao« von einer »fragata« unterschied. Bei zeitgenössischen holländischen und britischen Schiffen treten diese Kategorien viel deutlicher hervor. Die *Santo Antonio de Tanna* wird in zeitgenössischen Registern als »fragata« – Fregatte – geführt, aber bei der Grabung zeigte sich, dass der Rumpf viel leichter gebaut ist, als man bei einem Kriegsschiff erwarten würde. Wir wollten außerdem herausfinden, worin sich ihr Rumpf von dem Rumpf zeitgenössischer holländischer und englischer Schiffe unterschied, die eindeutiger als Kriegs- oder Handelsschiffe definiert waren.

Zudem wollten wir herausfinden, ob es Unterschiede gab zwischen Schiffen, die in Lissabon gebaut worden waren, und Schiffen aus Indien, die vielleicht von örtlichen Schiffbautraditionen beeinflusst waren. Portugiesische Dokumente der Zeit zeigen, dass ein Schiff, das in den Werften von Lissabon gebaut wurde, nur selten länger als zehn Jahre hielt, während in Indien aus Teakholz gezimmerte Schiffe im Schnitt mindestens 20 Jahre in Dienst standen. Als das bis dahin einzige in Indien

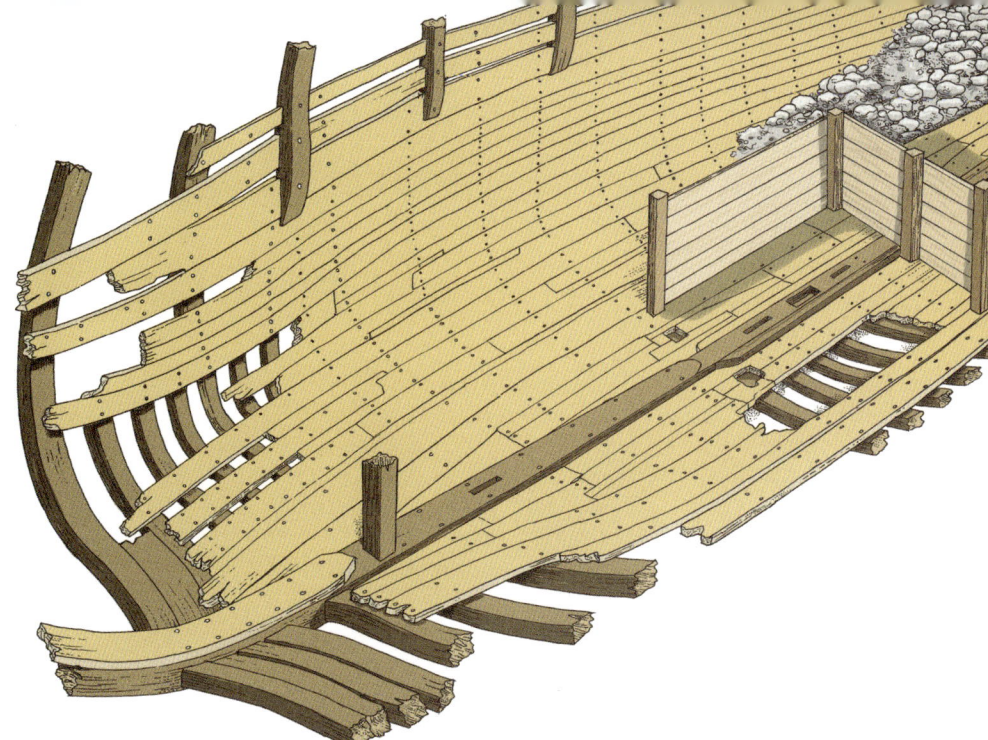

Rechts: Diese Zeichnung vom ausgegrabenen Heck zeigt den Rumpf, der bis zum Unterdeck erhalten ist, und einen Großteil des Pumpensumpfs, der die Pumpen und die Mastspur umgab.

Unten: Schwere Bomben neben Granaten und tönernen Handgranaten.

gebaute portugiesische Schiff, das ausgegraben worden war, bot die *Santo Antonio* eine einzigartige Gelegenheit, um zu überprüfen, ob die hohe Qualität von indischem Schiffsholz der einzige Grund für diesen Unterschied war. Der portugiesische Wissenschaftler Tiago Miguel Fraga sucht gegenwärtig nach einer Antwort.

Bewaffnung

Eine Analyse der Bewaffnung gab uns Aufschlüsse über die militärischen, finanziellen und politischen Aspekte der Lage Portugals in Indien und damit über Portugal selbst zur Zeit des Untergangs der *Santo Antonio*.

Die Untersuchung der Geschütze ergab, dass die Santo Antonio für ihre Größe und ihren Auftrag sehr schwach bestückt war. Dies und die fehlende Standardisierung der Waffen deuten darauf hin, dass sich die Portugiesen damals in einer angespannten Lage befanden. Die ökonomischen Schwierigkeiten Portugals wurden durch Jean-Yves Blots Archivrecherchen bestätigt; danach musste die Feuerkraft der *Santo Antonio* durch Geschütze aus der Festung Murmugao in Indien verstärkt werden. Offenbar waren damals in Goa keine anderen Kanonen verfügbar.

Nachtrag zur Belagerung

Fast alle Besatzungsmitglieder, die sich nach Fort Jesus gerettet hatten, wurden bald darauf von Krankheiten hinweggerafft. Die übrigen zogen es vor, bei der Erstürmung der Festung auf ihren Posten zu sterben, statt sich zu ergeben. Nach 33-monatigen Kämpfen, dem Verlust zahlreicher Schiffe und zahlloser Menschenleben – über 3000 allein auf portugiesischer Seite – überlebten nur zwei Inder, die zwei Jahre später die Kunde nach Goa brachten!

Die Tragödie der Santo Antonio de Tanna   **179**

WRACKS AUS DEM 18. JAHRHUNDERT

Als ehemaliger Science-Fiction-Fan war ich elektrisiert, als ich während meines Studiums einen Anruf von dem berühmten Autor Arthur C. Clarke erhielt. Er kam nach Philadelphia und lud mich zum Tee ein. In seinem Hotel fragte er mich, ob ich gern ein Wrack erforschen würde, das einer seiner Freunde in Sri Lanka entdeckt hatte, wo er lebte. Es liege am Great Basses Reef und sei der Mühe gewiss wert. Doch meine andauernde Arbeit in der Türkei hielt mich davon ab, noch ein Forschungsprojekt in Angriff zu nehmen, und so fuhr mein Mentor in Unterwasserarchäologie, Peter Throckmorton, 1963 zu dem Riff, um das Wrack zu erkunden und auszugraben.

Genau 30 Jahre später bat die sri-lankische Behörde für Archäologie INA-Mitarbeiter Jeremy Green, das hier von ihm beschriebene Wrack aus dem frühen 18. Jh. zu inspizieren.

Anschließend führt uns Cheryl Ward vom Indischen Ozean ins Rote Meer, wo sie und Douglas Haldane, beide ehemalige Studenten der Texas-A&M-Universität, ein Wrack ausgruben. Vermutlich handelte es sich um ein örtliches Handelsschiff, das kurz nach 1765 sank.

Jeder Leser, der die Schiffsarchäologen beneidet, die auf Fotos im kristallklaren Wasser des Roten Meeres, des Mittelmeers oder der Karibik schwimmen oder auf dem leuchtenden Sand der ägyptischen Wüste kampieren, wird es überraschen zu erfahren, unter welchen Bedingungen Fred Hocker und sein Team bei Savannah, Georgia, im Süden der USA, eine kleine Schaluppe aus dem 18. Jh. ausgruben.

Ich bin stolz darauf, dass das INA die ersten wissenschaftlichen Ausgrabungen von kolonialamerikanischen und britischen Schiffen aus dem amerikanischen Unabhängigkeitskrieg durchführte. Auf das erste Wrack machte mich Kapitän W. F. Searle, ein Gründungsdirektor des INA, aufmerksam. Als seine Studenten bei einem sommerlichen Trainingslehrgang in der Penobscot Bay, Maine, ein Sonargerät erprobten, entdeckten sie das Wrack, identifizierten es bald als das der *Defence*, eines amerikanischen Schiffs, das sich 1779 selbst versenkte. David Switzer, der die Grabung leitete, schildert, wie wir beide bei einem Tauchgang im Januar, bei dem unsere Sauerstoffregler einfroren und wir nur Neopren-Tauchanzüge trugen, uns einen ersten Eindruck von dem Wrack verschafften. Als ich in das Wasser eintauchte, hatte ich das Gefühl, als würden zwei Holzhämmer auf meine Wangen schlagen! Merkwürdigerweise schien das Wasser nicht viel wärmer zu sein, als ich im Sommer zurückkam und Dave bei der Grabungsplanung half.

Bei der Erforschung der *Defence* erfuhr ich, was es bedeutet, bei einer Sicht von nur wenigen Zentimetern zu tauchen. Im York River in Virginia war die Sicht sogar

Obgleich diese großen Vorratsgefäße und 4 m lange Eisenanker bei der Insel Sadana, Ägypten, diese Stelle als Wrack ausweisen, kamen erst bei der Ausgrabung Überreste der Fracht zum Vorschein, die das Schiff transportierte.

Oben: Aus dem trüben Wasser der Penobscot Bay heben Taucher Kanonenkugeln, die sie an Deck des Kaperschiffs *Defence* fanden.

Unten: In diesem Abschnitt erwähnte Orte; in Fettdruck die Fundstellen der Wracks.

noch schlechter. Dort begann John Broadwater mit der systematischen Untersuchung jener Schiffe, denen General Charles Cornwallis kurz vor seiner Kapitulation 1781, die zur Unabhängigkeit der Kolonien führte, den Befehl zur Selbstversenkung gab. Wenig später trat man mit der Bitte an mich heran, das »Cornwallis Cave Wreck« auszugraben, das wegen seiner Nähe zu einem Wahrzeichen am Fluss so genannt wurde.

Nachdem ich viele der Probleme gelöst hatte, die mit Grabungen in klaren, aber tiefen Gewässern des Mittelmeeres verbunden sind, faszinierte mich die Herausforderung, bei einer Sicht von fast null und starker Strömung eine Spundwand um die Fundstelle zu errichten, um die Strömung abzuhalten und das Wasser im Innern mit Industriefiltern zu reinigen. Während der teilweisen Ausgrabung vor der Cornwallis Cave arbeitete John mit mir an diesen Problemen, und er beschreibt hier, wie er bei der vollständigen Ausgrabung der besser erhaltenen *Betsy* in dieser Hinsicht noch viel mehr Erfahrung sammeln konnte.

Wir beenden diesen Abschnitt wieder in klarem Wasser, diesmal in der Karibik. Margaret Leshikar-Denton erzählt uns, wie sie die Überreste der berühmtesten Schifffahrtskatastrophe in der Geschichte der Cayman-Inseln, des »Schiffbruchs der zehn Segler«, aufspürte und untersuchte. Sie erzählt uns eine Geschichte, an die Briefmarken, ein Buch, eine Münze, eine Ausstellung und der von Königin Elisabeth II. von Großbritannien anlässlich des 200. Jahrestags des Unglücks eingeweihte »Zehn-Segler-Park« mit Blick auf die Riffe erinnern, die so manchem Schiff zum Verhängnis wurden.

KANADA

USA

Defence

Betsy

Clydesdale-Plantagen-boot

GOLF VON MEXIKO

ATLANTIK

MEXIKO

Wracks der zehn Segler

KARIBISCHE SEE

VENEZUELA

KOLUMBIEN

PAZIFIK

PERU

BRASILIEN

RUSSLAND

MITTELMEER

TÜRKEI

CHINA

IRAN

LIBYEN

Nördlicher Wendekreis

Insel Sadana

ÄGYPTEN

SAUDI ARABIEN

INDIEN

SUDAN

SRI LANKA

Great-Basses-Reef-Wrack

Äquator

INDISCHER

OZEAN

Südlicher Wendekreis

Rückkehr zum Great Basses Reef, Sri Lanka

JEREMY GREEN

Der Great-Basses-Leuchtturm, entworfen von Sir J. N. Douglass. Er wurde in Schottland vorgefertigt, nach Sri Lanka verschifft und 1873 auf einem kleinen Riff aufgestellt, etwa 200 m vom Great-Basses-Wrack entfernt.

Das Great Basses Reef liegt 20 Seemeilen (37 km) vor Kirinda an der Südostküste Sri Lankas. An diesem langen und gefährlichen Riff, das den kürzesten Seeweg zwischen Osten und Westen schneidet, sind im Lauf der Zeit gewiss zahlreiche Schiffe gescheitert. Das berühmteste dieser Wracks ist das Great-Basses-Wrack, das am 22. März 1961 von Mike Wilson, Bobby Kriegel und Mark Smith entdeckt wurde. Eine weitere Expedition im Jahr 1963 wurde von Arthur C. Clarke angeführt.

In Clarkes 1964 erschienenem Buch *The Treasure of the Great Reef* schreibt Peter Throckmorton, das Wrack liege in einer natürlichen, etwa 9 m breiten Senke, die zwischen zwei Felsrücken auf dem Meeresboden in Nord-Süd-Richtung verlaufe. Die Stelle ist etwa 18 m lang, mit zwei großen Eisenankern an einem Ende und einem Haufen durcheinander gewürfelter Kanonen in der Mitte. »Etwa 6–9 m westlich der Kanonen«, fährt er fort, »liegt eine kleinere Bronzekanone, etwa 1,2 m lang und mit einem Durchmesser von 0,3 m – vielleicht kleiner … und der Boden besteht an der Stelle, an der die Bronzekanone liegt, aus einer Konkretion von korrodiertem Eisen, Silbermünzen, Musketenkugeln und so weiter. Und direkt über der von Korallen überwachsenen Mündung der Kanone liegen zwei oder drei Eisenstücke und eine korrodierte Masse, aus der ich den Holzschaft einer Pistole herauszog, der in einem recht guten Zustand war. Ich versah die Bronzekanone mit einem Anhänger, auf dem die Ziffer 3 stand. Einige weitere Kanonen habe ich ebenfalls markiert.«

Clarke schildert dann in seinem Buch die Schwierigkeiten dieser frühen Sondierungs- und Grabungsarbeiten. Zu den Funden gehören zwei kleine Bronzekanonen, einige Kupferbarren, 20 Musketenkugeln und etwa 10 000 Münzen, die ungefähr 160 kg wiegen und alle auf das Jahr 1113 (der arabischen Zeitrechnung) datieren, was 1702 n. Chr. entspricht, außer einer, die von 1685 stammt.

Galle

1993 fuhr ich mit einem Team von Meeresarchäologen nach Sri Lanka, um im Auftrag der sri-lankischen Archäologiebehörde einen Lehrgang abzuhalten. Die Regierung von Sri Lanka war besorgt über die Gefahr von Plünderungen und das wachsende Interesse verschiedener Schatzsucher, die in Sri Lanka aktiv werden wollten.

Unser Lehrgang sollte sri-lankische Archäologen mit den Techniken der Meeresarchäologie vertraut machen. Die Schulung sollte sehr praxisnah und auf die Verhältnisse des jeweiligen Landes zugeschnitten sein. Das Institut für Archäologie unter Leitung von Professor Senake Bandaranayake war unser Kooperationspartner. Senake hatte vorgeschlagen, wir sollten den Lehrgang in der zum Weltkulturerbe erklärten Hafenstadt Galle abhalten. Wir identifizierten 28 Fundstellen, einschließlich zweier holländischer Ostindienfahrer aus dem 17. Jh. sowie ein voreuropäisches Wrack.

In dieser aufregenden und hektischen Zeit trat die Archäologiebehörde an mich heran und fragte mich, ob wir eine Inspektion des Great-Basses-Wracks durchführen könnten. Wir waren heilfroh, eine Zeitlang die trüben Gewässer von Galle gegen das kristallklare Wasser des Basses Reef eintauschen zu können.

Die Fundstelle im Jahr 1993

Wir waren in einer Pension in Kataragama untergebracht. Am ersten Morgen mieteten wir im Fischerdorf Kirinda ein 8 m langes Fischerboot und ein kleineres Beiboot, um in die Fußstapfen von Clarke und Throckmorton zu treten. Die Fahrt zu den Great Basses dauerte 90 Minuten. Wir gingen an der Südseite des Riffs vor Anker, westlich des Leuchtturms, von dem aus das Riff fast genau Richtung Westsüdwest verläuft. Das Wrack liegt auf der Südseite des Riffs zwischen dem »Haizahn«-Felsen

Unten: Archäologen sondieren das Great-Basses-Wrack. Der große Anker im Vordergrund liegt neben einer Eisenkanone. Weitere Eisenkanonen sind im Hintergrund zu sehen.

und einem großen, flachen Felsen, näher am Leuchtturm. Wir fanden es im Wesentlichen so vor, wie es Clarke und Throckmorton beschrieben hatten. Allerdings gab es auch einige Abweichungen, etwa die Tatsache, dass nur noch zwei der von Throckmorton beschriebenen vier Anker da waren. Wir vermuten, dass die beiden anderen geplündert wurden. Das von Clarke beschriebene Hauptmünzgebiet ist heute nicht mehr zu erkennen. Unser Team barg 1993 insgesamt 613 Münzen sowie 56 Konkretionen, die eine unbestimmte Zahl von Münzen enthielten. Wir machten auch eine Video-Überblicksaufnahme von der Fundstelle, um einen Lageplan zu erstellen.

Die Identifikation des Wracks ist nicht einfach. Der Verlust eines Schiffs dieser Größe, das eine so große Ladung Silber transportierte, muss jedenfalls von der Kolonialverwaltung registriert worden sein. Gegenwärtig sprechen etliche Indizien dafür, dass es sich um ein europäisches Schiff handelte, wenn auch vermutlich keines der niederländischen Ostindienkompanie, da sich keine der charakteristischen VOC-Kennzeichnungen fand und der Ballast aus Steinen und nicht aus Ziegeln bestand; der einzige positive Hinweis ist das Wort »Batavia« auf einer Bronzekanone, die angeblich später an der Fundstelle geborgen wurde. Nach den Geschützen und dem Ballast zu urteilen, könnte es sich um ein britisches Schiff handeln. Die Anhäufung der Geschütze spricht dafür, dass sie als Ballast im Laderaum gebunkert waren. Dies wird durch das Fehlen massiver Geschosse an der Stelle untermauert. Bei diesen Eisenkanonen könnte es sich also entweder um ausgemusterte Geschütze handeln, die als Dauerballast dienten, oder aber sie waren nur für diese Fahrt als Ballast im Frachtraum deponiert worden und das Schiff hatte eine geringe Menge an massiven Eisenkugeln geladen. Es ist interessant, dass mehr Granaten als Kanonenkugeln gefunden wurden. Das Wrack am Great Basses Reef birgt noch immer viele archäologische Geheimnisse, auch wenn sich mittlerweile nur noch ein Bruchteil der ursprünglichen Artefakte dort befindet. Die weitere archäologische Ausgrabung würde zwei Zwecken dienen: die Bergung der restlichen Münzen, und somit die hinreichende Sicherung der Fundstelle, und die Bergung der verbliebenen Artefakte, die zur Identifizierung des Wracks beitragen könnten. Es wäre möglich, wenn auch schwierig, eine oder zwei Eisenkanonen zu heben; problematisch wäre dabei weniger die Bergung als solche als die anschließende Konservierung.

Chinesisches Porzellan für den Sultan: Insel Sadana, Ägypten

CHERYL WARD

Insel-Sadana-Wrack

Zeit: um 1765
Tiefe: 30 m
Ausgrabung: 1995–1998
Zahl der Tauchgänge: über 3000
Rumpf: 50 m lang, 18 m breit
Tonnage: ca. 900

Über zehn Jahre bevor ich den ersten INA-Survey in Ägypten durchführte, erklärte George Bass einer Gruppe von Studenten, die an der Grabung in Uluburun teilnahmen, der größte Glücksfall bei der Wracksuche sei es, wenn man jemandem begegne, der einem zeigt, wo ein Wrack liegt. Jetzt verbrachte ich Monate damit, Leute zu treffen, die jedes Jahre viele Tauchgänge im Roten Meer unternahmen, und ich teilte ihnen unsere Absicht mit, Schiffswracks archäologisch zu erforschen, um unser Wissen über die reiche ägyptische Schifffahrtsgeschichte zu erweitern. Ich hörte von historischen Schiffen, die angeblich vor der Sinai-Halbinsel lagen; einige davon hatte der Archäologe Avner Raban in den 1970er Jahren aufgesucht, andere hatten Sporttaucher zufällig entdeckt.

Erste Eindrücke

Gemeinsam mit den Studenten Peter van Alfen, Elizabeth Greene und Colin O'Bannon, zu denen sich Douglas Haldane, Mohamed Mustafa, Mohamed abd el Hamid und Ashraf Hanna gesellten, begannen wir im Juli 1994 mit dem Survey.

»Land Rovers!«, rief Peter aus, als er die beiden Oldtimer sah, die Doug mit Hilfe von »Mechanikern« in Giseh zusammengebaut hatte. Sie transportierten unsere Zelte, Wasser, Lebensmittel, Kompressoren und Tauchausrüstung, einen ägyptischen Koch, einen Altertümerinspektor und einen Vertreter der ägyptischen Marine. Wir begannen am südlichsten Punkt, nahe der römischen und mittelalterlichen Hafenstadt Quseir, und wollten Mitte August den Ras-Mohammed-Nationalpark bei Sharm el-Sheikh auf dem Sinai erreichen. Einen Tag lang besuchte ich das American Research Center in Ägypten, wo ich eine Nachricht erhielt: Dr. Cheryl möge eine Nummer in Sharm el-Sheikh anrufen. Als ich die Nummer wählte, ahnte ich nicht, dass sich mein Leben in wenigen Minuten von Grund auf verändern würde.

»Hallo, ich bin ›Dr. Cheryl‹. Ich wurde gebeten, diese Nummer anzurufen.«

»Ah, Dr. Cheryl«, sagte eine Männerstimme mit ägyptischem Akzent. »Insel Sadana.« Es klickte, und dann war nur noch das Freizeichen zu hören.

Insel Sadana? Ich sah in unseren Landkarten nach, und mein Herz schlug schneller. Die Insel Sadana lag in jenem Gebiet, in dem nach Auskunft mehrerer Informanten ein großes, mit chinesischem Porzellan beladenes Schiff an einem Riff gescheitert war. Ich hatte mehrere Fundstücke von dem Wrack gesehen und wusste, dass eine Tauchsafari eine Zeit lang eine ähnliche Fundstelle erkundet hatte, aber niemand hatte mir gesagt, wo genau sie sich befand.

Nach einer Fahrt über eine holprige Wüstenpiste kamen wir zu einem ausgetrockneten Wadi, von dem aus man etwa 500 m vor der Küste die Insel Sadana sehen

Die Insel Sadana schien ein sicherer Hafen zu sein, doch auf dem Meeresgrund nordwestlich des Wracks verstreute Anker deuten darauf hin, dass die Vertäuung riss und das Schiff auf das Riff getrieben wurde. Dieses wird hier von einer Plattform überbrückt, die gebaut wurde, um Taucher und Artefakte sicher über die rasiermesserscharfen Felsen zu bringen.

Jeden Morgen bei Sonnenaufgang kamen gähnende Archäologen aus ihren Zelten, um die Tauchgänge zum Wrack zu planen, dessen Überreste sich über 50 m am Grund eines leuchtend bunten Riffs erstreckten.

konnte, die durch ein Saumriff mit dem Festland verbunden ist. Wir schlugen unsere Zelte auf, bereiteten unsere Tauchausrüstung vor und suchten uns Partner für die Tauchgänge am Nachmittag. Peter und ich gingen hinaus auf die Insel und schwammen zunächst um den äußeren Rand des Riffs, bevor wir auf die Innenseite wechselten, wo wir wie geblendet waren von der strahlenden Schönheit von Schwämmen, Korallen, Fischen und Meeresschildkröten. Während wir Ausschau hielten nach einer geeigneten Stelle, um den Rand unseres Surveys zu markieren, sahen wir plötzlich unter uns, am Fuß des Riffs, das 50 m lange Wrack. Das nächste Tauchteam ermittelte die Einzelheiten; es entdeckte einige riesige Eisenanker, Hunderte von Tonkrügen und strahlend weiße, blaue und blauweiße Scherben von chinesischem Porzellan, die verstreut auf den massiven Schiffshölzern lagen.

Oben: Arabische Inschriften auf kupfernem Küchengeschirr mit Namen, Titeln und Daten. Das arabische Datum 1178 am Rand dieser Schüssel beweist, dass das Schiff nach 1765 n. Chr. sank, einer Zeit des politischen und ökonomischen Wandels am Roten Meer.

Unten: Zu den Tausenden von Artefakten, die vom Wrack geborgen wurden, gehört auch diese kleine facettierte Glasflasche. Mekka-Pilger nahmen auf der Rückreise oft das als heilkräftig geltende Wasser aus der Quelle Zamzam nahe der Kaaba mit.

Unten rechts: Neben wertvollem Porzellan beförderte das Schiff auch gewöhnliche Tongefäße, die auf Arabisch *qulal* heißen. In diesen kleinen Gefäßen, die noch heute gebräuchlich sind, kühlt Wasser rasch ab.

Der historische Rahmen

Das Schiff und seine Fracht faszinierten mich von Anfang an, auch deshalb, weil die Bauart des Schiffs anders war als die aller anderen Schiffe, die ich bis dahin gesehen hatte. Wir wussten, dass das Porzellan von dieser Fundstelle aus dem 18. Jh. stammte, aber erst nach zwei Grabungskampagnen, Ende 1996, bewiesen arabische Inschriften auf kupfernen Kochkesseln, dass das Schiff nicht vor 1765 gesunken sein konnte.

Der Schiffbruch ereignete sich zu einer Zeit, als die Türken Ägypten beherrschten. Das Osmanische Reich kontrollierte jahrhundertelang die Schifffahrt im Roten Meer und im Indischen Ozean, doch die Ankunft von Europäern, die begierig nach Luxuswaren aus dem Fernen Osten waren, hatte für instabile Verhältnisse gesorgt. Jahrtausendelang hatten die Lagerhäuser in Alexandria die Schränke Europas mit Gewürzen und Luxusgütern aus dem Osten versorgt. Im späten 16. Jh. dann begannen sich die Europäer, denen die überhöhten Preise ein Dorn im Auge waren, selbst mit Zimt, Muskatnuss, Gewürznelken und Muskatblüte einzudecken. Die Eroberung der Gewürzinseln durch die Holländer veränderte den Welthandel für immer. Die Osmanen zogen sich aus dem Indischen Ozean zurück, und Ägypten verlor sein Monopol auf »Feingewürze« und wurde stattdessen zum Kaffeelieferanten Europas und der osmanischen Welt.

Im gesamten 17. Jh. beherrschte Ägypten den Kaffeemarkt, und selbst im 18. Jh. machte Kaffee zwei Drittel des Wertes der ägyptischen Einfuhren aus dem Roten Meer aus. Etwa die Hälfte des Kaffees, der nach Kairo gelangte, wurde in die osmanische Welt exportiert, und dieses anregende Getränk stiftete Unruhe, wohin es auch kam. Osmanische Sultane ließen regelmäßig sämtliche Kaffeehäuser schließen und den Kaffeehandel verbieten, um die weitere Ausbreitung dieser Treffpunkte für Müßiggänger zu verhindern, die, während sie das bittere schwarze Getränk schlürften, oftmals über Politik und die Obrigkeit plauderten.

Als das Sadana-Schiff unterging, war es voll beladen mit Kaffee. Dieses gewaltige Schiff, das bis zu 900 Tonnen Fracht laden konnte, segelte nordwärts Richtung Suez, als es auf ein Korallenriff lief und auf den Meeresgrund in über 30 m Tiefe sank. Seine Fracht – Waren von geringem Volumen und hohem Wert – stammte von Märkten, auf den die Luxusgüter Afrikas, Indiens und des Fernen Ostens feilgeboten wurden. Mengen an Porzellan, kupferne Kochkessel und Tabletts sowie mehrere Tausend große und kleine Tongefäße nahmen nur etwa ein Viertel der Fundstelle ein.

Links: Marwa Helmy hält eine seltene Seychellenkokosnuss, die ausschließlich auf der gleichnamigen Inselgruppe vorkommt. Perlenaustern, wohlriechende Harze und Kokosnüsse waren leicht zu identifizieren, aber Kaffeebohnen fanden sich nur im Sand im Innern von *qulal*-Gefäßen.

Unten: 1995 bestand unsere erste Aufgabe darin, das Wrack für Sporttaucher unattraktiver zu machen. Unsere Teams dokumentierten und bargen Artefakte, hier mit einer improvisierten Hängematte, um einen Stapel von 14 miteinander verbackenen Schüsseln zu heben.

Die ägyptischen Archäologen riefen »Luban!«, als sie an den goldenen, aromatischen Harzklumpen rochen, die wir Weihrauch nennen. Neben diesen teuren Exotika bargen wir schwarzrandige Perlmuscheln, Gewürze, Verpackungsmaterial, Nahrungsmittel und etwa 100 Kokosnüsse, die ursprünglich in alle Winkel des Schiffs gestopft worden waren. Die Produkte Chinas und anderer Hafenstädte erfreuten sich bei der vermögenden ägyptischen Oberschicht und in anderen Regionen des Osmanischen Reichs großer Beliebtheit, und sie erreichten diese Kunden durch ein fein gewirktes Netz von Handelskontakten, das sich über Tausende von Meilen erstreckte. Eine der letzten Etappen dieser Handelsroute verlief von Dschidda in Saudi-Arabien nach Suez, wo Schiffe wie jenes, das am Fuß des Sadana-Riffs lag, gelöscht wurden.

Güter wie diese füllten auch die Schatzkammern des Osmanischen Reichs durch Zollabgaben, und sie fanden außerdem bereitwillige Käufer in Großstädten wie Istanbul. Der Topkapi-Palast in Istanbul beherbergt eine der weltweit schönsten Sammlungen von chinesischem Porzellan – viele Stücke aus Kisten, die noch Jahrhunderte nach ihrer Ankunft nicht ausgepackt worden waren. Chinesische Porzellanmanufakturen belieferten muslimische Kunden mit eigenen Dekors, so wie sie besondere Formen und Muster für europäische Märkte anfertigten. Das islamische Verbot der Abbildung von Menschen und Tieren hatte zur Folge, dass das meiste Porzellan, das auf islamischen Märkten feilgeboten wurde, Blumen- oder geometrische Muster aufwies. Als ich zum ersten Mal die umgebauten Küchen des Topkapi-Palasts besuchte, in denen Tonwaren aus dem 18. Jh. ausgestellt werden, schien es mir, als würde ich einen Katalog mit einigen der schönsten Stücke von unserer Fundstelle betrachten. Der Handel war so einträglich, dass sich selbst ein so großes Schiff wie jenes, das vor Sadana lag, nach nur drei Fahrten bezahlt machte.

Das Porzellan

Europäische Kaufleute wussten, dass sie im jemenitischen Mocha chinesisches Porzellan gegen Kaffee tauschen konnten. Mocha-Händler nahmen das Porzellan mitsamt ihrer Kaffeefracht oftmals mit nach Dschidda, und wir vermuten, dass die

Kaufleute, die das Sadana-Schiff beluden, die Tausende von Schalen, Tassen und Platten, die am Boden des Rumpfs verstaut worden waren, dort erhielten. Ein Viertel des Sadana-Porzellans weist blaue Unterglasurdekors auf. Die restlichen gehören zu einem weit verbreiteten Typus, dem chinesischen Imari, das einen japanischen Dekorstil nachahmt, bei dem rotes, goldenes und andersfarbiges Email auf zuvor gebrannte kobaltblaue Unterglasurmuster aufgebracht wurde. Emailporzellan war mindestens doppelt so teuer wie Stücke, die nur mit Blau verziert waren. Wir gruben auch Schüsseln, Teller und Platten aus, die jetzt weiß, ursprünglich aber wohl mit bunten Dekors verziert waren. Unser Problem bestand darin, die ursprünglichen Verzierungen des Sadana-Porzellans herauszufinden, da das leuchtende Email fast aller Fundstücke unter Einwirkung des Meerwassers ausgebleicht war.

Zum Glück besaß die INA-Zeichnerin Netia Piercy die Phantasie, die Geduld und das Gespür für die positiven Effekte von schräg einfallendem Licht, um wahre Wunder zu wirken. Da die Emailfarben so beständig waren, dass sie die weiße Oberfläche darunter ein wenig vor den Wirkungen des Salzwassers schützte, konnte sie die Muster, die lange vom Porzellan verschwunden waren, rekonstruieren. Neben schönen Schüsseln mit Deckeln, die mit blauen Unterglasurblättern, Taglilien und Chrysanthemen, blühenden Gräsern und gewöhnlichen Rauten verziert waren, zeigte uns Netias Arbeit, dass einige große Schüsseln traubenblattförmige Medaillons und blaue Schneckenmuster aufwiesen, die ursprünglich mit leuchtend grünem, scharlachrotem und goldenem Email überzogen waren. Einige flache Schüsseln und Teller wiesen einen kunstvollen Voluten- und Blumenrand um ein Sträußchen von Frühlingsblumen auf, die ursprünglich rosa, grün und gelb waren. Neben den vielen Emailschüsseln und -tellern beförderte das Schiff Tausende von Kaffeetassen, einige davon in einem leuchtenden Kobaltblau mit vergoldeten Blumenmustern.

Das Schiff

Das Schiff, das größte und technisch aufschlussreichste Artefakt an der Fundstelle, hat seine Geheimnisse nur allmählich preisgegeben. Ungeachtet der langjährigen

Oben: Cheryl Ward und Peter Hitchcock legen die Überreste des größten Artefakts an der Fundstelle frei – des Schiffes selbst. Es wurde vermutlich nahe Suez aus Eichen- und Kiefernholz gebaut, das aus waldreichen Gegenden wie Rhodos eingeführt wurde.

Links: Kaffeetassen mit grüner, brauner und tiefblauer Glasur, Schüsseln mit scharlachrotem und goldenem Email über kobaltblauer Unterglasur sowie Blauweißschalen mit geometrischen und Blumenmotiven waren auf muslimischen Märkten sehr gefragt.

Kontakte zwischen Europäern, Ägyptern und anderen, die den westlichen Indik und das Rote Meer befuhren, bestanden die getrennten Schiffbautraditionen fort. Das Sadana-Schiff repräsentiert einen Typ, der weder europäisch noch arabisch noch mediterran ist. Die Spanten, die durch Eisennägel mit den Planken verbunden sind, stehen weiter auseinander als in irgendeiner anderen zeitgenössischen Tradition, während Stringer, die über dem untersten der drei Decks längsschiffs verlaufen, ungewöhnlich massiv sind. Da die Spanten vorwiegend aus Eiche und die Planken vorwiegend aus Kiefer bestehen, gehen wir davon aus, dass das Holz aus dem Mittelmeerraum stammt. Doch die einzigartige Bauweise des Schiffs deutet darauf hin, dass es aus Rohstoffen gefertigt wurde, die nach Alexandria verschifft, nilaufwärts nach Kairo transportiert und dann 150 km per Kamel zu den Werften in Suez geschafft werden mussten.

Seltsamerweise führte das Schiffs offenbar keine Bestückung mit Artillerie, was darauf schließen lässt, dass es nur das Rote Meer befuhr und innerhalb der Grenzen des Osmanischen Reiches blieb, so dass seine Eigner sich nicht gegen Piraten oder europäische Kaperschiffe verteidigen mussten, die einen so wertvollen Handelsfahrer sicher mit Freuden aufgebracht hätten. Ein kleines Pulverhorn und weniger als ein Dutzend bleierne Musketenkugeln, die aufgrund der nicht entfernten Gusszapfen unbrauchbar waren, stellen die gesamte Bewaffnung dieses großen Schiffs mit seiner wertvollen Fracht dar.

Das Schiff gehörte arabischen Eignern und hatte eine Besatzung von 75 Mann, die kaum mehr besaßen als ihre Kleidung, aber seine Fracht hätte die Eigner reich gemacht, wenn es den Hafen erreicht hätte. Der Norden des Roten Meeres wurde im späten 18. Jh. von den Osmanen beherrscht, und das Sadana-Schiff gibt uns einen Einblick in den Handel auf dem Roten Meer, der sich in den umfassenderen Handel zwischen Ost und West einfügt.

Oben rechts: Etwa zu der Zeit, als unser Schiff übers Rote Meer segelte, fuhren Carsten Niebuhr und einige andere als Einheimische verkleidete Europäer auf ähnlichen Schiffen nach Mekka. Sie kartierten das Rote Meer, sammelten Pflanzen und Tiere und machten Landschaftsskizzen wie hier von einem Schiff bei Tor am Golf von Suez.

Rechts: Trotz der wertvollen Fracht befanden sich nur wenige Waffen an Bord des Schiffs. Wir fanden nur ein halbes Dutzend bleierne Musketenkugeln wie diese und ein Pulverhorn.

Das Clydesdale-Plantagenboot: Savannah River, South Carolina

FRED HOCKER

Die Blitze hörten auf, und die Gewitterwolken verzogen sich. Wir verstauten unsere Schaufeln, Notizbücher und Kameras im Boot und bereiteten uns auf die Rückfahrt vor. Alle kletterten ins Boot, ich ließ die Schraube ins Wasser, drehte den Zündschlüssel um. Nichts rührte sich, nicht einmal ein Klicken oder Brummen. Der Regenguss hatte einen Kurzschluss in der Elektrik verursacht. Unser mechanisches Genie, Charlie Harris, versuchte alle Tricks, doch der Motor war defekt. Ich hasse Außenborder! Wenn wir die Nacht nicht im Sumpf verbringen wollten, mussten wir den Fluss entlang zur nächsten Straße waten, die etwa anderthalb Kilometer weit entfernt war. Während der Abend dämmerte und die Flut einsetzte, arbeiteten wir uns halb gehend, halb schwimmend in dem brusttiefen Wasser vor, bis wir aus dem Fluss herausklettern konnten. Bei Einbruch der Dunkelheit waren wir zurück in der Zivilisation. Am nächsten Tag kehrten wir zum Boot zurück, schoben es ins Wasser, wechselten die Batterie – und starteten den Motor beim ersten Versuch.

Wir legten ein kleines Segelboot frei, das um das Jahr 1800 vergraben worden war, um einen Damm bei Savannah, Georgia, zu stabilisieren. Der künstliche Erdwall gehörte zu Clydesdale, einer der Reisplantagen, die vor dem Bürgerkrieg den Unterlauf des Savannah gesäumt hatten, und er war gebrochen. Das Loch musste schnellstens abgedichtet werden, sonst würde der Fluss den Damm fortreißen und die wertvollen Reisfelder dahinter zerstören. Zu diesem Zweck wurde ein altes Boot in die Bresche hinabgelassen und Sklaventrupps schaufelten schweren Lehm auf das Boot, bis der Damm wieder aufgeschüttet war. Das Boot lag dort, bis Pioniere der US-Armee die Wasserführung des Flusses veränderten, um den Hafen von Savannah auf natürliche Weise zu entschlammen. Das Boot wurde allmählich ausgewaschen und bei einer Flussvermessung 1991 entdeckt. Nach einer ersten Erkundung der Fundstätte im Winter 1992 kehrte ich im folgenden Sommer mit sechs Mitarbeitern zurück, um das Boot auszugraben, zu dokumentieren und wieder einzugraben.

Das Gebiet um Savannah wurde für den Reisanbau erschlossen, weil der Atlantik bei Flut hier mit einem Tidenhub bis zu 3 m weit flussaufwärts vordringt. Die Plantagenbesitzer nutzten die Flut, um die Felder zu be- und entwässern, was den Reisanbau erleichterte, aber die Ausgrabung erschwerte. Wir standen vor der Alternative, entweder bei Flut, einer Sicht von null und starker Strömung zu tauchen oder bei Ebbe mit Schaufeln zu graben. So oder so blieb uns nur wenig Zeit, um mit dem Boot zur Fundstelle zu fahren. Wir entschieden uns fürs Graben, und so schaufelten wir jeden Tag wie die Verrückten vier Stunden lang Schlamm.

Anfangs war der Lehm fest, doch je mehr wir darin herumstapften, desto weicher wurde er, so dass wir schließlich bis zu den Hüften darin einsanken. Allerdings hatte

Clydesdale-Plantagenboot

Vergraben: 1780–1810
Ausgrabung: 1992
Von Hand beseitigte Tonnen Lehm: 40
Gesichtete Alligatoren: im Schnitt 4 pro Tag
Rumpf: 13,4 m lang, 5,1 m breit
Tonnage: 20 t Fracht

Oben links: Hüfthoch im Schlamm stehend, säubert Noreen Doyle die Backbordseite des schweren Kiels der Schaluppe – nicht gerade ein Traumjob nach jahrelangem Studium der Ägyptologie!

Oben rechts: Trotz ihrer geringen Größe ist die Schaluppe elegant geformt und kunstfertig gebaut. Hier reinigen Ausgräber die Überreste, um das Wrack zu fotografieren und die Struktur zu vermessen.

er die Schiffshölzer hervorragend konserviert. Wir brauchten drei Wochen, um einen Meter Lehm wegzuräumen, und als wir fertig waren, mussten wir die gleichen 90 Tonnen Lehm wieder in das Loch schaufeln, um das Boot abzudecken.

Der Lohn war ein flüchtiger Blick auf einen frühen Höhepunkt des amerikanischen Schiffbaus. Das Boot, das wir freigelegt hatten, war nur 13,4 m lang, wies jedoch einen schweren Kiel und flachen Boden auf, so dass es unter vollen Segeln eine hohe Geschwindigkeit erreichte. Vielleicht war es ein Lotsenboot, aber es könnte auch ein Frachtschiff gewesen sein, das zwischen Häfen in den Südstaaten und der Karibik, den Bermudas und Neuengland verkehrte. Diese Schaluppen und Schoner wurden gern für den Transport von hochwertiger Fracht eingesetzt, und selbst jenseits des Atlantiks waren sie für ihre Schnelligkeit und Wendigkeit bekannt. Die kleine Schaluppe war ein frühes Mitglied jener größeren Familie, zu denen die Baltimore-Klipper und Kaper-, Sklaven- und Zollkutter des Kriegs von 1812 gehörten.

Das Kaperschiff Defence, Penobscot Bay, Maine

DAVID C. SWITZER

Defence

Gebaut: 1779, Beverly, Massachusetts
Selbstversenkung: 14.8.1779
Tiefe: 8 m
Gefunden von: Maine Maritime Academy,
Castine, 1973
Ausgrabung: 1975–1981
Bewaffnung: 16 Kanonen
Besatzung: 100

Konnte ein archäologisches Projekt die schmerzliche Erinnerung an eine gescheiterte Flottenoperation während der amerikanischen Revolution zumindest lindern? Ein archäologischer Nachtrag zur unseligen Penobscot-Expedition von 1779 lieferte die Antwort. Die amerikanische Revolution war in ihrem dritten Jahr, als diese Expedition von Massachusetts zur Penobscot Bay in Maine aufbrach. Es war eine Flotte von über 40 Schiffen, die größte Streitmacht zur See, die während der Revolution aufgestellt wurde. Etwa die Hälfte davon waren Kriegsschiffe, die von der Kontinentalmarine und den einzelnen Kolonialflotten abkommandiert worden waren. Hinzu kamen 13 Kaperschiffe. Der Rest waren unbewaffnete Transporter, die 900 Milizsol-

Die Ankunft des britischen Geschwaders. Im Hintergrund ziehen sich die Schiffe der Penobscot-Expedition in den Penobscot River zurück, wo sie sich selbst versenken.

daten und US-Marineinfanteristen beförderten. Die Expedition sollte die britischen Truppen aus der heutigen Stadt Castine verjagen. Als dann jedoch ein Geschwader der Royal Navy mit fünf Schiffen anrückte, ergriff die amerikanische Armada die Flucht. Am Abend des 14. August war der Penobscot River hell erleuchtet von Schiffen, die sich selbst in Brand gesetzt hatten – eine Schiffskatastrophe, die in allgemeinen Darstellungen des amerikanischen Unabhängigkeitskriegs selten erwähnt wird.

Unvorhergesehene Ergebnisse

Ein Kaperschiff mit 16 Kanonen war nicht unter den Schiffen, die sich im Fluss selbst zerstörten. Unter dem Befehl von Kapitän John Edwards versuchte die *Defence* zu entkommen, indem sie sich in einer schmalen Bucht versteckte, wo sie jedoch von einem britischen Kriegsschiff aufgespürt wurde. Um nicht gekapert zu werden, gab Kapitän Edwards Befehl, Sprengladungen anzubringen und das Schiff zu versenken. Der Kommandant der nachsetzenden *HMS Camilla* verzeichnete die Explosion im Logbuch. Die *Defence* war aus der Geschichte verschwunden – oder nicht?

Tatsächlich geriet sie wie die unselige Penobscot-Expedition in Vergessenheit – bis 1973. Damals bauten die Teilnehmer der Maine Maritime Academy in Castine ein behelfsmäßiges Sonar und erprobten es in der Penobscot Bay, wo sich die *Defence* 193 Jahre zuvor versenkt hatte. Das Sonar verzeichnete einen Gegenstand, der aus dem Meeresboden ragte. Die vorläufige Erkundung der Stelle ergab, dass es sich um das Dach eines Kombüsenherds aus Ziegeln handelte; bei Testgrabungen kamen Flaschenzüge, Flaschen, Fassdauben und Kanonenkugeln zum Vorschein. Später wurden zwei Kanonen geborgen.

Als die Entdeckung dem Maine State Museum gemeldet wurde, ergaben Nachforschungen von Professor Dean Mayhew, dass es sich um das Wrack der *Defence* handeln musste. Im Jahr 1975, anlässlich der 200-Jahr-Feier der Revolution, nahm das Museum das *Defence*-Projekt in Angriff, das sich über sieben Sommer erstreckte. Als Kapitän Edwards sah, wie sein Schiff in den Fluten versank, ahnte er nicht, dass er eine »Kassette mit Zeitdokumenten« vergrub.

George Bass bat mich, das *Defence*-Projekt zu leiten, das von 1975 bis 1981 dauern sollte. Wir beide tauchten an einem kalten, verschneiten Tag im Januar 1975 zum ersten Mal zum Wrack. Während sich Eisbrocken um uns scharten, ließ mich der Adrenalinstoß die frostigen Temperaturen vergessen, als ich den Kombüsenherd, den erodierten Stumpf des Fockmasts und den tadellosen Zustand der Innenplanken sah.

Die Kassette wird geöffnet

Die erste Grabungssaison des *Defence*-Projekts im Jahr 1975 war eine Probezeit für die Arbeitsgruppe, die das State Museum eingerichtet hatte. Die Maritime Academy lieferte logistische Unterstützung. Das neu gegründete Institut für Unterwasserarchäologie (INA) sollte die Grabung mit Hilfe von Praktikanten durchführen. Zum Schluss hatten über 40 Studenten, 25 Earthwatch-Freiwillige und viele weitere Helfer an der Grabung mitgewirkt. Das Museum war für die Konservierung und Ausstellung der Artefakte zuständig.

Die in 8 m Tiefe liegenden Überreste der *Defence* waren im flachen, unbewachsenen Meeresboden unter dickem Schlick begraben, das Wasser so trüb, dass man manchmal nicht die Hand vor den Augen sehen konnte; selbst an den besten Tagen

Ein Taucher/Ausgräber am Gitterrahmen über dem aus Ziegeln aufgebauten Kombüsenherd.

betrug die Sichtweite nur wenige Fuß. Die Taucher orientierten sich mit Hilfe eines Gitters aus PVC-Röhren; doch erst nachdem wir einen Lageplan angefertigt hatten, konnten wir die gesamte Fundstelle »überblicken«.

Wir entfernten die Sedimente mit Hilfe von Airlifts, die ihren Inhalt in Siebkästen an der Oberfläche entleerten. Im ersten Sommer stellte die Maritime Academy eine schwimmende Arbeitsplattform, Unterkünfte und Verpflegung bereit. Die einstündige Fahrt von Castine zur Fundstelle legten wir in unserem eigenen Boot zurück. Im Sommer 1976 wurde uns der Schlepper *Dirigo* als Forschungsschiff zur Verfügung gestellt. Anfangs hofften wir das größte Artefakt, den Rumpf, nach Art des Kyrenia-Schiffs heben und konservieren zu können. Doch der Traum zerstob bald, da es uns an Geld und einem geeigneten Konservierungslabor fehlte und niemand Interesse daran hatte, ein Denkmal für eine katastrophale Niederlage zu errichten! So verfuhren wir nach dem Motto: Konservieren durch Dokumentieren!

Aufgrund der hervorragenden Konservierung unter Luftabschluss blieben ganze 40 Prozent des Rumpfes erhalten, der vom Bug bis zum Heck 21 m maß. Er bot uns die seltene Gelegenheit, die Arbeit der Schiffbauer von Massachusetts zu rekonstruieren. Details der Konstruktion wurden fotografiert, abgezeichnet und in Skizzen zusammengetragen. Die Pläne und Detailzeichnungen, die wir so erhielten, verrieten uns, dass der Baumeister der *Defence* eine innovative Rumpfkonstruktion ersonnen hatte, wie sie später auch die schnellen Klipper aufwiesen.

Als ein Mann, der amerikanische Seefahrtsgeschichte gelehrt hat, fand ich es faszinierend, Zeugnisse der Vergangenheit berühren zu können. Von der *Defence* kamen nicht die wohlbekannten Schifffahrtsinstrumente und anderes Zubehör, die man aus Museen zur Genüge kennt, sondern Alltagsgegenstände, die von Seeleuten und Offi-

Der Bug des Kaperschiffs. Im Vordergrund sieht man den Steven und das Bugband, weiter achtern den aus Ziegeln gemauerten Kombüsenherd mit Kupferkessel; direkt davor stand der Fockmast.

Links außen: Ein Ausgräber an der Zelle des Gitterrahmens, in welcher der Airlift zum Einsatz kommen soll.

Links: Während der Airlift Sedimente in den Siebkasten pumpt, hält eine Mitarbeiterin Ausschau nach Funden, die der Ausgräber übersehen hat.

Rechts: Mit dem ledernen Segelhandschuh wurde die Nadel durch Leinwand getrieben.

Rechts außen: In dem aus Dauben gefertigten Backskübel wurden Gerichte zu einem Back getragen, dessen Mitglieder aus Holzschüsseln aßen.

Unten rechts: Ein Glückstreffer für einen Archäologen: ein Artefakt mit den Initialen eines Besatzungsmitglieds und einer Datumsangabe: »JL 1779«!

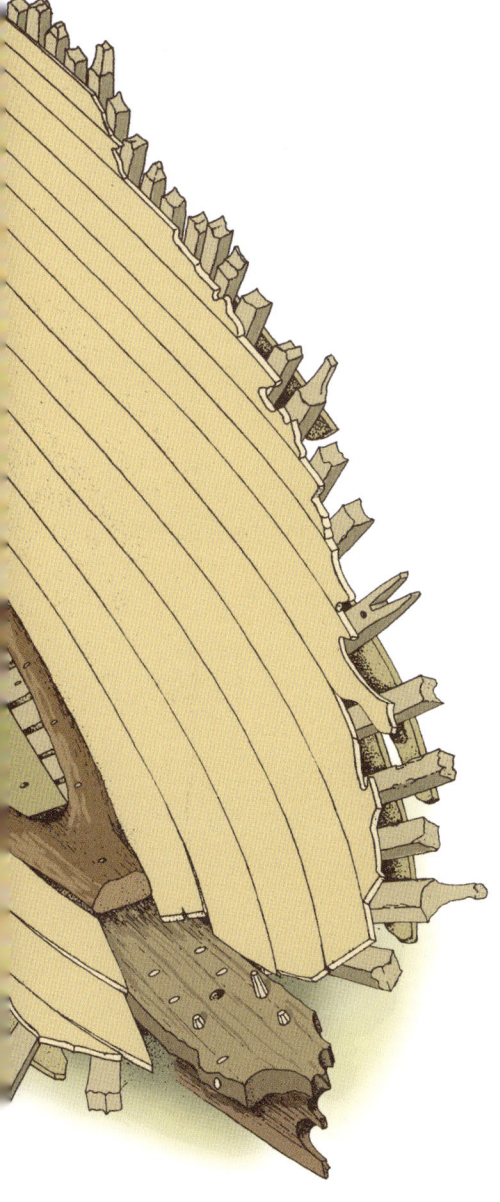

zieren benutzt wurden und die einzigartige Aspekte des Lebens auf See verdeutlichten. Der Inhalt eines Grabens, der quer über den Rumpf gezogen wurde, vermittelt einen Eindruck von der Fülle der Gegenstände, die wir täglich registrierten und katalogisierten und die von Lederschuhen, einem brüchigen Hutband und Kanonenwatte bis zu Zimmerer- und Bootsmannszeug reichten. Dazwischen lagen Artefakte, die mit der Ausgabe der Tagesration an gepökeltem Rind- oder Schweinefleisch zusammenhingen. Dazu gehörten Holzschüsseln, eine Schneidebrett, Keramiktassen, kleine Holzkübel und Essgeschirr. Verschiedene Flaschentypen deuteten darauf hin, dass ziemlich viel Wein und Gin konsumiert wurde.

In der Schiffsküche bereitete der Koch das in Fässern aufbewahrte gepökelte Schweine- und Rindfleisch zu. Fleischportionen für sechs bis acht Seeleute, eine Back, wurden in einem Kupferkessel gekocht, um das Salz zu entfernen. Jede Portion

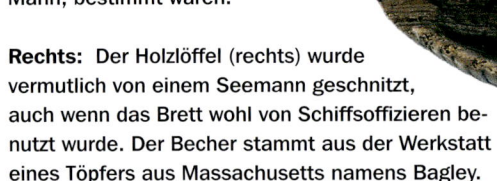

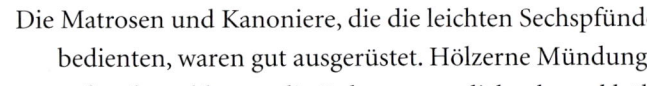

Unten: Der Uniformknopf aus Zinn war ein einzigartiger Fund; alle anderen Knöpfe waren »zivil« aus Holz, Knochen, Leder oder Metall.

Ganz unten: Weiche Zinnlöffel mit einem Bleigehalt von 80 Prozent wurden aus der Kombüse geborgen. Initialen identifizierten die Eigentümer. Der verbogene Löffel zeugt von der enormen Hitze, die entstand, als das Schiff in Brand gesetzt wurde.

wurde mit einer kleinen Holzmarke gekennzeichnet, die Initialen oder Symbole trug. Übereinstimmende Initialen auf dem Essgeschirr halfen den »Backsmeistern«, die für die Verteilung der Rationen zuständig waren.

Die Seeleute aßen mit Zinnlöffeln, auf denen die Benutzer oder Besitzer ihre Initialen eingeritzt hatten, von Holzschalen. Bissspuren am Rand ließen darauf schließen, ob der jeweilige Nutzer Rechts- oder Linkshänder war.

Eine Trennwand im Kessel deutet darauf hin, dass die Offiziere vielleicht besser verköstigt wurden. Sie aßen von Zinntellern und tranken vermutlich aus Deckelkrügen. In ihrem persönlichen Schmuck spiegelte sich ihr Status wider: Sie trugen bessere Schuhe mit kunstvollen Schnallen, und ihre Röcke hatten Metallknöpfe. Ein Zinnknopf ist mit den erhabenen Buchstaben USA verziert. Ein oder zwei Offiziere, vielleicht Kapitän Edwards, tranken Tee aus einem eleganten englischen Teeservice.

Der Kapitän ist von jeher für das Steuern des Schiffs verantwortlich. Möglicherweise befand sich an Bord der *Defence* auch ein Maat, der das Schiff navigieren konnte. Unter den Navigationsinstrumenten in der Kombüse, aus der viele der »Alltagsgegenstände« geborgen wurden, war auch ein Rechenschieber, ein seltener Wrackfund. Dieses 90 cm lange, aus Rosenholz gefertigte Instrument, das an einen Maßstab erinnert, wurde benutzt, um Zeit und Entfernung zu berechnen. Im Übrigen fanden sich nur noch drei Bruchstücke eines hölzernen Davis-Quadranten sowie ein Fragment einer Schiefertafel, die wohl für Navigationszwecke verwendet wurde.

Die Matrosen und Kanoniere, die die leichten Sechspfünder bedienten, waren gut ausgerüstet. Hölzerne Mündungspfropfen schlossen die Rohre wasserdicht ab, und hölzerne Spaken und Keile wurden benutzt, um die Erhöhung der Rohre zu variieren oder die Lafetten auszurichten. Das Pulver wurde mit kupfernen Ladeschaufeln eingefüllt, und Pfropfen und Kugeln wurden mit Ladestöcken eingeführt und festgerammt. Um die Takelage des feindlichen Schiffs zu beschädigen oder sein Deck zu bestreichen, verfügte die *Defence* sowohl über Kartätschen als auch über Kugeln, die in »Geschossrahmen« an

Deck gelagert waren. Vollständige, mit Bleikugeln oder gehacktem Blei gefüllte Kartätschen finden sich nur selten in Museen.

Von den 16 Geschützen, mit denen die *Defence* bestückt war, wurden nur zwei geborgen. Was ist mit den übrigen 14? Hatte man sie bald nach dem Untergang geborgen? Die schriftlichen Quellen schweigen sich darüber aus. Vielleicht liegen sie, tief im Schlick vergraben, außerhalb des Rumpfs. Wir führten keine Grabungen außerhalb des Rumpfs durch, um die Vollständigkeit des wichtigsten Artefakts nicht zu gefährden.

Es ärgerte mich nicht, dass das Rätsel der fehlenden Kanonen nicht gelöst wurde. Denn während wir eine Menge über Schiffsartillerie wissen – ihre Kaliber und die Gießtechniken –, gaben uns die mannigfaltigen, hervorragend erhaltenen Artefakte, die wir bargen, einen plastischen Eindruck vom Alltag auf See im 18. Jh. Und die Fundstellen verrieten uns, wo die Artefakte gelagert oder genutzt wurden.

Das Vermächtnis der Defence

Es ist Zeit, zu der Frage zurückzukehren, die wir am Anfang dieses Berichts gestellt haben: Können die Ergebnisse einer archäologischen Grabung eine schwere militärische Niederlage »kompensieren«? Ich meine: Ja.

Vom ersten Augenblick unseres ersten Tauchgangs an schien es uns, als würden wir Zeugen jener chaotischen Szene, als die Besatzung das Kaperschiff überstürzt verließ und keine Habseligkeiten oder Ausrüstungsgegenstände mitnahm. Viele Schlachtfelder und Lager des Revolutionskriegs wurden von Archäologen untersucht, aber der Eindruck, eine »Kassette mit Zeitdokumenten« zu öffnen, ergab sich nie so eindrucksvoll wie bei der *Defence*.

Diverse Zeitschriften berichteten ausführlich über unsere sieben Grabungssommer und verglichen das *Defence*-Projekt mit der Penobscot-Expedition von 1779, wobei sie darauf hinwiesen, dass die gegenwärtigen Ereignisse die Niederlage von damals gleichsam wettmachten.

Die *Defence*-Grabung hatte noch etwas anderes zur Folge. Unter dem Eindruck der Freilanderfahrungen haben zahlreiche Studenten und Freiwillige die Unterwasserarchäologie zu ihrem Beruf gemacht. So gesehen, hat die »zweite Penobscot-Expedition« ihre Vorgängerin tatsächlich in den Schatten gestellt.

Vom Kohlenschiff zum Truppentransporter: die Betsy, Yorktown, Virginia

JOHN D. BROADWATER

Betsy

Gebaut: 1772, Whitehaven, England
Gesunken: Oktober 1781
Tiefe: 7 m
Ausgrabung: 1982–1988
Rumpf: 23 m lang
Tonnage: 176 t Fracht

Die Ereignisse, die zur Entdeckung und Freilegung der *Betsy* führten, begannen Ende Oktober 1975. Ich saß damals in einem kleinen Restaurant in Yorktown mit Blick auf den kalten, trüben York River. Bei mir saßen die Archäologen William Kelso und Gordon Watts sowie der Museumsdirektor John Sands, die mehrere Nassskizzen eingehend begutachteten. Gordon und ich erläuterten die Skizzen, die wir am gleichen Tag bei unserem Tauchgang unmittelbar unterhalb des Restaurants angefertigt hatten. »Dort unten liegt ein über 30 m langes Holzwrack«, berichtete Gordon. »Höchstwahrscheinlich stammt es aus der Zeit der amerikanischen Revolution.«

»Es gibt Hinweise darauf, dass es von Freizeittauchern ausgeplündert wird«, fügte ich hinzu.

John Sands wusste von der Ausplünderung. In seiner gerade fertig gestellten Magisterarbeit befasste er sich mit der Geschichte britischer Schiffe, die bei der Schlacht von Yorktown, der letzten großen Schlacht des amerikanischen Unabhängigkeitskriegs, sanken. Er hatte erfahren, dass ein Wrack bei Yorktown geplündert wurde, und die Behörden von Virginia alarmiert. Sands erinnerte die Verantwortlichen daran, dass dieses Gebiet als historische Stätte unter Denkmalschutz stand. Die Antwort der Behörden war wenig ermutigend, so dass John und ich beschlossen, das Wrack vor Yorktown selbst in Augenschein zu nehmen. Das Staatsarchiv von North Carolina erlaubte Watts, uns zu helfen, und Bill Kelso erlaubte uns, die Fundstelle zu besichtigen, und stellte uns Personal zur Verfügung.

Der Survey-Bericht, den wir den Behörden vorlegten, bestätigte, dass ein bedeutendes Wrack aus dem 18. Jh. in öffentlichen Gewässern vor Yorktown lag und sowohl durch Plünderung als auch durch Küstenerosion gefährdet war. Wir empfahlen eine eingehende Erkundung des Wracks und Maßnahmen zum Schutz vor weiteren unbefugten Übergriffen. Das Parlament von Virginia verabschiedete daraufhin im Eilverfahren das Gesetz zum Schutz historischer Denkmäler unter Wasser.

Bald nach Vorlage unseres Berichts ersuchte die Denkmalbehörde von Virginia George Bass, das Schiffswrack wissenschaftlich zu untersuchen. George erklärte sich bereit, im folgenden Sommer ein schiffsarchäologisches Praktikum in Yorktown abzuhalten. Ich war begeistert. Ich hatte mit George schon 1973 in der Türkei zusammengearbeitet, beim allerersten Survey des INA, und meines Erachtens war der Staat Virginia gut beraten, mit dem Institut zusammenzuarbeiten.

1976: Das »Cornwallis Cave«-Wrack

So begann im Juli 1976, anlässlich der 200-Jahr-Feier der amerikanischen Revolution, die Ausgrabung des »Cornwallis Cave«-Wracks, benannt nach einer Landmarke

Rechts: Generalmajor Charles Cornwallis, Befehlshaber der südbritischen Armee, auf einem Porträt von Thomas Gainsborough. Kurz bevor er am 19. Oktober 1781 in Yorktown kapitulierte, ließ er mindestens ein Dutzend Schiffe im York River versenken, um einen französischen Angriff von See her zu erschweren.

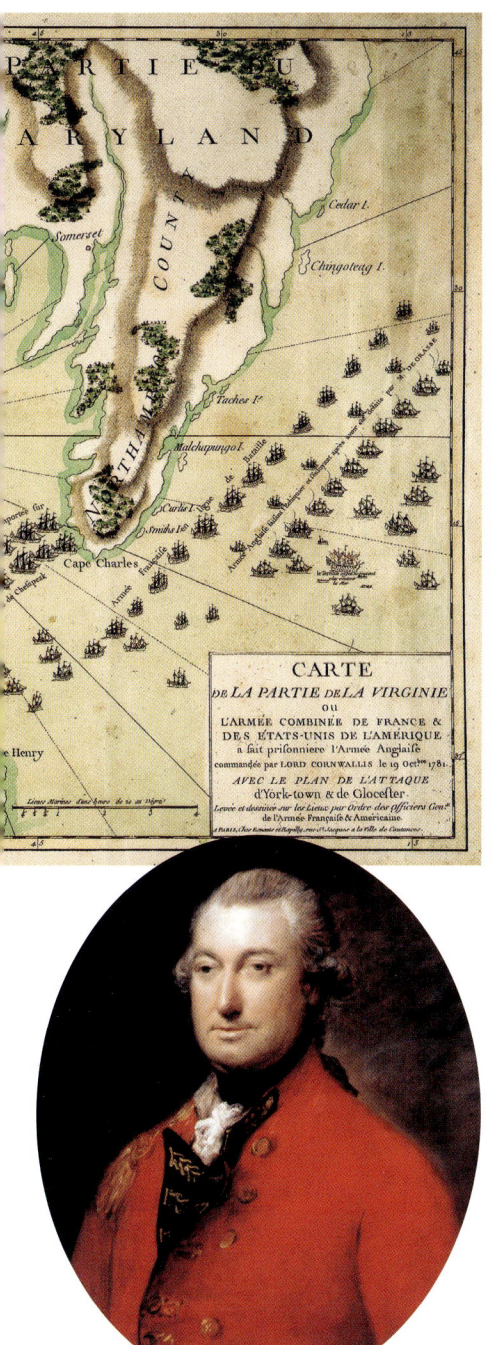

an der angrenzenden Küste von Yorktown. Wir stießen dort auf den unteren Rumpf eines großen Holzschiffs, dessen nautische und militärische Artefakte bestätigten, dass es sich um ein britisches Schiff aus dem späten 18. Jh. handelte – das mit an Sicherheit grenzender Wahrscheinlichkeit zu der britischen Flotte gehörte, die bei der Schlacht von Yorktown 1781 versenkt wurde. Wir fanden zahlreiche frische Spuren von Plünderungen, doch George »bekehrte« einige örtliche Taucher, die Andenken gesammelt hatten, und gewann sie für das Projekt. Das Wrack und die historischen Artefakte, die täglich an die Oberfläche kamen, begannen bald auch die Lokalpresse zu interessieren.

Noch während des Praktikums beantragten George und Bill Kelso beim National Endowment for the Humanities Fördermittel für die weitere Erforschung des Wracks. Sie begründeten den Antrag damit, dass es sich bei dem »Cornwallis Cave«-Wrack um einen historisch und archäologisch bedeutsamen Fund handele, der dokumentiert werden sollte, bevor er durch Plünderer und Erosion zerstört werde. Ich war sicher, dass der Antrag bewilligt würde, doch aus einer Reihe von Gründen musste George in die Türkei zurückkehren, um sich auf andere viel versprechende Projekte für sein INA zu konzentrieren. Da wandte sich Bill Kelso an mich und fragte an, ob ich bereit wäre, als Projektleiter einzuspringen. In dieser Funktion könnte ich meine Kenntnisse in Unterwasser-Surveys dazu nutzen, weitere Wracks zu orten, während Kelso als wissenschaftlicher Leiter einen detaillierten archäologischen Plan entwerfen würde.

Der Wrack-Survey im Jahr 1978

Ich nahm das Angebot an und schlug vor, zunächst einmal in einem einjährigen Survey so viele Yorktown-Wracks wie möglich zu orten und zu bewerten. Sands Recherchen hatten ergeben, dass nach der Schlacht von Yorktown 26 britische Schiffe als verschollen galten. Wenn unser Survey erfolgreich wäre, könnten wir zahlreiche Wracks begutachten, bevor wir ein Wrack vollständig ausgruben. Der Förderantrag wurde im Mai 1978 genehmigt, und ich wurde als erster Unterwasserarchäologe Virginias angestellt. Kelso stellte mir zeitweise einen seiner Mitarbeiter zur Verfügung. Doch wir brauchten ein größeres Team. Ich wandte mich ans INA, wo ich zwei frisch gebackene Magister für das Projekt gewann.

Der Survey 1978 war erfolgreicher, als wir zu hoffen gewagt hatten. Wir orteten neun Wracks von der Schlacht von Yorktown, sieben an der Küste von Yorktown und zwei am Ufer gegenüber.

Das Grabungspraktikum auf der HMS Charon im Jahr 1980

Im Jahr 1980 organisierte das INA eine weitere Exkursion nach Yorktown; diesmal sollten die Studenten ein Wrack am Nordufer bei Gloucester Point untersuchen, bei dem es sich wohl um die Überreste der *HMS Charon* handelte, des größten britischen Kriegsschiffs in Yorktown. Das Team unter Leitung von Dick Steffy bestätigte die Identität der *Charon* und barg zahlreiche Artefakte. Ich hatte das Vergnügen, mit Dick Steffy das Büro zu teilen, als er die täglichen Daten von der Fundstelle auswertete und mit den erhaltenen Plänen der *Charon* verglich. Eines Tages hörte ich, wie Dick leise in sich hineinlachte, was bedeutete, dass er in den Daten etwas Interessantes entdeckt hatte. Neugierig ging ich zu seinem Zeichentisch. Er grinste mich an

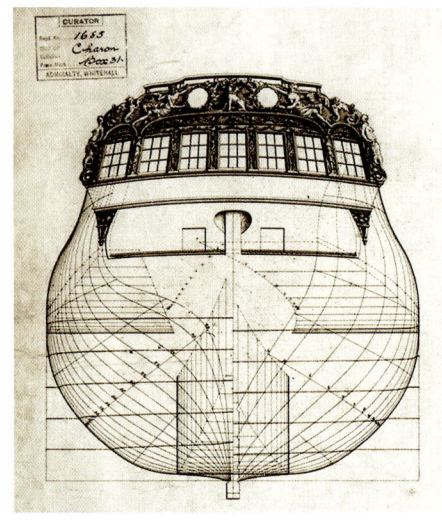

Oben: Ein Heckplan der *HMS Charon*, des größten britischen Kriegsschiffs in Yorktown. Durch glühende Kugeln einer französischen Batterie in Brand geschossen, sank sie in der Nacht vom 10. Oktober 1781.

Unten: Der Spundwanddamm, der die Ausgrabung der *Betsy* in Yorktown erleichterte.

und sagte: »Schauen Sie mal, was dieser Schiffbauer tat, als er die *Charon* baute. Sehen Sie diese Zeichnungen von gestern? Da ist ein Zapfenloch im Kielschwein, das verspundet wurde, und da sind drei Pfosten – statt zweien, wie auf den Plänen –, die das Gangspill stützen. Der Schiffbauer in der Werft muss sich gesagt haben: ›Mir ist egal, was die versponnenen Architekten der Admiralität gezeichnet haben, ich weiß, dass das Gangspill immer mit drei Pfosten abgestützt werden muss!‹ Deshalb hat er drei Pfosten eingesetzt!« Obwohl Dick gelernter Elektroingenieur ist, konnte er sich besser als alle mir bekannten Anthropologen in längst verstorbene Schiffbauer hineindenken.

Die Ausgrabung der Betsy

Die Ergebnisse unseres Surveys, die INA-Grabungen und die Presseberichterstattung halfen uns, öffentliche und private Gelder für die Ausgrabung des archäologisch interessantesten Yorktown-Wracks aufzutreiben. Obgleich das Schiff, das nur unter der offiziellen Fundnummer 44YO88 firmierte, unter Sedimenten begraben war, konnten wir feststellen, dass es waagerecht auflag und etwa die Hälfte seines Rumpfes erhalten war.

Da die Sichtweite im York River normalerweise nur wenige Zentimeter betrug und weil starke Strömungen und die kabbelige See das Tauchen erschwerten, umschlossen wir die Fundstelle mit einer stählernen Spundwand. Anschließend filterten wir das eingeschlossene Wasser, um die Sicht zu verbessern. Normalerweise wird das Wasser aus Spundwanddämmen herausgepumpt, aber wir ließen es darin, um die brüchigen Schiffsplanken und Artefakte vor dem Kontakt mit Luft zu schützen, der die Zersetzung beschleunig hätte.

Die Spundwand wurde 1982 fertig gestellt. Über einen Steg zwischen Damm und Ufer gelangten nicht nur Mitarbeiter und Geräte zur Fundstelle, sondern auch Tausende von Besuchern, die den Fortgang der Grabung verfolgen konnten. Das Filtersystem verbesserte die Sicht auf durchschnittlich 7,6 bis 9,1 m; dies beschleunigte die Grabungsarbeiten und ermöglichte es uns, das Wrack fotografisch zu dokumentieren. Die Grabung endete 1988; in dieser Zeit absolvierten zahlreiche Studenten dort ihre Praktika.

Forschung und Auswertung

Im Verlauf der Grabung gewannen wir ein immer deutlicheres Bild von 44YO88: Das Wrack war relativ klein, etwa 23 m lang und maximal 7,3 m breit; der Rumpf war kastenförmig, was auf ein Handelsschiff hindeutet. Es hatte zwei Masten, einen großen zentralen Frachtraum mit einem Schott weit vorn und einem zweiten achtern. Im Heck bargen wir Kabinenausstattung und persönliche Habe, die teilweise wichtige Aufschlüsse lieferten. In den oberen Rand eines kleinen Fasses waren die Initialen »JY« eingeritzt, und wir fanden mehrere Uniformknöpfe vom 43. britischen Infanterieregiment. Das Vorschiff enthielt diverses Schiffszubehör und große und kleine Fässer, viele davon mit Kennzeichnungen, die den Inhalt und den Herkunftsort angaben. Mittschiffs auf der Steuerbordseite sahen wir, weshalb das Schiff gesunken war. In den Rumpf war, direkt unter der Wasserlinie, ein Loch geschlagen worden. Die Fässer,

Oben: Archäologen fanden im Frachtraum der *Betsy* verschiedene Holzfässer, darunter viele mit Kennzeichnungen, aus denen ihr Inhalt und ihr Abfüllort hervorgingen.

Unten: Auf der *Betsy* wurde ein Sortiment von Knöpfen gefunden, auch solche vom 43. Infanterieregiment.

Knöpfe und das Loch untermauerten unsere Hypothese, dass das Wrack 44YO88 einst als britischer Transporter diente und sich während der Schlacht von Yorktown selbst versenkte.

Wie erhofft, gaben uns die Knöpfe entscheidende Hinweise. Soldaten des 43. Regiments wurden an Bord dreier Schiffe, darunter der *Betsy*, die die gleiche Größe hatte wie 44YO88, nach Yorktown gebracht. Bei weiteren Recherchen fanden wir einen Eintrag für eine *Betsy* gleicher Größe und gleicher Takelage – ihr Kapitän und Eigner war Joseph Younghusband, dessen Initialen mit denen auf dem Fass übereinstimmten. Im Verlauf mehrerer Jahre wurde diese Identität bestätigt, und es entstand ein detailliertes Bild der *Betsy*.

Ein Bild der *Betsy*

Die *Betsy* wurde 1772 an der Nordwestküste Englands gebaut. Wir sind sicher, dass Younghusband, der Kapitän und Eigner, das Schiff nach seiner Frau, Elizabeth, benannte. Die *Betsy* war ein Kohlenschiff. Englische Kohlenschiffe waren bekannt für ihre robusten Rümpfe mit breitem Bug, die sich hervorragend für den Transport von Bulkladung eigneten. Wie die meisten zeitgenössischen Schiffe dieser Größe war auch die *Betsy* als Brigg getakelt. Kohlenschiffe waren zwar weder schnell noch schön, dafür aber überaus zuverlässig und widerstandsfähig. Kapitän James Cook, einer der bedeutendsten Forschungsreisenden Englands, benutzte für seine Weltumseglungen britische Kohlenschiffe.

Alle sechs bis acht Wochen – von Frühling bis Herbst – transportierte die *Betsy* Kohle aus Whitehaven nach Dublin, Irland. Im Jahr 1780 vermietete der Eigner sie an die Royal Navy, die sie als Transporter im amerikanischen Krieg einsetzen wollte. Im Spätsommer des folgenden Jahres schloss sie sich einer Flotte von fast 60 Kriegsschiffen und Transportern unter dem Befehl von General Cornwallis an, der die Flotte zusammen mit seiner Armee von 10 000 Mann nach Yorktown, Virginia, führte. Im September wurde seine Armee dann von französischen und amerikanischen Truppen umzingelt, und französische Kriegsschiffe versperrten den Fluchtweg aufs offene Meer.

Oben: Der Bug der *Betsy* war ungewöhnlich, ohne den sonst üblichen Binnenvordersteven; die horizontalen Innenbugspanten und die schrägen radialen Spanten deuten auf einen holländischen Einfluss hin.

Links: Eine hölzerne Lafette, bis auf ein fehlendes Rad vollständig, wurde im Frachtraum der *Betsy* gefunden. Es zeigte sich, dass die Lafette nie benutzt worden ist.

Um einen französischen Angriff vom Fluss her zu verhindern, ließ Cornwallis über ein Dutzend eigene Transporter versenken, die als Strandverhaue dienen sollten. Bald darauf kapitulierte Cornwallis, dessen Streitmacht eingeschlossen und zahlenmäßig unterlegen war. Nach der britischen Kapitulation am 19. Oktober 1781 führten die Franzosen begrenzte Bergungsoperationen durch, die sie jedoch bald einstellten. Die Schiffe von Yorktown gerieten in Vergessenheit, während sie unter den Sedimenten des Flussbetts begraben wurden.

Das Ende und ein Neuanfang

Auch nachdem die Grabung beendet war und die Konservierung und Analyse der Fundstücke in den Vordergrund rückte, konnte ich nicht von diesem Schiff lassen. Während des Yorktown-Projekts erhielt ich viele gute Ratschläge von George Bass, der unter anderem sagte: »Vergiss nicht, ohne Grabungsbericht ist ein Fund nichts wert!« Nach mehreren Jahren veröffentlichte ich gemeinsam mit fast einem Dutzend Mitarbeitern einen Projektabschlussbericht. Ich reiste mehrfach nach England, meist auf eigene Kosten, und dort machte ich neue Entdeckungen, die mich mit großer persönlicher Befriedigung erfüllten. In Whitehaven stand ich vor dem Grabstein von Joseph und Elizabeth Younghusband, und später hielt ich die Bibel der Familie in Händen, in der sich ein Eintrag fand, der den Tod Josephs in Charleston, South Carolina, im Jahr 1782 verzeichnete. Vermutlich erlag er als Kriegsgefangener einer Erkrankung. Die *Betsy* lehrt uns eine Menge über die Bauweise britischer Handelsschiffe im 18. Jh., aber viele weitere Fragen sind noch offen.

Ganz oben: Die *Betsy* sank infolge eines Lecks, das auf der Steuerbordseite mittschiffs in die Bordwand geschlagen wurde.

Oben: Wer immer den Auftrag hatte, die *Betsy* zu versenken – er stemmte mit einem Meißel so feinsäuberlich ein Loch in eine Steuerbord-Innenplanke unter dem Hauptdeck, als hätte er gewusst, dass seine Arbeit eines Tages inspiziert werden würde.

Der Schiffbruch der zehn Segler: Grand Cayman, Cayman-Inseln

MARGARET LESHIKAR-DENTON

Schiffbruch der zehn Segler

Zeit: 8. Februar 1794
Gesunkene Schiffe: *HMS Convert*, Kapitän John Lawford; *William and Elizabeth*, Goodwin; *Moorhall*, Nicholson; *Ludlow*, McLure; *Britannia*, Martin; *Richard*, Hughes; *Nancy*, Leary; *Eagle*, Ainsworth; *Sally*, Watson; und *Fortune*, Love

Ein Kanonenschuss donnerte durch die Dunkelheit. »Brecher voraus! Dicht bei uns!«, rief ein Matrose aus dem Vortopp der *HMS Convert*, die sich auf der Überfahrt von der Karibik nach Europa befand. Kapitän Lawford eilte an Deck, als die zerklüfteten Riffe an der Ostseite von Grand Cayman in allen Richtungen auftauchten. Zu seiner Überraschung und Bestürzung lief das Schiff, das den Schuss als Notsignal abgefeuert hatte, sowie mehrere andere Schiffe des Geleitzuges, der unter dem Schutz der *Convert* von Jamaika aus in See gestochen war, dem Geleitschiff voraus, anstatt, wie es der Vorschrift entsprach, hinterher. 58 Handelsschiffen drohte Gefahr – aber nicht durch die Franzosen, denen die *Convert*, die vormalige *L'Inconstante*, erst unlängst als Prise abgenommen worden war. Die Kanoniere der *Convert* signalisierten dem Konvoi, der schwer mit Holz, Baumwolle, Zucker und Rum aus Westindien beladen war, den Geleitzug aufzulösen und sich in Sicherheit zu bringen. Ein Handelsschiff auf Gegenkurs rammte den Bug der *Convert* und machte sie manövrierunfähig. Während die Mannschaften der beiden Schiffe die Takelagen entwirrten, lief die *Convert* auf und schlug leck. Es war drei Uhr früh am 8. Februar 1794.

»Im Morgengrauen bot sich ein überaus betrüblicher Anblick. Sieben Vollschiffe und zwei Briggs waren an demselben Riff aufgelaufen wie die *Convert*, bei schwerer

Unten: *HMS Convert* und neun Handelsschiffe, die unter dem Schutz der Fregatte fuhren, scheiterten am 8. Februar 1794 an den Grand-Cayman-Riffen. Ein Wrack aus dem 20. Jh. zeugt von der Gefahr, die nach wie vor von diesem Saumriff ausgeht.

See und direkt zur Küste wehendem Wind«, schrieb John Lawford in seinem Bericht an die Admiralität. Acht Matrosen ertranken. Der Verlust der kampfstarken Fregatte in Kriegszeiten – den französischen Revolutionskriegen (1792–1802) – traf die Royal Navy empfindlich, wenngleich das Kriegsgericht Kapitän Lawford wegen erwiesener Unschuld freisprach. Auch der Verlust von neun Handelsschiffen, die mit dringend benötigten Gütern aus den Kolonien erwartet wurden, war eine kleine Katastrophe. Den Bewohnern der Insel wiederum, die sich gerade von den Folgen eines Hurrikans erholten, kam dieser reiche Schatz an Bergungsgut überaus gelegen.

Archive

Einzelheiten dieser bemerkenswerten Episode wurden in Geschichtsquellen enthüllt, die ich Anfang der 1990er Jahre entdeckte. Die vergilbten Seiten in englischen, französischen und jamaikanischen Archiven ergaben erste Hinweise. Die Schiffspapiere der *Inconstante* liegen in mehreren National- und Militärarchiven in Frankreich. In Jamaika werden Prisenpapiere der *Inconstante* im Staatsarchiv und der Nationalbibliothek verwahrt, Dokumente über den Konvoi und die Ergänzung der Mannschaften mittels Presskommandos finden sich im Council of Jamaica Minutes. Das Schiffsregister von Lloyds lieferte Informationen über Handelsschiffe, während das Wappenamt Details über die Karriere von Kapitän Lawford beisteuerte. Das britische Staatsarchiv (PRO) in Kew beherbergt einen Schatz von Dokumenten: Admiralitäts- und Ministerialpapiere, die Briefe Lawfords und Kriegsgerichtsakten, Konvoiregister und Dienstvorschriften, die Stammrolle und Bergungsliste der *Convert*, Logbücher ähnlicher Schiffe, Handelsschiffregister, Zeitschriften und diverse Korrespondenz.

Im britischen Staatsarchiv fand ich die *Royal Gazette* von Anfang 1794. Als ich die Seiten durchblätterte, verschlug es mir schier den Atem, als ich las: »Donnerstagnacht traf Leutnant Bogue von der *HMS Convert* aus den Grand Caymans mit der bedrückenden Nachricht ein, dass die Fregatte zusammen mit neun Schiffen aus

Oben: Kapitän Lawford überlebte den Untergang der zehn Segler. Er war damals 38, und sein Ruf scheint unter dem Massenschiffbruch kaum gelitten zu haben. Bis 1811 erhielt er weitere Kommandos. Seine Karriere umspannt den amerikanischen Unabhängigkeitskrieg, die französischen Revolutionskriege und die Napoleonischen Kriege. Noch in seinem Todesjahr 1842 – er starb mit 86 Jahren – wurde ihm der Rang des Admirals verliehen.

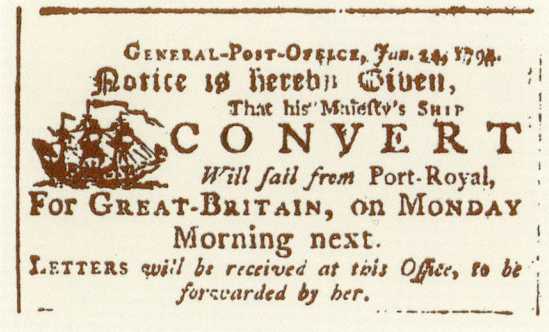

Oben: Eine Notiz des Hauptpostamts über die *HMS Convert* erschien in der *Jamaica Royal Gazette* vom 18.–25. Januar 1794, nur Tage vor dem Untergang der *Convert*.

Rechts: *HMS Convert*, die frühere *l'Inconstante,* war eine in Frankreich gebaute Fregatte, ähnlich jener, die Pierre Ozanne im 18. Jh. in einem Kupferstich abbildete: »Ansicht einer Fregatte, gesehen von querab, hart am Wind nach Backbord lavierend«.

ihrem Geleitzug an der Nordostküste dieser Insel gesunken ist … Die Namen der gesunkenen Handelsschiffe lauten: *William and Elizabeth*, Goodwin; *Moorhall*, Nicholson; *Ludlow*, McLure; *Britannia*, Martin; *Richard*, Hughes; *Nancy*, Leary; *Eagle*, Ainsworth; *Sally*, Watson, und *Fortune*, Love.« Diese Entdeckung allein war die Reise nach England wert. Plötzlich kannte ich die genaue Position der Wracks und den Namen jedes Schiffs und Kapitäns.

Mündliche Überlieferung

Der Schiffbruch der zehn Segler ist das berühmteste Schiffsunglück in der Geschichte der Cayman-Inseln. R. Tulloh Coe erinnerte sich an eine – in vielen Einzelheiten zutreffende – Geschichte, die sein Großvater erzählte, der den Überlebenden geholfen hatte. Als der Regierungskommissar George Hirst Coes Darstellung hörte, verwarf er 1910 in einem Bericht Gerüchte, wonach die Kanonen auf dem Gun-Bay-Riff von einem Fort stammten, und behauptete, dass »an dieser Stelle der ›Schiffbruch der zehn Segler‹ stattgefunden« habe. Hirst traf ins Schwarze, doch seine Worte gerieten wie die Namen der gescheiterten Schiffe in Vergessenheit. Der Schiffbruch der zehn Segler wurde zu einer Legende.

Archäologie

Als ich 1980 zusammen mit Roger Smith an einem INA-Survey teilnahm, hatte ich auf dem Meeresgrund Artefakte gesehen, die wohl vom Schiffbruch der zehn Segler stammten. Zehn Jahre später kombinierte ich archäologische Befunde, Archivrecherchen und mündliche Überlieferungen, um ein vollständiges Bild zu erhalten. Ich wollte Fundstellen orten, dokumentieren und analysieren, die mit dem *Convert*-Geleitzug in Verbindung standen, um Empfehlungen für die weitere Erforschung zu geben und einzelne Artefakte zu bergen, zu konservieren und zu analysieren.

Die Suche nach Kanonen, die inzwischen öffentliche und private Grundstücke schmückten, war eine Priorität. Mein Team von Freiwilligen dokumentierte über 30 Geschütze; zehn davon stammten von einer Sandbank innerhalb des Riffs. Es handelt sich um Zwölfpfünder, die 1781 in Forge-Neuve, einer Hütte bei Angoulême in der Charente, gegossen worden waren. Die weit reichenden Geschütze, die gemäß den französischen »Marinestatuten von 1778–79« gefertigt wurden, waren Teil der ursprünglichen Bewaffnung der *Inconstante*.

Wir erkundeten eine 5 km lange tropische Riffzone mit Hilfe von Metalldetektoren. Diese Methode ist in den klaren Gewässern vor Grand Cayman sehr effektiv, insbesondere in den seichten Zonen, die man nicht mit Schiffen befahren kann. Probegrabungen auf der Sandbank, auf der die französischen Geschütze geborgen wurden, deuten darauf hin, dass dort noch 13 Kanonen begraben liegen. Vermutlich handelt es sich um Überreste des Batteriedecks der *Convert*.

Unten links: Zehn bereits gehobene und als Zierrat verwendete *Convert*-Kanonen wurden von uns aufgespürt und dokumentiert. Dieses Geschütz ist stark korrodiert.

Unten: Diese Inschrift weist den Zwölfpfünder der *Convert* als französisches Geschütz aus, das 1781 in Forge-Neuve, einer französischen Hütte, gegossen wurde.

Verbogenes Kupferblech bezeugt, dass die *Convert* über das Riff schleifte, während Zwölfpfünderkugeln dem Kaliber der französischen Kanonen entsprachen. Eisenballast, stehendes Gut und Schiffszubehör liegen verkrustet, aber frei auf dem Meeresboden. Wir kartierten ihre Positionen in einem Gebiet von 12 000 m² und ließen das meiste in situ. Außerdem kartierten und sammelten wir kupferne Schiffsnägel, Kombüsenziegel, Keramiken, Glas und persönliche Habe. Anker, Schiffsausrüstung und Ballasthaufen kennzeichnen Stellen entlang der Rifflinie, wo die Rümpfe der Handelsschiffe lagen. Am Ufer befindet sich die Salvage Campsite, die viele Artefaktfragmente beherbergt. Hier zeltete Kapitän Lawford mit seinen Offizieren und 30 ausgewählten Matrosen sechs Wochen lang, wobei sie so viel von der gesunkenen Fregatte bargen, wie sie konnten, während sie auf ein Kriegsschiff warteten, das sie nach Jamaika zurückbringen sollte.

Oben: Mit Metalldetektoren entdecktes Rüsteisen ohne Holzkausche, ein Teil des stehenden Guts der *Convert*, das von einer lebenden Korallenformation überwachsen ist.

Oben rechts: Artefakte von den »zehn Seglern«, darunter Schiffsausrüstung wie der Anker aus dem 18. Jh., liegen überkrustet, aber frei auf dem Meeresboden.

Rechts: Die Autorin erläutert 1994 der britischen Königin Elizabeth II. und Prinz Philipp eine Ausstellung im Cayman Islands National Museum anlässlich des 200. Jahrestags des Untergangs der zehn Segler. Während des Besuchs weihte die Königin den »Zehn-Segler-Park« ein.

WRACKS AUS DEM 19. UND 20. JAHRHUNDERT

Unsere Darstellung von Forschungen an Wracks aus dem 19. und 20. Jh. beginnt mit der recht ungewöhnlichen Geschichte der ersten Hochseejacht, die in den USA gebaut und 1820 an König Kamehameha II. von Hawaii verkauft wurde. Paul Johnston beschreibt die Geschichte der Jacht und die Ausgrabung der Überreste.

Anschließend gehen wir zu Schiffen über, die nicht von Wind oder Dampf, sondern von Pferden angetrieben wurden. Dies hört sich wie die Einleitung zu einem Witz darüber an, wie viele Pferdestärken ein bestimmtes Boot hatte, aber von Pferden angetriebene Binnenschiffe waren in den ersten Jahrzehnten des 19. Jh., als sich bereits die Dampfmaschine wachsender Beliebtheit erfreute, in Nordamerika erstaunlich weit verbreitet. Kevin Crisman hatte das Glück, eines dieser heute überaus kurios anmutenden Gefährte auszugraben. Gegenwärtig gräbt Kevin den frühesten bekannten Flussdampfer aus. Er sank 1838 im Red River, der heute Oklahoma und Texas trennt.

Es ist kaum bekannt, dass die Serienproduktion von großen Dampfern die Besiedelung des Westens der USA nachhaltiger gefördert hat als die Eisenbahn. Mein Urgroßvater schrieb als junger Mann in den 1850er Jahren Briefe über seine Fahrt auf Flussdampfern von Virginia nach Texas.

25 Jahre nach dem Untergang der *Heroine* dienten Dampfer in Nordamerika anderen Zwecken. Das Gefecht zwischen den berühmten Panzerschiffen *Merrimack* und *Monitor* im amerikanischen Bürgerkrieg markierte laut Winston Churchill »die größte Veränderung in der Seekriegsführung, seit Schiffe mit Kanonen bewaffnet wurden«. Aber schnelle, von Dampfmaschinen angetriebene Holzschiffe, die die von Präsident Lincoln angeordnete Seeblockade der Konföderierten Staaten durchbrachen, waren damals genauso wichtig. Barto Arnold beschreibt die Ergebnisse seiner Forschungen über einen der erfolgreichsten dieser Blockadebrecher, die *Denbigh*.

Art Cohn, der Kanalboote »die Schleppzüge des 19. Jh.« nennt, beschreibt die faszinierende Entdeckung eines Typs von Kanalboot, von dem man bis dahin angenommen hatte, dass es ihn in Nordamerika gar nicht gegeben hat.

Schließlich kommen wir ins 20. Jh. Vor meinem ersten Transatlantikflug fuhr ich 28-mal mit dem Schiff über den Atlantik. Dreimal geriet ich dabei in Orkane, und einmal fuhr ich auf der *Queen Mary* in einem schweren Dezembersturm durch gewaltige Wellen von Frankreich nach New York. Dies waren unvergessliche Erlebnisse. Täglich gingen Schiffe von New York ab: »Möchten Sie am Dienstag nach Nordeuropa oder ins Mittelmeer fahren?«, fragte der Agent. Es lässt sich schwer vorstellen, dass im Kontext der Seefahrtsentwicklung die gesamte Geschichte der transozeanischen

Eines der riesigen Propellerblätter der *Titanic* mit einem Durchmesser von über 7 m ruht auf einem Bett von »Rostzapfen«, die vom Schiffsrumpf heruntergefallen sind.

211

Oben: J. Barto Arnold mit der Schubstange der Backbordmaschine des Blockadebrechers *Denbigh* vor Beseitigung der Verkrustungen.

Unten: In diesem Abschnitt erwähnte Orte; in Fettdruck die Fundstellen der Wracks.

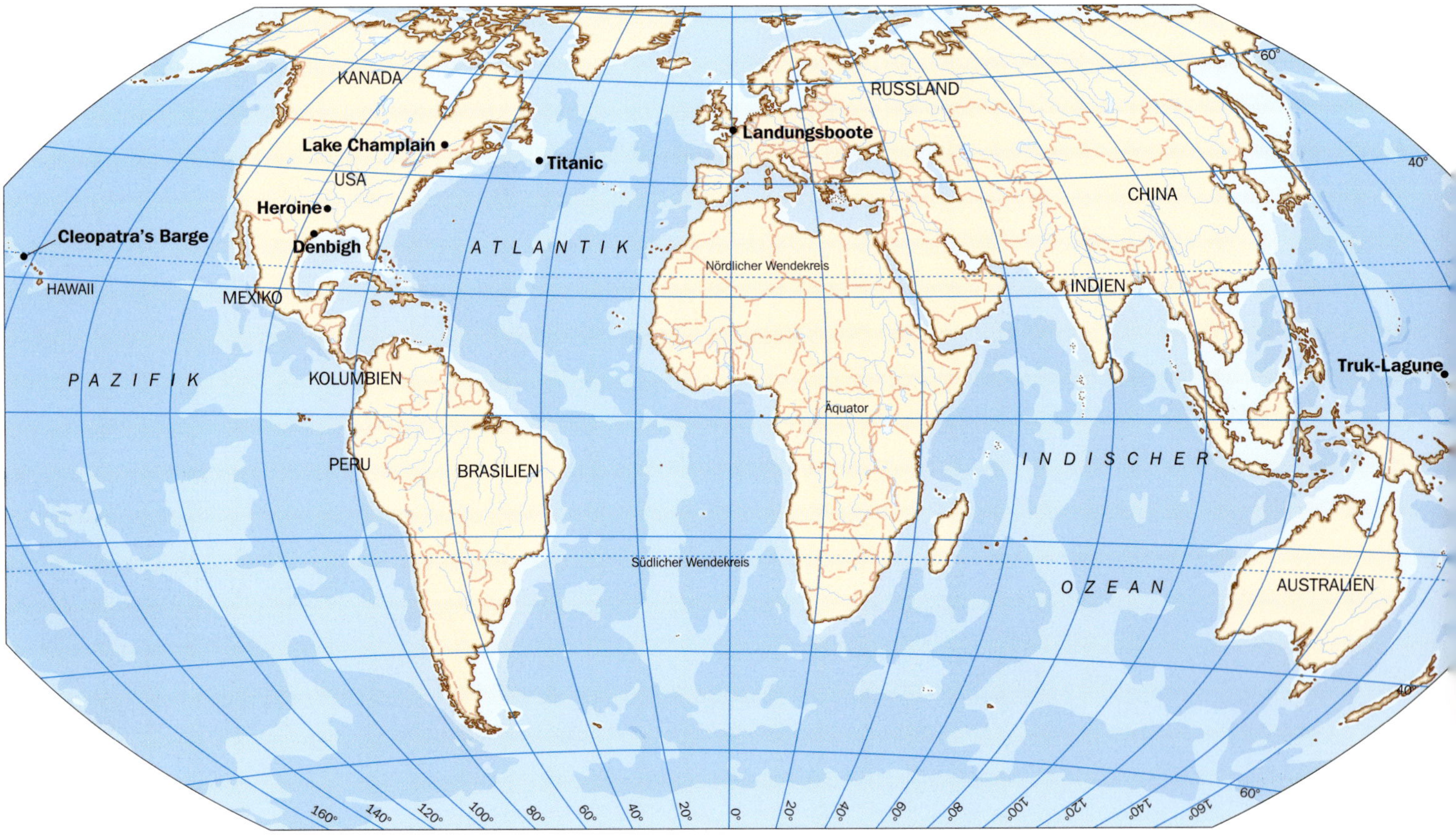

Passagierdampfer nur eine relativ kurze Episode war, ähnlich wie die Geschichte der Transatlantikflüge in Propellerflugzeugen. Passagierdampfer fuhren nach Einführung der Transatlantik-Route im Jahr 1830 nur etwa 150 Jahre lang im regelmäßigen Linienverkehr.

Doch diese kurze Epoche brachte das berühmteste Schiff und das berühmteste Wrack der Geschichte hervor: die *Titanic*. Schon vor dem Welterfolg, den der Film gleichen Namens in den Kinos erzielte, war die Geschichte der Kollision dieses vermeintlich unsinkbaren Schiffes mit einem Eisberg, bei der im April 1912 1500 Menschen ums Leben kamen, weltbekannt. Kein anderes Wrack hätte mich dazu verleiten können, 2,5 Meilen tief in den Nordatlantik zu tauchen. Doch welcher Schiffsarchäologe hätte dieser Verlockung widerstanden?

Im 2. Weltkrieg kamen die mächtigsten Kriegsflotten aller Zeiten zum Einsatz. Doch die Schiffe, die in den letzten beiden Beiträgen dieses Buches beschrieben werden, sanken nicht in Seeschlachten zwischen Kriegsschiffen. Beide Verluste datieren aus 1944. Die japanischen Schiffe, die heute die Truk-Lagune zu einem der beliebtesten Tauchreviere weltweit machen, wurden von amerikanischen Bombern versenkt, während sie vor Anker lagen. Jeremy Green beschreibt, wie er eines dieser Schiffe aufspürte und erkundete.

Die amerikanischen Schiffe, die Brett Phaneuf vor der Küste der Normandie untersuchte, waren keine Schlachtschiffe, Kreuzer oder Zerstörer, sondern kleinere Landungsboote, die am 6. Juni 1944 Tausende von Soldaten über den Kanal zur Küste der Normandie übersetzten – und die ungeachtet ihrer geringen Größe einen gewichtigen Beitrag zum Sieg der Alliierten in Europa leisteten.

Cleopatra's Barge:
Kauai, Hawaii

PAUL F. JOHNSTON

Unten: George Crowninshield jr. arbeitete für die Reederei seiner Familie in Salem, Massachusetts. Mit 20 Jahren war er Schiffskapitän, aber eine Tätigkeit an Land war ihm lieber, und so übernahm er die Verantwortung für Bau, Ausrüstung und Wartung der ansehnlichen Handelsflotte seiner Familie.

Unten rechts: Der taubstumme Maler George Ropes malte dieses bestechende Porträt der *Cleopatra's Barge* im August 1818. Im selben Monat wurde die Jacht nach dem Tod ihres Eigners versteigert. Alle Segel sind gesetzt, und die Brigantine segelt bei lebhafter Brise vor dem Wind.

An meinem allerersten Arbeitstag nach Abschluss meines Studiums hörte ich zum ersten Mal von *Cleopatra's Barge*, der ersten amerikanischen Hochseejacht. Als frisch eingestellter Schifffahrtskurator des Peabody Museum in Salem, Massachusetts, wurde ich in einen kleinen, historischen Raum geführt, der mit exotischen Hölzern, rotem Samt und Blattgold verziert war. Die Schränke waren voller Kuriositäten, und der Raum selbst war ein Nachbau des Hauptsalons der *Barge* nach zeitgenössischen Beschreibungen von 1816. In Nebenräumen standen Schiffsmodelle, seltene Möbel, Logbücher von alten Schiffen, Denkwürdigkeiten und Aquarellporträts derselben Schiffe – die alle mit George Crowninshield jr. (1766–1817) aus Salem, dem Eigner der sagenumwobenen Jacht, in Verbindung standen.

Objekte von der *Barge* waren vor der öffentlichen Versteigerung 1818 entfernt und anschließend an Familienangehörige verschenkt oder verkauft worden. In den kommenden 163 Jahren gelangten sie in die Peabody-Sammlungen. Dabei spielten zwei stolze Crowninshield-Nachfahren eine maßgebliche Rolle. Sie hatten ihre Dachböden leer geräumt, Verwandte unter Druck gesetzt und über 50 Jahre lang an Versteigerungen von maritimer Kunst teilgenommen und alles ergattert, was mit ihren berühmten Vorfahren und ihrer großen Handelsflotte zu tun hatte.

Als ich die Geschichte des berühmten Schiffs hörte – eine der sonderbarsten in der amerikanischen Schifffahrtsgeschichte –, war ich wie elektrisiert. Es klang wie Seemannsgarn und war doch wahr. Dabei spielten so disparate Elemente eine Rolle wie ein amerikanischer Präsident, ein Paar Stiefel Napoleons, sieben Shakespeare-Verse, die Eingeweide des britischen Entdeckers James Cook, die Könige von England und Hawaii und der erste Elefant in Amerika. Doch obwohl viel über die erste Hälfte der Lebenszeit des Schiffs publiziert worden ist, lag die zweite Hälfte ihrer kurzen, achtjährigen Karriere vor dem Untergang 1824 völlig im Dunkeln.

Diese unerforschte zweite Phase, die sich in dem pazifischen Inselreich Hawaii abspielte, faszinierte mich. Vom Hawaii des frühen 19. Jh. ist aufgrund der tropischen Bedingungen und der Tatsache, dass die meisten Objekte vor der »Entdeckung« der Sandwich-Inseln durch den britischen Kapitän James Cook 1778 aus organischen Substanzen bestanden, fast nichts erhalten geblieben. Was war wohl noch übrig vom Wrack des berühmten Schiffs, und was würde es uns über die materielle Kultur der frühhawaiischen Monarchie – dem einzigen echten Königreich auf dem heutigen Territorium der USA – sagen?

Recherchen ergaben, dass von der gesamte Habe des hawaiischen Königs Kamehameha II., auch Liholiho genannt, der *Cleopatra's Barge* gekauft hatte, nur eine Pfeife erhalten geblieben ist. Liholiho, der Sohn Kamehamehas des Großen, der die Hawaii-Inseln vereinigt hatte, schaffte das königliche Tabusystem auf Hawaii ab und ließ christliche Missionare auf die Inseln, die die althawaiische Kultur für immer veränderten. Die königliche Jacht, die Liholiho 1820 Bostoner Fernost-Händlern für Sandelholz im Wert von 80 000 Dollar abkaufte, versprach die spärliche Geschichte seiner kurzen, fünfjährigen Regierungszeit, die weitgehend von *haoles* (Ausländern) aufgeschrieben wurde, ein wenig auszuschmücken.

Suche und Entdeckung

Anfang 1994 beantragte ich beim Staat Hawaii die Erlaubnis, nach dem Wrack der *Cleopatra's Barge* zu suchen. Ich wollte im Sommer des gleichen Jahres in der Hana-

Oben: König Kamehameha II. erbte von seinem Vater die Liebe zu westlichen Schiffen. Im einem Brief von 1821 schrieb der amerikanische Kaufmann Charles Bullard: »Alle Religionen werden toleriert, doch der König betet die *Barge* an.« Wenn er an Bord war, befehligte er das Schiff persönlich.

Unten: Hanalei Bay, Kauai, wo die königliche Jacht 1824 sank. Als das Schiff 1821 diese Insel zum ersten Mal anlief, entführte König Kamehameha II. den örtlichen Herrscher und festigte so seine Herrschaft über ganz Hawaii. Das Wrack liegt im Bild rechts.

Links: Der Missionar Hiram Bingham reiste einen Monat nach dem Untergang der Jacht zur Hanalei Bay und predigte vor den Hawaiianern über die verderbliche Wirkung des Alkohols, wobei er als Exempel auf das Wrack verwies. Der Maler Rick Rogers hat die Predigt und die Bergungsanstrengungen der Hawaiianer rekonstruiert.

Unten: Die Prägung »W&G« an diesem Kupferblech, das zum Beschlagen des Rumpfes diente, steht für die Liverpooler Kupferhändler Williams & Grenfell. Das »G24« dient als Nachweis der Materialstärke und steht für »24er-Kupfer«, das 24 Unzen pro Quadratfuß wog.

lei Bay tauchen, in der die *Barge* gesunken war. Dabei stellte sich heraus, dass die Umweltverträglichkeit des Vorhabens formell von 26 verschiedenen Staats- und Bundesbehörden bestätigt werden musste und dass ich eine weitere Genehmigung von der US-Armee benötigte. Ein Jahr später hatte ich fünf verschiedene Staats- und Bundesgenehmigungen, einen abschlägigen Bescheid und insgesamt 44 Auflagen für den Survey. Und dies betraf nur die Erlaubnis für die Suche nach dem Wrack! Was wäre noch alles erforderlich, wenn wir tatsächlich etwas finden würden und eine gründlichere Untersuchung angezeigt wäre?

Der Bostoner Missionar Hiram Bingham schrieb in seinem im Mai 1824 verfassten Augenzeugenbericht über die teilweise Bergung der *Barge* durch Bewohner der Insel Kauai, sie sei am 6. April 1824 auf ein seichtes Riff gelaufen und vor der Mündung des Waioli River, in der Nähe des Strands in der Hanalei Bay, gesunken. Der Schiffbruch war das Ergebnis eines Sturms, einer gebrochenen Ankerkette und einer betrunkenen Mannschaft. Diese Information und der Einsatz eines Magnetometers und eines Metalldetektors führte zu Testgrabungen, bei denen Artefakte aus dem frühen 19. Jh. zum Vorschein kamen. Ein Stück Kupferblech mit dem Stempel »W&G/G 24« ließ sich der britischen Kupferhandelsgesellschaft Williams & Grenfell zuordnen. Weitere Funde von 1995 bestätigten die Identität des Wracks und ließen eine baldige Ausgrabung ratsam erscheinen, bevor Sturmwellen die Überreste zerstörten.

Unten: Rechteckige Flaschen aus dem frühen 19. Jh., von denen diese Scherben stammen, enthielten in der Regel Spirituosen wie Gin. Dass man sie reichlich an Bord der Jacht fand, stützt zeitgenössische Berichte, wonach Alkohol beim Untergang des Schiffs eine wesentliche Rolle spielte.

Funde

Während der nächsten vier Grabungsperioden wurden an der betreffenden Stelle über 1250 Artefakte gefunden, darunter ein 12,2 m langes Teil des Hecks, das dicht an dem Riff lag, an dem das Schiff zerschellt war. Zu den bedeutendsten Funden gehörten 18 Fragmente olivgrüner, viereckiger Flaschen, die leicht in Holzkisten verstaut werden konnten. Die Tatsache, dass diese Flaschen an Bord der königlichen Jacht gefunden wurden, untermauert Berichte zeitgenössischer Missionare, schuld

an dem Schiffbruch sei die betrunkene hawaiische Besatzung gewesen. Überraschenderweise wurden auch fünf menschliche Skelette entdeckt. Historische Berichte ließen darauf schließen, dass bei dem Schiffbruch 1824 niemand verletzt, geschweige denn getötet worden ist. Die Art der Knochen und das Lebensalter der Menschen, zu denen sie gehört hatten, passten auch nicht zu potenziellen Opfern des Schiffbruchs. Mit höherer Wahrscheinlichkeit handelte es sich um Gebeine, die aus einem in Strandnähe gelegenen japanischen Friedhof am Waioli River ausgewaschen worden waren, oder um Gebeine von hawaiischen Strandbeisetzungen.

Zu den persönlichen Habseligkeiten gehörten unfertige Schnitzereien aus Pottwahlzähnen, ein Ring aus Elfenbein, eine Nagelschere, ein Klappmesser, ein Tischmesser und eine Gabel. An Werkzeugen wurde unter anderem ein Lederhalfter mit dem Segelhaken eines Segelmachers gefunden; eine Segelnadel, eine Sanduhr, um die Geschwindigkeit des Schiffs zu messen, und eine Fleischgabel.

Im Oktober 1822 verkaufte König Liholiho zehn Kanonen seiner Jacht – die jetzt in *Ha' aheo o Hawai'i* (Stolz von Hawaii) umbenannt wurde – gegen das Holz eines beschlagnahmten Schiffes; laut Berichten zeitgenössischer Missionare behielt er aber mindestens eine als Signalgeschütz, um die Ein- und Ausfahrt aus örtlichen Häfen zu signalisieren. Zwei Geschütze wurden 1857 geborgen, doch wir fanden keines. Dennoch bargen wir Objekte, die auf ihre Anwesenheit hindeuteten, so eine bleierne Zündlochkappe, ein Teil eines hölzernen Lafettenrads, einen hölzernen Mündungspfropfen (zum Schutz des Rohrs vor Feuchtigkeit oder Schmutz) und ein eisernes Hohlladungsgeschoss, das vor dem Abfeuern mit Schießpulver gefüllt und mit einem Zünder versehen wurde. Ein Musketen-Ladestock, Bleikugeln in drei Größen, ein kleines Pulverhorn aus Kupfer und Überreste eines Pulverfässchens, das bis zum Rand mit Pulver gefüllt war, deuteten auf weitere Feuerwaffen hin.

Hawaiische Funde

An original hawaiischen Objekten wurde nur wenig gefunden, aber der Höhepunkt war ein *pu*, ein Muschelhorn mit einem seitlichen Tonloch. Im alten Hawaii wurden diese Hörner dazu benutzt, ein Ereignis oder eine Ankunft anzukündigen. Dutzenden eiserner Dechselklingen, die aus Stücken gerader und leicht gekrümmter Fass-

Oben links: Tom Ormsby und Rick Rogers dokumentieren die stark von Schiffsbohrwürmern zerfressenen Bughölzer der Jacht.

Oben: Eisenhaltige Artefakte verbacken mit dem umgebenden Sand zu unförmigen Klumpen, Konkretionen genannt. Hier enthüllt die Röntgenaufnahme einer Konkretion ein Klappmesser, das dann teilweise freigelegt wurde.

Unten: Ein kupfernes Pulverhorn beweist, dass auf der Jacht von König Liholiho einige moderne westliche Waffen mitgeführt wurden. Der Brite Thomas Sykes ließ sich diesen Typ 1814 patentieren; dies hier ist vielleicht eine amerikanische Kopie des englischen Originals.

Im Uhrzeigersinn von unten: Unter den hawaiischen Artefakten waren zwei Kanuzertrümmerer, ein Mahlstein, ein Wetzstein, ein Kanuschleifer, ein *ulu maika* (Bowlingstein) und ein weiterer Mahlstein. In der Mitte liegt ein Muschelhorn (*pu*).

Unten: Im Gegensatz zu den archaischen beiden großen hawaiianischen Schleifsteinen, die im Wrack gefunden wurden, steht dieser kunstvolle Möbelbeschlag aus Bronze. Er zeigt einen Amor, der an einem mit einem Pedal angetriebenen Schleifstein einen Pfeil schärft. Ursprünglich dürfte das Artefakt die Ecke eines eleganten englischen oder französischen Tischs geschmückt haben.

reifen hergestellt worden waren, entsprachen zwei hawaiische Exemplare aus Stein. Eisendechsel waren in der Zeit der ersten Kontakte mit Weißen überaus begehrt, und die königliche Jacht barg die größte bekannte Sammlung dieser Werkzeuge. Zu den Spitzwerkzeugen gehörten zwei Pickel beziehungsweise Pfrieme aus Knochen und zwei weitere aus kupfernen Rumpfnägeln. Zwei große Schleifsteine dienten zum Schärfen von Werkzeugen; zwei bemerkenswerte Möbelbeschläge aus Kupfer, die ursprünglich vergoldet waren, stellen einen Amor dar, der seinen Pfeil an einem pedalbetriebenen runden Schleifstein schärft. Eine kleine Öllampe aus heimischer Lava ist relativ grob bearbeitet und entspricht nicht dem, was man an Bord der Jacht eines Fürsten erwarten würde. Einige weitere Steinwerkzeuge zum Schärfen und Glätten vervollständigen den hawaiischen Werkzeugkasten, den diejenigen zurückließen, die das Schiff ursprünglich bergen wollten. Die dünnwandigen Flaschenkürbisfragmente belegen, dass sich an Bord des Schiffs Behälter mit organischen Flüssigkeiten befanden; diese und zwei Kauri-Schnecken, die als Kraken-Fallen dienten, waren die einzigen Belege dafür, dass typisch hawaiische Landeskost auf der Jacht zubereitet und verzehrt wurde.

Bemerkenswert waren drei große eiförmige Lavasteine mit ausgeschliffenen Seilnuten. Es handelte sich um so genannte »Kanubrecher«, die gegen feindliche Kanus geschleudert und wieder zurückgezogen wurden, um erneut geschleudert zu werden. Da sich überdies westliche Schusswaffen, Pulver und Kugeln an Bord befanden, waren die Lavasteine vermutlich allenfalls aus Gründen der Tradition an Bord.

Was nicht gefunden wurde, ist genauso aufschlussreich wie das, was geborgen wurde. Natürlich hatten empfindliche organische Objekte die Krafteinwirkung in der dynamischen Spritzwasserzone, in der das Schiff hin- und herbewegt wurde, nicht überstanden. Doch auch von chinesischem Porzellan oder anderen Luxusgütern, die auf einer königlichen Jacht eigentlich zu erwarten gewesen wären, fanden sich keine Spuren. Die fünfjährigen archäologischen Untersuchungen des Schiffs ergaben ein Bild äußerster Einfachheit, einmal abgesehen von einigen der Metallwaren, die zweifellos zur ursprünglichen Crowninshield-Ausrüstung gehörten.

Folgen

Vielleicht lässt sich das Fehlen königlicher Insignien damit erklären, dass sie entfernt und an Land deponiert wurden, als der König im November 1823 die Insel verließ, um sich mit König Georg IV. in England zu treffen. Was an Bord geblieben war, könnte auch bei der Bergung im Jahr 1824 beseitigt, in der Brandung zerschmettert, von Schiffsbohrwürmern gefressen oder bei der Bergung von 1857 weiter zerstört worden sein. Diese Unbekannten unterstreichen die Richtigkeit des alten Sprichworts, dass die Archäologie immer mehr Fragen aufwirft, als sie beantwortet.

König Kamehameha erreichte die Kunde vom Untergang der *Ha' aheo* nicht mehr. Er und seine Lieblingskönigin waren noch immer auf See, als das Schiff zerschellte. Bevor ihn die Nachricht erreichen konnte, erlagen beide in London den Masern, einer westlichen Krankheit, die auf ihrer Pazifikinsel unbekannt gewesen war. Heute ist noch etwa ein Viertel der unter der Wasserlinie liegenden Rumpfstruktur der *Ha' aheo* in den flachen Sandbänken der Hanalei Bay begraben, einem der schönsten Orte auf Hawaii. Sie und die Artefakte, die in den fünf Grabungsperioden geborgen wurden, sind alles, was von dem legendären Schiff bleibt.

Eine von Pferden getriebene Fähre: Burlington Bay, Lake Champlain

KEVIN CRISMAN

Pferdefähre

Gebaut: 1820–1840
Gesunken: 1840er Jahre
Tiefe: 15 m
Rumpf: 18 m lang, 4,6 m breit
Deck: 7,2 m breit
Besatzung: 2–4 Mann,
2 Pferde

Es gibt ein altes Sprichwort: »Man kann ein Pferd ans Wasser führen, aber es nicht zum Saufen zwingen.« Das ist wohl wahr, aber man konnte es dazu bringen, auf dem Wasser zu wandeln, wenn man im 19. Jh. lebte und über die modernste Schiffbautechnik verfügte: ein von Pferden angetriebenes Boot. Hunderte dieser kleinen Schiffe verkehrten als Fähren überall in Nordamerika; sie beförderten Menschen, Vieh und Planwagen über die Flüsse und Seen, die eine Barriere für Reisen über Land waren. Damals waren »Pferdeboote« ein vertrauter Anblick, aber ihre Geschichte geriet weitgehend in Vergessenheit, bis in der Burlington Bay, Lake Champlain, ein Pferdebootwrack entdeckt wurde. Das Wrack tauchte erstmals auf einem Side-Scan-Sonar-Ausdruck auf. Es lag mit leichter Backbord-Schlagseite in 15 m Tiefe, und sein Deck ragte, wie bei einem Seitenraddampfer, seitlich über den Rumpf hinaus. Zwei Schaufelräder waren leicht vor mittschiffs zu erkennen. Das nur 18 m lange Wrack glich einem kleinen Dampfer, doch als mein Kollege Arthur Cohn und ich in die kalten, grünlichen Tiefen tauchten, fanden wir keine Spuren von einem Kessel oder einer Dampfmaschine. Wir stießen jedoch auf ein Triebwerk: Ein riesiges Speichenrad unter dem Achterdeck, das über eiserne Zahnräder und eine eiserne Transmissionswelle mit der Schaufelradachse verbunden war. Dies war zweifellos eine der geheimnisvollen Pferdefähren des Sees, aber wie funktionierte sie?

Die Beantwortung dieser Frage und vieler anderer dauerte vier Jahre, in denen wir Hölzer vermaßen und den feinen Schlick entfernten, der das Wrack füllte. Im Bug fanden sich Artefakte, die einen Teil der Geschichte erzählten: zerbrochene Hufeisen (für relativ kleine Pferde), Fragmente von Pferdegeschirr; Zahnräder und ein Triebwerklager, alle stark abgenutzt; eine zerbeulte Teekanne, ein Kalfatermeißel und das reparierte Ruder. Die Fähre hatte den See offenbar viele Jahre befahren und wurde in der Burlington Bay versenkt, als sich eine Reparatur nicht mehr lohnte.

Die zweite Hälfte der Geschichte fanden wir in Bibliotheken und Archiven, in denen wir die Geschichte und Technik von Pferdebooten eingehend recherchierten. Wir fanden heraus, dass die Idee, Tiere mittels einfacher Mechanik als Antriebskraft für Boote zu nutzen, auf die Römer zurückging und dass schon im 17. und 18. Jh. funktionstüchtige Modelle gebaut wurden. Das Konzept setzte sich schließlich durch, als nach 1807 erste Dampfboote über nordamerikanische Gewässer fuhren. Der Schaufelradantrieb war ein gewaltiger Fortschritt in der Antriebstechnik, doch Dampfkessel und -maschinen waren für kleinere Schiffe nicht immer wirtschaftlich. Pferde waren eine billigere Alternative, und anders als die ersten Kessel pflegten sie nicht zu explodieren. Die erste Pferdefähre wurde 1814 in New York in Dienst gestellt, und damit setzte sich eine Bauweise durch, die Jahrzehnte in Gebrauch blieb.

Oben: Studenten vermessen das stark ausgebesserte Ruder der Pferdefähre.

Unten: Ein Fotomosaik des Wracks, wie es auf dem Seeboden gefunden wurde. Das Vordeck fehlte, und die Planken des Achterdecks waren in einem beklagenswerten Zustand, aber der Rumpf und der ungewöhnliche Antrieb waren fast vollständig erhalten.

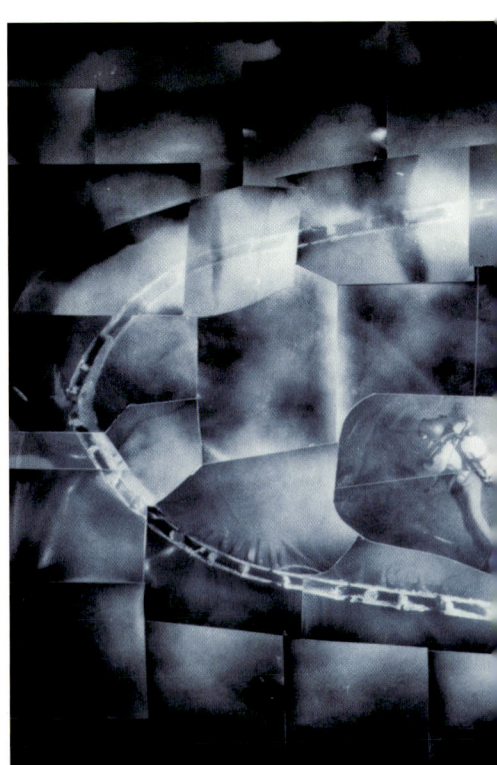

Die Antriebstechnik der Pferdeboote änderte sich jedoch im Lauf der Zeit. Beim ältesten Typ mussten die Tiere im Kreis gehen. Der Mechanismus nahm aber zu viel Platz an Deck ein, und den Pferden wurde schwindelig. Der zweite Typ, der ab 1819 für 20 Jahre vorherrschend war, hatte ein flaches Tretrad unter dem Achterdeck mit beidseitigen Öffnungen, die den Pferden erlaubten, auf der Stelle zu treten. Der dritte und letzte Typ, die Tretmühle, funktionierte wie ein modernes Fitness-Laufband: Das Pferd stand in einem engen Stall und ging auf einem »Endlosband«, das unter seinen Hufen abrollte. Dieses Triebwerk, leicht und gut zu reparieren, setzte sich in den 1840er Jahren durch. Das Wrack in der Burlington Bay war mit einem horizontalen Tretrad ausgerüstet und stammt daher aus der Zeit zwischen 1820 und 1840.

Die Quellen deuten darauf hin, dass die ersten Pferdefähren Mitte der 1820er Jahre auf dem Lake Champlain verkehrten und dass während der nächsten 40 Jahre etwa zehn dieser Fähren eingesetzt wurden. *Experiment* hieß das erste Pferdeboot auf dem See. *Eagle* rettete 1841 die Besatzung eines sinkenden Dampfers und war mindestens zwölf Jahre in Dienst. *Eclipse* war ein Sechs-Pferde-Boot, das ebenfalls lange in Dienst blieb, jedoch aufgegeben werden musste, nachdem es mit Rindern überladen wurde und das Deck auf das Tretrad niederbrach.

Und wie hieß das Boot aus der Burlington Bay? Weder das Wrack noch die schriftlichen Quellen gaben darüber Aufschluss. Fest steht nur, dass die Fähre viele Jahre lang Menschen und Güter über den Lake Champlain setzte. Wenn Sie gespannt lauschen, hören Sie vielleicht noch immer das Trappeln der Hufe.

Oben: Ein Taucher inspiziert das korrodierte, aber intakte Zahnradgetriebe der Pferdefähre.

Unten: Ein Längsschnitt durch die Pferdefähre mit den Pferden auf dem Tretrad. Die Fähre war mit klappbaren Rampen an Bug und Heck ausgestattet (nicht gezeigt), um das Laden und Entladen von Passagieren, Vieh und Fuhrwerken zu beschleunigen.

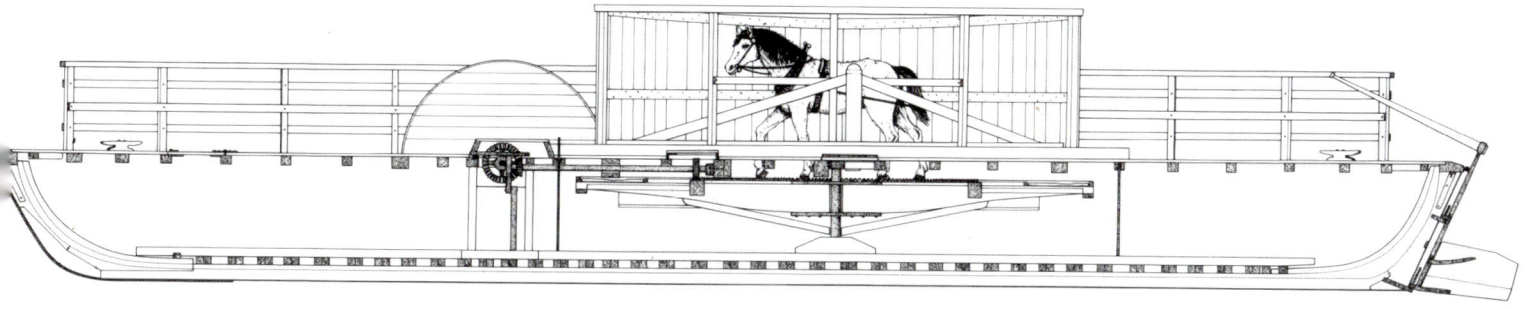

Der Raddampfer Heroine: Red River, Oklahoma

KEVIN CRISMAN

Im März 1838 lud der Flussdampfer *Heroine* in Vicksburg, Mississippi, Fracht, die für die Garnison in Fort Towson, Oklahoma, bestimmt war. Kurz nachdem die *Heroine* Vicksburg verlassen hatte, begann die gefährliche 965 km lange Fahrt den gewundenen Red River aufwärts. Baumstümpfe lauerten unsichtbar unter der Oberfläche und hatten in diesem Frühjahr bereits zwei Dampfer zum Sinken gebracht, doch der Lotse der *Heroine* war geschickt – oder er hatte einfach Glück. Doch unweit des Forts verließ ihn das Glück, und das Boot rammte frontal einen Baumstumpf. Wasser strömte herein, und das Schiff lief auf Grund. Menschenleben waren nicht in Gefahr – die Oberdecks ragten nach wie vor aus dem Fluss –, aber die *Heroine* war verloren. Ein Großteil der Fracht war ruiniert, die Mannschaft schraubte die Maschine los und lud sie auf einen anderen Dampfer. Ein plötzlicher Anstieg des Flusses ein paar Tage später füllte den Frachtraum mit Sand und beendete die Bergungsoperationen. So geriet der Dampfer in Vergessenheit.

Der Red River trägt seinen Namen nicht umsonst. Als ich im September 2002 in dem Fluss tauchte, um einen ersten »Blick« auf den Dampfer zu werfen, spürte ich den Rumpf unter mir, aber in den Strudeln des rötlich braunen Wassers waren die Schiffshölzer fast unsichtbar. Doch ungeachtet der schlechten Sicht stand außer Frage, dass das Wrack viel versprechend war.

Mittschiffs ragte ein Schwungrad über die Wasseroberfläche. Seitenraddampfer mit Ein-Zylinder-Maschinen waren in den 1840er Jahren weitgehend veraltet, so dass dieses Schiff der älteste westliche Flussdampfer sein musste, der bislang entdeckt wurde. Bei Probegrabungen im Innern des Rumpfes in den Jahren 2001 und 2002

Heroine

Gesunken: Mai 1838
Ausgrabung: 2001–heute
Fracht: Nachschub und Proviant
für Fort Towson
Rumpf: 42,7 m lang, 7,3 m breit
Tonnage: 160 t
Besatzung: ca. 20
Todesopfer: keine

Unten links: Ein zeitgenössisches Aquarell des Dampfers *Ouishita*, in Alter und Tonnage vergleichbar der *Heroine*. Fracht, Vieh und gewöhnliche Passagiere belegten das Hauptdeck, während Kabinen auf dem Oberdeck Luxus für Passagiere der 1. Klasse boten.

Unten: Die eiserne Radnabe und Stützhölzer für das Schwungrad ragen bei Niedrigwasser aus dem Fluss heraus. Das für das Getriebe verwendete Gusseisen brach leicht, wie Spuren von Reparaturen an dem erhaltenen Seitenrad der *Heroine* zeigen.

kamen Werkzeuge und Proviantfässer zum Vorschein, eine Sondierung in 2002 zeigte, dass der 43 m lange Rumpf unter einer Sandschicht bis zum Hauptdeck vollständig erhalten war.

In den Jahren 2003 und 2004 gruben wir das Heck des Dampfers aus und trotzten in dem frei liegenden Teil des Wracks starken Strömungen. Mit kleinen Stirnleuchten, die das Sichtfeld direkt vor unseren Masken erhellten, konnten wir mit Mühe die Maßbänder ablesen. Drei Teams bargen mit Dredgen eine Fülle von Artefakten und legten die Rumpfstruktur frei.

Eine unserer ersten Entdeckungen war eine kleine Heckluke im Hauptdeck, die einst mit einer langen Haspe verschlossen wurde. Grabungen unter Deck legten ein enges Gelass mit Alltagsgegenständen frei: eine große Schraubzwinge, ein Paar Haken zum Heben von Fässern, ein zerbrochenes Eisengitter und persönliche Habe wie Stiefel und Schuhe, ein eiserner Steigbügel und ein silberner Löffelgriff mit den eingravierten Initialen des Besitzers. Das war, wie wir später erfuhren, die so genannte »Piek«, in der für gewöhnlich das Hab und Gut der Mannschaft verstaut wurde. Auf diesem Schiff diente es zugleich als Stauraum für Werkzeug.

Im benachbarten Frachtraum befanden sich Fässer mit gepökeltem Schweinefleisch, die für Fort Towson bestimmt waren. Wir bargen mehrere Fässer, die im Konservierungslabor der Texas-A&M-Universität behandelt wurden. Das Schweinefleisch war zu wachsartigen, stechend riechenden Blöcken aus Fett und Knochen, darunter halbe Schweineschädel, »verseift«. Das größte Artefakt, das geborgen wurde, ist das Ruder des Dampfers, ein massives Gefüge aus Eichenplanken, rissig und mehrfach ausgebessert. Diese und andere Indizien deuteten darauf hin, dass der Dampfer viele Jahre in Dienst gestanden hatte, als er gegen einen Baumstumpf lief.

Zunächst konnten wir den Namen des Wracks nicht eruieren, auch wenn wir das wahrscheinliche Datum des Untergangs auf die späten 1830er Jahren eingrenzten. Bei Recherchen stießen wir auf Briefe des Kommandanten von Fort Towson, der im Mai 1838 den Untergang eines nicht namentlich genannten Versorgungsschiffes meldete. Zeitungen aus New Orleans lieferten schließlich den Namen: *Heroine*. Flussdampfer führten zu einem grundlegenden Wandel der Vorstellungen von Zeit und Raum und veränderten das Innere Nordamerikas, doch unser Wissen über ihre Bauweise und ihre Dampfmaschine war bestenfalls oberflächlich. Die *Heroine* hilft uns, diese Geheimnisse zu lüften.

Oben links: Flöße und Schlauchboote, die über der *Heroine* vertäut sind, dienen den Tauchern als Arbeitsplattform. Die ruhige Oberfläche des Red River trügt, denn darunter herrschen tückische Strömungen.

Oben: Pierre Laroque, Arthur Cohn und Jim Lee entfernen die Tragriemen, mit denen das Ruder der *Heroine* geborgen wurde. Obwohl es 165 Jahre im Wasser lag, weist es immer noch Spuren des Originalanstrichs auf.

Unten: Ein computergeneriertes Bild vom Heck der *Heroine*, so wie es sich heute darbietet. Nur Schiffe mit geringem Tiefgang konnten die westlichen Flüsse befahren, und daher war die *Heroine* leichter gebaut als Hochseeschiffe.

Der Raddampfer Heroine   **221**

Der Blockadebrecher Denbigh: Galveston, Texas

J. BARTO ARNOLD III.

Denbigh

Gebaut: 1860, Birkenhead, England
Gesunken: 23. oder 24. Mai 1865
Ausgrabung: 1998–2002
Rumpf: 55,5 m lang, 6,7 m breit
Fahrten als Blockadebrecher:
13 erfolgreiche Hin- und Rückfahrten
Ladekapazität: ca. 500 Ballen oder
225 000 Pfund Baumwolle
Besatzung: 21

Ich blickte Tom Oertling an, er sah mich an, und wir beide blickten zurück zur Boje, die wir gerade ausgeworfen hatten. »Oh nein«, sagte ich, »jemand hat einen Krabbenkutter mitten in unserem Suchgebiet versenkt.« Die Boje trieb nur 10 m von dem großen Eisenwrack, das am Eingang der Galveston Bay im Golf von Mexiko kaum aus dem Meer ragte.

Wir waren in einem kleinen Boot und wollten an diesem Tag im Dezember 1997 das Gebiet erkunden, in dem der berühmte und erfolgreiche Blockadebrecher *Denbigh* während des Sezessionskrieges gesunken war. In einer dunklen Nacht im Mai 1865 schlüpfte dieses schnelle, gut getarnte Schiff durch den Kordon, den die Marine der Nordstaaten um den Eingang der Bucht gelegt hatte. Dieses Schiff beförderte Nachschub und Fertigwaren, die die konföderierten Truppen nach der Kapitulation von General Robert E. Lee im April in Appomattox dringend benötigten. Tatsächlich hielt Shermans Armee am nächsten Morgen, als die *Denbigh* von der Blockadeflotte in Brand geschossen wurde, eine Siegesparade in Washington, D.C., ab.

Wir gingen davon aus, dass die Trümmer, die beim vorläufigen Survey des INA am gleichen Tag entdeckt worden waren, zu einem modernen Wrack gehörten, da historische Wracks in den texanischen Gewässern in der Regel im schlammigen Mee-

Unten: Thomas C. Healys Porträt der *Denbigh* vom 29. Juli 1864 in Mobile, Alabama. Das Gemälde zeigt das Schiff beim Auslaufen aus Mobile, voll beladen mit Baumwolle.

Oben: Side-Scan-Sonar-Aufnahme der über den Grund der Bucht aufragenden Teile der *Denbigh*. Die eisernen Schaufelradgestelle sind oben und unten zu sehen, der Kessel rechts und in der Mitte die Exzenter und Ausrücker an der Welle.

Unten: Das überdachte Schaufelrad mit Verstellmechanismus war außenbords montiert, gestützt von dem Radgehäuse, auf dem der Mann steht. Diese Computer-Rekonstruktion zeigt das verstellbare Schaufelrad, das den Wirkungsgrad stark erhöhte, indem es die hölzernen Schaufeln im Wasser fast senkrecht hielt.

resboden begraben werden. Wir umkreisen die Trümmer, die genau an der Stelle lagen, wo die *Denbigh* auf einer Karte aus den 1880er Jahren verzeichnet war, auf die Tom bei anderweitigen Recherchen gestoßen war. Allmählich wurde mir klar, dass der Haufen zerbrochener Rohre, der durch eine ungewöhnlich niedrige Ebbe im Zusammenwirken mit starken Winden freigelegt wurde, eine Dampfmaschine sein musste! Tom und ich schnorchelten am nächsten Tag in dem kühlen, aber ungewöhnlich klaren Wasser. Wir entdeckten die Schaufelräder und vermaßen das, was sich später als Schiffskessel erwies. Wir hatten die *Denbigh* gefunden.

Das Schaufelrad

Die *Denbigh* gehörte zu einem besonderen Schiffstyp, dem britischen Küstenraddampfer. Sie diente einige Jahre als Passagierschiff, das die kurze Strecke zwischen Liverpool und dem walisischen Seebad Rhyl bediente. Als die *Denbigh* für 10 250 Pfund (heute etwa 1 Million Dollar) gebaut wurde, war der Küstenraddampfer eine Art Testfahrzeug für die Entwicklung der Schiffstechnik. Bei diesem Schiffstyp lieferten sich die bekanntesten Werften ein Wettrennen um das schnellste und effizienteste Schiff. Bei ihrem Stapellauf im Jahr 1860 galt die *Denbigh* als vorbildlich, und sie wurde zu einem der erfolgreichsten Blockadebrecher des Sezessionskriegs.

Der Transport von militärischem Nachschub und Fertigwaren in den sowie von Baumwolle aus dem Süden war ein überaus lukratives Geschäft. Eine erfolgreiche Hin- und Rückfahrt genügte, um die Anschaffungskosten des Schiffes und die Heuer für die Mannschaft hereinzuholen – sowie Gewinn abzuwerfen. Einem Blockadebrecher gelangen im Schnitt vier Hin- und Rückfahrten, doch die *Denbigh*, die etwa 500 Ballen Baumwolle mit einem Gewicht von 102 Tonnen bei einer Geschwindigkeit von 13,7 Knoten transportieren konnte, brachte es auf deren 13.

Versierte, wagemutige Kapitäne und Lotsen waren unverzichtbar für den Erfolg eines Blockadebrechers. Kapitän Godfrey von der *Denbigh* besaß diese Fähigkeiten. Er machte ein kleines Vermögen und kaufte nach dem Krieg das schönste Hotel in Mobile, Alabama – dem konföderierten Hafen, in dem die erste Fahrt der *Denbigh* endete. Leider starb Godfrey bald an den Folgen exzessiven Alkoholkonsums.

Küstenraddampfer waren nicht nur die erfolgreichsten Blockadebrecher, die Union Navy fand obendrein heraus, dass aufgebrachte Blockadebrecher dieser Bauart die effizientesten Kreuzer für Küstenpatrouillen waren.

Der Raddampfer war der Vorläufer der modernen Schiffstechnik. Zwar wurden die Schaufelräder bald durch Schrauben ersetzt und Kolbenmaschinen wurden von Dampfturbinen und Dieselmotoren abgelöst, aber die Geschichte des Schiffsmaschinenbaus beginnt mit dem Schaufelrad. All dies unterstreicht die Bedeutung der *Denbigh* als einem der wenigen erhaltenen Küstenraddampfer. Ein geringer Tiefgang war ebenfalls wichtig, damit die Blockadebrecher Küstenkanäle für die Einfahrt in südliche Häfen nutzen und die tiefer gehenden Schiffe der Union Navy auf Abstand halten konnten. Die Steigerung der Geschwindigkeit durch die Erhöhung der Länge im Verhältnis zur Breite verringerte, ebenso wie der geringe Tiefgang, zwar die Ladekapazität, aber bei hochwertiger Fracht war die Fähigkeit, durch die Blockade zu schlüpfen, wichtiger. Doch trotz ihres geringen Tiefgangs lief die *Denbigh* schließlich am Eingang der Galveston Bay auf Grund, worauf sie von der Blockadeflotte der Nordstaaten in Brand geschossen wurde.

Das Denbigh-*Projekt des INA*

Die Ziele des *Denbigh*-Projekts sind Forschung, Lehre und öffentliche Breitenwirkung. Die archäologische Erforschung des *Denbigh*-Wracks ist besonders wichtig, weil historische Quellen zwar ihre Fahrten und Fracht belegen, aber praktisch nichts über die Details ihrer Bauweise verraten. Die Konstruktionspläne zum Beispiel sind nicht erhalten, wohl aber Aufzeichnungen über Abmessungen, Ladekapazität, Einsatzfahrten und andere Eigenschaften des Schiffes.

Bei der Kartierung der *Denbigh* während der Grabungssaison 1998 wurden auch die Überreste der Schiffsmaschinen erfasst, die von dem 2 m tiefen Grund der Bucht bis meist knapp unter die Oberfläche aufragten. In der ersten Saison wurden außerdem mit einem Magnetometer, einem Side-Scan-Sonar, einem Untergrundsonar und einem Ultraschall-Echolot Fernerkundungsaufnahmen gemacht. Die frei liegenden Überreste erwiesen sich als Teile des Kessels, der Schaufelräder sowie die obersten Teile der Zwillingsdampfmaschinen. Die Deckebene lag direkt unterhalb des schlammigen Sandbodens.

In der Saison 1999 wurden drei Probegrabungen durchgeführt: eine im mittschiffs gelegenen Maschinenraum, eine im Vorschiff, wo der Frachtraum vermutet wurde, und eine im Heck, über dem die Mannschaftsquartiere liegen sollten. Der Maschinenraum enthüllte, dass die wichtigsten Bestandteile der Maschinen der *Denbigh* unbeschädigt waren. Dies war eine erfreuliche Überraschung, da die Antriebstechnik oft gleich nach einer Havarie geborgen wurde. Der Fund war besonders wichtig, weil eine intakte Maschine ein wichtiger Anreiz für weitergehende Untersuchungen war.

Die Probegrabung am Vorschiff ergab, dass die Backbordseite abgebrochen war. Bei der Probegrabung achtern stellte

Unten: Computer-Rekonstruktion des Schiffskessels anhand von Details, die unter Wasser bei einer Sicht von fast Null aufgezeichnet wurden, und von Plänen ähnlicher Kessel in Archivunterlagen.

sich heraus, dass der Heckbereich des Rumpfs unbeschädigt war. Unter etwa 3 m Abraum wurden ein paar Artefakte gefunden, die auf Fracht und persönliche Habe der Mannschaft hindeuteten. Nur die ersten 60 cm über dem Rumpfboden erbrachten relativ ungestörte archäologische Ablagerungen.

In den drei Grabungssommern von 2000 bis 2002 konnten wir die Rumpfkonstruktion, das komplexe Schaufelrad, den Antriebsstrang und die Backbordmaschine mit Kondensator, Luftpumpe, Heißwasserspeicher und Kessel dokumentieren. Eine weitere Grabung im Heckbereich des Rumpfs bestätigte die Lage der Mannschaftsquartiere, allerdings konzentrierten sich die Arbeiten auf den Maschinenraum und den Bereich unmittelbar außerhalb des Maschinenraums.

Es fanden sich nur wenige kleine Artefakte, aber in einem versteckten Winkel des Maschinenraums waren Werkzeuge und ein privater Vorrat an Spirituosen verstaut. Einige Flaschen waren versiegelt und ihr Inhalt unversehrt.

Wir wollten das Wrack an Ort und Stelle untersuchen, denn die Kosten für eine vollständige Ausgrabung, Hebung, Konservierung, Instandsetzung und Ausstellung eines 55,5 m langen und 6,7 m breiten Eisenrumpfs würden über zehn Millionen Dollar betragen haben und waren daher völlig untragbar.

Das *Denbigh*-Projekt tritt jetzt in die Phase der Konservierung, Auswertung und Publikation ein. Wir planen mindestens zwei weitere Bücher in Folge: erstens der Hauptgrabungsbericht und die Geschichte des Schiffes und zweitens eine Sammlung von Dokumenten über die *Denbigh*. Die historischen Recherchen gehen weiter, und das archäologische Potenzial der Wracks ist keineswegs erschöpft. Als Nächstes werden Bug und Heck ausgegraben und untersucht werden. Höchstwahrscheinlich gibt es weitere Bereiche im Rumpf, in denen gut erhaltene, aufschlussreiche archäologische Objekte liegen. Wenn die gegenwärtige Phase der Berichterstattung abgeschlossen ist, werden die Grabungen weitergehen.

Oben: Computer-Rekonstruktion des Maschinenraums und des Getriebes der *Denbigh* ohne eiserne Rumpfplatten und Holzdeck. Das Heck und die zwei schräg stehenden Kraftmaschinen befinden sich links. Jede Maschine hatte einen Zylinder mit 40 Zoll Durchmesser und ein Absperrventil.

Links: Frei liegende Überreste des Antriebs der *Denbigh* in einem Computerbild. Die Deckebene des Schiffs liegt nur einige Zoll unter der Schaufelradwelle. Unter dem Kessel oben rechts liegt der Bug begraben.

Rechts und rechts außen: Helen Dewolf und Amy Borgens vom Texas-A&M-Konservierungslabor, in dem die Artefakte von der *Denbigh* gesäubert und konserviert werden, bereiten den verkalkten Überhitzerdeckel für eine Röntgenaufnahme vor. Beim Röntgen zeigen sich Details der Verbindung mit den Röhren, durch die Rauch und heiße Luft aus dem Kohlenbrenner zum Schlot gelangten. Dampf umgab die Röhren, nachdem er aus dem Kessel ausgestoßen wurde; er wurde hier noch heißer und dehnte sich weiter aus. Der Überhitzer war eine neu entwickelte Vorrichtung, die den Wirkungsgrad und die Geschwindigkeit von Dampfschiffen verbesserte.

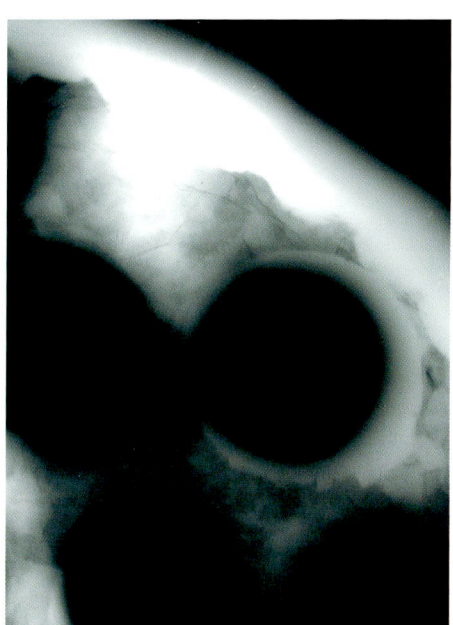

Die Kanalsegler vom Lake Champlain

ARTHUR COHN

Kanalboote
Lake Champlain

Max. Tiefe des Sees: 122 m
Länge des Champlain-Kanals: 103 km
Zahl der Kanalsegler: 250
General Butler, Baujahr: 1862
General Butler, gesunken: 1876

Nach 30-jähriger Arbeit in den kalten, dunklen Gewässern des Lake Champlain war es vielleicht der außergewöhnlichste Anblick, der sich mir je geboten hat. Mit einem Side-Scan-Sonar hatte unser Team eine faszinierende Struktur im tiefen Wasser des Sees geortet. Unsere Instrumente sagten uns, dass das Objekt mehr als 9 m über den Boden aufragte und damit viel zu groß war für eines der hölzernen Wracks im See. Es musste etwas Geologisches sein, vielleicht ein unförmiger Felsblock, der vor 10 000 Jahren von einem zurückweichenden Gletscher abgesetzt wurde. Wir wollten der Sache auf den Grund gehen und herausfinden, was da über 30 m unter uns lag. Als ich langsam in die Dunkelheit hinabglitt, erhellte schließlich nur noch meine Stirnlampe einen schmalen Wasserkorridor vor mir. Ich konnte es kaum glauben, als die voll gesogenen Planken eines Schiffshecks auftauchten, das über den Seeboden aufragte. In diesem Augenblick wusste ich, dass ich ein 175 Jahre altes Rätsel gelöst und den Schoner *Troy of Westport* entdeckt hatte.

Manchen Beobachtern mag der Lake Champlain als ein denkbar ungeeigneter Ort für die Erforschung von Wracks erscheinen. Der See liegt weit vom Meer entfernt, eingebettet zwischen den Green Mountains von Vermont und den Adirondacks New Yorks. Doch die Geografie begünstigt diesen Binnensee, der einen 193 km langen schiffbaren Nord-Süd-Wasserweg bietet. In jener historischen Epoche, in der Straßen, so es sie überhaupt gab, unbeschreiblich schlecht waren, boten Fahrten mit dem Schiff die beste Option. Heute zeugen die insgesamt etwa 300 Wracks von der reichen und wechselvollen Geschichte um und auf dem Lake Champlain.

Kanalsegler

Das Verschwinden der *Troy* ist Teil eines größeren Rätsels, das 1980 mit der Entdeckung der *General Butler* begann, eines vollständig erhaltenen Wracks, nur einen Steinwurf vom Ufer der Stadt Burlington, Vermont, entfernt. Alte Herren hatten mir von einem Boot erzählt, das 1876 gesunken war, nachdem es frontal gegen einen massiven Wellenbrecher gekracht war. Als die *General Butler* entdeckt wurde, deuteten ihre Abmessungen darauf hin, dass es sich um eines der typischen Kanalboote der Region handelte. Diese Lastkähne waren die Schleppzüge des 19. Jh.; sie beförderten Fracht zwischen den Gemeinden, die an den Wasserwegen der Region lagen. Als der Champlain-Kanal 1823 eröffnet wurde, erlebten diese Schiffe ihre Blütezeit. Der Kanal verband den Lake Champlain mit dem Hudson River und 1825 mit dem Erie-Kanal. Die Handelsschifffahrt auf dem Lake Champlain florierte wie nie zuvor.

Kanalboote hatten einen charakteristisch lang gestreckten, schmalen Rumpf, der einerseits ihre Ladekapazität erhöhte und andererseits durch die Schleusen im Kanal

Unten: Der Kanalschoner *General Butler*, wie er auf dem Grund des Lake Champlain liegt.

passte. Im offenen Wasser, wie dem Lake Champlain, wurden sie von Schleppern gezogen. Als wir die erstaunlich gut erhaltenen Überreste der *General Butler* untersuchten, fielen uns Elemente einer Takelage und zwei Mastkästen auf, dreieckige Öffnungen im Deck zum Aufrichten eines Masts. All dies deutete darauf hin, dass dieses Kanalboot gesegelt werden konnte.

»Unmöglich!«, war die einhellige Antwort von Fachhistorikern, die wir konsultierten. Diesen Experten zufolge sind Segellastkähne zwar in Europa, nicht aber in Nordamerika gebaut worden. Die Entdeckung der *General Butler* hat nun jedoch die Existenz eines neuen Typs des nordamerikanischen Schiffbaus nachgewiesen. Die Forschungen, die ich gemeinsam mit meinem Partner Kevin Crisman in den letzten 20 Jahren durchführte, haben gezeigt, dass Segellastkähne zeitgleich mit der Öffnung des Champlain-Kanals 1823 auf dem Lake Champlain auftauchten. Das erste Boot, das den neuen Kanal durchfuhr, war die *Gleaner* aus St. Albans Bay, Vermont. Die *Gleaner* wurde in allen Häfen am Hudson River feierlich begrüßt und in New York City mit einem Salut von 24 Schuss willkommen geheißen. Eine New Yorker Zeitung beschrieb sie als ein »Experimentalschiff, das alle Anforderungen erfüllt hat. Sie fährt so schnell und hält den Wetterumschwüngen auf dem See und auf dem Fluss genauso gut stand wie gewöhnliche Schaluppen, und sie kann den Kanal ohne Schwierigkeiten passieren!« Die *Gleaner* war ein Segellastkahn!

Kanalsegler waren die praktische Antwort der Kauf- und Seeleute vom Lake Champlain, die ein Schiff wollten, das, mit Fracht beladen, aus eigener Kraft zur Kanaleinfahrt in Whitehall, New York, gelangen sollte. Dort angekommen, legten sie die Masten um und zogen ihr Kielschwert hoch; dann wurden sie von Maultieren durch den Kanal getreidelt. Sobald sie den Hudson River erreicht hatten, richteten sie ihre Masten auf, senkten ihr Kielschwert ab und segelten nach Süden, ohne dass die Fracht zwischen Ausgangs- und Zielhafen auch nur einmal umgeladen werden musste. Im weiteren Verlauf des 19. Jh. wurden die Schleppdampfer immer zuverlässiger, so dass nur noch wenige Kapitäne von Kanalseglern auf dem Hudson die Segel setzten. Die meisten ließen ihre Masten und Segel in Whitehall zurück, um sie erst bei der Fahrt nach Norden wieder zu setzen.

Die Kanalsegler auf dem Lake Champlain entwickelten sich weiter. Die erste Generation, die so genannte »1823er-Klasse«, war 24 m lang und 4,1 m breit. Die ersten Boote dieser Klasse wurden individuell gebaut, und erst 1841 führten die

Oben links: Teile einer Takelage wie diese Kausche am Bug der *General Butler* waren die ersten Hinweise darauf, dass dies kein gewöhnliches Kanalboot war.

Oben Mitte: Die *General Butler* sank auch deshalb, weil ihre Steuerung brach. Der Kapitän montierte am Achtersteven eine improvisierte Ruderpinne, die das Boot jedoch nicht rettete.

Oben: Spielzeugmodell eines Kanalseglers, das an Bord der *General Butler* gefunden wurde.

Unten: Der Kanalsegler *P. E. Havens* um 1900.

Oben: Das bestens erhaltene Steuerrad der *O. J. Walker* zeugt von den hervorragenden Konservierungsbedingungen im Lake Champlain.

Oben rechts: Der Stock eines Ankers hängt über dem Bug der *O. J. Walker.*

Unten: Zeichnung des Kanalschoners *Troy*, wie er heute aussieht.

Schiffbauer der Region eine standardisierte Version ein. 1862 wurde die erste Erweiterung der Schleusen im Champlain-Kanal abgeschlossen; daraufhin wurde die »1862er-Bootsklasse« entwickelt. Ihre Vertreter waren 26,8 m lang und 4,4 m breit. Nach dem weiteren Kanalausbau 1873 wurden dann Boote gebaut, die 29,6 m lang und 5,3 m breit waren. Sie waren die letzten der Serie. Der Segelkahn war veraltet, verdrängt von der Eisenbahn, die ihr Streckennetz stetig erweiterte.

Der Historiker Scott McLaughlin schätzt, dass in den 100 Jahren, in denen Kanalsegler auf dem Lake Champlain verkehrten, nur 250 Exemplare gebaut wurden gegenüber 4000 Schleppkähnen. Bei unseren Sonarerkundungen haben wir über 50 Wracks von Schleppkähnen, aber nur fünf unbeschädigte Segelkahnwracks geortet. Die 1862 in Essex, New York, gebaute *General Butler* liegt nur eine halbe Meile von der *O. J. Walker* entfernt, die ebenfalls 1862 in Burlington gebaut wurde. Die *Butler* beförderte Marmorblocks und die *Walker* Ziegel und Platten. Zwei vollständig erhaltene, aber noch immer namenlose Kanalsegler der 1841er-Klasse wurden geortet, der eine mit Marmor und der andere mit Eisenerz beladen. In dieser Sammlung fehlte nur ein Exemplar der 1823er-Prototypen-Klasse – bis zur Entdeckung der *Troy*.

Troy of Westport

Wir wussten von unseren historischen Recherchen, dass der Schoner *Troy of Westport* 1825 in einem Novembersturm gesunken war. Die Besatzung von fünf jungen Männern blieb verschollen, und ihr Verlust war ein schwerer Schlag für die Gemeinde. Einzelheiten der Tragödie kamen zum Vorschein, als ich den Rumpf entlangschwamm. Unglaublicherweise hing das Heck im Wasser, während der Rest des Rumpfs steil nach unten abfiel. Als ich den Bug erreichte, lag ein Gewirr aus Spieren

und Frachtgut verstreut vor mir auf dem ansonsten blanken Grund. Die schwere Eisenerzladung war offenkundig ins Vorschiff gerutscht, als das Boot sank, und hatte es rasch auf Grund gezogen. Der steile Sinkprozess war erst zum Stillstand gekommen, als der Bug auf dem weichen Bodenschlick aufschlug; die vielen Tonnen Eisenerz wirkten dabei wie ein massiver Standfuß, der dafür sorgte, dass der Rumpf aufrecht stehen blieb.

Ein Unterwasserschutzgebiet und der Schoner Lois McClure

Wir verließen die *Troy* genau in dem Zustand, in dem wir sie vorgefunden hatten. Ihre tiefe Lage und die Wahrscheinlichkeit, dass sie menschliche Gebeine enthält, erschweren die Erkundung des Wracks. Die Segelkähne *O. J. Walker* und *General Butler* hingegen werden in jeder Saison von Hunderten von Freizeittauchern besucht. Diese Schiffe gehören zum Lake-Champlain-Unterwasserschutzgebiet. Es wurde 1985 ausgewiesen, um Freizeittauchern begrenzten Zugang zu geeigneten Schiffswracks zu gewähren. Außerdem wurde das Lake Champlain Maritime Museum gegründet, um der breiten Öffentlichkeit einen Eindruck von den zahlreichen, außergewöhnlichen Wracks zu geben, die in diesem See schlummern. Als Museum suchen wir immer nach neuen, interessanten Wegen, um die Wracks und ihre Geschichte lebendig darzustellen. In den 1980er Jahren bauten und betrieben wir ein leichtes Flussboot aus der Kolonialzeit (1758) und eine Kopie der *Philadelphia*, eines der Kanonenboote von Benedict Arnold in der Schlacht von Valcour Island (1776). Am 3. Juli 2004 ließen wir einen funktionstüchtigen Nachbau eines Schoners der 1862er-Klasse vom Stapel. Der neue Schoner, der den Namen *Lois McClure* trägt, erweckt ein Stück Vergangenheit zu neuem Leben.

Kartierung der »unsinkbaren« Titanic

GEORGE F. BASS

Titanic

Gesunken: 14. April 1912
Tiefe: 3798 m
Länge: 269 m
Verdrängung: 66 000 t
Geschwindigkeit: 24–25 Knoten
Passagiere und Mannschaft: 2207
Überlebende: 705

Viele Ereignisse in meiner Laufbahn als Schiffsarchäologe begannen mit einem Brief. Es war ein Schreiben von Peter Throckmorton an das Museum der Universität von Pennsylvania im Jahr 1959, das mich dazu bewog, das Tauchen zu erlernen. 44 Jahre später, am 22. Mai 2003, traf eine E-Mail von Captain Craig McLean ein, dem Direktor der Abteilung Meeresforschung der US-Bundesanstalt für Meeres- und Atmosphärenforschung (NOAA):

Hallo George,
ich hätte etwas für Sie, falls Sie sich von der Türkei losreißen können. Die NOAA nutzt das russische Schiff Keldysh *und die beiden* Mir-*Tauchboote, um in einigen Gebieten des Mittelatlantischen Rückens biologische und geologische Untersuchungen durchzuführen. Anschließend können wir einige Tauchgänge zur Titanic unternehmen … Wir werden eine kurze Exkursion machen, um ein Fotomosaik des Wracks zu erstellen. … Würden Sie gern an einem Tauchgang teilnehmen? Ihre Ansichten und Ihr Sachverstand in dieser Frage wären gewiss von großem Gewicht.*
Craig

Unten: Für einige wenige Tage war die *RMS Titanic* das größte und luxuriöseste Passagierschiff auf dem Atlantik, ehe sie von einem Eisberg in ihr nasses Grab knapp 4 km tief gestoßen wurde.

Oben: An der äußersten Bugspitze liegt einer der Reserveanker der *Titanic* am Fuß des Ankerkrans. Er ist immer noch am Deck befestigt. Die »Rostzapfen« an der Reling werden von eisenzersetzenden Mikroben produziert.

Jeder Unterwasserarchäologe würde die Chance nutzen, das berühmteste Wrack der Geschichte zu besichtigen, und da ich 1964 die erste Methode zur Herstellung von Fotomosaiken von einem Tauchboot aus entwickelt hatte, konnte ich vielleicht nützlich sein. Doch ich zögerte. Nicht genug damit, dass ich noch nie tiefer als 90 m getaucht war, und die *Titanic* liegt fast 4000 m tief auf dem Grund des Nordatlantiks. Ich bin ein wenig abergläubisch. Nachdem ich über einen Zeitraum von 40 Jahren für Zehntausende von tiefen Dekompressionstauchgängen verantwortlich gewesen war und mehrere neue Tauchboottypen erprobt hatte, hatte ich beschlossen, ohne Vorankündigung einfach aufzuhören, solange ich noch am Leben war – die Zeitungsmeldung über einen alternden Stuntman, der ums Leben kam, als er einen letzten Sprung mit seinem Auto machte, nachdem er erklärt hatte, sich zur Ruhe setzen zu wollen, ging mir nicht aus dem Sinn.

Weshalb sollte ich einen Ort aufsuchen, an dem man rettungslos verloren ist, wenn auch nur ein Gerät versagt? Was, wenn ein Kurzschluss die Bordelektronik lahm legte? Oder meine *Mir* sich in Wrackteilen verfing? Der Druck auf das Tauchboot beträgt in dieser Tiefe drei Tonnen je Quadratzoll! Kein Wunder, dass mehr Menschen im Weltraum waren, als je die *Titanic* aufsuchten. Tatsächlich haben dieses spektakuläre Wrack weniger Menschen besucht, als in nur einem Monat den Mount Everest besteigen.

Ich konsultierte diejenigen, deren Meinung für mich maßgeblich ist: meine Familie. Mein Sohn Gordon mailte mir in die Türkei: »Du musst es machen!« Mein jüngerer Sohn Alan sagte mir am Telefon, ich wäre verrückt, wenn ich es nicht täte. Und auch Ann, meine Frau, redete es mir nicht aus.

R/V Akademik Mstislav Keldysh

So verließ ich am 20. Juni 2003 an Bord der russischen *R/V Akademik Mstislav Keldysh*, des größten Forschungsschiffs der Welt, St. John's auf Neufundland. Eisberge in der Ferne erinnerten mich daran, weshalb ich hier war.

Ich gehörte zu einem siebenköpfigen Team unter Leitung des NOAA-Meeresarchäologen Jeremy Weirich. Weitere Mitglieder des Teams waren der Archäologe Larry Murphy und die Mikrobiologen Roy Cullimore und Lori Johnston, die sich auf die Erforschung jener eisenzersetzenden Mikroben spezialisiert haben, die in der Tiefe, in der die *Titanic* liegt, große, braune, stalaktitähnliche Gebilde hervorbringen, die Robert Ballard »Rostzapfen« nannte, als er das Wrack aufspürte. Abgerundet wurde unser Team von der NOAA-Mitarbeiterin Laura Rear, die sich um die Logistik kümmerte, und Craig McLean selbst, der nicht nur Zoologie und Jura studiert, sondern auch als Berufstaucher gearbeitet hat.

Die *Keldysh* hat *Mir 1* und *Mir 2* an Bord, zwei von nur vier Tauchbooten weltweit, die so tief tauchen können, wie die *Titanic* liegt. Jedes kostete 20 Millionen Dollar. Normalerweise tauchen sie zusammen, im Abstand von etwa einer Stunde. Das hat auch Sicherheitsgründe, denn ein Tauchboot könnte mit seinen Greifarmen helfen, das andere zu befreien, sollte sich dieses in Kabeln oder verbogenen Metallteilen verfangen.

Dr. Anatoly Sagalevitch ist die treibende Kraft hinter der *Keldysh* und den *Mirs*. Seit dem Zerfall der Sowjetunion, zu deren Zeiten alle drei Fahrzeuge gebaut wurden, müssen sie deren Einsatz, ja die gesamte ozeanographische Forschung der *Kel-*

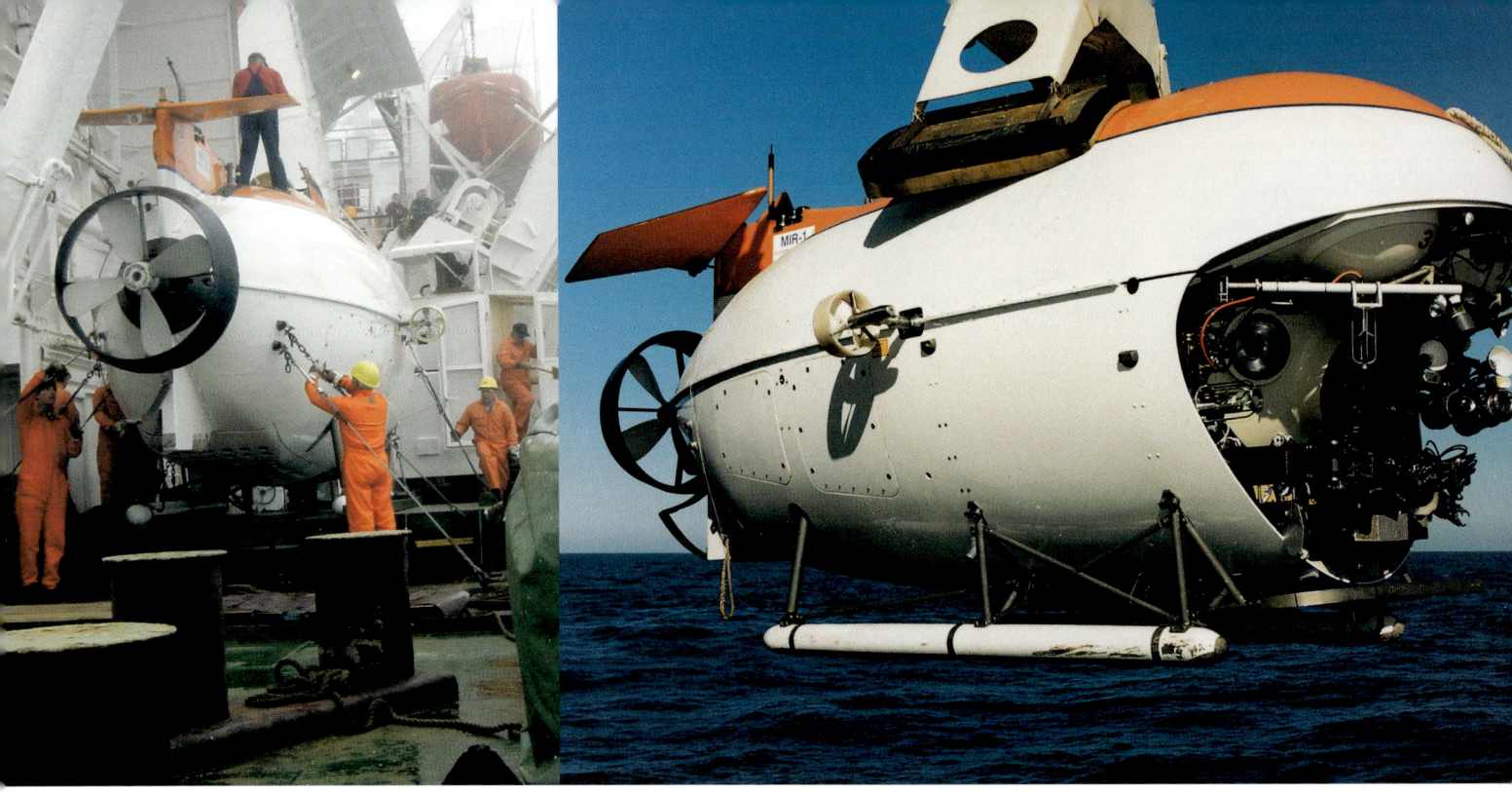

Oben: Die Besatzung der *R/V Akademik Mstislav Keldysh* entfernt die Sicherungstaue an *Mir 2*, bevor das Tauchboot ausgesetzt wird. Der große Schutzhangar für die beiden *Mirs* wurde bereits angehoben und beiseite geschwenkt.

Oben rechts: *Mir 2* wird vom Deck der *Keldysh* aus zu Wasser gelassen. Anschließend wird sie von einem Beiboot ein Stück auf See geschleppt, bevor sie mit dem Abstieg beginnt.

Rechte Seite oben: Während des Tauchgangs wechselten sich die beiden Tauchboote an weit auseinander liegenden Teilen der *Titanic* ab. Auf dieser Zeichnung inspiziert *Mir 2* den Bugbereich, während *Mir 1* im Hintergrund Rostzapfen am Heck untersucht.

dysh mit Privatgeldern finanzieren. Deshalb nutzt er sie häufig für Projekte wie jenes, an dem ich beteiligt war, oder für Filmaufnahmen oder auch, um zahlende Passagiere zur *Titanic* zu bringen.

An unserem ersten Morgen am Wrack setzten wir mit Hilfe von GPS-Koordinaten vier Transponder im Umkreis der *Titanic* auf dem Meeresboden ab. Innerhalb der nächsten zehn Tage tauchten und navigierten die *Mirs* scheinbar mühelos innerhalb dieser »Schallbox«. Ich sollte beim letzten Tauchgang dabei sein.

An Bord befanden sich viele Bücher und Videos über die *Titanic*. So konnte ich die Zeit nutzen, um mich mit der Geschichte des Schiffes und des Wracks seit seiner Entdeckung vertraut zu machen. Eines Morgens stand ich zu früher Stunde allein an Deck, betrachtete die ruhige See und dachte daran, dass in einer Nacht des Jahres 1912 genau an dieser Stelle über 1500 Menschen ertranken oder erfroren.

Abstieg in Mir 2

Am Tag meines Tauchgang, dem 29. Juni, fühlte ich mich wie ein Astronaut, als ich in meinem feuersicheren Overall über den Gang zum *Mir*-Labor ging. Dann ging es die Leiter hinauf, die Schuhe aus und hinunter in eine Stahlkugel mit einem Durchmesser von etwa 2 m.

Craig McLean war vor mir in die *Mir 2* geklettert. Nach mir folgte Viktor Nischcheta, unser russischer Pilot. Ein Techniker schloss die Luke, wir wurden an den Schiffskran gehängt und seitlich ins Wasser gelassen, wobei das 18 Tonnen schwere Gefährt nur unmerklich pendelte. Zum Glück hatten wir auf der ganzen Fahrt ruhige See, auch an diesem Tag, allerdings war es neblig. Als wir ins Wasser eingetaucht waren, sprang ein russischer Froschmann von einem Schlauchboot auf die Oberseite der *Mir*, um uns vom Kran loszumachen und ans Schlepptau einer Barkasse zu binden, die uns von der *Keldysh* wegzog. In unserem Fall war die See fast glatt, aber ich

Unten: George Bass, der russische Steuermann Victor Nischcheta und Kapitän Craig McLean, Leiter der Ozeanerkundung bei der NOAA, versammeln sich unmittelbar vor der Tauchfahrt vor *Mir 2*.

habe Filme von diesen Froschmännern gesehen, wo sie das Gleiche bei hohem Seegang tun und sich dabei wie »Cowboys« an dem Boot festklammern, während die Wellen über sie hinwegschlagen.

Mir 1 mit Anatoly Sagalevitch am Steuer war etwa eine Stunde zuvor getaucht. Jetzt begannen wir unseren zweieinhalbstündigen Abstieg. Ich schaute immer wieder auf den Tiefenmesser. In einer Tiefe von 3700 m holte Viktor Lunchpakete für uns heraus. Als wir schließlich 3790 m erreichten, gingen die unglaublich hellen Außenscheinwerfer an und erleuchteten den Meeresgrund. Fast im gleichen Moment erspähte ich eine große Suppenterrine und dann Dutzende von Weinflaschen, die noch genau so angeordnet waren wie vor 90 Jahren, sowie eine Badewanne. Ich war bewegt, als ich den einsamen Stöckelschuh einer Frau sah.

Unsere exakte Position innerhalb der vier Transponder auf dem Meeresgrund wurde im Navigationsraum der *Keldysh* überwacht, der über Transceiver mit Viktor in Kontakt blieb. Daher wussten wir, dass wir bald das schwer beschädigte Heck der *Titanic* erreichen würden. Dort begannen wir, das Wrack vier Stunden lang auf Video aufzunehmen, um ein Fotomosaik anzufertigen, das als Vergleichsbasis dienen sollte, um künftige Schäden durch natürliche Abbauprozesse, Besucher und ferngelenkte Bergungsgeräte abzuschätzen. Vor einem zentralen Rundfenster mit einem Durchmesser von etwa 20 cm kniend, steuerte Viktor die *Mir* mit größter Konzentration. Craig leitete Viktor mit Hilfe von Koordinaten aus der Transponder-»Schall-

Unten links: Der mächtige Bug der *Titanic* ist noch immer ein ehrfurchtgebietender Anblick, egal, ob man sich ihm von unten oder, wie hier, von oben nähert.

Unten: Ein Fotomosaik zeigt den Ankerkran der *Titanic*, der den Bug überragt. Ein Ersatzanker liegt an seinem Fuß, rechts unten der Backbordanker.

Ganz unten: Fotomosaik des *Titanic*-Bugs, Blick von Backbord nach Steuerbord, zeigt den hinteren Teil des Vordecks, wo der Mast über die Deckwinschen gekippt ist.

box« zum Ausgangspunkt einer jeden der 16 parallelen Überfahrten; anschließend notierte er in regelmäßigen Abständen unsere genaue Position. Außerdem las Craig regelmäßig von einem Monitor laut unsere Tiefe ab, damit Viktor nicht durch das Ablesen zu vieler Instrumente gleichzeitig abgelenkt würde. Er teilte uns mit, dass wir in einer Tiefe von genau 3783 m schwebten. Manchmal las ich anstelle von Craig die Tiefe laut vor. Dann lag ich wieder bäuchlings auf meiner Bank, um zu beobachten, wie wir vorankamen, wobei ich gelegentlich durch mein kleineres Fenster an Steuerbord fotografierte.

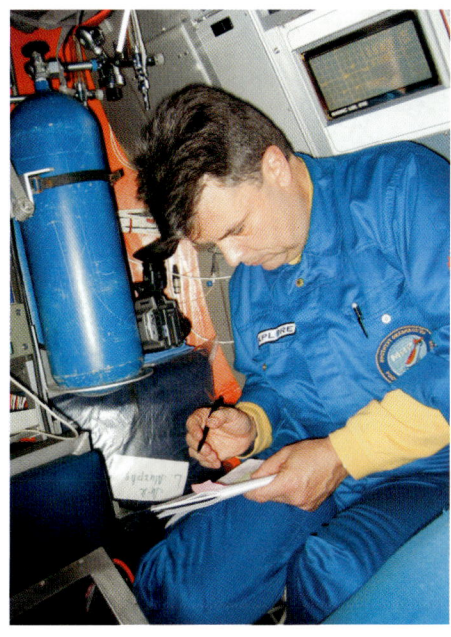

Nach fast vier Stunden bot sich uns ein verblüffender Anblick: Gegenverkehr! *Mir 1* mit Lori Johnston und Jeremy Weirich löste uns am Heck ab. Obwohl ich das, was ich auf dem Wrack sah, oft nicht identifizieren konnte, kamen Roy und Lori mit der Untersuchung ihrer »Rostzapfen« gut voran. Nach ihrer Einschätzung löst sich das Schiff schneller auf, als ursprünglich angenommen.

Wir fuhren nun etwa 600 m weiter zum besser erhaltenen Bug der *Titanic*. Das riesige Schiff zerbrach beim Sinken in zwei große Teile, die weit voneinander entfernt auf Grund gingen. Das riesige Trümmerfeld zwischen den beiden Hälften wurde von der RMST Inc., die die Bergungsrechte an dem Schiff besitzt und bereits mehrere tausend Artefakte geborgen hat, gründlich durchmustert. Dennoch liegen nach wie vor viele Teller und andere Objekte in diesem Gebiet. Die Bergungsfirma darf keine Artefakte verkaufen und auch nichts aus dem Schiffsinnern entnehmen.

14. April 1912

Dann kamen wir zum Bug, der großartig, überwältigend – und unvorstellbar groß – ist. Über 15 m davon liegen im Meeresboden begraben, den das Schiff mit enormer Wucht durchpflügte, als es aufschlug, doch seine gewaltige Höhe ist noch immer ehrfurchtgebietend. Wir stiegen langsam auf, bis wir die Reling erreichten. Das Schiff ist an dieser Stelle so gut erhalten, dass man sich in den Kinofilm zurückversetzt

Ganz links: Eine massive Ankerkette liegt noch immer neben einem der großen Spills. Das bronzene Oberteil des Spills ist nicht so stark korrodiert wie das Eisen.

Links: Der Mast, von dem der Ausguck Frederick Fleet den Eisberg entdeckte, ist nach hinten gekippt und das Krähennest abgefallen.

fühlt und meint, gleich würden die beiden Hauptdarsteller hier erscheinen. Dann begannen wir, in gleich bleibender Tiefe langsam über das scheinbar feste Deck zu gleiten und mit der Außenkamera des Tauchboots ein Fotomosaik des Wracks anzufertigen. Die Deckwinsche sahen so aus, als bräuchte man sie nur zu ölen, um sie wieder brauchbar zu machen. Ich erblickte einen Davit, mit dem eines der viel zu wenigen Rettungsboote ausgesetzt worden war.

Wir erreichten den Mast, der nach hinten gekippt war. Als wir ihn der Länge nach abfuhren, sahen wir die Öffnung, durch die der Ausguck, Frederick Fleet, das Krähennest betreten und von dem aus er am 14. April 1912, kurz vor Mitternacht, dreimal die Warnglocke geläutet und die unsterblichen Worte »Eisberg voraus!« zur Brücke gerufen hatte. Das Krähennest war noch da, als Robert Ballard 1985 die *Titanic* aufspürte, aber wir sahen keine Spur mehr davon. Es gibt Gerüchte über Bergungsschiffe, die das Wrack in den Wintermonaten ansteuern und widerrechtlich mit ferngelenkten Fahrzeugen Objekte entwenden sollen, aber vielleicht ist das Krähennest auch einfach abgefallen.

Auf der Brücke machte der Erste Offizier, William Murdock, einen verhängnisvollen Fehler, als er Fleets Warnung erhielt. Er befahl das Ruder hart nach Backbord zu legen. Dies hatte zur Folge, dass die *Titanic* an dem Eisberg entlangschrammte, der dabei die Steuerbordseite auf einer so großen Länge aufschnitt, dass zu viele wasserdichte Abteilungen überflutet wurden. Ein frontaler Zusammenstoß wäre nicht so schlimm gewesen.

Der Telemotor aus Messing, an dem das große Holzrad befestigt war, erinnert als stilles Mahnmal an jenen Augenblick, an dem der Rudergänger es so schnell drehte, wie er konnte. Frühere Besucher in Tauchbooten haben an seinem Fuß Gedenktafeln aufgestellt.

Aber wir verweilten nicht. Weitere Arbeiten lagen vor uns. Wir machten ein Videomosaik von der Steuerbordseite dieses Teils des Wracks, wobei wir uns oft in einer bestimmten Tiefe mit der Strömung treiben ließen. Die Scheinwerfer des Tauchboots waren so hell, dass ich von der Oberseite des Schiffs bis zum Grund tief unten sehen konnte, und ich stellte mir vor, wie Passagiere sich auf einigen der Decks die Füße vertraten. Die meisten Luken enthielten noch Glas. Etliche standen offen. Blickte ein Passagier vor fast 100 Jahren aus diesem offenen Fenster, um nachzusehen, was die Ursache des Tumults war?

So aufregend unser Tauchgang auch war – es war uns doch stets bewusst, dass in einer kalten Nacht vor etwas mehr als 90 Jahren über 1500 Passagiere und Besatzungsmitglieder im Schiff beziehungsweise an der Unglücksstelle im Meer ums

Unten: Der bronzene Telemotor der *Titanic*, an dem einst das hölzerne Steuerrad befestigt war, steht noch immer auf der Brücke, wo der Erste Offizier Murdock seinen fatalen Fehler machte. An seinem Fuß haben Teilnehmer früherer Wrackexpeditionen Gedenktafeln hinterlegt.

Rechts: Das von Rostzapfen gesäumte Fenster einer Offizierskabine steht offen, als hätte sich gerade jemand hinausgelehnt, um nachzusehen, was die Ursache für den Aufruhr an Bord ist.

Unten: Ein russischer »Cowboy« reitet *Mir 2*, um ein Hubseil daran zu befestigen, mit dem es wieder an Deck der *R/V Akademik Mstislav Keldysh* gehievt wird.

Leben kamen. Es gab nur 705 Überlebende. Anekdoten über Tapferkeit und Feigheit sind zur Legende geworden. Es stimmt, dass alle Mitglieder des Schiffsorchesters bis zum Schluss spielten. Es stimmt, dass Kapitän Smith mit seinem Schiff unterging und dass Mrs Isador Straus, aufgefordert, in ein Rettungsboot zu steigen, zu ihrem Mann zurückkehrte und sagte: »Wir leben seit vielen Jahren zusammen. Ich bleibe bei dir.« Als man ihm einen Platz in einem Rettungsboot anbot, so dass er seine Frau begleiten könnte, lehnte Straus ab. Als man sie zuletzt sah, saßen sie nebeneinander in Decksesseln. Benjamin Guggenheim und sein Diener gingen unter Deck und kehrten in Abendkleidung zurück, bereit, wie Guggenheim sagte, »als Gentlemen unterzugehen«.

Aufstieg

Wir waren seit siebeneinhalb Stunden mit *Mir 2* in der Tiefe unterwegs, vor uns lagen weitere zweieinhalb Stunden Aufstieg. Es war Zeit, die *Titanic* zu verlassen. Viktor war während unserer Videoaufzeichnungen jede Sekunde hochkonzentriert gewesen, jetzt konnte er entspannen. Als wir mit dem Aufstieg begannen, bot er Craig und mir heißen Tee und Kekse an.

Wir kamen nach Einbruch der Dunkelheit in dichtem Nebel an die Oberfläche. Nach zehn Stunden unter Wasser schaukelte die *Mir* noch eine weitere halbe Stunde in den Wellen, bevor wir merkten, dass wir von der Barkasse zur *Keldysh* gezogen wurden. Wenig später hörten wir, wie ein Froschmann das schwere Hubseil des Krans befestigte, mit dem wir an Bord der *Keldysh* gehievt wurden. Kaum dass wir aus der *Mir* ausgestiegen waren, wurden wir von den Umstehenden herzlich umarmt. Dann gingen wir in den Speisesaal, wo wir mit den meisten Mitgliedern des NOAA-Teams mit russischem Wodka auf die erfolgreichen Tauchgänge anstießen.

Die japanische Flotte in der Truk-Lagune, Mikronesien

JEREMY GREEN

Nach dem 1. Weltkrieg bekam Japan Deutsch-Mikronesien einschließlich der Truk-Inseln zugesprochen. In den Jahren zwischen den beiden Weltkriegen wollten die Japaner die Südseeinseln für ihre Interessen nutzbar machen, und Ende der 1930er Jahre wurde der Stützpunkt in Truk um neue Flughäfen und militärische Anlagen erweitert. Im Jahr 1941 begannen die Japaner angesichts der Gefahr eines Kriegs mit den USA damit, die Inseln zu befestigen. Nach dem Ausbruch des Kriegs behielt Truk seinen strategischen Rang, und ab Ende 1943 schien ein amerikanischer Angriff nur noch eine Frage der Zeit zu sein.

Truk im 2. Weltkrieg

Im Februar 1944 überflogen zwei Catalina-Aufklärer Truk und fotografierten die versammelte japanische Flotte einschließlich der legendären Schlachtschiffe *Musashi* und *Yamato*, der größten Schlachtschiffe der Welt. Die Amerikaner hatten eine See-offensive gegen Truk geplant, und dies war ein günstiger Zeitpunkt. Die anschließende Operation »Hailstone« stand unter dem Befehl des Kommandeurs der Pazifikflotte, Admiral Chester Nimitz, dem insgesamt über 53 Kriegsschiffe einschließlich neun Flugzeugträgern mit über 500 Kampfflugzeugen zur Verfügung standen.

Am 17. Februar näherte sich die Flotte Truk unentdeckt. Der anschließende Angriff traf die Japaner völlig unvorbereitet. Mit der ersten Angriffswelle aus Jagdflugzeugen begann die größte Jägerschlacht der Geschichte, in deren Verlauf der japanische Luftwiderstand größtenteils gebrochen wurde. Dann wurden Anlagen und Schiffe bombardiert. Die Japaner hatten jedoch eines der Aufklärungsflugzeuge

Unten links: Ein Aufklärungsfoto vor dem ersten Angriff auf Truk. Das Bild zeigt zahlreiche Kriegs- und Handelsschiffe, die vor Anker liegen. In der Mitte ist Etan Island zu sehen, links Dublon Island und unten rechts Fefan Island.

Unten: Dublon Island während eines Angriffs am 17. Februar 1944 durch Flugzeuge der USS Enterprise. Die schwer getroffene *Seiko Maru* (Mitte) brennt und ist am Sinken. Rechts liegt die unbeschädigte *Hokuyo Maru*. Im Luftraum sind zwei angreifende Flugzeuge zu erkennen.

Rechts: Im Inneren einer Mitsubishi G4M, eines mittelschweren Bombers der japanischen Marineluftwaffe, von den Amerikanern »Betty« genannt. Das Wrack liegt im Flachwasser vor Etan Island. Der Blick geht nach vorn, auf das fehlende Cockpit, das wohl beim Absturz abgerissen wurde. Der Aluminiumrumpf korrodiert allmählich, wie man links oben erkennen kann.

entdeckt und einen Teil ihrer Flotte in Sicherheit gebracht. Dennoch fanden die Amerikaner über 60 Schiffe in der Lagune vor, von denen sie 45 versenkten, darunter zwei leichte Kreuzer, vier Zerstörer und 26 Hilfsschiffe. Während der zweitägigen Operation wurden 270 Flugzeuge zerstört. Ein zweiter Angriff am 29. und 30. April reduzierte die militärische Schlagkraft des Stützpunkts auf Truk. Bis zum Ende des Kriegs wurde Truk erfolgreich umgangen und neutralisiert. Eine Invasion erübrigte sich, da von der Insel keine Gefahr mehr ausging. Auch die amerikanischen Streitkräfte wurden dadurch geschont, da eine Landung auf den gebirgigen Inseln mit ihren stark befestigten Geschützstellungen nur unter hohen eigenen Verlusten möglich gewesen wäre. Im Oktober 1944 war Truk so bedeutungslos, dass es von den Alliierten als Übungsgelände für neue Kampfeinheiten genutzt wurde; Flugzeuge benutzten die Insel für Bombardierungsübungen, und Flotten fuhren auf dem Weg nach Japan daran vorbei und beschossen die Insel aus sicherer Entfernung.

Side-Scan-Sonar-Aufnahmen

Ende 2001 produzierte ich zusammen mit einer örtlichen Produktionsfirma drei Dokumentarfilme über die Arbeit der Abteilung Schiffsarchäologie des Westaustralischen Schifffahrtsmuseums. Wir hatten Probleme mit einer Sendung über Fernerkundung, denn die Story war einfach nicht spannend genug. Der Produzent Ed Punchard suchte händeringend nach einer Alternative. Ein paar Monate zuvor hatte mich ein anderer ehemaliger Kollege, Bill Jeffery, gefragt, ob ich ihm bei einem Projekt im Auftrag der Regierung Mikronesiens helfen könnte, indem ich einen Lageplan für die in der Truk-Lagune gesunkenen Schiffe und abgestürzten Flugzeuge erstellte. Ich sollte mit unserem Side-Scan-Sonar die bekannten Wracks präzise lokalisieren und einige verschollene Wracks orten. Doch es gab Geldprobleme, und er hielt es für unmöglich.

»Was hältst du von der Truk-Lagune?«, fragte ich Ed.

»Super! Wann fahren wir?«

So stießen wir im Februar 2002 zu Bill Jefferey in Truk.

Diese japanischen Wracks aus dem 2. Weltkrieg sind heute eine bedeutende Touristenattraktion, und die mikronesische Regierung möchte sie sachgerecht schützen und konservieren. Bei dem Survey sollten detaillierte Sonarbilder von so vielen der bekannten Wracks wie möglich angefertigt werden. Die Veranstalter von Tauchreisen kennen zwar die meisten Wrackstellen, aber die exakte Position, die Ausrichtung, die Größe und der Zustand der Schiffe sind nicht verzeichnet. Zwei Wochen lang fuhren wir um das Atoll, wobei wir Wracks orteten und Side-Scan-Sonar-Aufnahmen machten. Mit Hilfe dieser Bilder konnte Bill sämtliche Fundstellen, die nur aus mündlichen Berichten bekannt waren, erfassen.

Die Sapporo Maru

Außerdem wollte Bill, dass wir eines der letzten unentdeckten Wracks in der Truk-Lagune lokalisierten, die *Sapporo Maru*. Dan Baileys Standardwerk *World War II Wrecks of the Truk Lagoon* lieferte folgende Informationen über das Schiff: »Die *Sapporo Maru* war der 4. Flotte in Truk als Hilfstransporter oder Spezialtransporter zugeteilt … Laut japanischen Quellen sank das Schiff nördlich der Fefan-Insel … Das Wrack der *Sapporo Maru* ist eines der wenigen, deren Position unbekannt ist.«

Die *Sapporo Maru* war somit keines der großen Kriegsschiffe von Truk. Sie war ein gewöhnliches kleines Versorgungsschiff – aber mit ihren 361 Tonnen dennoch eines der letzten der größeren Schiffe, die dort noch aufzuspüren waren.

Wir suchten den Grund mehrere Tage mit einem Side-Scan-Sonar ab und bestätigten dabei die Positionen bekannter Wracks, und wie bei allen Suchen gab es auch bei dieser das übliche stundenlange ergebnislose Abfahren des Suchgebiets. Die Suche nach der *Sapporo Maru* sollte am 13. Februar enden. Am letzten Tag auf der letzten Suchstrecke stießen wir auf ein Objekt. Es mochte sich lohnen, dieses einmal genauer in Augenschein zu nehmen. Bei der erneuten Überfahrt erhielten wir ein erstaunlich klares Bild von einem Schiff, das waagrecht auf dem sandigen Meeresboden lag und rings von Riffen umgeben war. Unglaublich! Die Auswertung der Sonaraufnahme ergab, dass es sich um ein Schiff mit zwei Masten, einer zentralen »Brückeninsel« und einer Länge von etwa 115 m handelte. Das in Baileys Buch veröffentlichte Foto der *Sapporo Maru* deckte sich exakt mit dem Sonarbild. Es bestand kein Zweifel, dass wir die *Sapporo Maru* gefunden hatten.

Wir kehrten zu unserer Basis auf Moen zurück, einer der Inseln in der Lagune, wo sich Dan Bailey aufhielt. Wir berichteten ihm, wir hätten das letzte der verschollenen großen Schiffe von Truk gefunden. Er war hocherfreut, und wir beschlossen, am nächsten Tag zur Fundstelle hinauszufahren. Es ist immer spannend, ein neues Wrack zu betauchen, selbst wenn man Archäologe ist, und dieses Wrack war keine Ausnahme. Ich schwamm um die Brücke, warf einen Blick in die Frachträume und sah die Maschine, während ich grundlegende Vermessungen durchführte und Fotos machte, um zu bestätigen, dass dies in der Tat die *Sapporo Maru* war. Einer aus unserem Team fand die Schiffsglocke. Bill freute sich ganz besonders, weil es sich um ein Wrack handelte, das noch niemand betaucht hatte. So ließe sich anhand dieses Wracks, sobald wir seine Position öffentlich bekannt machten, beispielhaft in Erfahrung bringen, wie sich Sporttauchen oder »Ökotourismus« auf Wracks auswirken. Es war eine einzigartige, faszinierende Gelegenheit. Wir ahnten nicht, wie schnell die angenommenen Folgen eintreten würden. Einige Einheimische interessierten sich für unsere Arbeit. Später erfuhr ich, dass schon an dem Tag, an dem wir tauchten, ein einheimisches Tauchschiff an uns vorbeigefahren war.

Oben: Corioli Souter, Bill Jeffery und Glen Dillon (von links nach rechts) lassen das 70 kg schwere Side-Scan-Sonar vorsichtig zu Wasser. Die Suche nach großen Eisenwracks verursachte einige Probleme: Die verkratzte Nase zeigt, dass das Gefährt gegen größere Objekte gestoßen ist.

Unten: Die Sonar-Signatur der *Sapporo Maru*, die auf dem sandigen Meeresgrund zwischen zwei Riffen liegt. Deutlich sichtbar sind zwei Masten, die Vorpiek, die Brücke, der Maschinenraum und der Schornstein. Da das Sonar mit einem GPS verbunden ist, kann man die Größe des Schiffs und seine Position präzise bestimmen.

Rechts: Im Ruderhaus der *Sapporo Maru* beim ersten Tauchgang zum Wrack. Das Holz am Ruderrad des Schiffs ist verrottet, aber die Radnabe ist rechts von der Mitte zu sehen.

Unten rechts: Ein Foto von der Schiffsglocke der *Sapporo Maru*, die weniger als 24 Stunden nach der Entdeckung des Wracks verschwunden war.

Am nächsten Tag unterrichteten wir die Regierung, dass wir ein neues Wrack gefunden hatten. Wir sorgten auch dafür, dass am selben Tag ein Team noch einmal zum Wrack hinabtauchte, um es vollständig zu fotografieren. Zu unserer Überraschung kehrte das Team mit der Nachricht zurück, dass die Schiffsglocke fehlt – keine 24 Stunden nach der Entdeckung! Wir waren sprachlos. Wer könnte dies getan haben? Erst jetzt erinnerte sich jemand an das Boot, das so unauffällig vorbeigefahren war, als wir getaucht waren. Mittels moderner GPS-Geräte konnte die Mannschaft am späten Abend oder frühen Morgen mühelos zur Wrackstelle zurückgekehrt sein und die Glocke geborgen haben. Man kann sich vorstellen, wie verärgert wir waren. Hätten wir das Wrack nicht betauchen sollen? Hatte sich die Mühe gelohnt, wenn ein so symbolträchtiges Objekt in so kurzer Zeit gestohlen worden war? Diese Fragen lassen sich nicht beantworten. Sie verdeutlichen jedoch die ganz realen Probleme, die verbunden sind mit dem Schutz von archäologischen Stätten unter Wasser wie der Truk-Lagune, die jährlich von über 6000 Tauchern besucht wird. Es gibt anekdotische Berichte über andere Souvenirs aus dem 2. Weltkrieg, die aus der Lagune entwendet worden sein sollen. Lange Zeit nach der Entdeckung der *Sapporo Maru* erfuhr ich von Dan Bailey, dass die Glocke vom Leiter eines örtlichen Tauchclubs gehoben worden war. Er habe die Glocke geborgen, um zu verhindern, dass sie von gewissenlosen Tauchern »gestohlen« wurde, und sie wird anscheinend gegenwärtig von diesem Tauchclub sicher verwahrt. Dies ist gewiss nicht die richtige Art und Weise, um Kulturgüter zu schützen. Wenn die Wracks in der Truk-Lagune für künftige Generationen erhalten bleiben sollen, bedarf es umgehend wirksamer Schutzmaßnahmen.

Landungsfahrzeuge aus dem 2. Weltkrieg: Normandie, Frankreich

BRETT PHANEUF

US-Landungsfahrzeuge

Zeit: 6. Juni 1944
Zahl der Schiffe: ca. 5000
Zahl der Landungsfahrzeuge: über 3000
Zahl der Soldaten: über 150 000
Zahl der Fahrzeuge: 30 000
Zahl der DD-Panzer: 128

»D-Day« – 6. Juni 1944 – war der Tag der alliierten Landung in der Normandie. Die »Operation Overlord« hatte am Vortag mit »Operation Neptun« begonnen, dem größten Flottenaufmarsch in der Kriegsgeschichte, den Cornelius Ryan in seinem bewegenden Werk *Der längste Tag* treffend beschreibt: »Eine 20 Meilen breite, vielfach gestaffelte Phalanx aus 5000 Schiffen jeglicher Bauart.«

Zu den 5000 Schiffen kamen 8000 unterstützende Flugzeuge, von Jägern über Bomber bis zu Lastenseglern und Transportern für die Luftlandetruppen. Praktisch alles, was schwimmen oder fliegen konnte, wurde über den Kanal geschickt.

Mein Interesse an diesem historischen Ereignis erwachte 1997, als ich mit dem Unterwasserarchäologen Robert Neyland nach Frankreich fuhr, um Sonarbilder von einem amerikanischen Schiffswrack aus dem 19. Jh. zu machen. Schlechtes Wetter gab mir Gelegenheit, die amerikanischen Landungssektoren am D-Day zu besuchen. Als ich in Point du Hoc und auf dem »Utah-« und »Omaha Beach« stand, fragte ich mich unwillkürlich, wie viele Überreste der Invasionsflotte auf dem Meeresgrund lagen. Gemeinsam mit dem US-Zentrum für Marinegeschichte plante ich daraufhin einen Survey des Gebiets.

Projekt Neptun 2K

Obgleich die Geschichte der Invasion seit über 50 Jahren erforscht wird und moderne Navigationskarten zahlreiche Wracks und Hindernisse verzeichnen, hatte es bis dato keine archäologische Untersuchung gegeben, um die Überreste unter Wasser in Beziehung zu den historischen Fakten zu setzen. Angesichts des anhaltenden Verlusts

Links: INA-Mitarbeiter lassen im Mai 2001 den Unterwasserroboter *Oceaneering* vor dem Omaha Beach zu Wasser.

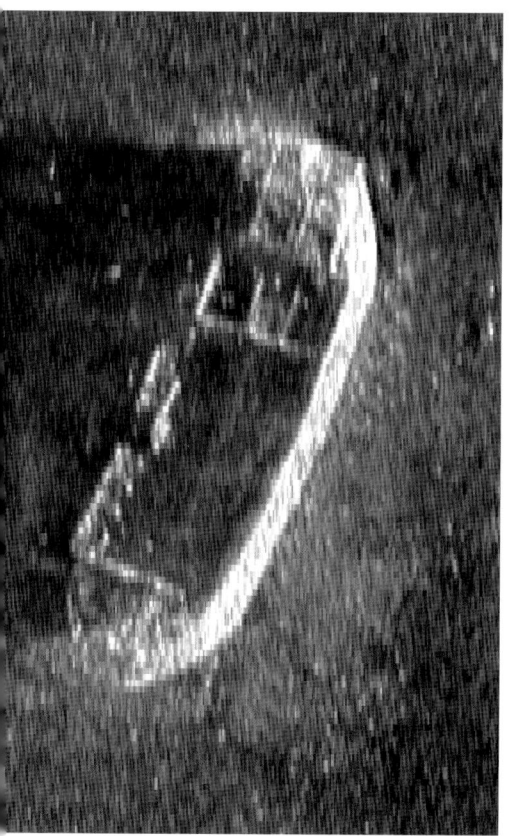

Oben: Side-Scan-Sonar-Aufnahme von einem außergewöhnlich gut erhaltenen Landungsboot vor Utah Beach.

Unten: Side-Scan-Sonar-Aufnahme eines DD-Sherman-Panzers vom 741. Panzerbataillon, der am D-Day vor Omaha Beach gesunken ist. Der Panzer ruht waagerecht auf dem Meeresboden. Der runde Panzerturm liegt daneben und wurde vermutlich von einem Trawler abgerissen.

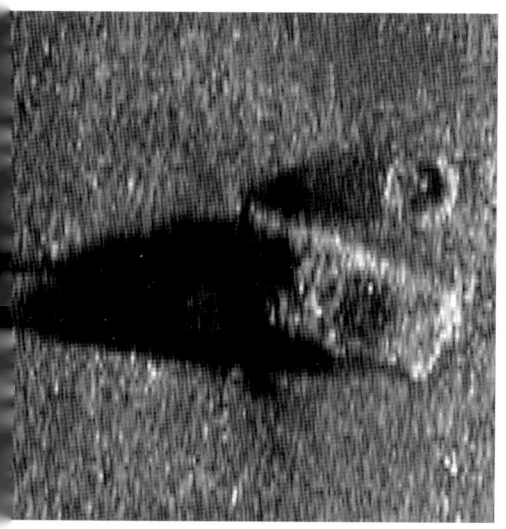

an archäologischen Überresten der »Operation Neptun« aufgrund von Erosion und Räumung von Schifffahrtshindernissen unternahm das INA an der Texas-A&M-Universität gemeinsam mit dem US-Zentrum für Marinegeschichte eine archäologische Erkundung: das »Projekt Neptun 2K«.

Nachdem wir auf französischen Seekarten die Positionen von Wracks und anderen Hindernissen auf dem Meeresgrund in Erfahrung gebracht hatten, begannen wir im Jahr 2000 das Gebiet westlich von Utah Beach und östlich von Omaha Beach mit einem Side-Scan-Sonar und einem Magnetometer zu erkunden. Anfänglich verzichteten wir auf Tipps ortsansässiger Wracktaucher, da wir eine umfassende archäologische Karte nicht nur von Wracks, sondern auch von künstlichen Hafenanlagen, Fahrzeugen, Geschützen, Feldzeugmaterial, persönlicher Habe, Verteidigungshindernissen und -anlagen anfertigen wollten. Diese letzten Überreste der größten Invasionsflotte, die je aufgestellt wurde, verdienen es, von der französischen Regierung unter Schutz gestellt zu werden, aber es bedarf weiterer Erkundungen, damit Tauchtouristen diese Stätten mit der gleichen Pietät besuchen, die sie auf dem amerikanischen Soldatenfriedhof auf dem nahen Steilufer zeigen würden.

Wir gaben die Daten über Landungsboote, Artillerie, Schiffe, Feldzeugmaterial und andere Ausrüstung in eine Stammdatenbank ein und kartierten die Überreste. Die Auswertung der Daten ergab über 800 Ziele, bei denen sich eine Inspektion mit einem ferngesteuerten Roboter lohnen würde. Zum Glück boten Discovery Channel und BBC an, im Gegenzug für die exklusiven Filmrechte die Grabungskampagne 2001 zu finanzieren.

Die Schwierigkeit, aus alledem eine »runde« Geschichte für die Fernsehzuschauer zu konzipieren, bereitete uns einige Sorgen. Wir konnten einfach nicht alle Ziele auf dem Meeresgrund erforschen – nicht im Jahr 2001 oder 2002, nicht einmal während des nächsten Jahrzehnts.

Allerdings erkannten wir während der Datenauswertung nahe dem östlichen Rand des Erkundungsgebiets vor Omaha Beach mehrere Cluster, die ich als Panzer identifizierte und die vermutlich zum 741. Panzerbataillon gehörten. Kursorische Recherchen ergaben, dass viele der Soldaten, die in den amphibischen »DD (Duplex Drive)«-Sherman-Panzern dieses Bataillons eingesetzt wurden, noch am Leben und bereit waren, mit uns zu sprechen. Der Film wurde zu einer echten Tortur für sie, denn sie erlebten ein weiteres Mal, wie sie von Panzer-Landungsbooten abgesetzt wurden. Von den 32 Amphibienpanzern gelang es nur zweien, an den Strand zu »schwimmen«; drei wurden von Panzer-Landungsbooten direkt am Strand abgesetzt und die übrigen sanken auf See.

DD-Amphibienpanzer

Die Konzentration auf das Debakel des 741. Panzerbataillons erlaubte es nicht nur, eine geschlossene Geschichte zu erzählen, sondern auch der Ursache für das Versagen der DD-Panzer am D-Day auf die Spur zu kommen. Das INA beschloss, hierfür ein eigenständiges Forschungsprogramm einzuleiten.

Im Mai 2001 kehrte das INA-Team in die Normandie zurück. Wir setzten einen Unterwasserroboter vor Omaha Beach aus, der die Objekte detailliert fotografieren sollte. Nach fast einem Monat waren sämtliche Sonaranomalien, hinter denen Panzer vermutet wurden, identifiziert, und wir mussten im Panzermuseum in Boving-

ton, Großbritannien, und in den USA weitere Recherchen durchführen. In Bovington lernte ich bei dieser Gelegenheit, einen Sherman-Panzer aus dem 2. Weltkrieg zu fahren! Mein Ausbilder, der mittlerweile in seinen Achtzigern war, hatte viele der britischen und amerikanischen Panzerfahrer, die an der Operation Overlord teilnahmen, auf dem Sherman ausgebildet.

Die DD-Sherman-Panzer wurden von dem ungarnstämmigen Ingenieur Nicholas Straussler entwickelt, der für das britische Verteidigungsministerium arbeitete. Ein Veteran des 741. Panzerbataillons bezeichnete den schwimmenden Sherman-Panzer als »großen Leinwandbottich mit einem 35 Tonnen schweren Eisenboden«. Eine große Schwimmschürze aus gummierter Leinwand, durch Bandeisen verstärkt, konnte mit Hilfe von 36 am Panzer befestigten Gummibalgen aufgespannt und mit Druckluft aufgeblasen werden. Der Kommandant stand hinter dem Geschützturm und steuerte das Gefährt mit Hilfe einer Ruderpinne, die an einer Doppelschraube befestigt war, die wiederum von den hinteren Kettenrädern angetrieben wurde. Sobald der Fahrer, der im Innern saß, spürte, dass der Panzer den Boden berührte, wurde die Schwimmschürze abgeworfen, und der Panzer war einsatzbereit. Von der Küste aus glichen die DD-Panzer kleinen Gummibooten, die kaum feindliches Feuer auf sich zogen. Sobald sie am Strand waren, sollten sie die Infanterie unterstützen und Bunker ausheben. Doch es kam anders.

Nach meinem Abstecher nach Bovington besuchte ich das National D-Day Memorial in Bedford, Virginia, um mich mit Überlebenden des 741. Panzerbataillons zu treffen, meine Befunde zu erörtern und viele Fragen zu stellen. Unmittelbar danach kehrte ich nach Frankreich zurück, um mit einer Reihe von Tauchgängen zu ausgewählten Wracks die Feldarbeit abzuschließen.

Der Verlust des 741. Panzerbataillons am D-Day

Am Morgen des 6. Juni 1944 traf die Flottille, die das 741. und 743. Panzerbataillon beförderte, vor Omaha Beach ein und bereitete sich auf den Sturmangriff vor. Der Befehl lautete, die Panzer um 5.30 Uhr etwa 5500 m vor der Küste abzusetzen, damit

sie zehn Minuten vor den Infanteristen der 1. und 29. Division den Strand erreichten. Bei perfektem Wetter hätten die Panzer es schaffen können.

Der Kommandeur der Flottille aus 16 Panzerlandungsbooten (LCT) beschloss jedoch nach Rücksprache mit dem Befehlshaber der beiden Bataillone, die Panzer direkt an der Küste auszusetzen. Leider erhielten die Kommandanten der Panzer-Landungsboote oder der Kommandeur des 741. Panzerbataillons entweder die Nachricht nicht oder ignorierten sie. Es ist bis heute strittig, ob Armee oder Marine das Absetzen der Panzer anordnete. LCT600 ließ den ersten Panzer zu Wasser. Er schwamm nur eine kurze Strecke, bevor er im hohen Seegang sank. Während des Absetzens schlingerte das LCT heftig, wobei die Schwimmschürzen der Tanks rissen, die sich noch an Bord befanden, so dass die drei restlichen Panzer direkt am Strand abgesetzt wurden. Die übrigen LCT begannen jedoch mit dem Absetzen, und ein Panzer nach dem anderen ging unter.

Hauptursache für das Sinken der Panzer war der Seegang. Die Schwimmschürzen wurden unter der Beanspruchung durch die Wellen eingedrückt, und die Lenzpumpen im Innern der Panzer waren zu schwach, um das einströmende Meerwasser schnell genug abzupumpen. Außerdem wurden die LCT und die Panzer mit einer Gezeitenströmung von fast drei Knoten in östlicher Richtung abgetrieben. Um dem entgegenzuwirken, steuerten die Mannschaften einen zunehmend westlichen Kurs, so dass die Wellen »querab an Backbord« auf ihre Amphibienpanzer auftrafen, der schwächsten Stelle ihrer Schwimmschürzen. Diese sackten zusammen, und die Panzer gingen unter. Zum Glück verfügten die Mannschaften über Rettungsflöße und Tauchretter, und die meisten konnten sich retten.

Zwei der Schwimmpanzer schafften es zum Strand. Interviews mit den Angehörigen ihrer Kommandanten ergaben, dass beide begeisterte Segler und Fischer waren, die das Heck ihrer Panzer in die Wellen gedreht hatten, um quasi auf der Dünung zu »surfen«. Am Strand vereinigten sie sich mit den drei Panzern, die von LCT600 dort abgesetzt worden waren, und mit Einheiten des 743. Panzerbataillons, und sie waren maßgeblich daran beteiligt, deutsche Verteidigungsstellungen zu knacken.

Oben: Zwei DD-Sherman-Panzer vom 741. Panzerbataillon, die die Küste erreichten. Von den 32 DDs schafften es nur fünf bis zum Strand, zwei schwimmend, und drei wurden von einem Panzerlandungsboot direkt am Strand abgesetzt.

Unten: Panzersoldat mit einem »Tauchretter«. Da der Tauchretter nicht durch die Luke eines Shermans passte, sollte der Fahrer einen sinkenden Panzer bis zum Meeresgrund »fahren«, den Tauchretter ablegen, aus dem Panzer aussteigen, den Apparat wieder anziehen und zur Oberfläche aufsteigen. Mehreren Männern des 741. Panzerbataillons gelang am D-Day dieses Meisterstück!

Literatur

Die Aktivitäten des Institute of Nautical Archae-ology werden im *INA Quarterly* beschrieben (dem vormaligen *INA Newsletter*), veröffentlicht vom Institute of Nautical Archaeology, P.O. Dra-wer HG, College Station, Texas 77841-5137, USA

EINLEITUNG UND STANDARDWERKE

Bass, G.F., *Archaeology Beneath the Sea* (New York, 1975)

ders.: *Archäologie unter Wasser* (Bergisch-Glad-bach, 1966)

ders.: (Hrsg.), *A History of Seafaring Based on Underwater Archaeology* (London & New York, 1972)

ders.: »A Plea for Historical Particularism in Nautical Archaeology«, in R.A. Gould (ed.), *Shipwreck Anthropology* (Albuquerque, 1983), 91–104.

ders.: (Hrsg.), *Taucher in die Vergangenheit* (München, 1988)

Cousteau, J.-Y., & F. Dumas, *Die schweigende Welt* (München, 1953)

Delgado, J.P. (Hrsg.), *Encyclopaedia of Under-water and Maritime Archaeology* (London & New Haven, 1997)

Diolé, P., *4000 Years Under the Sea, Excursions in Underwater Archaeology* (London, 1954)

Lanitzki, G., *Die Wasa von 1628. Illustrierte Geschichte des berühmten schwedischen Kriegs-schiffs* (Stuttgart, 1990)

Malam, J., *Versunkene Schiffe. Die Titanic und andere Schätze auf dem Meeresgrund* (Starn-berg, 2003)

Oeland, G., »The H.L. Hunley: Secret Weapon of the Confederacy«, *National Geographic* 200.7 (July 2002), 82–101

Pomey, P. (Hrsg.), *La navigation dans l'antiquité* (Aix-en-Provence, 1997)

Steffy, J.R., *Wooden Ship Building and the Inter-pretation of Shipwrecks* (College Station, 1994)

Throckmorton, P., *The Sea Remembers: Shipwrecks and Archaeology* (London, 1987; New York, 1991)

Uceli, G., *Le navi di Nemi* (Rom, 1950)

Wheeler, R.C., W.A. Kenyon, A.R. Woolworth & D.A. Birk, *Voices from the Rapids: An Underwa-ter Search for Fur Trade Artifacts 1960–1973* (St. Paul, 1975)

ŞEYTAN DERESI

Bass, G.F., *Archaeology Beneath the Sea* (New York, 1975), 207–221

ders.: »The Wreck at Sheytan Deresi«, *Oceans* 10.1 (1977), 34–39

ders.: »Sheytan Deresi: Preliminary Report«, *International Journal of Nautical Archaeology* 5 (1976), 293–303

ULUBURUN

G. F. Bass, »A Bronze Age Shipwreck at Ulu Burun (Kaş): 1984 Campaign«, *American Jour-nal of Archaeology* 90 (1986), 269–96

ders.: »Oldest Known Shipwreck Reveals Splen-dors of the Bronze Age«, *National Geographic* 172.6 (Dezember 1987), 692–733

ders.: C. Pulak, D. Collon & J. Weinstein, »The Bronze Age Shipwreck at Ulu Burun: 1986 Campaign«, *American Journal of Archaeology* 93 (1989), 1–29

C. Pulak, »The Bronze Age Shipwreck at Ulu Burun, Turkey: 1985 Campaign«, *American Journal of Archaeology* 92 (1988), 1–37

ders.: »The Uluburun Hull Remains«, in H.E. Tzalas (Hrsg.), *Tropis VII. Proceedings of the 7th International Symposium on Ship Construction in Antiquity (27–31 August, Pylos)* (Athens 2002), 615–36

ders.: »Evidence from the Uluburun Shipwreck for Cypriot Trade with the Aegean and Beyond«, in L. Bonfante & V. Karageorghis (Hrsg.), *Italy and Cyprus in Antiquity, 1500–450 BCE* (Nikosia, Zypern 2001), 13–60

ders.: »The Cargo of Copper and Tin Ingots from the Late Bronze Age Shipwreck at Ulubu-run«, in Ünsal Yalçın (Hrsg.), *International Symposium 'Anatolian Metal I'*, (Der Anschnitt, Bochum, Beiheft 13, 2000), 137–57

ders.: »The Uluburun Shipwreck: An Over-view«, *International Journal of Nautical Archae-ology* 27 (1998), 188–224

Yalcin, Ü.: Das Schiff von Uluburun. Welthandel vor 3000 Jahren (Deutsches Bergbau-Museum, 2. Januar 2006)

KAP GELIDONYA

Bass, G.F., *Cape Gelidonya: A Bronze Age Shipwreck*, Transactions of the American Philo-sophical Society 57 No. 8 (Philadelphia, 1967)

ders.: *Archaeology Beneath the Sea* (New York, 1975), 1–59

ders.: »Beneath the Wine Dark Sea: Nautical Archaeology and the Phoenicians of the Odys-sey, in J. Coleman & C. Walz (Hrsg.), *Greeks and Barbarians: Essays on the Interactions bet-ween Greeks and Non-Greeks in Antiquity and the Consequences for Eurocentrism* (Ithaca, 1997), 71–101

ders.: »Sailing Between the Aegean and the Ori-ent in the Second Millennium BC«, in E.H. Cline & D. Harris-Cline (Hrsg.), *The Aegean and the Orient in the Second Millennium: Pro-ceedings of the 50th Anniversary Symposium, Cincinnati, 18–20 April 1997* (Liège & Austin, 1998), 183–91

ders.: »The Hull and Anchor of the Cape Geli-donya Ship«, in Betancourt, P.P. et al. (Hrsg.), *Meletemata* (Liège & Austin, 1999), 21–24

Throckmorton P., »Oldest Known Shipwreck Yields Bronze Age Cargo«, *National Geographic* 121.5 (May 1962), 696–711

ders.: *The Lost Ships: An Adventure in Underwa-ter Archaeology* (Boston & Toronto, 1964)

PABUÇ BURNU

Casson, L., *Die Seefahrer der Antike* (1979)

Cook, R.M., & P. Dupont, *East Greek Pottery* (London, 1998)

Horden, P., & N. Purcell, *The Corrupting Sea: A Study of Mediterranean History* (Oxford, 2000)

Mark, S., »*Odyssey* 5.234–53 and Homeric Ship Construction: A Reappraisal«, *American Jour-nal of Archaeology* 95 (1991), 441–445

Pomey, P. (Hrsg.), *La navigation dans l'antiquité* (Aix-en-Provence, 1997)

Roebuck, C., *Ionian Trade and Colonization* (New York, 1959)

TEKTAŞ BURNU

Bass, G.F., »Golden Age Treasures«, *National Geographic* 201.3 (März 2002), 102–17

Carlson, D.N., »The Classical Greek Shipwreck at Tektaş Burnu, Turkey«, *American Journal of Archaeology* 107 (2003), 581–600

Green, J., S. Matthews & T. Turanlı, »Underwater Archaeological Surveying Using Photo-Mode-ler, Virtual-Mapper: Different Applications for Different Problems«, *International Journal of Nautical Archaeology* 31 (2002), 283–92

Nowak, T.J., »A Preliminary Report on *Ophthal-moi* from the Tektaş Burnu Shipwreck«, *Inter-national Journal of Nautical Archaeology* 30 (2001), 86–94

Trethewey, K., »Lead Anchor Stock Cores from Tektaş Burnu, Turkey«, *International Journal of Nautical Archaeology* 30 (2001), 109–14

KYRENIA

Berthold, R.M., *Rhodes in the Hellenistic Age* (Ithaca & London, 1984)

Katzev, M.L., »Resurrecting the Oldest Known Greek Ship«, *National Geographic* 137.6 (June 1970), 840–57

ders.: & Katzev, S.W., »Last Harbor for the Oldest Ship«, *National Geographic* 146.5 (November 1974), 618–25

Ormerod, H.A., *Piracy in the Ancient World* (Chicago, 1967)

Steffy, J.R, *Wooden Shipbuilding and the Interpre-tation of Shipwrecks* (College Station, 1994), 42–59

LA SECCA DI CAPISTELLO

Frey, D., »Deepwater Archaeology«, *Sea Frontiers* 25 No. 4 (1979), 194–203

ders.: & F.D. Hentschel & D.H. Keith, »Deep-water Archaeology. The Capistello Wreck

Excavation, Lipari, Aeolian Islands«, *International Journal of Nautical Archaeology and Underwater Exploration* 7 (1978), 279–300

Keith, D.H., & D.A. Frey, »Saturation Diving in Nautical Archaeology«, *Archaeology* 32 No. 4 (1979), 24–33

SERÇE LIMANI

C. Pulak & R. F. Townsend, »The Hellenistic Shipwreck at Serçe Limanı, Turkey: Preliminary Report«, *American Journal of Archaeology* 91 (1987), 31–57

SEE GENEZARETH

Wachsmann, S. »The Galilee Boat: 2000-Year-Old Hull Recovered Intact«, *Biblical Archaeology Review* 14 No. 5 (1988), 18–33

ders.: et al., *The Excavation of an Ancient Boat in the Sea of Galilee (Lake Kinneret)*, 'Atiqot 19, English Series (Jerusalem, 1990)

ders.: *The Sea of Galilee Boat: An Extraordinary 2000 Year Old Discovery* (New York & London, 1995)

YASSIADA, WRACK AUS DEM 7. JH.

Bass, G.F., & F.H. van Doorninck jr. (Hrsg.), *Yassi Ada, Vol. 1: A Seventh-Century Byzantine Shipwreck* (College Station, 1982)

Pevny, T., »Shipbuilding Traditions: Building the Yassıada Exhibit«, *INA Quarterly* 24 No. 3 (1997), 4–11

van Alfen, P.G., »New Light on the 7th-c. Yassı Ada Shipwreck: Capacities and Standard Sizes of LRA1 Amphoras«, *Journal of Roman Archaeology* 9 (1996), 189–213

van Doorninck, F.H. jr., »The Cargo Amphoras on the 7th Century Yassi Ada and 11th Century Serçe Limanı Shipwrecks: Two Examples of a Reuse of Byzantine Amphoras as Transport Jars«, in V. Déroche & J.-M. Spieser (Hrsg.), *Recherches sur la céramique byzantine*, Bulletin de Correspondance Hellénique, Supplément 18 (Paris, 1989), 247–57

TANTURA-LAGUNE

Kahanov, Y., »The Byzantine Shipwreck (Tantura A) in the Tantura Lagoon, Israel: Hull Construction Report«, in *Tropis VI. Sixth International Symposium on Ship Construction in Antiquity (Athen, 28.–30. August 1996)* (Athen, 2001), 265–71

ders.: »The Tantura B Shipwreck. Tantura Lagoon, Israel: Preliminary Hull Construction Report«, in J. Litwin (Hrsg.), *Down the River to the Sea*, Proceedings of the Eighth International Symposium on Boat and Ship Archaeology, Gdansk 1997 (Gdansk, 2000), 151–54

Royal, J. & Y. Kahanov, »An Arab Period Merchant Vessel at Tantura Lagoon, Israel«, *International Journal of Nautical Archaeology* 29 (2000), 151–53

Wachsmann, S., »Technology Before its Time: A Byzantine Shipwreck from Tantura Lagoon«, *The Explorers Journal* 74 No. 1 (1996), 19–23

ders.: & K. Raveh, »A Concise Nautical History of Dor/Tantura«, *International Journal of Nautical Archaeology* 13 (1984), 223–41

BOZBURUN

Hocker, F.M., »Cargo Stowage, Jettison and Wreck Formation Processes: Information on Middle Byzantine Commerce from the Ninth-Century Bozburun Shipwreck«, *Archeologia delle acque* I No. 2 (1999), 28–38

Treadgold, W., *The Byzantine Revival 780–842* (Stanford, California, 1988)

SERÇE LIMANI, BYZANTINISCHES WRACK

Bass, G.F., »The Nature of the Serçe Limanı Glass«, *Journal of Glass Studies* 26 (1984), 64–9.

ders.: & S.D. Matthews, J.R. Steffy & F.H. van Doorninck jr., *Serçe Limanı: An Eleventh-Century Shipwreck* (College Station, 2004)

Lledó, B., »Mold Siblings in the 11th-Century Cullet from Serçe Limanı«, *Journal of Glass Studies* 39 (1997), 43–55

van Doorninck, F.H. jr., »The Medieval Shipwreck at Serçe Limanı: An Early 11th-Century Fatimid-Byzantine Commercial Voyage«, *Graeco-Arabica* 4 (1991), 45–52

ders.: »The Byzantine Ship at Serçe Limanı: An Example of Small-Scale Maritime Commerce with Fatimid Syria in the Early Eleventh Century«, in R. Macrides (Hrsg.), *Travel in the Byzantine World* (Aldershot and Burlington, 2002), 137–48

Steffy, J.R., *Wooden Ship Building and the Interpretation of Shipwrecks* (College Station, 1994), 85–91

ÇAMALTI BURNU

Günsenin, N., »From Ganos to Serçe Limanı: Social and Economic Activities in the Propontis during Medieval Times, Illuminated by Recent Archaeological and Historical Discoveries«, *The INA Quarterly* 26 No. 3 (1999), 18–23

dies.: »L'épave de Çamaltı Burnu I (île de Marmara, Proconnèse): résultats des anneés 1998–2000«, *Anatolia Antiqua* 9 (2001), 117–33

dies.: »L'épave de Çamaltı Burnu I (île de Marmara, Proconnèse): résultats des anneés 2001–2002«, *Anatolia Antiqua* 11 (2003), 361–76

dies.: »Underwater Archaeological Research in the Sea of Marmara«, in T. Akal, R.D. Ballard, & G.F. Bass (Hrsg.), *The Application of Recent Advances in Underwater Detection and Survey Techniques to Underwater Archaeology* (Istanbul, 2004), 31–38

Beachten Sie auch Nergis Günsenins website: *www.nautarch.org*

SCHWARZES MEER

Ballard, R.D., & W. Hively, *The Eternal Darkness: A Personal History of Deep-Sea Exploration* (Princeton, 2000)

ders.: »Deep Black Sea«, *National Geographic* 199.5 (Mai 2001), 52–69

ders.: et al., »Deepwater Archaeology of the Black Sea: The 2000 Season at Sinop, Turkey«, *American Journal of Archaeology* 105 (2001), 607–23

De Jonge, P., »Being Bob Ballard«, *National Geographic* 205.5 (Mai 2004), 112–29

Ward, C., & R.D. Ballard, »Black Sea Shipwreck Survey 2000«, *International Journal of Nautical Archaeology* 33 (2004), 2–13

CHINESISCHES WRACK VON SHINAN

Green, J., »The Shinan Excavation, Korea: An Interim Report on the Hull Structure«, *International Journal of Nautical Archaeology* 12 (1983), 293–301

ders.: & Z.G. Kim, »The Shinan and Wando Sites, Korea: Further Information«, *International Journal of Nautical Archaeology* 18 (1989), 33–41

Keith, D.H., »A Fourteenth-Century Cargo Makes Port at Last«, *National Geographic* 156.2 (August 1979), 230–43

ders.: »A Fourteenth Century Shipwreck at Sinan-gun«, *Archaeology* 33 No. 2 (1980), 33–43

ders.: & C.J. Buys, »New Light on Medieval Chinese Seagoing Ship Construction«, *International Journal of Nautical Archaeology* 10 (1981), 119–32

DIE KOGGE VON ALMERE

Hoffmann, G., und U. Schnall: *Die Kogge. Sternstunde der deutschen Schiffsarchäologie* (Hamburg, 2003)

Hocker, F.M., »Cogge en Coggeschip: Late Trends in Cog Development«, in R. Reinders (Hrsg.), *Bouwtraditie en Scheepstype* (Groningen, 1991), 25–32

ders.: »Bottom-Based Shipbuilding in Northwestern Europe«, in F.M. Hocker & C. Ward (Hrsg.), *The Philosophy of Shipbuilding: Conceptual Approaches to the Study of Wooden Ships* (College Station, 2004), 65–93

KO SI CHANG

Green, J.N., »Maritime Archaeology in Southeast and East Asia«, *Antiquity* 64 (1990), 347–63

ders.: & R.Harper, »The Ko Si Chang Excavation Report 1983«, *Bulletin of the Australian Institute for Maritime Archaeology* 7.2 (1983), 9–37

ders.: & R. Harper & V. Intakosi, »The Ko Si Chang One Shipwreck Excavation 1983–1985«, *International Journal of Nautical Archaeology* 15 (1986), 105–22

ders.: & R. Harper & S. Prishanchittara, *The Excavation of the Ko Kradat Wreck Site, Thai-*

land 1979–1980, Western Australian Museum Special Publication (Fremantle, 1981)

DAS OSMANISCHE WRACK VON YASSIADA

Beeching, J., *Don Juan de Austria. Sieger von Lepanto* (1983)

Brummett, P., *Ottoman Seapower and Levantine Diplomacy in the Age of Discovery* (New York, 1994)

ZUIDERSEE, NIEDERLANDE

McLaughlin-Neyland, K., & R.S. Neyland, *Two Prams Wrecked on the Zuiderzee in the Late Eighteenth-Century*, Nederlands Instituut voor Scheeps- en Onderwater-Archeologie Reports 15 und 16 (Lelystad, 1993)

Neyland, R.S., »The Preliminary Hull Analysis of Two Eighteenth-Century Dutch Prams«, in J.C. Broadwater (Hrsg.), *Underwater Archaeology Proceedings from the Society for Historical Archaeology Conference, Richmond* (Richmond, Virginia, 1991), 111–4

ders.: & B. Schröder, *A Late Seventeenth Century Dutch Freighter Wrecked on the Zuiderzee*, Nederlands Instituut voor Scheeps- en Onderwater-Archeologie Report 20 (Lelystad, 1996)

NOSSA SENHORA DOS MÁRTIRES

Afonso, S.L. (Hrsg.), *Nossa Senhora dos Mártires: The Last Voyage* (Lissabon, 1998)

Castro, F., »The Remains of a Portuguese Indiaman at Tagus Mouth, Lisbon, Portugal (Nossa Senhora dos Mártires, 1606?)« in Alves, F. (Hrsg.), *Proceedings of the International Symposium »Archaeology of Medieval and Modern Ships of Iberian-Atlantic Tradition«, Lisbon, 1998* (Lissabon, 2001), 381–404

ders.: »The Pepper Wreck«, *Archaeology* (März/April 2003), 30–35

ders.: »The Pepper Wreck«, *International Journal of Nautical Archaeology* 32 (2003), 6–23

ders.: *The Pepper Wreck* (College Station, 2005)

ders.: »Rigging the Pepper Wreck. Part I: Masts and Yards«, *International Journal of Nautical Archaeology* 34 (2005), 112–124

MONTE CRISTI, PFEIFENWRACK

De Roever, M., »The Fort Orange ›EB‹ Pipe Bowls: An Investigation of the Origin of American Objects in Dutch Seventeenth-Century Documents«, in *New World Dutch Studies: Dutch Arts and Culture in Colonial America 1609–1776* (Albany Institute of History and Art, 1987)

Duco, D.H., »De Kleipijp in de Zeentiende Eeuwse Nederlanden (The Clay Pipe in Seventeenth-Century Netherlands)«, in P. Davey (Hrsg.), *The Archaeology of the Clay Tobacco Pipe V, Europe* (BAR International Series, 1981)

Hall, J.L., *A Seventeenth-Century Northern European Merchant Shipwreck in Monte Cristi Bay,*

Dominican Republic (unveröff. Dissertation, Texas-A&M-Universität, 1996)

Lessman, A.W., *The Rhenish Stoneware From the Monte Cristi Shipwreck, Dominican Republic* (unveröff. Magisterarbeit, Texas-A&M-Universität, 1997)

LA BELLE

Arnold, J.B. III., »Magnetometer Survey of La Salle's Ship the *Belle*«, *International Journal of Nautical Archaeology* 25 (1996), 243–49

ders.: »The Texas Historical Commission's Underwater Archaeological Survey of 1995 and the Preliminary Report on the *Belle*, La Salle's Shipwreck of 1686«, *Historical Archaeology* 30 (1996), 66–87

Bruseth, J.E., T. S. Turner, M.P. Kelsey & R.B. Hutchison, *From A Watery Grave: The Discovery And Excavation Of La Salle's Shipwreck, La Belle* (College Station, Texas, 2005)

Weddle, Robert S., *The Wreck of the Belle, the Ruin of La Salle* (College Station, Texas, 2001)

PORT ROYAL

Apestegui, C., *Piraten in der Karibik* (Bielefeld, 2001)

Donachie, M.J., *Household Ceramics at Port Royal, Jamaica, 1655–1692*, BAR International Series 1195 (Oxford, 2003)

Fox, G.L., *The Kaolin Clay Tobacco Pipe Collection from Port Royal, Jamaica*, BAR International Series 809 (Oxford, 1999)

Hamilton, D.L., »Simon Benning, Pewterer of Port Royal«, in B.J. Little (Hrsg.), *Text-Aided Archaeology* (Boca Raton, 1992), 39–53

ders.: »The City Under the Sea«, in *Science Year, 1986*, The World Book Science Annual (Chicago, 1986), 92–109

ders.: »Port Royal Revisited«, in C.R. Cummings (Hrsg.), *Underwater Archaeology: The Proceedings of the Fourteenth Conference on Underwater Archaeology* (San Marino, California, 1986), 73–81

ders.: »Preliminary Report on the Archaeological Investigations of the Submerged Remains of Port Royal, Jamaica, 1981–1982«, *The International Journal of Nautical Archaeology and Underwater Exploration* 13 No. 1 (1984), 11–25

ders.: & R. Woodward, »A Sunken 17th-Century City: Port Royal, Jamaica«, *Archaeology* 37 No. 1 (1984), 38–45

Link, M.C., »Exploring the Drowned City of Port Royal«, *National Geographic* 117.2 (1960), 151–182

Marx, R.F., *Pirate Port* (Cleveland, 1967)

ders.: *Port Royal Rediscovered* (New York, 1973)

Smith, W.C., *The Final Analysis of Weights from Port Royal, Jamaica*, BAR International Series 675 (Oxford, 1997)

SANTO ANTONIO DE TANNA

Boxer, C. R., & C. de Azevedo, *Fort Jesus and the Portuguese in Mombasa* (London, 1960)

Kirkman, J.S., *Fort Jesus: A Portuguese Fortress on the East African Coast* (Oxford, 1974)

ders.: *Men and Monuments on the East African Coast* (London, 1964)

ders.: »A Portuguese Wreck off Mombasa«, *International Journal of Nautical Archaeology* 1 (1972), 153–57

Piercy, R.C.M., »Mombasa Wreck Excavation Reports« *International Journal of Nautical Archaeology* 6 (1977), 331–47; 7 (1978), 301–19; 8 (1979), 303–09; 10 (1981), 109–18

Sassoon, H., »Ceramics from the Wreck of a Portuguese Ship at Mombasa«, *Azania* 16 (1981)

GREAT BASSES REEF

Clarke, A.C., *The Treasure of the Great Reef* (überarb. Ausgabe, New York, 1974)

Green, J.N., *The Australian-Sri-Lanka-Netherlands Galle Harbour Project 1992–1998*, Report of Maritime Archaeology, Western Australian Maritime Museum, No. 1 (Fremantle, 1998)

ders.: & S. Devendra, »Interim Report on the Joint Sri Lanka-Australian Maritime Archaeology Training and Research Programme, 1992–3«, *International Journal of Nautical Archaeology* 22 (1993), 331–43

INSEL SADANA, ÄGYPTEN

Krahl, R. & J. Ayers (Hrsg.), *Chinese Ceramics in the Topkapi Saray Museum, Istanbul III, Qing Dynasty Porcelains* (London, 1986)

Niebuhr, C., *Reisebeschreibung nach Arabien und anderen umliegenden Ländern* (Zürich, 2002)

ders.: & Scurla, H., *Reisen im Orient* (Berlin-Ost, 1966)

Pearson, M.N., *Pious Passengers: The Haj in Earlier Times* (New Delhi, 1994)

Raban, A., »The Shipwreck off Sharm-el-Sheikh«, *Archaeology*, 24 No. 2 (1971), 146–55

Ward, C., »The Sadana Island Shipwreck«, in U. Baram & L. Carroll (Hrsg.), *A Historical Archaeology of the Ottoman Empire* (New York, 2000), 185–202

ders.: »The Sadana Island Shipwreck: An Eighteenth-Century AD Merchantman off the Red Sea Coast of Egypt«, *World Archaeology* 32 (2001), 371–85

Wiesehöfer, J., & Conemann, S. (Hrsg.), *Carsten Niebuhr (1733–1815) und seine Zeit* (Stuttgart, 2003)

CLYDESDALE-PLANTAGENBOOT

Amer, C.F., & F.M. Hocker, »A Comparative Analysis of Three Sailing Merchant Vessels From the Carolina Coast«, in W.C. Fleetwood, jr., *Tidecraft: The Boats of South Carolina, Georgia and Northeastern Florida, 1550–1950* (Tybee Island, Georgia, 1995), 295–303

Footner, G.M., *Tidewater Triumph: The Development and World-Wide Success of the Chesapeake Bay Pilot Schooner* (Mystic Seaport Museum, 1998)

Hocker, F.M., »The Clydesdale Plantation Vessel Project: 1992 Field Report«, *INA Quarterly* 19 No. 4 (1992), 12–16

Smith, J.F., *Slavery and Rice Culture in Low Country Georgia 1750–1860* (Knoxville, 1985)

DEFENCE

Allen, G., *Naval History in the Revolution*, 2 Bde. (New York, 1962)

Leamon, J.S., *Revolution Downeast: The War For Independence in Maine* (Amherst, 1993)

Switzer, D.C., »Nautical Archaeology in Penobscot Bay: The Revolutionary War Privateer *Defence*«, in C. Symonds (Hrsg.), *Aspects of Naval History* (Annapolis, 1981), 90–101

ders.: »The Excavation of the Privateer *Defence*«, Symposium on the Archaeology of the Revolutionary War Period, *Northeast Historical Archaeology* 12 (1983), 43–50

ders.: »Excavations of the Wreck of the Privateer *Defence*«, in W. Swanson (Hrsg.), *National Geographic Society Research Reports* 18 (1983), 719–31

ders.: »The *Defence* Project«, in M. Bound (Hrsg.), *The Archaeology of the Warship* (Ostwestry, 1985), 183–91

ders.: & B. Ford, *Underwater Dig: The Excavation of a Revolutionary War Privateer* (New York, 1982)

BETSY

Broadwater, J.D., »Secrets of a Yorktown Shipwreck«, *National Geographic* 173.6 (Juni 1988), 804–23

ders.: »Shipwreck in a Swimming Pool: An Assessment of the Methodology and Technology Utilized on the Yorktown Shipwreck Archaeological Project«, in J.B. Arnold, III. (Hrsg.), *Historical Archaeology* 26 No. 4 (1992), 36–46

ders.: »In the Shadow of Wooden Walls: Naval Transports During the American War of Independence«, in M. Bound (Hrsg.), *The Archaeology of Ships of War* (Oswestry, UK, 1995)

ders.: & R.M. Adams & M.A. Renner, »The Yorktown Shipwreck Archaeological Project: An Interim Report on the Excavation of Shipwreck 44YO88«, *The International Journal of Nautical Archaeology and Underwater Exploration* 14 (1985), 301–14

Johnston, P.F, J.O. Sands & J.R. Steffy, »The Cornwallis Cave Shipwreck, Yorktown, Virginia«, *The International Journal of Nautical Archaeology and Underwater Exploration* 7 (1978), 205–26

Sands, J.O., *Yorktown's Captive Fleet* (Charlottesville, VA, 1983)

SCHIFFBRUCH DER ZEHN SEGLER

Leshikar, M.E., *The 1794 Wreck of the Ten Sail, Cayman Islands, British West Indies: A Historical Study and Archaeological Survey*. Dissertation, Texas-A&M-Universität, 1993 (Univers. Mikrofilme, Ann Arbor, Michigan)

Leshikar-Denton, M.E., *Our Islands' Past, Bd. 2, The Wreck of the Ten Sails* (Grand Cayman, 1994)

ders.: »Caribbean, Cayman Islands, and Ten Sail«, in J.P. Delgado (Hrsg.), *Encyclopaedia of Underwater and Maritime Archaeology* (London, 1997), 86–9

ders.: »Problems and Progress in the Caribbean«, in C. Ruppé, & J. Barstad (Hrsg.), *International Handbook of Underwater Archaeology* (New York, 2002), 279–98

Smith, R.C., *The Maritime Heritage of the Cayman Islands* (Gainesville, 2000)

CLEOPATRA'S BARGE

Crowninshield, F.B., *The Story of George Crowninshield's Yacht* Cleopatra's Barge *on a Voyage of Pleasure to the Western Islands and the Mediterranean 1816–1817* (Boston, 1913)

Ferguson, D.L., Cleopatra's Barge: *The Crowninshield Story* (Boston, 1976)

Johnston, P. F., »Preliminary Report on the 1998 Excavations of the 1824 Wreck of the Royal Hawaiian Yacht *Ha' aheo o Hawai'i* (ex-Cleopatra's Barge)«, in A.A. Askins und M.W. Russell (Hrsg.), *Underwater Archaeology 1999* (Tucson: Society for Historical Archaeology, 1999), 107–114

PFERDEFÄHRE

Crisman, K.J., & A.B. Cohn, *When Horses Walked on Water: Horse-Powered Ferries in Nineteenth-Century America* (Washington und London, 1998)

Shomette, D., »Heyday of the Horse Ferry«, *National Geographic* 176, No. 4 (Oktober, 1989), 548–556

HEROINE

Bates, A.L., *The Western Rivers Steamboat Cyclopedium* (Leonia, NJ, 1968)

Hunter, L.C., *Steamboats on Western Rivers, An Economic and Technological History* (New York, 1969)

Kane, A.I., *The Western River Steamboat* (College Station, 2004)

DENBIGH

Arnold, J. B., T.J. Oertling & A.W. Hall, »The Denbigh Project: Initial Observations on a Civil War Blockade-Runner and its Wreck-Site«, *International Journal of Nautical Archaeology* 28 (1999), 126–44

ders.: »The Denbigh Project: Excavation of a Civil War Blockade-Runner«, *International Journal of Nautical Archaeology* 30 (2001), 231–49

Griffiths, D., »Marine Engineering Development in the 19th Century«, in R. Gardiner (Hrsg.), *The Advent of Steam: The Merchant Steamship Before 1900* (London, 1993)

Watson, W., *The Civil War Adventures of a Blockade Runner* (College Station, 2001)

Wise, S., *Lifeline of the Confederacy: Blockade Running during the Civil War* (Columbia, SC, 1988)

KANALSEGLER VOM LAKE CHAMPLAIN

Cohn, A.B., *Lake Champlain's Sailing Canal Boat: An Illustrated Journey From Burlington Bay to the Hudson River* (Lake Champlain Maritime Museum, 2003)

ders.: & M.M. True, »The Wreck of the General Butler and the Mystery of Lake Champlain's Sailing Canal Boats«, *Vermont History* 60 No. 1 (1992), 29–45

TITANIC

Ballard, R.D., *Die Suche nach der Titanic. Wie das größte Schiff, das je unterging, gefunden wurde* (Nürnberg, 2002)

ders.: & R. Archbold, *Das Geheimnis der Titanic* (Berlin, 1995)

Lord, W., *A Night to Remember* (New York, 1955)

Lynch, D., & K. Marschall, *Ghosts of the Abyss: A Journey into the Heart of the Titanic* (Toronto, 2003)

Wels, S., *Titanic: Legacy of the World's Greatest Ocean Liner* (Alexandria, Virginia, 1997)

Winocour, J. (Hrsg.), *The Story of the Titanic as Told by its Survivors* (New York, 1960)

JAPANISCHE FLOTTE IN DER TRUK-LAGUNE

Bailey, D.E., *World War II Wrecks of the Truk Lagoon* (Redding, California, 2000)

LANDUNGSFAHRZEUGE AUS DEM 2. WELTKRIEG

Harris, G., *Cross Channel Attack* (1951)

Hunnicutt, R.P., *Sherman: History of the American Medium Tank* (1994)

Lewis, A., *Omaha Beach, A Flawed Victory* (2001)

Messenger, C., *The D-Day Atlas: Anatomy of the Normandy Campaign* (London & New York, 2004)

Morison, S.E., *History of the United States Naval Operations in World War II, volume XI: The Invasion of France and Germany, 1944/1945* (Boston, 1957)

Rohde, H., *Militärgeschichtlicher Reiseführer Normandie 1944. Die Invasion* (Hamburg, 2004)

Ryan, C., *Der längste Tag, 6. Juni 1944* (Gütersloh, 1960)

Winser, J., *The D-Day Ships – Neptune* (Kendal, England, 1994)

Dank

Wenn bedeutende Entdeckungen gemacht werden, stehen die Archäologen im Rampenlicht. Doch genauso wichtig sind die Geldgeber, die die archäologischen Forschungen finanzieren. Ohne die großzügigen Mitglieder des INA-Förderkreises wäre das meiste in diesem Buch nicht möglich gewesen. Diejenigen, die unsere Arbeit durch großzügige Spenden oft über Jahrzehnte hinweg unterstützten, sind:
Oren E. Atkins, Oğuz Aydemir, John H. Baird, Joe Ballew, George F. Bass, Harry W. Bass jr., Richard D. Bass, Duncan Boeckman, Edward O. Boshell jr., Elizabeth L. Bruni, Allan Campbell, John Cassils, Charles Collins, Gregory M. Cook, John Brown Cook, Marian Miner Cook, Harlan Crow, William C. Culp, Frank Darden, Lucy Darden, Thomas F. Darden, John De Lapa, Claude Duthuit, Harrison Eiteljorg II., Danielle J. Feeney, Donald G. Geddes III., Sumner Gerard, Nixon Griffis, Harry C. Kahn II., Selçuk Kolay, David C. Langworthy, Norma Langworthy, Francine Le Frak-Friedberg, Samuel J. Le Frak, Frederick R. Mayer, Charles McWhirter, Alex G. Nason, George E. Robb jr., W.F. Searle jr., Lynn Baird Shaw, J. Richard Steffy, William T. Sturgis, Frederick H. van Doorninck jr., Peter M. Way, Garry A. Weber, Elizabeth A. Whitehead, Martin A. Wilcox und George O. Yamini.
Weil er der Erste war, der eine Spendenzusage machte, als das INA noch mehr Traum als Wirklichkeit war, widme ich dieses Buch Jack W. Kelley und den übrigen Geschäftsleuten aus Tulsa, Oklahoma, die wie er in den Förderkreis des INA eintraten: John A. Brock, Ronnie Chamness, Robert E. Lorton, L. Francis Rooney, Ray H. Siegfried II., T. Hastings Siegfried, Richard A. Williford und Lew O. Ward von Enid.

Weitere Spender, die die Arbeit des INA durch regelmäßige Geldbeiträge unterstützen, sind Raynette Boshell, Nicholas Griffis, Robin P. Hartmann, Faith D. Hentschel, Susan Katzev, William C. Klein, George Lodge, Thomas McCasland jr., Dana F. McGinnis, Michael Plank, Molly Reily, Betsey Boshell Todd, Casidy Ward, William Ward und Robyn Woodward.
Zu denjenigen, die Professuren oder Stipendien am INA oder dem angegliederten Programm für Unterwasserarchäologie der Texas-A&M-Universität gestiftet haben, gehören die Abell-Hanger Foundation, John H. Baird, Marian Miner Cook, Donald G. Geddes III., Frederick Mayer, Meadows Foundation, Ray H. Siegfried II., Mary Ausplund Tooze und George O. Yamini.

Und schließlich gibt es diejenigen, deren großzügige Förderung für bestimmte oder allgemeine Zwecke dem Institut über die Jahre sehr geholfen hat: Archaeological Institute of America, Fred B. Aurin, Edward Bader, Toni & Maria Pia Bassani, Baroline & Richard Bienia, Mimi & Gerald Branower, Ron Bural, Joy Campanaro, Frederick Campbell, Stanley Chase, J.E.R. Chilton, Peter Clark, Anna & Oliver Colburn, Charles W. Consolvo, Donna & Bob Dales, P.S. de Beaumont, Maurice Duca, Bruce Dunlevie, Cynthia & James Eiseman, Roger H. Gesswein jr., Griffis Foundation, Theodor Halpern, Chatten Hayes, Michael Hitchcock, Institute for Aegean Prehistory, Jean B. James, Erik Jonsson, die Familie Joukowsky, Norma & Rubin Kershaw, Richard MacDonald, Hillary Magowan, Mark Mathesen, Roy Matthews, Anna Maguerite McCann, John Merwin, Drew Morris, Marjorie & Isaac A. Morris, Nason Foundation, National Endowment for the Humanities, Ernestine O'Connell, Jenniffer & David Perlman, Alice & Howard Rankin, Leon Riebman, Sanford Robertson, Margaret Rogers, Mary & Richard Rosenberg, Robert Rubenstein, Billings Ruddock, L.J. Skaggs & Mary C. Skaggs Foundation, Peter Skinner, Patricia Stephens, Ellie & John Stern, Stephen Susman, Hazel & Ronald Vandehey, Shelby White & Leon Levy, James Wikert, die Northwest Friends of INA in Portland, Oregon, anonyme Spender und alle INA-Mitglieder.

HAUPTPROJEKTSPONSOREN:
NEH: National Endowment for the Humanities; NGS: National Geographic Society; NSF: National Science Foundation;
TAMU: Texas A&M University

ŞEYTAN DERESI, TÜRKEI: INA; NGS; SCM Corporation; Alcoa Foundation; Triopian Foundation; F. Alex Nason; Harrison Eiteljorg sr.

ULUBURUN, TÜRKEI: INA; NEH; NGS; NSF; TAMU; Institute for Aegean Prehistory; Shell; Cressi-sub

KAP GELIDONYA, TÜRKEI: University of Pennsylvania Museum; American Philosophical Society; Nixon Griffis; John Huston vom Council of Underwater Archaeology; Lucius N. Littauer Foundation; British Academy und der Craven Fund; US Divers Co.; La Spirotechnique; Wellcome Foundation; British School in Athen; Bauer Kompressoren; Nikon Company; Polaroid Corporation; INA; TAMU

PABUÇ BURNU, TÜRKEI: INA; NGS; TAMU; Smothers-Bruni Foundation; Eugene McDermott Foundation; Claude Duthuit; Wellesley College

TEKTAŞ BURNU, TÜRKEI: INA; TAMU; NGS; NEH; Turkish Airlines

KYRENIA, ZYPERN: Cyprus Department of Antiquities; Oberlin College; University Museum of the University of Pennsylvania; Cook Foundation; National Geographic Society; Cyprus Mines Corporation; National Endowment for the Humanities; UNESCO; Dietrich Foundation; Ford Foundation; Houghton-Carpenter Foundation; Louise Taft Semple Foundation; INA; HIPNT; sowie andere großzügige Spender

LA SECCA DI CAPISTELLO, ITALIEN: Sub Sea Oil Services in Mailand; INA; TAMU

SERÇE LIMANI HELLENISTISCHES WRACK, TÜRKEI: INA; NGS; TAMU

BOOT, SEE GENEZARETH, ISRAEL: Modell gebaut an der TAMU unter Mithilfe von Absolventen, finanziert von der Meadows Foundation

YASSIADA-WRACK. 7. JH., TÜRKEI: University of Pennsylvania Museum; NGS; Catherwood Foundation; American Philosophical Society; Littauer Foundation durch Colgate University; Bauer Kompressoren, München; Main Line Divers Club of Philadelphia; Corning Museum of Glass; Nixon Griffis; Ruth und James Magill; Bodrum-Museum für Unterwasserarchäologie; INA; TAMU; NSF; William van Alen

TANTURA-LAGUNE, ISRAEL: NGS; L.J. Skaggs & Mary C. Skaggs Foundation; Mr & Mrs Harry Kahn II.; INA; TAMU College of Liberal Arts; und zahlreiche andere Förderer

BOZBURUN, TÜRKEI: INA; NEH; TAMU; Smothers Foundation; Türk Hava Yolları (Turkish Airlines); Efes Brewing; MARES Diving Equipment; Paradise Scuba; Feyyaz Subay & Fey Diving; Mary & Richard Rosenberg; Hazel & Ron Vandehey; Cem Boyner; Jon Faucher; John DeLapa; Danielle Feeney; George Robb; der Muhtar und Einwohner von Selimiye; sowie zahlreiche weitere Personen einschließlich INA-Mitgliedern, die dem Spendenaufruf 1998 folgten.

SERÇE LIMANI WRACK, 11. JH., TÜRKEI: NEH; INA; NGS; TAMU; NSF; Corning Glass Works Foundation; F. Alex Nason; Ashland Oil Company

ÇAMALTI BURNU, TÜRKEI: Forschungsfonds der Universität Istanbul; türkisches Kulturministerium; Türkische Stiftung für Unterwasserarchäologie (TINA); Französisches Institut für Anatolien-Studien (IFEA); die türkische Armee; NGS; INA, und zahlreiche großzügige Spender.

TIEFSEE-AUSGRABUNG SCHWARZES MEER
NSF; NGS; Florida State University; INA; IFE

SHINAN-WRACK, KOREA: Südkoreanische
Denkmalschutzbehörde; südkoreanische Marine; Nationales Schifffahrtsmuseum Mopko; und
NGS für Donald Keiths Besuche an der Fundstelle

ALMERE-KOGGE, ZUIDERSEE, NIEDERLANDE:
Museum voor Scheepsarcheologie; Ketelhaven
International Association for the Exchange of
Students for Technical Experience; INA; TAMU

KO SI CHANG, THAILAND: Western Australian
Museum; Australian Research Council

OSMANISCHES WRACK YASSIADA, TÜRKEI:
INA; TAMU; Bodrum-Museum

»SCHIFF IN EINER WIESE«, ZUIDERSEE, NIE-
DERLANDE:
Nederlands Instituut voor Scheeps- en Onder-
water-Archeologie (Netherlands Institute for
Ship and Underwater Archaeology); TAMU

NOSSA SENHORA DOS MÁRTIRES, PORTU-
GAL: Instituto Portugues de Arqueologia; und
die portugiesische Marine und MARCASACAIS
für Docks

PFEIFENWRACK, MONTE CRISTI, DOMINIKA-
NISCHE REPUBLIK: RPM Nautical Foundation;
Ronald Halbert; Neil Blaine Fisher; Don Pedro
Borrell Bentz; Marvin Omar Hall; Malinda Mary
Hall; Francis Soto Tejeda; Earthwatch; INA;
TAMU

LA BELLE, TEXAS, USA: Dieser Survey wurde
von der Texas Historical Commission gefördert;
Trull Foundation; Kathryn O'Connor Foundati-
on; und Texas Department of Transportation's
Intermodal Surface Transportation Efficiency
Act program; mit Ausrüstungsspenden der
Trimble Navigation Trimble Navigation, Inc.
und Compaq Computer Corporation. Die Kon-
servierung wird gefördert von der Texas Histori-
cal Commission; TAMU; Baldor Electric; Dow
Chemical Company; Dow Corning Corporation;
Dynacon, Inc.; Fibergrate Composite Structures,
Inc.; Fuji NDT Systems; Huntsman Chemicals;
Mallinckrodt-Baker, Inc.; INA; und Geräte- und
Materialspenden von über 250 großzügigen Fir-
men und Personen

PORT ROYAL, JAMAICA: TAMU; INA; Jamaica
Defense Force; Kaiser Aluminum Corporation;
Port Royal Brotherhood

SANTO ANTONIO DE TANNA, KENIA: NGS;
INA; Charles Consolvo; Harry Kahn; National
Museums of Kenya; Kenya Navy; Gulbenkian
Foundation; Western Australian Maritime Muse-
um; Einheiten der Royal Navy, Royal Air Force
und British Army, insbesondere die Royal Engi-
neers Diving Unit; kenianische Hafenbehörde;
Bamburi Cement Co.; Hamo Sassoon; DiveCon;
Portuguese Navy; TAMU; British School in Eas-
tern Africa; East African Marine Engineering
Ltd; Mombasa Club Ltd; Frederick Mayer; Con-
way Plough; die Familie Hinawy; Fort Jesus
Museum; die Einwohner von Mombasa und die
Personen, die Geld- oder Sachspenden leisteten

GREAT BASSES REEF, SRI LANKA: Western
Australian Museum; Australian Research
Council

INSEL SADANA, ÄGYPTEN: Amoco Foundati-
on; Billings Ruddock; NGS; INA; John & Donnie
Brock Foundation; Harry & Joan Kahn; George
& Marilyn Lodge; Richard & Mary Rosenberg;
Danielle Feeney; und die großzügige Hilfe der
staatlichen Antikenverwaltung, Ägypten, des
American Research Center in Ägypten und vieler
Personen und Organisationen, die aufgeführt
sind unter http://www.adventurecorps.com/sada-
na/inasponsors.html

CLYDESDALE-PLANTAGENBOOT, SOUTH
CAROLINA, USA: INA; South Carolina Institute
of Archeology and Anthropology; Rusty Fleetwood and the Coastal Heritage Society, Savannah; 24th Infantry Division (Mechanized) Museum, Ft. Stewart, Georgia; Judy Wood und das US
Army Corps of Engineers, Savannah District;
Craig und Stanley Lester

DEFENCE, PENOBSCOT BAY, MAINE, USA:
INA; TAMU; NGS; Maine Bicentennial Commission; Maine State Museum; Maine Maritime
Academy; Maine Historic Preservation Commission; Earthwatch

BETSY, YORKTOWN, VIRGINIA, USA: Yorktown
Shipwreck Archaeological Project; Common-
wealth of Virginia; County of York; East Carolina
University Maritime Studies Program; NGS;
INA; NEH; TAMU Nautical Archaeology Pro-
gram; US-Innenministerium; HCRS Maritime
Grants Program; Yorktown Maritime Heritage
Foundation; Amoco Foundation; Max and
Victoria Dreyfus Foundation; Norfolk Founda-
tion; Virginia Institute of Marine Science; The
College of William and Mary

»DER SCHIFFBRUCH DER ZEHN SEGLER«,
CAYMAN-INSELN: TAMU College of Liberal
Arts, Dissertationspreis; Cayman Islands Natio-
nal Museum; unentgeltliche Bereitstellung von
Geräten und Dienstleistungen durch INA, …,
und die Jacht Platinum

CLEOPATRA'S BARGE, KAUAI, USA: Ship Plans
Fund; National Museum of American History;
Smithsonian Research Opportunities Fund;
Salem Marine Society, Salem, MA; und, in
Hawaii, The Princeville Corporation and Hotel,
Princeville; Bay Island Watersports, Princeville;
Save Our Seas and Bali Hai Realty, Inc., Hanalei;
Sunrise Diving Adventures, Kapa'a; Ship Stores
Gallery of Kapa'a

PFERDEFÄHRE, LAKE CHAMPLAIN, USA: Lake
Champlain Maritime Museum; Vermont Divisi-
on for Historic Preservation; TAMU; INA; Ray
Siegfried II.; John & Ellie Stern; Harry Kahn

HEROINE, RED RIVER, OKLAHOMA, USA:
Oklahoma Historical Society; TAMU; Oklahoma
Department of Transportation; INA; Harry
Kahn; Carrington Weems; und ein Zuschuss für
»kreative und wissenschaftliche Arbeiten« des
TAMU

DENBIGH, GALVESTON, TEXAS, USA: Albert &
Ethel Herzstein Charitable Foundation of Hous-
ton; Anchorage Foundation of New Braunfels;
Communities Foundation of Texas; Brown
Foundation, Houston; Ed Rachal Foundation of
Corpus Christi; Hillcrest Foundation of Dallas,
gegründet von Mrs. W.W. Caruth, Sr.; Horlock
Foundation, Houston; Houston Endowment,
Inc.; Strake Foundation of Houston; Summer-
field G. Roberts Foundation of Dallas; Summer-
lee Foundation of Dallas; TAMU-Galveston;
Joseph Ballard Archeology Fund of the Texas
Historical Foundation of Austin; Trull Founda-
tion of Palacios

KANALSEGLER, LAKE CHAMPLAIN, USA: City
of Burlington, Vermont; Freeman Foundation;
Champlain Basin Program; Lake Champlain
Maritime Museum; Lintilhac Foundation; Lois &
J. Warren McClure; INA; TAMU; University of
Vermont; Vermont Division for Historic Preser-
vation; Waterfront Diving Center

TITANIC, ATLANTIK: National Oceanic and
Atmospheric Administration

TRUK-LAGUNE, PAZIFIK: Western Australian
Museum; Australian Research Council; Prospero
Productions

LANDUNGSFAHRZEUGE AUS DEM
2. WELTKRIEG: US-Naval Historical Center
Underwater Archaeology Branch; Discovery
Channel; British Broadcasting Corporation;
Oceaneering International; INA; TAMU

Wir möchten allen jenen Regierungen danken,
die uns erlaubten, in ihren Gewässern zu for-
schen, und den Museen, die unser Funde auf-
bewahren und öffentlich ausstellen.

Bildnachweis

o: oben; u: unten; M: Mitte; l: links; r: rechts

Folgende Abkürzungen wurden zur Kennzeichnung der Bildquellen verwendet: CP – Courtney Platt; DAF – Donald A. Frey; IFE/IAO – Institute for Exploration, Mystic, CT/Institute for Archaeological Oceanography, URI/GSO; INA – Institute of Nautical Archaeology; JDB – John D. Broadwater; JG – Jeremy Green; LCMMC – Lake Champlain Maritime Museum Collection; ML – ML Design © Thames & Hudson Ltd, London; MSM – Maine State Museum; NAP – Nautical Archaeological Program, TAMU; NISA – Netherlands Institute for Ship- and Underwater Archaeology; PB – Peter Bull Art Studio © Thames & Hudson Ltd, London; PT – Peter Throckmorton; R/VAMK – m. frdl. Gen. R/V Akademik Mstislav Keldysh; S/NMAH – m. frdl. Gen. the Smithsonian/National Museum of American History – Transportation; SWK – Susan Womer Katzev

1 DAF; 2–3 Alexander Mustard; 5M DAF; 5u SWK; 6o DAF; 6M H. Edward Kim/National Geographic; 6u José Pessoa (CNANS archives); 7o Elizabeth Greene; 7M S/NMAH; 7u INA; 10–11o JDB; 11u Robin Piercy; 12 PT; 13ol DAF; 13ur Davis Meltzer; 14 PT; 15 DAF; 16ol Waldemar Illing; 16–17u DAF; 17o Charles R. Nicklin, jr.; 18–19o University of Pennsylvania Museum; 18ul Tony Boegeman; 18–19u DAF; 20 Robin Piercy; 21o JDB; 21ur JDB; 22 JDB; 23ul Friends of Hunley; 23ur Friends of Hunley; 24 Tufan Turanlı; 25M Library of Congress, Washington D.C.; 25u US Navy, NOAA Monitor Collection; 26l Xu hai bin; 26–27o Larry LePage; 26–27u Dennis Denton; 28 DAF; 30o DAF; 30u ML; 31Ml JDB; 31u JDB; 32o INA; 32u Robin Piercy; 33o John Cassils; 33M John Cassils; 34ul DAF; 34–35o INA; 35ul INA; 36 Cemal Pulak and Wendy Van-Duivenvoorde; 37o DAF; 37u DAF; 38ol DAF; 38–39o Shih-Han Samuel Lin; 39u DAF; 40l DAF; 40r DAF; 41o DAF; 41u DAF; 42o DAF; 42M DAF; 42u DAF; 43o DAF; 43u DAF; 44o PB after Cemal Pulak; 44u DAF; 45 DAF; 46o DAF; 46u Egypt Exploration Society; 47o DAF; 47u DAF; 48–49 PT; 49r Herb Greer; 50o Herb Greer; 50u PT; 51Ml DAF; 51oM DAF; 51or DAF; 51M DAF; 51Mr DAF; 51ur DAF; 52–53o PT; 52u DAF; 53or from The Tomb of Huy by Nina de Garis Davis & Alan H. Gardiner, Egypt Exploration Society, 1926; 54l DAF; 54–55 DAF; 55r DAF; 56 DAF; 58o John Veltri; 58u ML; 59 DAF; 60o Sheila Matthews; 60Mr DAF; 60u DAF; 61 Sheilo Matthews; 62l Sheila Matthews; 62r Volkan Kaya; 63o PB after Mark Polzer; 63u British Museum, London; 64–65u CP; 65o British Museum, London; 65ur CP; 66o CP; 66–67u CP; 67or CP; 67ur DAF; 68o DAF; 68M DAF; 69ol DAF; 69or CP; 69ul PB after Robert La Pointe; 69ur CP; 70–71o JG and Sheila Matthews; 70u INA; 71or Donald Demers; 72–73 Bates Littlehales; 73or Michael L. Katzev; 74ol Michael L. Katzev; 74or SWK; 74–75u SWK; 75oM SWK; 75or SWK; 76o SWK; 76u SWK; 77or SWK; 77u Richard Schlecht; 78ol Ira Block; 78or SWK; 78–79u Yiannis Vichos, HIPNT; 80 Donald H. Keith; 81o Donald H. Keith; 81u DAF; 82–83 INA; 83r DAF; 84 DAF; 85ol DAF; 85ul DAF; 85r DAF; 86 DAF; 88o DAF; 88u ML; 89 Shelley Wachsmann; 90o William H. Charlton jr.; 90u William H. Charlton jr.; 91o Danny Syon; 91ul Jim Lyle; 91ur Jim Lyle; 92or

Robert Goodman; 92–93u Charles R. Nicklin, jr.; 93ur University of Pennsylvania Museum; 94ol Robert Goodman; 94or DAF; 94Ml DAF; 94ul Donald M. Rosencrantz; 95 DAF; 96ol DAF; 96–97u Bobbe Baker; 97ol Oğuz Hamza; 97or Bodrum Museum of Underwater Archaeology; 98ul Shelley Wachsmann; 98or Shelley Wachsmann; 98–99u Shelley Wachsmann; 99or Arik Baltinester; 100–101 DAF; 101Mr DAF; 101ur DAF; 102 INA; 103 INA; 104o INA; 104ul DAF; 104uM DAF; 105o DAF; 105u DAF; 106–107 Donald H. Keith; 107ur Jonathan Blair; 108–109 Jonathan Blair; 109or DAF; 110 DAF; 111 DAF; 112o DAF; 112u DAF; 113o Cemal Pulak; 113u DAF; 114o PB after J. Richard Steffy; 114u DAF; 115ol DAF; 115or DAF; 115Mr DAF; 115u DAF; 116ol DAF; 116or DAF; 116Mr DAF; 117o DAF; 117u DAF; 118–119 Engin Aygün; 119r Engin Aygün; 120 Recep Dönmez; 121 Recep Dönmez; 122o Nergis Günsenin; 122u Recep Dönmez; 123o Recep Dönmez; 123M Nergis Gunsenin; 123u Ufuk Kocobaş; 124–125 Cheryl Ward; 125ul IFE/IAO; 125ur IFE/IAO; 126o IFE/IAO; 126u Dave Wright; 127o Aurora Photos, Photo David McLain; 127u IFE/IAO; 128 JG, Department of Maritime Archaeology, WA Maritime Museum; 130o DAF; 130u ML; 131 H. Edward Kim/National Geographic; 132–133 H. Edward Kim/National Geographic; 133or British Library, London; 133ur H. Edward Kim/National Geographic; 134l NISA/ROB; 134r NISA/ROB; 135o NISA/ROB; 135u NISA/ROB; 136ul Brian Richards; 136or Brian Richards; 137ol Brian Richards; 137or Brian Richards; 137ur Private Collection; 138–139 DAF; 139or INA; 140 DAF; 141ol DAF; 141or PB after Jay Rosloff; 141u Cemal Pulak; 142 JG; 144o INA; 144u ML; 145 Robert S. Neyland; 146o Robert S. Neyland; 146u Robert S. Neyland; 147 Robert S. Neyland; 148ul Pinto, Maria Helena Mendes, Biombos Namban, Lisbon: Museu Nacional de Arte Antiga, 1993; 148or Memoria das Armadas, Biblioteca da Academia das Ciências de Lisboa; 149o Guilherme Garcia (CNANS archives); 149u Pedro Gonçalves (CNANS archives); 150 Pedro Gonçalves (CNANS archives); 151o José Pessoa (CNANS archives); 151Mr Pedro Gonçalves (CNANS archives); 151ur PB after Filipe Castro; 152l Jerome Lynn Hall; 152–153 Jerome Lynn Hall; 153ul Jerome Lynn Hall; 153or Tinken Museum of Art, San Diego, CA; 154ol m. frdl. Gen. PIMA Archives; 154Ml Jillian Nelson; 154ul Pedro Borrell Bentz; 155o Larry Sanders; 155u Len Tantillo; 156 Center for American History, The University of Texas at Austin; 157o NAP; 157M Clif Bosler; 157u Texas Historical Commission; 158ol NAP; 158u Texas Historical Commission; 159 Texas Historical Commission; 160o NAP; 160M NAP; 160ul NAP; 160–161u NAP; 161o NAP; 162o NAP; 162u NAP; 163ol NAP; 163or NAP; 163ur Denis Lee; 164or Science Year, The World Book Science Annual 1982; 164u Dennis Denton; 165or INA; 165u INA; 166ol Oliver Cox; 166or Luis Marden; 166ul INA; 167o Broadside, London, 1692; 167u W.D. Vaughn; 168ol INA; 168or INA; 168ul INA; 168ur INA; 169 INA; 170ol INA; 170–171o INA; 170ul INA; 171Ml INA; 171ul INA; 172–173 Noel Jones; 173o From Descripçam da Fortaleza de Sofala, e das mais da Índia com uma Rellaçam das Religiões todas q há no mesmo Estado, pelo Cosmógrafo Mor António de Mariz Carneiro, 1639; 174 Hamo Sassoon; 175o Noel Jones; 175u Robert K. Vincent; 176o Robert K. Vincent; 176u Hamo Sassoon; 177oM Robert K. Vincent; 177or Robert K. Vincent; 177ur Robert K. Vincent; 178o JG; 178–179u Netia Piercy; 179o PB after Caroline Sassoon; 180 Udo Kefrig; 182o Philip Voss; 182u ML; 183 Patrick Baker, Department of Maritime Archaeology, WA Maritime Museum; 184–185 Patrick Baker, Department of Maritime

Archaeology, WA Maritime Museum; 185o Patrick Baker, Department of Maritime Archaeology, WA Maritime Museum; 186–187u Netia Piercy; 187o Lyman Labry; 188ol Meredith Kato; 188ul Netia Piercy; 188ur Meredith Kato; 189o Meredith Kato; 189ur Alan Flanigan; 190u Netia Piercy; 190–191o Alan Flanigan; 191o From Travels through Arabia, and Other Countries in the East, Niebuhr, C.,1792; 191ur Howard Wellman; 192 Fred Hocker; 193 Fred Hocker; 194 m. frdl. Gen. the Mariner's Museum, Newport News, VA; 195 Philip Voss; 196ol Roger Smith; 196or David Switzer; 196–197u PB after Peter Hentschel; 197Ml David Switzer; 197Mr MSM; 197ur David Switzer; 198ol MSM; 198or MSM; 198Ml MSM; 198ul MSM; 199ol David Switzer; 199Mr MSM; 200–201 m. frdl. Gen. the Mariner's Museum, Newport News, VA; 201ul National Portrait Gallery, London; 202o National Maritime Museum, London; 202u Bates Littlehales; 203o JDB, courtesy Virginia Department of Historic Resources; 203u Bates Littlehales; 204ul Bates Littlehales; 204–205o JDB, courtesy Virginia Department of Historic Resources; 205or JDB, courtesy Virginia Department of Historic Resources; 205Mr Roy Anderson; 206 Margaret Leshikar-Denton; 207or from One Hundred Silhouette Portraits from the Collection of Francis Wellesley, Oxford University Press, 1912; 207ul Royal Gazette XVI, no. 4, 18–25 January 1794, Jamaica, from the Public Record Office, Kew, London; 207ur Collection Jean Boudriot, France; 208ul Margaret Leshikar-Denton; 208ur Indiana University SRD; 208–209o Dennis Denton; 209or Mike Guderian; 209ur Photo m. frdl. Gen. Lennon Christian, Cayman Islands Government Information Services; 210 R/VAMK; 212o Amy Borgens; 212u ML; 213l Peabody Essex Museum; 213r Photo Courtesy Peabody Essex Museum M8255; 214o m. frdl. Gen. the Bernice Pauahi Bishop Museum; 214u S/NMAH; 215o Painting by Richard W. Rogers, S/NMAH; 215Mr S/NMAH; 215ur S/NMAH; 216ol S/NMAH; 216or Photo by Conservation Research Laboratory, TAMU; 216ur S/NMAH; 217o S/NMAH; 217u S/NMAH; 218Mr John Butler; 218–219u Vermont Division for Historic Preservation; 219or John Butler; 219M Kevin Crisman; 220ul Amon Carter Museum, Fort Worth, Texas; 220ur Kevin Crisman; 220–221o Carrie Sowden; 221or Carrie Sowden; 221ur Steven Wilson; 222 Private Collection; 223o Brett Phaneuf/Barto Arnold; 223u Andy Hall; 224Mr Andy Hall; 224u Andy Hall; 225o Andy Hall; 225uM Helen Dewolf/Barto Arnold; 225ur Barto Arnold; 226 Kevin Crisman; 227ol LCMMC; 227oM LCMMC; 227or LCMMC; 227ur LCMMC; 228ol Pierre LaRocque, LCMMC; 228or LCMMC; 228ul Kevin Crisman; 229or Nick Lavecchia, LCMMC; 229ul Eric Bessette, LCMMC; 230–231u m. frdl. Gen. the Mariner's Museum, Newport News, VA; 231o R/VAMK; 232ol Jeremy Weirich; 232or R/VAMK; 233o Sergei Gyduk, courtesy Anatoly Sagalevitch; 233u R/VAMK; 234l R/VAMK; 234r Produced by Yuri Rzhanov for the National Oceanic and Atmospheric Administration and the University of New Hampshire's Center for Coastal Ocean Mapping; 235l R/VAMK; 235r George F. Bass; 236ol R/VAMK; 236oM R/VAMK; 236ul m. frdl. Gen. National Oceanic and Atmospheric Administration; 237or R/VAMK; 237ul Jeremy Weirich; 238l US National Archives and Records Administration ; 238–239 US National Archives and Records Administration; 239or JG; 240or JG; 240–241u JG; 241o JG; 241ur Brian Beltz; 242 INA; 243o INA; 243u INA; 244ol m. frdl. Gen. the BBC and Discovery Channel; 244ur Tank Museum, Bovington; 245o Photo © Robert Capa Magnum Photos; 246ur Tank Museum, Bovington

Register